新时代国际传播系列教材

全球传播与国际关系

Global Communication *and* International Relations

赵雪波 / 著

中国传媒大学出版社
·北京·

此书献给
我的母亲李秀蓉、父亲赵呈祥
原中国传媒大学校长刘继南女士
以及出生在战争年代的那一代人

目 录

导论：传播国际学 1

第一章 传播国际史观 15
第一节 历史的多维视角 15
第二节 社会的传播属性 27
第三节 文明与国际 35
第四节 基础理论 45

第二章 国际关系史观 58
第一节 国际关系及其历史观念 58
第二节 古典国际关系 72
第三节 威斯特伐利亚体系 79

第三章 国家与传播 85
第一节 国家原点 86
第二节 国家的意义 93
第三节 国家的历史形态 96

第四章 全球传播历史分期 127
第一节 历史分期法 128
第二节 传播史传统分期法 133
第三节 功能传播的历史分期 141

第五章 传播共同体 169
第一节 共同体及其思想 169
第二节 语言国际 188

第三节　交通和邮政 …………………………………………… 198
　　第四节　宗教共同体 …………………………………………… 208

第六章　帝国与传播 …………………………………………………… 218
　　第一节　伊尼斯思想 …………………………………………… 219
　　第二节　世界帝国与历史帝国 ………………………………… 231
　　第三节　从资本主义到帝国主义 ……………………………… 248

第七章　传播与国际 …………………………………………………… 273
　　第一节　传播与文化 …………………………………………… 274
　　第二节　传播与政治 …………………………………………… 286
　　第三节　传播与经济 …………………………………………… 298
　　第四节　传播与军事 …………………………………………… 305

后　记 ………………………………………………………………… 317

导论：传播国际学

20多年前，中国传媒大学（当时称"北京广播学院"）国际关系专业设置了一个"大众传播与国际关系"的研究方向，为此学校专门组织人员编写过一本同名教材。教材编著完成后填补了这个教学、研究领域的空白，特别值得欣慰的是国际关系专业的学生有了一本新闻传播范式的跨学科教材。后来，主创人员因工作调动和工作重心转移，都相继疏远了对这一问题的研究工作，教材售完以后也没有再版，至此《大众传播与国际关系》这本教材成为绝版。回头去看，当时无论是创作团队还是参与这方面研究和学习的教师、学生，对于大众传播与国际关系的研究基本停留在各种表象上，也就是从政治、经济、文化、军事、外交等国际关系的诸多方面和大众传播进行嫁接，大家的认知基本上局限于大众传播和国际关系两种学科知识简单叠加这样一种思维定式。

时光飞逝，科学技术特别是媒介技术日新月异，国际形势也处于"百年未有之大变局"，与此相应，人们的思维观念发生了很大变化，话语表达也有许多更新。不用说20多年前，就算和10年前、5年前相比，这些变化都会给人一种物是人非、恍如隔世的感觉。20年前研究传播学的人使用频率最高的词当数"大众传播"，跨国界的现象一般都涵括在"国际关系"之下，因此用"大众传播与国际关系"概念表示传播与国际问题之间的结合就显得十分自然和准确。但是在今天，"大众传播"似乎已经变成一个很"落伍"的学科概念，它已经远远不能准确概括"传播"的全部意义；在谈论和国际因素相关的传播问题时，人们一般会使用"国际传播"或"全球传播"等概念。进入21世纪，"国际传播"曾被"全球传播"所取代，但二者在内涵和外延诸方面显然保留了一定的距离，在使用上还有细微差别。"国际关系"一词也不能大包大揽一切了，在它之外似乎有一些更大的概念，如"全球"等。"国际关系"一词还经常被"地缘政治""全球治理"等内涵有所差异的概念所替换。这一切提醒我们相关研究应在更大的时空内展开，至于多大的时空，则是本著作要着重讨论的问题之一。

"全球传播与国际关系"是一个具有高度概括性的概念，也是一个非常笼统、模糊又富有弹性的词组。某种程度上来说，它可被看作国际关系学的组成部分，又可被看作国际传播学或全球传播学的延伸。然而，它确实又保持着一定的独立性，即它有自己特殊的关注焦点。这个研究领域特别需要探索以上两个学科都关注不到的问题，比如在现代国际关系诞生之前有无"国际"；如果有，这个国际从何时开启；传播或媒介在其中扮演过什么角色；放在一个更大的视域下，国际和人类社会的关系如何理解；国际和文明有什么关系；传播和媒介在国际或国际关系的形成过程中扮演过什么角色；过去类似的认知和知识体系都是由西方人建构起来的，如果构筑一种相关的新的知识体系的话，是不是要延续"西方中心主义"的理论框架；另外，搭建新的理论框架，有无可能，如何搭建；中国历史和中国元素如何在新的历史观和传播观中加以体现。单纯靠旧有的传播学和国际关系学知识或者在二者基础上进行知识的简单相加，显然找不出解决上述问题的正确方法，自然也找不出正确的答案。以上问题须从源头、性质、属性等方面进行更深入的跨学科研究，不仅需要我们在传播学和国际关系学两个学科中去寻找，还要结合历史学、政治学、人类学和社会学等学科。在这种情况下，用旧有的学科概念解读、分析、回答以上问题就显得词不达意甚至捉襟见肘了。

在思考、分析、研究相关问题的过程中，本著作遵循这样一个事实逻辑和历史逻辑：宏观的国际关系并不是"三十年战争"的产物，在威斯特伐利亚体系出现之前，在东亚等地区，所谓国际体系或国际关系早已存在。这一点，国际关系学术界已经有人指明。这样一来，用旧有的所谓"国际关系"概念来分析新的研究对象就显得不那么准确了，即使是用英国学者巴里·布赞（Barry Buzan）和理查德·利特尔（Richard Little）等人的"国际体系"概念也显得不尽如人意。这要求我们突破旧的历史观，去更大的"国际"框架中考察历史——包括与传播、媒介有关的一切现象和本质。在进一步的研究中，另一个不争的事实也凸显出来了，那就是人类社会的文明有若干种衡量标准，而是否形成国家乃至国际是衡量文明与否的一种独特标准。最关键的是，在很大程度上讲，作为国际原点的国家乃是传播和媒介的产物——没有传播和媒介，社会无法形成，国家无法形成，国际也无法形成。

然而，"传播的国际"和"全球传播与国际关系"一样具有模糊性，甚至具有歧义，如果不加以解释，人们甚至不知道这个概念中的主语是谁，更遑论准确的含义。事实上它应该有一个更准确的表述方式，比如"传播国际学"。这个概念一目了然，但这显然是一种新学科的名称，而创立新学科需要符合学科创建的基本要求，比如专业概念、理论体系、课程结构，以及建立在此基础上的申报过程、论证说明和同行认可等。此外，"国际学"的含义是什么？它和国际传播的界限何在？这些问题会令人不胜其烦，因此，我们在这里姑且把"传播国际学"看作一个用于解释问题的概念，而不作学理的深究。

具体来说，"传播国际学"的内容、框架和逻辑建立在以下几点认识基础之上。

一、把传播看作一种国际交往的客观环境

把传播看作一种国际交往的客观环境，这句话包含两层含义。一层是把"国际""国际关系""国际问题"放到传播无处不在的自然环境中加以认识和理解；还有一层是把传播作为视角、画轴，打开国际、国际关系、国际问题的画卷。

这个要从传播环境或传播构成的客观环境说起。那么，什么是传播环境？什么是传播构成的客观环境？用一句最简单的话表述就是，我们人类赖以生存的环境是一种传播环境，人类开展的跨越国界的活动也是在传播环境中展开的。这一认识可以看作媒介环境学观点的延伸。媒介环境学学者认为，"媒介即环境"，林文刚用三个理论命题加以解读。第一个命题是，"媒介环境学假设，传播媒介不是中性的、透明的和无价值标准的渠道……媒介固有的物质结构和符号形式发挥着规定性的作用，塑造着什么信息被编码和传输、如何被编码和传输，又如何被解码"[①]。用一句简洁明了的话代替就是，"界定信息性质的是媒介的结构"。[②] 第二个命题是，每一种媒介独特的物质特征和符号特征都带有一些偏向。[③] 他借用其他人的语言把这些偏向总结为思想情感、时空感知、政治经济、社会文化、形而上、内容和认识论共7种不同的偏向。这一命题是第一个命题的逻辑延伸，进一步阐释了媒介对社会全方位的锚定，只要媒介变换，与之相适应的思想情感、时空感知、政治经济、社会文化等因素都会随之改变或出现偏差。第三个命题是，媒介环境学学者进一步假设，传播技术促成的各种心理的或感觉的、社会的、经济的、政治的、文化的结果，往往和传播技术固有的偏向有关系。[④] 这一命题是第二个命题的逆向论述，没有更多的含义。从中我们可以看出，媒介及其技术会导致它所处的时代的社会环境全方位地发生改变和"偏向"。用富有哲理的语言表述就是媒介会塑造新环境，每一种媒介都会催生新环境，也就是说，"媒介即环境"。

其实，迄今为止，媒介环境学对"媒介即环境"的解释还不够透彻。从历史学、政治经济学等角度看，对媒介环境学的"媒介即环境"还应该有更深入的理解。有人提出了"媒介史纲领"，媒介史学者不仅仅会从文化史、社会史或观念史等各种编史角度出发，把媒介作为一个专题来讲述，还要反过来，从媒介的角度出发重新梳理一般

---

① 林文刚.媒介环境学：思想沿革与多维视野[M].何道宽，译.北京：中国大百科全书出版社，2019：53.
② 林文刚.媒介环境学：思想沿革与多维视野[M].何道宽，译.北京：中国大百科全书出版社，2019：53.
③ 林文刚.媒介环境学：思想沿革与多维视野[M].何道宽，译.北京：中国大百科全书出版社，2019：54.
④ 林文刚.媒介环境学：思想沿革与多维视野[M].何道宽，译.北京：中国大百科全书出版社，2019：54.

的文化史、社会史或观念史。①这是说,"媒介史纲领并不是把媒介当作历史中的一个焦点,相反,媒介作为历史的'环境'或背景。这种媒介史不是关于媒介的故事,而是从媒介出发讲故事"②。从媒介出发讲故事和历史,就为故事和历史奠定了媒介的底层逻辑,从而营造了一种媒介的气氛、背景和环境。

更深刻的理解是把媒介看作一种推动历史发展的动力。唯物史观认为决定历史走向的主要力量是生产方式和交换方式构成的经济基础。但是,恩格斯为此专门解释,"无论马克思或我都从来没有肯定过比这更多的东西。如果有人在这里加以歪曲,说经济因素是唯一决定性的因素,那么他就是把这个命题变成毫无内容的、抽象的、荒诞无稽的空话"③。恩格斯之所以强调经济因素是斗争的需要,正如他所强调的,"青年们有时过分看重经济方面,这有一部分是马克思和我应当负责的。我们在反驳我们的论敌时,常常不得不强调被他们否认的主要原则,并且不是始终都有时间、地点和机会来给其他参与相互作用的因素以应有的重视"④。很显然,历史的决定因素不是唯一的,"对历史斗争的进程产生影响并且在许多情况下主要是决定着这一斗争的形式的,还有上层建筑的各种因素:阶级斗争的各种政治形式及其成果——由胜利了的阶级在获胜以后确立的宪法等,各种法的形式以及所有这些实际斗争在参加者头脑中的反映,政治的、法律的和哲学的理论,宗教的观点以及它们向教义体系的进一步发展"⑤。那么,除了恩格斯提到的以上有关上层建筑的因素,还有没有别的因素?应该是有的。媒介就算一种重要的决定性因素。马克思和恩格斯所处时代还没有开始使用"媒介"一词,传播学也没有诞生,尽管如此,他们还是有一些关于语言功能的论述,比如恩格斯在《自然辩证法》中分析了语言发展和人脑发展的关系,认为语言的发展"使人和猿之间的鸿沟从此不可逾越"⑥。这一超越在人类历史发展过程中起到分水岭的作用,自然也就体现出语言这种媒介对历史进程的推动作用。语言在人类社会从封建主义社会迈向资本主义社会的过程中也扮演着决定性作用,正如列宁所指出的那样,"资本主义彻底战胜封建主义的时代是同民族运动联系在一起的。这种运动的经济基础就是,为了使商品生产获得完全胜利,资产阶级必须夺得国内市场,必须使操同一种语言的人所居住

---

① 胡翼霖.媒介史强纲领:媒介环境学的哲学解读[M].北京:商务印书馆,2019:74.
② 胡翼霖.媒介史强纲领:媒介环境学的哲学解读[M].北京:商务印书馆,2019:74.
③ 恩格斯.恩格斯致约瑟夫·布洛赫[M]//中共中央马克思恩格斯列宁斯大林著作编译局.马克思恩格斯选集:第四卷.北京:人民出版社,2012:604.
④ 恩格斯.恩格斯致约瑟夫·布洛赫[M]//中共中央马克思恩格斯列宁斯大林著作编译局.马克思恩格斯选集:第四卷.北京:人民出版社,2012:604.
⑤ 恩格斯.恩格斯致约瑟夫·布洛赫[M]//中共中央马克思恩格斯列宁斯大林著作编译局.马克思恩格斯选集:第四卷.北京:人民出版社,2012:604.
⑥ 恩格斯.自然辩证法[M]//中共中央马克思恩格斯列宁斯大林著作编译局.马克思恩格斯选集:第三卷.北京:人民出版社,2012:859.

的地域用国家形式统一起来，同时清除阻碍这种语言发展和阻碍把这种语言用文字固定下来的一切障碍。语言是人类最重要的交际手段；语言的统一和无阻碍的发展，是实现真正自由广泛的、适应现代资本主义的商业周转的最重要条件之一，是使居民自由广泛地按各个阶级组合的最重要条件之一"①。可见，媒介实际上在人类历史发展的不同阶段中都扮演着重要的角色，甚至发挥着决定性的作用。只要我们进入历史的隧道深处，回到文明嬗替的每一次重大关头，我们就会理解媒介对历史发展的决定性作用。从电子媒介时代开始，到互联网媒介时代，再到数字技术媒介和元宇宙媒介域生态时代，我们对此看得更加清晰和真切。对于这一点，媒介环境学的"媒介即环境"已经无法有力地体现媒介和人类社会的深刻关系了，也许我们应该用一种"媒介唯物史观"去超越媒介环境学那些无力的语言。

媒介和传播是一枚硬币的两面。既然媒介环境概念成立，那么传播环境也就成立；既然"媒介唯物史观"成立，那么"传播唯物史观"也成立。中国学者陈卫星在《传播的观念》一书中用了一个"唯物主义的传播史观"概念，从表面看，其含义和"传播唯物史观"相似，又有区别，但总归是给我们提供了一个思路上的启发。他多次用法国传播学者戴拉海（Yves de La Haye）的观点解释这一概念。"正是在社会结构中组合、社会化和'生效'的传播方式，产生了巨大影响，包括阶级结构、信息市场的出现、货币和金融市场、农业、社会运动和工人反抗的形式、国家角色、政府模式、信息设备、城乡关系、劳动力市场，等等。在这个传播方式发展的过程中，殖生出多重传播网络，劳动力、信息、资本、商品和影像的循环不断增长，循环的速度越来越快。"②他认为以唯物主义的信息观来看，"所谓信息工具，就是社会生产过程关系、消费、交换和再生产的通用润滑剂。换句话说，传播不仅仅是传播，还通过调整与生产、流通和消费的一般条件相联系的社会关系，提供了一个既定的社会舞台，不断地创造出新的条件"③。"如果用一句话来总结唯物主义的传播观，那就是传播问题仅仅在生产和流通之间才有意义，也就是说，传播手段要与生产手段相对应。"④这里先不纠结于他用的"传播史观"和"传播观"究竟是不是同一个词，也许他之所以用"传播史观"是想和"唯物史观"做一个对比式表述，但严格来说"传播史观"和"传播观"确实不是同一个词。不管怎么说，这种新的传播观念把传播问题提到了唯物史观的高度，不再就事论事，而是从生产关系和交换关系去认识传播，这样一来就会自然而然地得

---

① 列宁.论民族自决权[M]//中共中央马克思恩格斯列宁斯大林著作编译局.列宁选集：第二卷.北京：人民出版社，1960：508.
② 陈卫星.传播的观念[M].北京：人民出版社，2004：374.
③ 陈卫星.传播的观念[M].北京：人民出版社，2004：376.
④ 陈卫星.传播的观念[M].北京：人民出版社，2004：376.

出"传播唯物史观"的结论,也会把传播看作一种推动历史前进的决定性力量。这样我们当然就能够把传播看作国际交往的背景和环境了,就能够坦然地从传播出发去讲国际交往的故事。

二、从全球传播视野出发建立"传播"与"国际"的关系

既然传播是一种背景和环境,那么它就是无处不在的。但是,当我们把传播看作一种环境,或者说我们用媒介环境学的思维去思考传播以及与传播相关的国际事务、国际交往等问题时,我们极易陷入几个陷阱。第一个陷阱是把国际事务、国际交往看作一些媒介活动的镜像。媒介环境学强调媒介和媒介技术对人类社会的影响,马歇尔·麦克卢汉(Marshall McLuhan)和尼尔·波斯曼(Neil Postman)(或译为"波兹曼")认为,"人们的思维方式和社会组织是由业已内化的主导性的传播模式塑造的"[1],法国传媒学者雅克·艾吕尔(Jacques Ellul)强调"技术至上",认为"人生的一切方面都已让位于技术,包括经济的、政治的、社会的和商业的组织都让位于技术对人的影响"[2]。按照以上观点,国际事务和国际交往活动确实可以从传播模式和媒介技术的视角去进行分析,但如果我们无限夸大传播和媒介的作用,那我们极可能把国际事务和国际交往活动"还原"为传播事务和媒介技术的开发、利用等,而实际上这两个领域并不能被混淆和等同,它们之间有着明确的界限。第二个陷阱是把与国际关系发生联系的传播单纯看作一些专业传播机构的活动。由于传播机构、传播组织和传播实体的显性存在,特别是在现代国家体系中,组织传播扮演着非常重要的"第四权力"的角色,因此人们在谈论国家间传播时——更多时候人们愿意称其为国际传播——容易把这样的传播活动看作一些传播组织或机构的行为,而忽略了传播本身、媒介本身的规律。在互联网时代,个体所扮演的角色越来越受到重视和认可,因此国际传播的概念一度受到抵制,代之以全球传播的概念。但是在大众传播时代和新闻时代之前呢?在漫长的以记录和记忆为功能的语言时代和手抄时代呢?全球传播必须提供一种更大的时空观,否则我们极易让自己陷入自己所处时代的泥潭而不能自拔。第三个陷阱是认为传播和国际关系在近现代才发生联系。这一陷阱和第二个陷阱是同步的,只不过第二个陷阱是传播观和媒介观造成的,而第三个陷阱是国际观造成的。如果把传播的时段拉长的话,那国际的时段也要相应地拉长,真实的历史允许我们这样去重新认识吗?这取决于我们如何看待"国家"和"国际"的概念。这一"陷阱"直接和后面的

---

[1] 林文刚. 媒介环境学:思想沿革与多维视野[M]. 何道宽, 译. 北京: 中国大百科全书出版社, 2019: 17.
[2] 林文刚. 媒介环境学:思想沿革与多维视野[M]. 何道宽, 译. 北京: 中国大百科全书出版社, 2019: 135.

第三个认识相关联，我们稍后再分析。第四个陷阱是我们在谈论传播与国际、全球传播与国际关系等问题时会想当然地认为这是一个国际传播的问题，是国际传播领域的议题，因此会把这类问题统统归入国际传播学科或研究方向，但是 $A \cap B=AB$ 成立的话，$A \cap B=BA$ 也成立。或者说 A、B 相交叉，既可以表示为 $A \cap B$，也可以表示为 $B \cap A$。传播问题与国际问题相交叉如果能被称为国际传播的话，为何不能被称为传播国际？就是说，如果我们能从传播的视角看国际的话，为什么不能从国际的视角看传播？

历史学者威廉·麦克高希（William McGaughey）在更加宏大的文明史研究领域就进行过类似的探索，他部分地把传播作为观察世界史和文明史的新视角。他把人类文明分为五个阶段。文明的第一阶段，其特征是政府从社会中分离出来，它还有一个附属的特征是书写，政府出于有效管理的考虑，在各个方面大量使用书面记录。文明的第二阶段，其特征是宗教从社会中分离出来，这一时期，世界各地分别创立了宗教，如伊斯兰教、基督教、佛教，这些宗教的内核和古希腊、中国的先贤们创立的思想一样，都是哲学，是一种传播内容的体现。文明的第三阶段，其特征是教育和商业从社会中分离出来，现代大学在意大利等地诞生，地中海商业贸易蒸蒸日上，新教、印刷术、为躲避奥斯曼土耳其人奔涌而来的希腊学者等因素促进了欧洲文化的繁荣。文明的第四阶段，其特征是新闻和娱乐从商业社会中分离出来，19世纪开始的新闻、广告、报纸和电视等花样翻新的媒介以及各种娱乐打开了人类文明的新纪元。麦克高希对互联网引领的、即将到来的文明的第五阶段进行了预测和"告知"。麦克高希给我们提供了一种新思维。传播远不是金属活字印刷术以来的事物，不是新闻时代以来的事物，它有着悠久的历史，这个历史长度与人类文明的长度几乎是一致的，甚至可以说人类文明需要用传播历史来丈量。传播也不是哪一种文明所独有的，它几乎是在人类不同的生活区域内同时或先后产生的，它是一种全球事件、全球现象，因此传播也是全球传播。鉴于此，我们对于传播的认识起点就非从全球传播的起点开始不可了。

尽管如此，在传播与国际交会的地带，我们仍然可能不在这里就在那里地继续沿用习惯方式思考问题，或者惯于用传统思维思考问题，这样会让我们的视野大大变窄，以致一叶障目，不见泰山，或者盲人摸象，不得其全。传播不仅仅是组织传播，也不仅仅是大众传播或部分人的个体行为，传播是一种人类的交往方式，它根植于人类社会的最深处。从另一个角度说，传播不仅仅是近现代的媒介事件，还是亘古以来的人类事务；不是在近现代才开始影响政治、经济、文化、军事的，而是在古代就是政治、文化、军事、社会的组成部分。毫不夸张地说，没有传播就没有一切。这提醒我们要从传播的普遍性出发去认识它与国际事务的关系。写作本书的目的在于给"全球传播与国际关系"这门课程提供一本辅助性教材，最初"全球（大众）传播与国际关系"

是国际关系专业的课程，或者说是国际关系和传播学学者的跨专业研究方向，既然如此，本书仍然愿意把它看作国际关系的课程，而不是传播学的课程。当然，本书作为研究国际传播的一本参考书，也绝对没有任何问题。甚至把本书看作国际传播的研究成果，也没有任何问题。但是，笔者仍然要强调本书的"国际"和"国际关系"属性，这完全是为了拓宽我们的研究视野，真正贯彻"媒介唯物史观"，用一种独辟蹊径又一以贯之的哲学思想指导我们的学术研究。毕竟传播的历史与人类同步，从全球传播的起点寻找传播与国际的接合点，自然也会延长国际、国际关系或者国际事务、国际体系的时间跨度，这对于国际关系研究是一种拓展，对于国际关系学突破地缘政治学窠臼也算一次有益的尝试。

三、国际关系的历史叙事要打破"三十年战争范式"或"威斯特伐利亚情结"

近现代国际关系开启于欧洲 1618—1648 年爆发的"三十年战争"，战后形成的威斯特伐利亚体系被认为是近现代国际关系的第一个体系，此后陆续产生了维也纳体系、凡尔赛体系、雅尔塔体系和后冷战格局等。这已成为国际关系学界普遍接受的知识。但是，这种历史分期显然是建立在这样几种认识和思想基础之上的。一是"欧洲中心"和"西方中心"思想。无论是威斯特伐利亚体系，还是维也纳体系或凡尔赛体系，都是欧洲叙事模式和西方叙事框架的产物，历史事件的内容和主角都是欧洲或西方主要大国。只有在雅尔塔体系和后冷战格局开始后，才增加了非西方因素，但是其概念内容、理论命题、思维原则，甚至理念目标，都还是西方的，只不过重心从欧洲转移到了美国。这样的一种"西方中心"思想直到现在也是指导、影响美国及其西方盟国做出外交决策的思想根基和精神渊薮。二是与西方的历史分期一致且对其进行继承的"欧洲经验"和"西方经验"。西方较为普遍的世界历史分期把世界历史划分为古代史、中世纪史、近代史和现代史四个时期，其中基督教一家独大的中世纪史在其中起着承前启后的作用，之前的是古代史，之后的是近代史和现代史。这种分期的西方特色太明显了，就连麦克高希也承认，这种分期不适用于世界上其他地方。欧洲"三十年战争"史其实是中世纪以后的近代史的一部分，把它作为近代国际关系史的开端，很明显是"欧洲经验"和"西方经验"的又一叙事范式。既然世界历史的"欧洲经验"和"西方经验"不适合世界上的其他地区，那么国际关系史的"欧洲经验"和"西方经验"能适合世界上的其他地区吗？事实上，阿米塔·阿查亚（Amitav Acharya）和巴里·布赞等西方学者已经明确指出，"国际关系学在很大程度上建立在西方历史和西方政治理论就是世界历史和世界政治理论的假设之上……拉丁美洲、非洲、中东以及东南亚地区的国际关系研究结果表明,由西方发展起来的占支配地位的国际关系概念——包括民族国家、权力、制度和规范——与当地学者在这些不同地区所感知和分析的现实之间的脱节正在日益加深"[1]。正是在这样一种意识之上,阿查亚和布赞提出要构建新的"全球国际关系学"。三是用"民族国家"掩盖国家概念、国家类型的差异。西方学术界认为"三十年战争"后之所以形成"第一种"国际关系体系,是因为战后现代国家的普遍形式——民族国家出现了,由此以民族国家为基础的国际关系才得以形成。在这里,民族国家是一个至关重要的概念,它实际上构成现代政治学中国体与政体的基础。在今天的政治话语体系中,国家都被称作民族国家,每个人在谈论国家的时候都会在国家和民族国家之间自由切换。但是,一个不容否认的事实是当时欧洲各国的国情十分复杂,德国继续保持 300 多个城邦林立的状态,追求国家至上的法国恰恰是一个政教合一的国家,而被教皇加冕的哈布斯堡王朝则政教分离,在英国则酝酿着一场即将削弱王权而凸显政府角色的政治革命。很显然,用民族国家概念概括如此不一致的国家现状,完全是用今天的标准衡量昨天的事物,是一种与时间节点严重不符的"倒签合同"的行为。至于在全球范围内,国家形态的多样性就更不用说了。在东方,中国的封建王权制度延续了几千年,一直到第一次世界大战爆发前才寿终正寝。和欧洲的民族国家形态相比,封建王权制度下的中国国家形态历史悠久,更为重要的是它自成体系,与周边的民族、国家和其他政治力量构成了独特的朝贡型国际关系。这表明"民族国家"理论无法涵盖东方国际体系和国际关系的独特历史。

西方中心思想、西方经验和民族国家概念确实无法说明全球范围内的国家发展史、国际体系变化和国际交往史、国际关系史。全球范围内的学者,特别是西方的很多学者早就认识到了这个问题。早在 20 世纪中叶,就有很多人对西方中心主义和西方的文化帝国主义提出了批评。进入新世纪,有西方学者如巴里·布赞提出世界史观的国际关系学理论,把"国际体系"的历史回溯至人类从部落和酋邦跨入城邦文明的起点。之后,他又联合其他学者提出了构建非西方的"全球国际关系学"倡议。中国的学者也十分明确地指出,"在'民族国家'定义的背后,是一个千差万别的世界,国际关系史和国际关系理论研究应该更加贴近这一现实"[2]。是的,国际关系的起点完全应该回到国家这个原点,没有国家就没有国际关系,而有了国家就有了国际关系。无论威斯特伐利亚体系形成之前的世界状态是被看作一个整体,还是被看作相对隔绝的多元区域,或者是被看作"国际体系""前现代国际关系"[3],我们都得承认,把国际关系的起始时

---

[1] 布赞,阿查亚. 全球国际关系学的构建:百年国际关系学的起源和演进[M]. 刘德斌,等译. 上海:上海人民出版社,2021:3.
[2] 刘德斌. 国际关系研究的历史路径[M]. 北京:社会科学文献出版社,2022:8.
[3] 刘德斌. 国际外交史[M]. 北京:高等教育出版社,2018.

间锚定为17世纪，完全是一种孤芳自赏的行为。当我们用"媒介唯物史观"或麦克高希的文明新视野考察传播与国家的关系、传播与国际的关系时，我们无法拒绝延长它们发生关系的历史时段。

四、"国际关系"概念不能准确指称全部相关研究对象

本书虽然把国际关系的起点追溯至国家原点，但从国际关系学的角度看，早期的国际交往、国际互动、国际体系、国际秩序、威斯特伐利亚体系等理论或概念并没有取得学术界和理论界的普遍共识，有关概念难以和国际关系直接画等号。莫顿·A.卡普兰（Morton A.Kaplan）提出了"国际体系"的概念，普芬多夫（Pufendorf）提出了"国家体系"概念，马丁·怀特（Martin Wight）把国家体系分为"国际性国家体系"和"宗主国国家体系"，赫德利·布尔（Hedley Bull）区分了"国际社会"（或"国家社会"）与"国际体系"（或"国家体系"）的不同，而巴里·布赞和理查德·利特尔则把"国际体系"概念作为连接世界历史和国际关系学的桥梁。但是这些概念和研究范式并不能规避那种间接使用"国际关系"概念或者说用其他概念替换国际关系以后就能减少给人带来困惑的问题。事实上，即使在今天，当我们面对纷繁复杂的跨国界、跨文明或跨文化的事务和事物时，我们也难以用"国际关系"一词或用其他概念如"国际体系""国际问题"等把所涉及的研究对象"一网打尽"。马丁·怀特早在60多年前就质疑："为什么没有国际理论？"[①] 他坚持国际关系理论不能被传统的主权观念等思想所束缚，在此问题上应该持更加开放、包容的态度。鉴于此，本书倾向于选择一个更加模糊的概念——"国际"。

"国际"（international）一词是1789年杰里米·边沁（Jeremy Bentham）创造的。此前，"国际法"被写作"the law of nations"，表示众多国家的法律。但是，"边沁认为这种表述是不恰当的，因为它没能抓住这种法律调节的是国家之间而不是国家内部关系这样一个事实"[②]，所以他采用更能表示"跨国"含义的"国际"一词，用"international law"代替"the law of nations"以表示"国际法"。今天，"国际"一词等同于"全球""世界"等词语，也等同于"国际关系"，在英美国家一直有"international studies"（国际研究）的用词，很多机构都用了这个概念，比如英国国际研究协会（British International Studies Association，BISA）、欧洲国际研究协

---

① WIGHT M. Why is there no international theory? [M] //WIGHT M. International relatimes and political philosophy. Oxford: Oxford university Press, 2021: 22-38.
② 布赞, 利特尔. 世界历史中的国际体系: 国际关系研究的再构建[M]. 刘德斌, 任东波, 宋鸥, 等译. 北京: 世界知识出版社, 2015: 32.

会（European International Studies Association，EISA）、国际研究协会（International Studies Association，ISA）、国际研究大会（International Studies Conference，ISC）、世界国际研究大会（World International Studies Committee，WISC）。这说明"国际"一词虽然是形容词，但它不是用来修饰"研究"的，而是指明研究"对象"——国际或国际关系的。根据以上机构的属性，这个"国际"应该包括"国际事务""国际政治""国际经济""国际法""国际体系""国际社会""国际组织""国际关系"等所有和"国际"有关的内容和对象。很显然，"国际"的外延远比"国际关系"广，而且在使用上也更加灵活。特别是本书研究的"全球传播与国际关系"，一旦将其置入古代社会或早期国家的混沌状态时，必然会产生关于"国际关系"等概念的争论，而这些争论并不是本书要讨论的问题。

与此相关，还需要对"国际学"一词作简单的解释。"国际学"并不是空穴来风或凭空捏造的。"国际学"一词在中国有特殊的历史和时代意义。这个词要从晚清时期中国国际问题研究的一大公案说起。鸦片战争后，中国的国际问题研究兴起，学界为如何界定这个研究对象大费口舌，展开激烈争论，其中有人用"国际法"，有人用"国际事情"，还有人用"国际事务"。1933年，南开大学教授徐敦璋在《外交月报》发表连载文章《国际学的研究》，提出了"国际学"概念[①]。徐氏认为国际关系在各大学的学科体系中多与国际法、国际组织、国际政治、外交学等学科并列，如果不将国际关系与其他概念加以区分，则难以使学生明白国际科学分别之所在。虽然国际事件（international affairs）和国际研究（international studies）等词语具有较强的整合性，但其在中国的适用范围有限，不如创制一个包罗国际社会现象的新词语——国际学（science of international studies）[②]。徐氏指出国际学是一门研究各种国际生活的科学。这里的国际生活包含两个或两个以上国家间发生的政治、经济、社会、文化与法律互动；称其为科学是指将科学的方法运用到国际现象的考察中，以期寻找国际事务的法则和因果规律。他把国际学研究内容分为四个部分，第一部分是"对于人类生活背景的叙述与描写"，即"叙述的国际学"，又可以分为"地理方面的环境""生理方面的环境""心理方面的环境""制度方面的环境""历史方面的环境"五个方面。[③]他所说的"环境"其实就是和国际问题乃至人类生活有关的各种背景知识，研究国际问题首先要研究这些"环境"。徐敦璋的"环境"和媒介环境学的"环境"有异曲同工之妙。第二部分是"明了世界各个民族国家的相互关系（intercourse）"，包括国家间的"公

[①] 徐敦璋. 国际学的研究（上）[J]. 外交月报, 1933, 2（5）：31-41；徐敦璋. 国际学的研究（下）[J]. 外交月报, 1933, 3（2）：43-56.
[②] 徐敦璋. 国际学的研究（上）[J]. 外交月报, 1933, 2（5）：41.
[③] 徐敦璋. 国际学的研究（下）[J]. 外交月报, 1933, 3（2）：50-51.

共生活"和"私人生活",具体分为六类:国际政治关系、国际外交关系、国际经济关系、国际文化关系、国际社会关系和国际法律关系。① 第三部分是"国际组织研究",又可细化为"外交之学""国际行政之学""国际执行之学""国际政府的科学"。② 第四部分是"国际法的研究"。国际法虽然是国际学研究内容的第四部分,但它要早于国际学研究内容中其他所有的学问而出现。"先有国际法后有国际学(指国际法之外的其他国际问题研究),国际法乃国际学之母,国际学由国际法分化而成。50年前(指18世纪70年代前后)国际法包括一切国际学之范围,现在之国际法只是国际学之一部分而已。"③

"国际学"一词后来没有被普及,国际关系概念逐渐成为新的学科名称。本书不打算讨论二者谁更正统和谁更合理,只是觉得"国际学"可以涵盖更多的内容,且外延性更高。写作本书时,我们的研究一开始是从国际关系思维出发的,但是当我们把全球传播的历史坐标追溯到国家原点,甚至和文明史汇合,把传播所对应的国际事务进行更加全面、深入的考察之后,我们发现"国际关系"一词根本无法和"传播"一词进行完全的匹配和耦合,这就是"传播国际学"一词的又一来历。这并不是一门新兴的学科或一个新的研究方向,而只是对现有研究的一次重新梳理。如果一定要把这项研究进行归类的话,我们可以把它看作传播史研究的延伸,或者直接把它看作国际传播史研究向历史学和国际关系学的转向。过去我们把国际传播看作一种现代产物,但是一旦国际关系历史的时间跨度被拉长以后,国际传播的历史也自然会延展。而且,如果"国际"是国家、社会的存在形式的话,国际传播就应该被看作一种存在于国际社会范围的社会常态。这就更需要重新认识国际传播和整个传播的基础、生产、形成、交往活动。当然,也可以把这项研究看作一种新的历史学研究。世界历史的研究和编纂经过欧洲文艺复兴运动、宗教改革运动和知识启蒙运动等几次重大思想解放运动后基本形成一种欧洲中心主义或西方中心主义的范式,这种范式自认为欧洲和西方代表了先进和活力,是决定历史走向的力量,世界历史自然要以欧洲和西方为中心,或者世界历史要围绕欧洲和西方展开。然而,西方资本主义"把一切民族甚至最野蛮的民族都卷到文明中来"毕竟是近代以来的事情,在此之前各民族有着自己的发展历史,有的"野蛮",有的则远比欧洲乃至西方先进。这说明至少在回顾"资本主义史前史"时不能用欧洲中心主义范式或西方中心主义范式来说明问题。很多人通过编纂专业史的方式或采取某种专业历史视角试图超越西方中心主义范式,代表作如刘易斯·芒福德(Lewis Mumford)的《城市发展史》、贾雷德·戴蒙德(Jared Diamond)的《枪炮、病菌与钢铁》、斯文·贝克特(Sven

---

① 徐敦璋.国际学的研究(下)[J].外交月报,1933,3(2):52-53.
② 徐敦璋.国际学的研究(下)[J].外交月报,1933,3(2):53-54.
③ 徐敦璋.国际学的研究(下)[J].外交月报,1933,3(2):43-56.

Beckert)的《棉花帝国》等，但是用传播学视角的还不多。18世纪法国历史学家孔多塞（Jean Condorcet）做过初步的尝试，他在《人类精神进步史表纲要》中以知识进步为坐标回顾了人类历史，其中把语言、文字和印刷术看作历史分期的重要界碑。美国当代历史学者威廉·麦克高希用传播和媒介为世界史提供了一种新视角。这些尝试从传播学和媒介学的角度看，还不够彻底，还有挖掘空间。而现有的传播史研究则只是研究传播以及媒介的纯学科史，并没有上升到世界历史和人类历史的高度，这是传播史研究的一大缺陷。除历史学和传播学两种考量之外，本著作还是国际关系学研究的继续，这缘于把国家看作信史的要素之一。在这种视角下，就不得不把传播、国家、国际、世界历史等因素进行重新组合。

当我们把传播、国家、国际和世界历史等概念聚在一起后，一个比较清晰的框架和轮廓就呈现在我们眼前。首先，国际关系绝不是"三十年战争"的产物，国际关系的本质取决于国家，有了国家就有了国际和国际关系，只不过它们也都有自己的发展历史。在最初时期，国家并不是今天所说的"民族国家"，而是城邦国家或别的原初国家；国际关系也不同于今天的这种用和约、国际会议和国际宪章组建起来的国际关系，但它一样具备战争与和平、称霸与均势、对抗和秩序等国际关系的基本要素。在新的框架下，我们不需要对国际关系史做"前国际关系"或"前国际体系"的分类，而是以国家为指标重建坐标，并把国家按照其在不同历史阶段的特征加以区分，赋予其专属于不同阶段、不同形态国家的国际或国际关系，让国际或国际关系与国家真正地、完全地结合起来。其次，当我们参考、借鉴巴里·布赞和理查德·利特尔的研究方式，打破"威斯特伐利亚情结"，把国际关系放到整个世界历史的框架下审视，以全部国家形态为国际关系的原点和基点，对国际或国际关系、国际体系进行文明史式长时段的再认识、再构建的时候，我们其实来到了世界历史的起点。关于世界历史的起源有很多种理论。有人坚持"自然史—人类史"原则，认为世界历史是自然历史和人类历史的结合，比如20世纪初英国历史学家赫伯特·乔治·韦尔斯（Herbert George Wells）的《世界史纲》从地球的形成说起，21世纪初美国历史学家大卫·克里斯蒂安（David Christian）的《起源：万物大历史》则依托最新的天文学知识，从138亿年前宇宙大爆炸开始说起。对于人本主义学者来说，历史当然是关于人类社会的。在这一学派中，又有很多的观点，孔多塞认为历史是人类精神的进步过程；黑格尔认为历史是"绝对精神"实现其本质的过程；斯宾格勒（Osward Spengler）和汤因比（Arnold Toynbee）认为历史要揭示人类文明的循环或进程；马克思和恩格斯认为历史是人类改造自然的过程，是阶级斗争的历史。但是，不管从哪个角度进入历史，我们都会发现历史的源头浓雾弥漫，难道就没有一种令人信服的要素作为历史源头的依据吗？当然有。相比较而言，在所有的要素中最清楚、有记录、可证实的综合要素就是国家，它的真实性来自它所涵盖的诸多单个要素，如文字、城市、社会组织。至此，我们就不断地、一次又一次地来到国家原点。国家原点既是国际关系的起点，也是世界历史的起点。国际关系与世界历史汇合了，这是意想不到的结果。最后，当我们用不同的理念、认识和抓手破解历史秘密时，我们其实又来到了一个新的起点，在这个起点我们面临这样一个问题：站在历史的源头，我们的思维准备选择哪一条路重走一遍历史？我们不需要用历史观来约束我们的思维，历史观往往会牵扯到立场、态度、价值观的问题，我们只需要从微观出发。从微观出发就产生了各种专业史，也出现了以某一元素作为主线索而展开的历史。迄今为止，传播学已成为一门显学，各种研究汗牛充栋，但是并没有一本传播史专著，原因应该来自两个方面。一方面是传播学界对传播的概念仍然停留在新闻传播的要旨上，因此有很多中外新闻传播史著作，却没有中外传播史著作。另一方面是传播史实际上已经成为人类史，这项工作显然属于历史学界而不属于传播学界。但无论如何，这需要懂传播学的人来书写历史，并以传播为线索重新编纂历史。这是一项浩大的工程，需要时日。本书暂先从一个小切口进入，在这样一种思想指导下，循着"媒介唯物史观"的路径，用媒介和传播作为决定性因素重构蕴含于世界历史之中的国际关系史。从某种意义上说，本书的研究内容可以看作对孔多塞和麦克高希等人研究的继承和发扬，但它归根结底还是历史唯物主义的展开。

在今天看来，如果把本书的7章内容看作有关这一问题的全部内容的话，当年《大众传播与国际关系》一书的内容只占本著作的1/7，这表明关于此类问题的认识遵循了人的认识总是不断深入和提高并逼近真理的唯物主义认识论思想。此外，作为"全球传播与国际关系"跨学科课程的参考读物，本书希望在"传播国际学"概念下形成一种开放性、发散性思维，采取一种包容、谦逊的态度，准备接受一切批判。

学术研究必须要有自己的观点和创新，尽管错漏无法避免，好在刘易斯·芒福德已经有言在先：自己探索，自担风险。[①] 我们同意并坚守这样的原则。

最后，我们谨记，这是一个传播的国际。没有传播就没有国家，没有国际，也没有历史。

---

① 芒福德.城市发展史：起源、演变与前景[M].宋俊岭，宋一然，译.上海：上海三联书店，2018：54.

第一章　传播国际史观

传播国际史观是考察历史的独特方法和视角，它强调历史研究的传播观和国际观两种观念并重，并且把这两种观念结合为一个整体，让传播和国际既互为出发点，又互为落脚点，或者说既互为标尺，又互为焦点。此外，传播国际史观要求我们在认识传播活动和传播现象时要持长时段的历史观和普遍意义上的文明观。因此，完整的传播国际史观应该包含历史观、文明观、传播观和国际观4种主要的观念。

第一节　历史的多维视角

一、概念溯源

历史是什么呢？先从历史概念说起。据考证，"史"字最早见于殷商甲骨卜辞："在北史其获羌"，意指驻守在外的朝官，见图1-1。《礼记·玉藻》有言，"动则左史书之，言则右史书之"[①]。"史"在这里是史官的意思。汉代许慎《说文解字》对"史"字的解释是"记事者也。从又持中。中，正也"[②]，史官客观记录了发生的事实。秦汉以来，"史"开始表示过去发生的重大事件，典型代表是西汉史官司马迁的名著《史记》。三国时期，双音节的"历史"一词首次出现。吴人韦昭所著《吴书》中记载，魏文帝曹丕问吴使赵咨："吴王（孙权）颇知学乎？"赵咨回答："（吴王）志存经略，虽有余闲，博览书传历史，藉采奇异，不效诸生寻章摘句而已。"[③]这里的"历史"还不具备现代的含义，"历"和"史"要单独理解，"历"有"涉猎""经历""历代"的含义。梁朝萧子显所著《南齐书》第四十七卷《武十七王》中有一句"积代用之为美，历史不

---

① 郑玄. 宋本礼记·玉藻：第二册[M]. 北京：国家图书馆出版社，2017：196.
② 段玉裁. 说文解字注[M]. 北京：中华书局，2013：117.
③ 陈寿. 三国志（下）[M]. 裴松之，注. 北京：中华书局，2011：936.

以云非",① 这里"历史"对应"积代","历史"表示"历朝历代的史籍",初步具备了现代关于历史的部分含义。

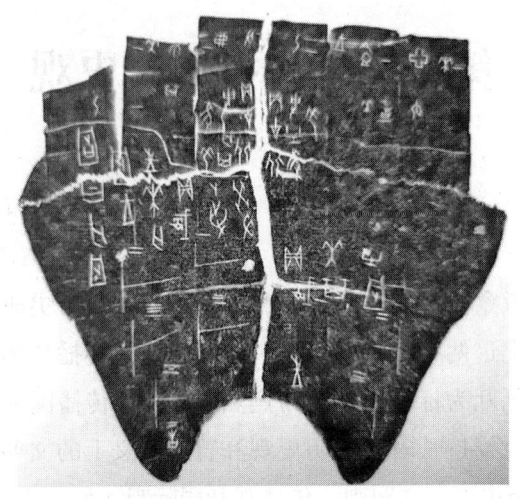

图 1-1 "在北史其获羌"甲骨

西方"历史"一词据说起源于古希腊。公元前 5 世纪,古希腊的希罗多德把自己经历的希腊波斯战争记录下来,形成了西方最早的历史著作,书名由拉丁语按照希腊语读音转写为 historia,后来又被英文写作 history。这种说法在今天受到越来越多的质疑。据考证,公元前 5 世纪的古希腊尚没有形成自己的文字,有人认为口述历史的真实性是存疑的。"在(古)希腊,书面文献非常罕见",② "希罗多德不得不构建了自己收集、整理和统一事件的方法。他把自己的收集能力用于希腊和蛮族的口头传统上,偏爱活人的口头叙述而非书面文献"③,以致今天西方的历史学家们对他作出了严厉的批判:"这位历史之父从未或几乎从未被承认是一个模范的历史学家,因为人们从不认为他可信,就连他的推崇者也不例外。"④ 希罗多德的"不可信"也连累了修昔底德,因为"修昔底德接受希罗多德关于历史主要建立在口头传统之上的前提假设"⑤,"书面文献对修昔底德来说也是边缘的"⑥,那么建立在口头材料基础上的修昔底德的《伯罗奔尼撒战争史》就和他的前辈希罗多德的《历史》一样无可挽回地遭遇了滑铁卢。事实上,和古希腊相去不远的古罗马时期的人就对希罗多德提出过疑问和批评。著名的政治家、

---

① 萧子显.南齐书第三册[M].北京:中华书局,2017:707.
② 莫米利亚诺.历史学研究[M].王晨,译.北京:北京大学出版社,2020:278.
③ 莫米利亚诺.历史学研究[M].王晨,译.北京:北京大学出版社,2020:278.
④ 莫米利亚诺.历史学研究[M].王晨,译.北京:北京大学出版社,2020:279.
⑤ 莫米利亚诺.历史学研究[M].王晨,译.北京:北京大学出版社,2020:279.
⑥ 莫米利亚诺.历史学研究[M].王晨,译.北京:北京大学出版社,2020:279.

哲学家西塞罗就指责希罗多德是一个"臭名昭著的说谎者"①，他甚至"怀疑希罗多德本人编造了关于克洛伊索斯和居鲁士战争结果的模棱两可的神谕"②。

history 一词于19世纪末、20世纪初传到东方后，日本学者在汉字中找到了"历史"一词作为对应。中外关于"历史"概念的定义逐渐趋近。

今天，在中国权威的解释中，历史有几层含义，一是指自然界和人类社会的发展过程，也指某种事物的发展过程和个人的经历；二是指过去的事实；三是指对过去事实的记载；四是指历史学。③这个定义最大的亮点在于它涵盖了自然界和人类社会两大领域。过去有人强调历史是关于人类社会的历史，或者是关于人的历史。与此相反的是，有人在研究唯物主义哲学的时候舍弃了人类历史，只强调自然世界的客观性。这两种观点虽然一种是关于历史学的，一种是关于哲学的，但是它们都和历史有关，都涉及自然史和人类史的关系。它们共同的特点是完全把人类历史和自然历史割裂开来。历史唯物主义者并不认同这样的历史观，马克思和恩格斯高屋建瓴地指出，"历史可以从两方面来考察，可以把它划分为自然史和人类史"④。很显然，历史不仅属于人类，也属于自然界，二者不可分割，且相辅相成。这就是马克思和恩格斯的"自然史—人类史"方法。⑤近年来，美国等西方国家的学者们提倡"大历史"观，把历史从人类史拓展到自然史，从宇宙视角重新书写历史，这其实就是马克思和恩格斯"自然史—人类史"方法在当代的应用。当然，可能在更早的时候，已有人尝试从宇宙视角书写历史。18世纪德国历史学家约翰·哥特弗里德·赫德尔（Johann Gottfried Herder）于1784年出版《人类历史哲学的观念》，赫德尔为阐明人类社会和自然世界的关系，设计了一个天衣无缝的"母子体系"。他认为自然把自己设计为一个普遍联系的有机体，首先表现出来的是物理的宇宙这个母体，其孕育出太阳系这个特殊的结构；太阳系又是一个母体，其又自然产生出新的特殊结构——地球；地球作为母体产生了生命；生命的最早形式是植物生命，植物生命孕育出了更高形态的动物生命；在动物生命中产生了人类这样最高的特殊结构，人类按照不同的种族分化出各自的历史有机体。赫德尔认为"历史生活所出现的那个备受宠爱的中心就是欧洲"⑥，至此，持自然历史观者被分出两种截然不同的派别，一切类似的"欧洲中心论"和"历史终结论"的源头浮出水面。

西方对历史的定义五花八门，黑格尔认为"历史的一个本质环节是要将各个民族

---

① 莫米利亚诺.历史学研究[M].王晨,译.北京：北京大学出版社,2020：164.
② 莫米利亚诺.历史学研究[M].王晨,译.北京：北京大学出版社,2020：165.
③ 现代汉语词典[M].北京：商务印书馆,2016："历史"条目.
④ 马克思,恩格斯.德意志意识形态[M]//中共中央马克思恩格斯列宁斯大林著作编译局.马克思恩格斯选集：第一卷.北京：人民出版社,2012：146.
⑤ 王锦刚.隐匿的路标：马克思的"自然史—人类史"方法[M].北京：中国社会科学出版社,2013：57-73.
⑥ 柯林伍德.历史的观念（增补版）[M].何兆武,张文杰,陈新,译.北京：北京大学出版社,2010：91.

或国家以及它们之中各个部门的实际活动和本质要素记录下来、保存下来"[①]。这句话指出，历史的对象是民族或国家（实际只有国家），历史的内容就是历史上发生的"实际活动"和历史的"本质要素"（指世界精神），历史最终通过"记录"和其他手段被"保存"下来。大部分西方的标准定义类似于中国《现代汉语词典》中的定义，要进行更为详细的分类和分析，或者添加随时代变化而出现的新含义，但也有的有不同的理解。以《牛津词典》和《韦氏词典》为例。《牛津词典》关于历史的释义有7种：①过去发生的所有事件；②与特定地点、主题等的发展有关的过去事件；③对过去事件的研究，尤指作为学校或大学的一门学科；④对过去真实事件的书面或口头叙述；⑤关于某人/某事过去的已知事实集；⑥对某人、家庭或地方过去生活中经常发生的事情的记录；⑦由网络浏览器保存的网页和其他用于访问的文件的记录。《韦氏词典》关于历史的释义有4种9项：①民间传说、故事；②a.关于重大事件（如影响一个国家或组织的事件）以时间顺序进行记录，通常包括对其起因的解释；b.介绍自然现象（如地理、动物或植物）的系统性专著；c.病人的医疗背景说明；d.既定记录。③记录和解释过去事件的一系列知识；④a.构成某一特定领域历史的事件；b.过去的事件；c.已完成或已逝去的人和事；d.以往的处理、操作或经验。这两个词典关于历史的定义中最大的特别之处是肯定"口述"是历史记录的合理媒介，甚至认可"民间传说"和"故事"是历史的重要内容，也就是说，口述历史、民间传说、故事中的内容可以看作历史的一部分。而这是最具争议的问题，它直接关乎历史的可信度，也关乎未经证实的历史能否被承认是历史的组成部分。

从关于历史的不同观点来看，历史的起点显然不是唯一的。从自然史看，历史的起点一直要上溯到宇宙爆炸的原点即138亿年前，中间经历了恒星诞生、太阳系诞生、地球诞生、生命诞生、生物圈形成等直至人类诞生的一系列"存在论事件"[②]。如果把人类史纳入整个自然史的画卷，用现代智能学者雷·库兹韦尔（Ray Kurzweil）的观点来说，宇宙的起点仍然是138亿年前的大爆炸，宇宙整个进化历史经历了6个纪元：物理与化学纪元、生物与DNA纪元、大脑纪元、技术纪元、人类智能与人类技术的结

---

① 黑格尔.黑格尔历史哲学［M］.潘高峰，译.北京：九州出版社，2011：109.
② 赵汀阳.假如元宇宙成为一个存在论事件［J］.江海学刊，2022（1）：31；赵汀阳.存在论事件：一种历史观［J］.中国社会科学网，2022.赵汀阳在这两篇文章中先后强调，"所谓'存在论事件'，不是对事件的一种知识分类，而是标示事件的能量级别。任何事件，无论是知识事件、经济事件、政治事件还是技术事件，只要其创造能量或'革命性'地达到对人类存在方式的系统性或整体性改变，就是一个存在论事件，也就是一个创世性的事件。如果一个事件可被认定为存在论事件，就意味着这个事件蕴含着某种新问题的起点，也就构成了人类生活和思想的一个新本源，相当于为人类存在方式建立了一个创建点。"在笔者看来，存在论事件不仅仅是关于人类的，也是关于自然的、宇宙的。在自然和宇宙中，每一次重大的决定秩序构建和时空形成的"事件"更是"创世性"的、"存在论"的，故此，这里借用了这一概念。

合纪元、宇宙觉醒纪元。① 每一个纪元又都可以看作一种历史的起点，甚至其中包含了无数的历史起点。单纯从人类史看，历史的起点尚不能准确指出，但是可以肯定的是，其起点是现代人或智人再或者是"人"出现的那一刻。按照"非洲起源说"，最早的智人诞生于20万年前左右的东非，这批智人在7万年到5万年前走出非洲，占领全球。但其实在亚欧大陆的东端，越来越多的考古结果证明人类的发源地不仅仅只有非洲，甚至可能就是起源于东亚。属于早期智人的辽宁营口的金牛山人距今28万年左右，广东韶关的马坝人距今13万年左右，属于晚期智人的广西柳江人距今22万年到10万年，山西丁村人距今10万年到5万年。从时间上可以看出，中国的智人历史远早于东非智人走出非洲的历史。我们也可以把文明史作为历史的坐标，那这样一来历史的起点就有可能是2万年到1万年前开始的农业文明，或者是以6 000年前文字和城邦的出现为标志的国家文明。关于这一点，因为对文明的不同理解，我们可以有不同的起点选择，东西方对农业文明、城市文明、媒介文明和国家文明等都有不同的解释。黑格尔开创了一种新的历史观，按照他的观点，真正的历史开始于"世界精神"对自由的认识和实践，而这个认识和实践又是和民族和国家相关的。世界精神只有在各民族历史中才能得到实现，并最终在有能力上升为国家形态的民族中实现。黑格尔这一理论似乎可以在世界史著作中被忽略的各种永远处在国家之外的民族如非洲、美洲和大洋洲的土著民族的现象中得到说明。正如他自己所说，"世界历史仅仅会关注那些已经将自己转变成国家的民族"②，因为，"国家是精神的理念外化于人类意志与人类自由领域的结果，因此，所有的历史变化本质上都取决于国家，或者说，历史变化在本质上落实在这个国家之上"③。黑格尔的观点当然是唯心主义的，他把精神看作了一切实在的源头，这与客观现实是相反的。但是，黑格尔把国家作为历史的起点，这种研究方法是有其合理性的，因为人类社会真正有记录的、可证实的、没有异议的起点恰恰是由阶级、文字、城邦、行政管理等共同组成的国家。

我们一般谈论的历史是关于人类社会的历史，而且我们特别强调只有"信史"才是真正的历史。但在现实当中，我们其实很难抉择。

二、传播与信史

尽管有人努力把历史与"他的故事（有人认为history是由his story组成）"区别开来，以证明历史的严肃性、真实性和客观性，但是"他的故事"似乎规定了在某些时

---

① 库兹韦尔.奇点临近：人类超越生物［M］.李庆诚，等译.北京：机械工业出版社，2014：5-9.
② 黑格尔.黑格尔历史哲学［M］.潘高峰，译.北京：九州出版社，2011：133.
③ 黑格尔.黑格尔历史哲学［M］.潘高峰，译.北京：九州出版社，2011：141.

间段的框架结构中允许故事在历史中扮演一个很重要的角色。除了词典，一些学者也认可"故事"的合理性。美国学者威廉·麦克高希就直截了当地指出，"历史是一个来自过去的故事的集合，它解释了我们所知道的世界是如何成为今天的样子的"[1]。面对这样的观点，人们会产生一连串问题：历史和故事之间能画等号吗？故事是历史吗？历史允许有多少的故事成分？"故事式的历史"在多大程度上是可信的？口头传播的故事和文字传播的故事谁更可信？口语媒介和文字媒介孰优孰劣？如何看待文字发明以前的"史前史"？

不可否认，人类史前史或者说文字出现之前的"前历史"是一个相当漫长的时期，据西方人类学家和考古学家分析，语言诞生于5万年前或10万年前左右[2]，如果把语言媒介时代看作人类第一个媒介传播时代（实际上在语言之前还有模拟传播），那史前史就是指文字之前的另一个媒介传播时代，其跨度就是5万年—10万年，远比文字诞生直到今天的时间跨度要长。在这个漫长的依靠语言这种唯一有效的媒介进行社会交往、传承集体记忆的时期，每一个部族、氏族、民族和国家的历史就此展开。只不过在时间的洗刷之下，这些历史都被异化为神话和传说。对于这些神话、传说，后人确实很难取舍。一方面，它们是历史的异化，或者说包含了很多过往历史的现象；另一方面，它们又单纯地表现为一些"故事"，甚至很多是不着边际的、关于怪力乱神的故事。因此，就连黑格尔这样的大师也摇摆不定。他一方面说，"一个民族真实的客观历史不能说是直到它有了一个成文的历史记录时才开始的"[3]，另一方面又断言，"在这种原本的历史范畴中，我将会把所有的神话、民间故事、传统和诗歌排除出去。因为神话和传统不过是对实际发生的事情的模糊记录"[4]。黑格尔把"历史写作"分成三种类型，也就是把历史分成三种类型：原本的历史、反思的历史和哲学的历史。原本的历史是作者写自己亲历的历史，反思的历史是作者将自己的信念、理念和原则运用到他写的内容或方式中去，哲学的历史则是真正的历史，在这种历史中，"世界历史"成为精神领域的事，成为一种通过哲学手段让精神内容逐渐实现的过程。在这三种历史中，似乎都没有神话、传说和玄幻故事存在的空间。

但是，没有一个民族愿意舍弃自己的神话、传说文化，也没有一个民族不为自己有丰富的神话、传说文化而骄傲。中国历史上有很丰富的神话、传说，特别是史前时期的创世系列神话，如盘古开天、夸父逐日、后羿射日、女娲补天等，无不展现中国

---

[1] 麦克高希. 世界文明史：观察世界的新角度[M]. 董建中, 王大庆, 译. 北京：新华出版社, 2003：3.
[2] 关于泛亚欧大陆语言的诞生，2021年有了最新的论断。世界各国科学家认为这一种语言诞生于9000年前中国辽河的农耕地区。人类在10万年或5万年前发明语言的结论面临压力。
[3] 黑格尔. 黑格尔历史哲学[M]. 潘高峰, 译. 北京：九州出版社, 2011：3.
[4] 黑格尔. 黑格尔历史哲学[M]. 潘高峰, 译. 北京：九州出版社, 2011：3.

先人对于宇宙、天地、时空甚至过往历史的纯朴、简单的认识。盘古开天蕴含着宇宙、时空形成的世界观和宇宙观，夸父逐日揭示了中国先人对太阳东升西落展开思考的思想史（这是一种特殊的历史），后羿射日和女娲补天则有可能暗藏着有关遥远的某个时期大地干旱和暴雨成灾的真实情况。此外，中国历史上还有很多如伏羲创造太极八卦、神农尝百草、燧人氏钻木取火、仓颉造字等神话故事，这些都是既不可证实，也无法证伪的"事实"。因为这些"事实"在历史上可能都发生过了，也直接或间接地传承给了今天的中国人，它们已经融入中华民族的整体历史，成为中国历史的一部分。正是有这些从神到人的故事内容，中国历史才有了与众不同但又能够上升为普遍的、整合的、属于世界历史的"世界精神"。

能和中国远古神话相媲美的是古希腊神话。古希腊历史上也有各种有关创世、命运的神话、传说和神话人物。古希腊人认为原始之神卡俄斯（Chaos，混乱）通过无性繁殖创造出大地之神盖亚、地狱之神塔尔塔洛斯、爱神厄洛斯、黑暗之神厄瑞波斯和黑暗女神尼克斯，从此有了世界。之后从第一代创世之神产生了第二代创世之神，又从第二代创世之神中派生出耳熟能详的宙斯、缪斯、普罗米修斯和潘多拉等第三代创世诸神。和神仙世界相对应的人类世界经历了五个世代。第一、第二、第三代人类分别被称为黄金一代、白银一代和青铜一代，第四代是英雄时代，出现了如赫拉克勒斯、伊阿宋和阿喀琉斯等一众英雄，第五代被称作铁匠一代，他们通过史诗、故事、戏剧等方式讲述第四代英雄的神话故事，著名的人物有荷马、埃斯库罗斯、索福克勒斯和欧里庇德斯等。一个从神到人的完整的古希腊神话系统形成了。古希腊神话是一个内容丰富复杂且环环相扣的系统文本，这种文本结构设计能力显示古希腊人具备了超越时代的能力，以至于我们不得不把古希腊神话理解为是无数代人通过传承、补充、完善而最终完成的，并不是由荷马一人或几个"英雄"创造的。

在一段时间内，我们曾经和黑格尔一样对神话嗤之以鼻，但在天文学高度发展的今天，我们已经知道整个宇宙确实是从混沌状态中产生的，生命确实是从"无性"的无机物到有机物再到生物和生命逐渐进化而来的，宇宙或自然的产生尚不能用一个天衣无缝的理论解释清楚，在很多地方我们只能通过理性、逻辑和思维去判断、猜测。我们和远古先人的区别在于，他们用神话展现世界精神，我们用科学解读世界原理。面对浩瀚宇宙和未知世界的真谛，我们其实没有比古人走多远。我们既然无法高估自己的知识水平，也就无法低估古人的认知方式。显而易见的是，彻底抛弃神话、传说后，历史的完整性和灵动性可能会缺失，特别是对于史前史来说，目前我们只能从一些僵硬的化石透露出来的一鳞半爪的线索推断出一星半点的信息，这些信息还需要继续证实或证伪，历史的源头依然浓雾一片。既然如此，我们是不是应该对神话、传说持一种开放的、宽容的、大度的、积极的态度？说实话，西方历史学家们编纂西方的历史时使用了大量的神话和传说素材,对历史事实进行判断时也大量地使用了"可能""似乎""据说"等词语,如果把神话抽离,那西方的历史大厦会马上倒塌。当然,这并不是鼓吹用神话代替历史,更不是支持那些在今天为了弥补自己民族历史短暂和历史记录不足而用神话去拼凑历史的群体。神话只是史前史的一种解读方式,或者是把它看作探究史前生活状态和文化形式的一种媒介,而不是史前史本身。阿诺德·汤因比这样理解历史与神话的关系:"历史同戏剧和小说一样是从神话中生长起来的,神话是一种原始的认识和表现形式——像儿童们听到的童话和已懂事的成年人所作的梦一样——在其中的事实和虚构之间并没有清晰的界限。"[1]这有一定的道理,但不能无限放大二者之间界限的模糊性。在历史和神话的关系问题上,我们更不能走向尼采。按照海登·怀特(Hayden White)的理解,"《悲剧的诞生》是以讨论'历史感'与'神话'意识的对立而结束的。尼采想要人类摆脱的不是神话,而是'历史'或'历史过程'所代表的幻象"[2]。在尼采眼里,历史或历史过程之类的术语才是虚构的,神话才是真实的,因为神话可以"重新收回只有隐喻意识才能提供的人类生活的自由"[3]。在尼采这里,历史的真实性其实是由人的想象自由度决定的,这和我们谈论的历史真实性是两回事。其实,从汤因比和尼采的论述中我们还可以意识到一个问题,那就是有关历史的真实性认识在不同的学科领域里有不同的结论。在这里就有传播学和历史学研究的差异性问题。历史学强调史实的真实性和可考性,对进入历史的每一个事实、事件都严格审查。但是,传播学强调人类全部历史的媒介性和传播性,针对人类早期状态,传播学不纠结于传播内容、过程真实性的考证,它认定人的进化和媒介进化是并行不悖的,人之所以脱离了动物和动物性,是因为人掌握了更复杂的传播技术。正如恩格斯所言,语言和大脑的发展"使人和猿之间的鸿沟从此不可逾越"[4]。最早的传播媒介是人自己的肢体、表情以及各种有特殊含义的发声,后来发声技术越来越复杂,语言就产生了,再经过几万年的历史,文字形成了,从此人类进入了更高阶的文明。但是媒介绝不是遗世独立的传播工具,它承载着复杂、多样、丰富和鲜活的传播内容,即使是在模拟传播和语言传播时代也是如此。神话就是语言传播时代的产物,它里面一定包含着人类在当时的生活方式、重大事件、重要人物。它不能直接等同于历史,但一旦被证实了,就会转变为历史。据报道,西方学者考古发现了特洛伊古城和战争遗迹,如果属实,那《荷马史诗》中的特洛伊战争就可能不再是传说,《荷马史诗》就可能不

---

[1] 汤因比.历史研究:上[M].曹未风,等译.上海:上海人民出版社,1997:55.
[2] 怀特.元史学:19世纪欧洲的历史想象[M].陈新,译.南京:译林出版社,2013:418.
[3] 怀特.元史学:19世纪欧洲的历史想象[M].陈新,译.南京:译林出版社,2013:419.
[4] 恩格斯.自然辩证法[M]//中共中央马克思恩格斯列宁斯大林著作编译局.马克思恩格斯选集:第三卷.北京:人民文学出版社,2012:859.

再是文学作品,而具备了历史文献的性质。在传播学这里,神话是媒介进化史中不容置疑的一环,当然,这种神话必须是从它本来应该产生于其中的时代或环境中产生的,而不是后来的人为了扩充历史而捏造的。在今天,世界上很多地区有太多所谓的"神话"和"传说"是值得怀疑的,而且可能早已不攻自破了,只不过因为有人出于某种目的而在拼命维护着这些虚假信息的"真实性"。

除了中国和古希腊,其他民族、文化和国家也都有各自的神话,这应该是由人的求知解惑、传播知识、改造世界、文化认同等因素所决定的,没有例外。但是是否存在神话这个事实本身也需要证实。唯一的办法是看进入文字时代以后这些神话是否被文字记录下来。中国的神话一直伴随着文字的起源和发展,并且有多种版本相互印证,还有考古结果的实物佐证。古希腊神话虽然在古希腊时代没有被文字记录下来,或者被战火焚毁,但它在后来被"抢救"下来了,据说这个时间点是15世纪—16世纪,其时,金属活字印刷术诞生,文艺复兴开始,尘世的历史被激活。苏美尔的神话因为有人破解了6 000年前的泥板楔形文字而复活了。基督教创世神话则存在于《圣经》之中,鉴于基督教诞生于公元1世纪,那时的罗马帝国已经有成熟的文字,《圣经》作为文字文本出现于那个年代基本就是可信的,但如果说它诞生于文字发明之前,那就又转变为传说文本了,其真实性可想而知。还有一些民族和国家直到现在才开始重构自己的历史神话或神话历史,这基本可以看作一种文化产业行为。

一方面,文字开启了信史,因为它可以被看到、被"证实"——实物化,所以我们今天看到的历史都是文字记录的历史。但是这并不意味着文字记录下来的历史就一定是信史,比如中国古典文献中记载的三皇五帝,首先就受到了西方的质疑,后来中国一部分人也质疑,这不仅是对文字所记载历史的质疑,也是对"信史"观点的挑战。另一方面,文字也给了很多人"创造"历史的机会。为了历史的纯洁性和真实性,我们尚有很多工作要做,既要去证实那些记录下来的历史,又要去证伪某些"记录"下来的历史。相当一部分以神话、传说形式记录下来的历史因为经历了漫长的口述传播历史,其真实性既难以证实,也无法证伪。前人很聪明,为了证明自己民族或文化中神话的真实性,很多神话往往以史诗的形式出现。比如古希腊的神话主要保存在《荷马史诗》中,苏美尔最杰出的神话是《吉尔伽美什史诗》,古印度神话代表作是《罗摩衍那》和《摩诃婆罗多》两部史诗作品,波斯的神话有《列王纪》。在中国,蒙古族有《江格尔》,藏族有《格萨尔王》,柯尔克孜族有《玛纳斯》,苗族有《亚鲁王》。这些历史记忆和记录与其说是历史,不如说是历史文化。

文字不会孤立存在,它最大的贡献是与城邦、礼制、宗教等元素共同促成了国家的出现。按照传统理论,四大文明古国中国、苏美尔、埃及和印度之所以被判定为文明古国,一是它们都有自己的文字(尽管有些古国的文字需要进一步证实),二是它们都在文字出现的同时基本形成了早期的城邦国家。谈论文字、文明的时候不上升到国家层面,文字就会永远停留在一种神权主义笼罩下的文化状态。这正是黑格尔要强调国家的原因。在国家的范畴内,除了有文字,还有疆域、制度、治理等一系列可以通过多维手段证实的要素,它们要么是经济基础,要么是上层建筑,共同组成了更加客观和更加真实的历史。

三、历史视角

观察历史的视角有无数种。

从历史记录的跨度看,有断代史和整体史之分,也有国别史和世界史之分。希罗多德的《历史》记录了希波战争,修昔底德的《伯罗奔尼撒战争》记录了雅典集团和斯巴达集团的战争,塔西佗的《历史》虽然在他的年代是对罗马帝国全部历史的记录,但后人看就是断代史。整体史其实就是通史,是超越一个时代或朝代的历史记录,最早的典型通史是司马迁的《史记》,内容涵盖从上古黄帝时期到汉武帝太初四年间3 000多年的历史。今天,通史写作是记录历史的最主要方式,通史学习则是大学生和中小学生掌握历史的首要方式。自从有了国际社会和国际关系之后,还出现了对不同国家的分国别记录,也就是国别史。中国古代最早的国别史是《国语》,又名《春秋外传》,相传为春秋末期鲁国的左丘明所撰,共21卷,记录了周、鲁、齐、晋、郑、楚、吴、越8国的事件。时间上起西周中期,下迄春秋战国之交,前后约500年。今天,国别史是一种重要的历史研究和写作类型,牛津历史丛书和剑桥丛书中有很多是各主要国家的国别史。编著自己国家的历史也是每一个国家的大事,为的是证明自己的正统性和历史传承性、悠久性。与国别史完全不同的是世界史,它超越了一国的历史,从横向上具备了整体史的属性,是世界性的通史。世界通史并不是现代产物,自从有天下、世界和国际的概念之后,就有了世界通史,只不过各个时代的世界范围是不同的。司马迁创作《史记》的时候,天下就是大汉帝国势力所及之地,因此《史记》作为当时的世界通史就包含了中原王朝及王朝周边的其他民族、政权如朝鲜、大宛、安息等的历史。用这个标准判断的话,希罗多德的《历史》也是他那个时代的世界史。根据西方的记载,公元前1世纪古罗马人波利比乌斯在晚年创作了西方第一部真正意义上的罗马帝国治下世界的《通史》,共40多卷,有人将其称为当时的世界史,甚至称其为当时的国际关系史。[①] 而第一部冠以"世界史"名称的著作据称是公元前1

---

① 斯塔夫里阿诺斯. 全球通史:1500年以前的世界 [M]. 吴象婴,梁赤民,译. 上海:上海社会科学院出版社,1988:4.

世纪古希腊人狄奥多罗斯创作的《世界史》(也被翻译为《历史丛书》),也是40卷巨著,分别介绍了古埃及到古罗马地中海周围各文明的历史。中世纪时期,世界史成为基督教的仆从,被等同于从"属地之城"走向"上帝之城"的过程。文艺复兴开始后,世界史重新恢复本来的含义。此后,一代又一代的学者开始重新阐释世界历史的内容,涌现出许多历史学大师及其杰作,诸如伏尔泰及其《论世界各国的民族精神、礼仪和风俗习惯》、施吕策尔(August Ludwig Von Schlözer)及其《世界史》、汤因比及其《历史研究》、韦尔斯及其《世界史纲》、斯塔夫里阿诺斯(Leften Stavrianos)及其《全球通史》、麦克尼尔(William McNeill)及其《西方的兴起》,等等。

从历史的记录者看,古已有之,今也有之;中国有,西方有,各民族和各国家都有;有历史的亲历者,也有历史的研究者。不同的人站在不同的角度,看到的历史是完全不同的。为什么会有西方中心论?因为持西方中心论的人往往是西方人,他最熟悉的就是西方历史,他的立场、感情决定了他会站在西方的立场上去写历史。因此反对西方中心论,突出其他民族、国家和文明在历史中的地位,靠西方人自己去做是不够的(尽管斯塔夫里阿诺斯等人已经做了大量工作),需要其他非西方的人加入。中国学界总是呼吁要构建中国特色的某种理论,其原因就在这里。一是要对冲西方中心论等有碍自己发展的话语体系,二是要通过这种逆向思维寻找新的研究方法。黑格尔的"三种历史写作法"认为,亲历事件过程或是历史的同时代人将其记录下来的属于"原本的历史",对作者未曾接触、参与或已经过去的历史进行记录则属于"反思的历史"。很明显,从作者和历史关系看,大部分历史都属于反思的历史,"一切东西都取决于作者的信念、理念和原则"[①],因此历史是允许编纂者或创作者按照自己的理念、原则设置观察历史的角度,预设观察历史的范式或"理想类型"的。

从关注历史的角度看,历史分为文明史和专业史。所谓文明史是把世界历史看作一个整体,不能局限于自己民族的历史,还要放眼其他民族的历史;历史也不仅仅是政治史、军事史,还有经济史、宗教史、文化史、传播史。这些因素共同构成宏观的人类文明,文明史要兼顾这些因素。所谓专业史,顾名思义,就是关于某一个专业或领域的历史,比如科技史、工业史、农业史、棉花史,都是人类社会中某个领域的历史,但同时也可以理解为是以某一个专业或领域为主轴而展开的历史画卷。传播史也如此,或者说以传播为主轴展开的历史画卷也如此。当然,很多人对传播的历史地位表示怀疑,直到今天,它也仍然是小众领域的"显学",更遑论把它作为历史的命脉。阿诺德·汤因比就怀疑传播在文明进程中的作用,因此他要求"凡是在传播论对人类的某些成就是否有贡献发生争论的所在,我们都可以让传播论者负一点作证的义

---

① 黑格尔.黑格尔历史哲学[M].潘高峰,译.北京:九州出版社,2011:8.

务"①。那么"传播论者"要退却吗？当然不能，我们有充足的理由说明这一因素在历史进程中的决定性作用，而这正是本著作的使命。

在历史本质问题上，有神学世界历史和现实世界历史的对立；有唯心主义历史观和唯物主义历史观的对立；还有把若干种历史观融合而成的新的历史观。神学的世界历史和现实的世界历史在欧洲中世纪结束以后就泾渭分明了，不需要怀疑这种对立的存在。神学世界历史研究的对象是神，现实世界历史研究的对象是人，二者的服务对象根本不同。柯林伍德（Robin G. Collingwood）还发明了一个"神权历史学"概念，用来指称那些在欧洲历史源头问题上用神话传说解决问题的历史编纂法，"在这里，'历史学'一词不是指构成为科学的历史学的那种历史学本身，而是指对已知事实的一种陈述，以供那些不知道这些事实的人参考；但他们作为所谓的神的崇拜者，是应该知道神借之使自己得以显现的那类事迹"②。柯林伍德的表述比较隐晦，但是实际上透露了对这种"神权历史学"的不满，这种不满散落在他关于希罗多德、修昔底德、波里比乌斯、李维和塔西佗的论述中，因为他们的历史编纂工作中都或多或少地保留了不可证实的神话、传说因素，而这样的历史学是会招致其他人对历史的各种怀疑的。柯林伍德认为，在依托传说这一点上，神学的世界历史继承了"神权历史学"的方法。"中世纪的历史学家仍然依靠传说来取得他的事实，而并没有有效的武器来批判那种传说。"③

唯心主义历史观和唯物主义历史观是近代历史学研究的最大一组对立体。唯心主义的代表是黑格尔，他用"绝对精神"或"绝对理念"的历史观解释历史。他说，"世界历史是一个记录，它主要记载的是精神努力实现它自身包括的知识"④，"精神及其发展过程才是真实的历史本质"⑤，"世界历史是一个合乎理性的过程，是世界精神之理性的必然的行程。世界精神是历史的实体，它的本性是永远同一不变的，而且它将在世界的实在之中揭示这个本性。世界精神就是绝对精神"⑥。这种思想实际上继承于神学的世界历史观，中世纪的基督教历史学家们认为世界历史是一种普遍主义不断得到体现的过程，历史编纂就是要去发现和阐明这种神性。神学历史主义者又继承了古希腊和古罗马的历史编纂法，柯林伍德称其为"实质主义"——"建立在一种形而上学的体系的基础之上，这种体系的主要范畴就是实质这一范畴。实质并不是指物质或者物理的实质……实质是非物质的，虽然也不是精神的；它们是客观的形式"⑦。黑格尔的客观

---

① 汤因比. 历史研究：上 [M]. 曹未风，等译. 上海：上海人民出版社，1997：50.
② 柯林伍德. 历史的观念 [M]. 何兆武，张文杰，陈新，译. 北京：北京大学出版社，2010：16.
③ 柯林伍德. 历史的观念 [M]. 何兆武，张文杰，陈新，译. 北京：北京大学出版社，2010：53.
④ 黑格尔. 黑格尔历史哲学 [M]. 潘高峰，译. 北京：九州出版社，2011：59.
⑤ 黑格尔. 黑格尔历史哲学 [M]. 潘高峰，译. 北京：九州出版社，2011：41.
⑥ 黑格尔. 黑格尔历史哲学 [M]. 潘高峰，译. 北京：九州出版社，2011：26.
⑦ 柯林伍德. 历史的观念 [M]. 何兆武，张文杰，陈新，译. 北京：北京大学出版社，2010：43-44.

唯心主义的根源就在这里。马克思和恩格斯则用唯物主义揭示历史发展的规律。马克思和恩格斯创立了辩证唯物主义历史观，其也被称为历史唯物主义，或"唯物史观"。马克思、恩格斯清楚地指明，"这种历史观就在于：从直接生活的物质生产出发阐述现实的生产过程，把同这种生产方式相联系的、它所产生的交往形式即各个不同阶段上的市民社会理解为整个历史的基础，将市民社会作为国家的活动描述市民社会，同时从市民社会出发阐明意识的所有各种不同的理论产物和形式，如宗教、哲学、道德等，而且追溯它们产生的过程"①。

传播国际史观需要兼顾以上所涉及的整体史、专业史、历史哲学、唯物史观等观念和立场，形成一种独特的媒介唯物史观。

第二节 社会的传播属性

人是从什么时候开始传播的？如果从模拟传播说起，人在动物阶段就开始传播了，因为灵长类动物以及许多哺乳类动物都能表达感情，比如瞪眼、嘶吼、捶胸、拍脑、大笑、发怒等。这些行为被称为人类最早的传播方式。但是如果从语言传播说起，人在动物阶段是不具备这种能力的，恰恰是语言，让人和动物彻底分道扬镳了。再一次用恩格斯的话说明这一点：语言和大脑"使人和猿之间的鸿沟从此不可逾越"②。因为有了语言，人就建立起了各种大大小小的社会，反过来说，社会从一开始就离不开媒介和传播。

一、传播的思想

"传播"的汉语词语表达最早见于《北史·突厥传》。突厥首领沙钵略归顺隋朝，隋文帝杨坚下诏同意并昭告天下："沙钵略往虽与和，犹是二国，今作君臣，便成一体。已敕有司，肃告郊庙，宜传播社会，咸使知闻。"③说明"传播"一词作为复合词出现之初就是关涉信息的，后来才有了延伸表达，比如病毒传播、花粉传播、基因传播等。这里当然是指它的本义，即人们关于信息的传递、交流活动。

---

① 马克思，恩格斯.德意志意识形态［M］//中共中央马克思恩格斯列宁斯大林著作编译局.马克思恩格斯选集：第一卷.北京：人民出版社，2012：171.
② 恩格斯.自然辩证法［M］//中共中央马克思恩格斯列宁斯大林著作编译局.马克思恩格斯选集：第三卷.北京：人民出版社，2012：859.
③ 李延寿.北史：第十册［M］.北京：中华书局，2011：3294.

在英语中，据称，这个词起源于拉丁语 communicatio 和 communis，14 世纪时，英语写作 comynycacion，15 世纪以后逐渐演变成现代词形，其含义有多种，如"通信""会话""交流""交往""交通""参与"等。① 根据法国传播学者马特拉（Armand Mattelart）的说法，"在法国，传播这个词的起源要追溯到 14 世纪，由一位哲学家、物理学家、查理五世的顾问尼科尔·奥雷姆发明……传播这个概念在 14 世纪还是新的，因为中世纪的世界还只知道相通（communion）概念，相通假设了无距离，以行为人之间的共生和媒介与信息之间的共生为前提"②。马特拉直接就将 communion 一词背后的"传播"和"交通"两种含义结合起来了。而且他还给这个词赋予了更多的理解："如果我们想从马克思那里找到 communication 一词的现在意思的演变踪迹，就必须涵盖劳动、交换、所有权、意识等的所有关系形式以及个人、群体、民族、国家等之间的关系。"③ 当然，马特拉也提醒说，有人喜欢把传播与宗教直接联系起来，因为"两者都是为了把人们联系起来"④。美国传播学者詹姆斯·凯瑞（James W Carey）对传播概念的理解部分地与马特拉一致。凯瑞也意识到了 communication 一词的"传播"和"交通"之间的关系，他将此称作一种传播的"传递观"（a transmission view of communication），意思是"传播"在空间偏向上与"交通"重合，信息传播与人和物的位移相一致。他还从传播的时间偏向上发现"传播"一词与"共性"（commonness）、"共有"（communion）、"社会"和"共同体"（community）等词词根同源的秘密，指出这是一种传播的"仪式观"（a ritual view of communication），即传播活动其实是把人们聚集在一起，通过神圣典礼达到长时间地维系社会的目的。这是凯瑞的一个重大发现。传播在凯瑞那里因此有了两种定义。在"传递观"之下，"传播是一个为了对距离和人进行控制而使信息在空间得以传递和发布的过程"⑤。而在"仪式观"之下，"传播是一种现实得以产生（produced）、维系（maintained）、修正（repaired）和改造（transformed）的符号化过程"⑥。二者相比，"传播的起源及最高境界并不是指智力信息的传递，而是建构并维系一个有秩序、有意义、能够用来支配和容纳人类行为的文化世界"⑦。很显然，"仪式观"传播远比我们通常所理解的"传递观"传播要重要得多。类似的研究早在英国和欧洲大陆就展开了，但是他们的研究总是让人觉得蒙着一层窗户纸。凯瑞捅破了这层窗户纸。那就是，传播的内涵、外延都要比我们现在所理解的

---

① 郭庆光. 传播学教程 [M]. 北京：中国人民大学出版社，2011：2.
② 马特拉. 全球传播的起源 [M]. 朱振明，译. 北京：清华大学出版社，2015：26.
③ 马特拉. 全球传播的起源 [M]. 朱振明，译. 北京：清华大学出版社，2015：112-113.
④ 马特拉. 全球传播的起源 [M]. 朱振明，译. 北京：清华大学出版社，2015：导言 xvii.
⑤ 凯瑞. 作为文化的传播 [M]. 丁未，译. 北京：中国人民大学出版社，2019：15.
⑥ 凯瑞. 作为文化的传播 [M]. 丁未，译. 北京：中国人民大学出版社，2019：23.
⑦ 凯瑞. 作为文化的传播 [M]. 丁未，译. 北京：中国人民大学出版社，2019：18.

更加深刻、更加广阔。这也正是本书突破传统框架，试图为传播和国际建立更深、更广的关系的初衷。

另一个美国学者彼得斯（John D.Peters）对 communication 一词又有不同的解释。他经过研究发现，communication 一开始有三种含义。第一种含义是"给予/告知"（imparting），和对话或互动的观念无关，其引申义可能是参与；第二种含义是迁移和传输（transfer or transmission）；第三种含义是交换（exchange），意思是两次迁移。此外，它还有逻各斯（logos）的含义，涵盖范围有词语、论说、话语、言语、故事、书籍和理性。这个词甚至还有两性之间的生理接触的含义。到 20 世纪 20 年代，communication 这个词逐渐地聚焦于"交流"含义上。彼得斯将其称为 5 种相互纠缠的视野："交流是公共舆论的管理；交流是语义之雾的消除；交流是从自我城堡中徒劳的突围；交流是他者特性的揭示；交流是行动的协调。"①在翻译成中文版本时，中国译者把 communication 翻译成"交流"，我们只需要把它置换为传播即可。当然，尽管这个词本身也就是"传播"，而且后来基本统一被翻译为"传播"，但是它的"交流"含义并没有衰减。作为一种特殊的传播，"交流"的含义永远存在。

古代中国传播思想早已有之，各种古代典籍中有大量相关文字。中国的传播学者对此有过较为深入的研究，从传播功能、受众观念、传播规范和传播者素养等方面探究了中国古人的传播思想。在传播功能方面，《春秋·穀梁传》记载，"人之所以为人者，言也。人而不能言，何以为人"；孟子有言，"仁言不如仁声之入人深也。善政不如善教之得民也"（《孟子·尽心》）；刘勰认为，"一人之辩，重于九鼎之宝；三寸之舌，强于百万之师"（《文心雕龙·论说篇》）。在受众观念方面，学者们建议统治者应把民众看作"知音"："音实难知，知实难逢，逢其知音，千载其一乎！"（《文心雕龙·知音》）而《国语》则言："防民之口，甚于防川"，"为川者决之使导，为民者宣之使言"（《国语·周语上》）。在传播规范方面，孔子要求"非礼勿视，非礼勿听，非礼勿言，非礼勿动"（《论语·颜渊》），荀子劝人"与人善言，暖于布帛；伤人之言，深于矛戟"（《荀子·荣辱》），曹丕放出豪言，"盖文章经国之大业，不朽之盛事"（《典论·论文》），王充认为，"为世用者，百篇无害；不为用者，一章无补"（《论衡·自纪篇》）。在传播者素养方面，孔子强调"有德者必有言，有言者不必有德"（《论语·宪问》），警告在人际传播中"毋意，毋必，毋固，毋我"（《论语·子罕》）。②

至于制度化的传播活动，中国古代也早已有之，所谓左言右事、邮驿传报、烽燧狼烟、授徒讲学、街谈巷议等，无不是传播体系的一部分。此处不再赘述，留待后面

---

① 彼得斯.交流的无奈：传播思想史［M］.何道宽，译.北京：华夏出版社，2003：16.
② 段鹏.传播学基础：历史、框架与外延［M］.北京：中国传媒大学出版社，2020：56-60.

详议。

在西方,古希腊和古罗马时期也有较为发达的传播体系,一些传播思想散落在各种著述中。古希腊人在公元前 700 年左右从腓尼基人那里借鉴来文字,创造了自己的字母文字,并把文字写在从埃及进口的莎草纸上。但他们识字率并不高,因此他们更乐于使用口语进行交流,许多人把书写看作对言辞的威胁,认为"唯有奸诈无耻之徒才使用书面的文件"。① 苏格拉底抱怨说,"书写使人不再需要记忆,因此而削弱了大脑的功能"②。这些据说都记载在柏拉图公元前 4 世纪创作的《斐德罗篇》和《第七封信》两本书中。口语传播习惯如此重要,以至于亚里士多德给理想城市划定了一个标准,那就是人口不得超过演讲人讲话时无法使全体公民都能听到的程度。所有的这些著述并没有古希腊文的原始记载,它们被说成是在文艺复兴期间或之后从阿拉伯文转译过去的。与此相较,古罗马的传播制度似乎更加成熟一些。古罗马时期,文字在精英群体中被广泛普及,而且有了职业抄书人、信使,奥古斯都皇帝还建立了正式的邮政系统。为了分享信息,尤利乌斯·恺撒还创办了"前无古人"的刊物——《每日纪事》,每天张贴在城市广场上的木制张贴板上,发布元老院议事和人民讨论的事情。这些据说都记载在一位名叫西塞罗的历史学家和哲学家的书信中。然而,"使历史学家十分恼火的是,《每日纪事》一份也没有保存下来"③。而且西塞罗书信存在与否也有颇多疑点。

出于对清晰的、有据可考的历史负责任的态度,马特拉认为传播开始于"既没有媒体也没有新闻自由的 17 世纪,结束于 20 世纪 30 年代"④。注意,17 世纪是国际关系史上最重要的历史时期之一,1618 年至 1648 年欧洲爆发了"三十年战争",开启了欧洲国际关系(这种国际关系当然被西方看作全球性的国际关系的开端),这不得不让人把传播的历史和国际关系进行关联性思考。毕竟有很多事件发生在那个年代:金属活字印刷术的推广、新教运动、荷兰资产阶级革命、英国资产阶级革命、第一次工业革命、威斯特伐利亚体系形成。不过值得注意的是,和马特拉所谓"没有媒体"的现状似乎相矛盾的是,17 世纪初欧洲已经有成熟的报业了。根据中外现代各种新闻传播教材和著作记述,德意志境内在 1502 年就出版过报道打败土耳其人的印刷品,1609 年出现了两种周报;英国 1513 年出版过有关苏格兰战争的新闻书,1610 年时各种新闻书达到 450 种。伦敦新闻博物馆里至今还存放着大量关于"三十年战争"报道的报纸。究

---

① 克劳利,海尔.传播的历史:技术、文化和社会(第六版)[M].董璐,何道宽,王树国,译.北京:北京大学出版社,2018:47.
② 斯丹迪奇.社交媒体简史:从莎草纸到互联网[M].林华,译.北京:中信出版社,2019:17.
③ 斯丹迪奇.社交媒体简史:从莎草纸到互联网[M].林华,译.北京:中信出版社,2019:37.
④ 马特拉.全球传播的起源[M].朱振明,译.北京:清华大学出版社,2015:导言 xiv.

竟是马特拉的描述有误，还是其他著作中的信息有误？这显然是一笔糊涂账！

不管怎么样，人类的传播行为一刻也没有停止，关于传播的思想和对传播行为的认识也没有停止。定义就是一种最好的认识事物的方法。只不过一千个读者，就有一千个哈姆雷特，每个人的学术背景不同，对传播的理解不同，对传播的定义也不同。

20 世纪初，美国社会学家查尔斯·库利（Charles Cooley）认为，"传播是人类关系赖以存在和发展的机制，是一切心灵符号及其在空间上传递、在时间上保存的手段。它包括表情、态度和动作、声调、语言、文章、印刷品、铁路、电报、电话以及人类征服空间和时间的其他任何最新成果"①。

传播学集大成者威尔伯·施拉姆（Wilbur Schramm）对传播的解释是，传播是人们所做的某种事情。传播本身没有生命，没有任何神奇的东西，唯有人们在传播关系中注入其中的讯息。讯息本身没有意义，唯有人们注入其中的意义。因此，研究传播时，我们在研究人，研究人的关系，人与群体、组织与社会的关系；研究他们怎样相互影响，怎样接受影响，怎样提供信息和接收信息，怎样传授知识和接受知识，怎样愉悦别人和被愉悦。②

在马特拉笔下，传播具有全广角的外延，"传播被放在一个宽泛的视野中，它涵盖了财产、人员和信息的诸多交换和流动回路，其定义包含了交通道路、远距离传输网络和象征性交换手段，例如，世界博览会、高雅文化、宗教、语言，当然还有媒介。它也展现了思考这些现象的众多学说与理论"③。

媒介环境学关于传播的理解体现了这一流派的明显特征。中国学者何道宽指出，媒介环境学奠基者哈罗德·伊尼斯（Harold Innis）所研究的传播是媒介的发轫、流布、变异、异动、特质、偏向。④ 也就是说这一流派用媒介替代了传播。本来传播与媒介是一枚硬币的两面，缺一不可。但是在媒介环境学派看来，媒介完全可以代表这一枚"硬币"的全部，而无须区分它属于哪一面。这正契合了麦克卢汉重视媒介的形式而非内容的立场，也应验了他的名言——"媒介即讯息"。照此逻辑，媒介即传播，传播即媒介。

其实，在人类社会，传播就是一种行为，是人类通过自己的身体或某种外在的媒介进行信息交流、传递的行为。传播既有体内传播，也有人际传播，后者表明传播是一种社会关系，是一种社会交往活动。没有传播，无法想象以人为中心的社会如何能够建立起来。传播可以是共时的过程，也可以是历时的过程。共时性的传播一般用于信息传达，为了广而告之；历时性的传播一般为了歌功颂德，能够传递后世，经久不

---

① COOLEY C. Social organization: a study of the larger mind [M]. New York: Charles Scribner's Sons, 1929: 61.
② 施拉姆，波特. 传播学概论 [M]. 何道宽，译. 北京：中国人民大学出版社，2010: 4.
③ 马特拉. 全球传播的起源 [M]. 朱振明，译. 北京：清华大学出版社，2015: 导言 xiv.
④ 伊尼斯. 帝国与传播 [M]. 何道宽，译. 北京：中国传媒大学出版社，2013: 11.

衰。商周青铜器铭文最后用语"子子孙孙永宝"即为此意。传播可以是个体行为，也可以是集体行为。个体传播一般用于社会交流，集体传播则是为了保障共同体的治理和运转。可以说，传播是人类的标签。

二、无传播无社会

"社会"由"社"和"会"组成，"社"是指祭祀之所，"会"是聚集、集合的意思。"社会"一词最早见于《旧唐书》。唐玄宗开元十八年秋天庆祝自己的生日，"礼部奏请千秋节休假三日，及村间社会，并就千秋节先赛白帝，报田祖，然后坐饮"[1]，玄宗"从之"[2]。这里的"社会"含义虽与今日不同，但是表明"社会"一词从源头上就有公众群体、公共空间的含义。英语 society 源自拉丁语 socius，意为"伙伴"，后来逐渐有了"社会"的含义，本义也是群体、聚集。

给"社会"下定义并不是一件容易的事。西奥多·阿多诺（Theodor Adorno）认为概念有两种，一种是传统的定义性概念，另一种是强调性概念。"社会"一词属于后者。他认为社会是一个过程，"既不可从个别事实抽象而来，它自身也并非像一个事实那样令人可以捉摸"[3]。《社会学辞典》对社会的定义是，"以一定的物质生产活动为基础而相互联系的人类生活共同体"[4]。再具体说，"社会是人类生活共同体；一个特定的社会都是处于特定时空领域内的、享有共同文化的、以物质生产活动为基本前提并相互联系的有机整体"[5]。大多数人还是采取了强调和解释的手法。马克思和恩格斯把社会看作生产关系，"生产关系综合起来就构成所谓社会关系，构成所谓社会"[6]。而生产关系又是建立在生产（或劳动）基础上的，因此，归根结底生产是社会产生的基础。当然，生产并不是孤立的社会形态，当人类需要集体合作时，传播媒介、手段和技术就成为不可或缺的要素。因此，理解社会的形成应该从生产和传播两个方面着手。

"唯物主义历史观从下述原理出发：生产以及随生产而来的产品交换是一切社会制度的基础；在每个历史地出现的社会中，产品分配以及和它相伴随的社会阶级或等级，是由生产什么、怎样生产以及怎样交换产品来决定的。"[7] 这里的"一切社会制度""每

---

[1] 刘昫, 等. 旧唐书 第一册, 玄宗·上[M]. 北京：中华书局，1975：195.
[2] 刘昫, 等. 旧唐书 第一册, 玄宗·上[M]. 北京：中华书局，1975：195.
[3] 苏国勋, 刘小枫. 社会理论的政治分化[M]. 上海：上海三联出版社，2005：29.
[4] 社会学辞典[M]. 上海：上海世纪出版股份有限公司，2009："社会"条目.
[5] 社会学概论[M]. 北京：人民出版社，高等教育出版社，2022：64.
[6] 马克思, 恩格斯. 雇佣劳动与资本[M]//中共中央马克思恩格斯列宁斯大林著作编译局. 马克思恩格斯文集：第一卷. 北京：人民出版社，2009：724.
[7] 恩格斯. 反杜林论[M]//中共中央马克思恩格斯列宁斯大林著作编译局. 马克思恩格斯选集：第三卷. 北京：人民出版社，2012：654.

个历史上出现的社会"都可以置换为"阶级社会"——马克思、恩格斯既然把生产和交换看作一切社会制度的基础，那些生产和交换就会带来社会分工，就会形成阶级或等级，因此这样的社会必然是阶级社会。不过，毕竟生产和交换是社会制度的基础，而不能说社会制度是生产和交换的基础，结合考古、演绎推理，我们发现在没有阶级出现的人类社会早期，人类就已经开始生产，甚至开始交换。

但是，单纯由生产和交换建立起来的社会是没有活力的社会，是死气沉沉的社会。社会需要一个调色板，需要一个黏合剂，这就是传播和媒介。"劳动的发展使互相支持和共同协作的场合增多了，并且使每个人都清楚地意识到这种共同协作的好处。一句话，这些正在生成中的人，已经达到彼此间不得不说些什么的地步了。需要也就造成了自己的器官：猿类的不发达的喉头，由于音调的抑扬顿挫，缓慢地然而肯定无疑地得到改造，而口部的器官也逐渐学会发出一个接一个的清晰的音节。"① 于是，第一种真正意义上的媒介和建立在其基础上的传播形式——口语出现了。

"传播（communication）和社区（community）的词根相同并非偶然现象。没有传播，就不会有社区；没有社区，也不会有传播。人类传播的特征是使人类社会有别于动物社会的主要特征。"② 施拉姆和波特（William E.Potter）的最后一句话颇有恩格斯"语言让人与猿分道扬镳"之判断的意义。这说明大家一致认为，在从猿进化到人的过程中，语言媒介扮演了重要的角色，甚至是决定性的角色。没有语言，人类不能称其为人类，我们的祖先仍然生活在动物状态。道理很简单，不掌握媒介和媒介技术，不懂传播，人们无法有效交流，无法有效传情达意，也就无法有效地达成意见的一致，集体行动就很难开展。文字亦如此。没有文字，人们即使有语言也不便交流，特别是语言或发音存在巨大差别的族群之间、地区之间，交流的成本一定大于文字之间的交流，这不仅涉及信息符号的迅速辨别转换，也涉及信息的准确性、相互确认、历史求证等。马特拉用傅立叶的乌托邦思想和实验证明，"没有普遍的统一性就没有和谐，没有传播手段就不存在统一性"③。因为傅立叶要建立一个和谐的社团，而"和谐领域的一切组织方式都求助于传播"④。只有通过传播方法才能达到最低限度的和谐，正如同类之间如果连如何相处、如何谈话都不知道，那就不可能建立起彼此可接受的联系。

19世纪到20世纪的德国社会学开创者斐迪南·滕尼斯（Ferdinand Tönnies）在社会学创立早期就认识到了传播媒介与社会的特殊关系。他认为社会产自共同体，而共

---

① 恩格斯. 自然辩证法［M］// 中共中央马克思恩格斯列宁斯大林著作编译局. 马克思恩格斯选集：第三卷. 北京：人民出版社，2012：991.
② 施拉姆，波特. 传播学概论［M］. 何道宽，译. 北京：中国人民大学出版社，2010：2-3.
③ 马特拉. 全球传播的起源［M］. 朱振明，译. 北京：清华大学出版社，2015：160.
④ 马特拉. 全球传播的起源［M］. 朱振明，译. 北京：清华大学出版社，2015：159.

同体建立在某些成员达成"默认一致"的基础上。"默认一致是建立在相互间密切的认识之上的,只要这种认识是受到一个人直接参与另一个人的生活即同甘共苦的倾向所制约,并反过来又促进这种倾向。"① 那么,"默认一致"是如何形成的呢?"默认一致的真正机关是语言本身,默认一致就是在这个机关里发展和培育它的本质,人们说话时,用表情和声响表示,相互告知和感受到痛苦与快乐、惧怕与愿望和所有其他的感情和情绪的激动。众所周知,语言不是发明的,并非达到相互理解的一种手段和工具,而是它本身就是很生动的默认一致,犹如它的内容和形式一样。"② 从社会学的角度讲,滕尼斯的理论不仅早,而且比许多后来人的认识更深刻、更细致,甚至给传播学提供了理论依据。

德国学者卢曼（Niklas Luhmann）用自我指涉系统（self-referential systems）对社会的解释也充分地体现了信息、传播在社会构成中的角色。"自我指涉系统是作为一个要素生产的封闭网络而存在的。这一网络不断地生产一些要素,而后者又被用来继续生产另外一些要素。由此,该网络便把自身作为一个网络再生产出来。"③ 卢曼认为社会是一种特殊的自我指涉系统,也是一种包容性系统,"囊括了所有在一个特定的沟通语境下被设想为可能的沟通……任何能够作为沟通事件而发生的事情都会产生出社会"④。这个系统有一个重要的表征就是"意义"。"它提供进入一切可能的沟通话题的途径……每一个有意义的项目都根据现实性与可能性的差异来重构世界"⑤,在此过程中,沟通和意义创造了冗余信息（redundancy）,而且循环往复,接连不断的后续的社会以偶在之必然性（necessity of contingency）出现。只不过这种吊诡世界一般要在语言逻辑或语义学框架内才合理,才能被解释。

语言打开了人类社会的大门,文字使人类进入了国家阶段,并不断巩固人们头脑中关于国家、天下、王权、民族的意识。印刷业使得欧洲得以开展宗教解放运动,也使得欧洲最早进入资本主义社会。电子媒介让人类在几十个世纪前开始的媒介延伸再一次回归"人性化趋势"[莱文森（Paul Levinson）语],从远古的"部落鼓"（麦克卢汉语）时代进入一个近似于面对面传播的新的"部落鼓"时代。元宇宙媒介域以及建立在其基础上的一切未来传播则通过"去中心化""多中心节点""虚拟现实"等原理不断解构旧的社会,又不断重构新的社会。可以说,传播对社会的推动一刻也没有停止。同时,媒介的推陈出新步伐也不曾停止,新媒介总是层出不穷,令人目不暇接。

---

① 滕尼斯.共同体与社会:纯粹社会学的基本概念[M].林荣远,译.北京:北京大学出版社,2010:59.
② 滕尼斯.共同体与社会:纯粹社会学的基本概念[M].林荣远,译.北京:北京大学出版社,2010:59.
③ 苏国勋,刘小枫.社会理论的知识学建构[M].上海:上海三联出版社,2005:140.
④ 苏国勋,刘小枫.社会理论的知识学建构[M].上海:上海三联出版社,2005:141.
⑤ 苏国勋,刘小枫.社会理论的知识学建构[M].上海:上海三联出版社,2005:141-142.

就像卢曼说沟通和意义在自我指涉系统中不断地再生产一样,媒介的革新也如此。麦克卢汉早就看出这一点,并指出,一种媒介是另一种媒介的新媒介。这大概可以看作媒介技术和媒介环境的自我指涉系统吧。

传播不仅推动社会进步和变革,也成为衡量社会进步与否的标尺。正如马特拉所说,"传播后来成了度量一个民族实力、社会福利、繁荣、文明和国民政治自由程度的尺度"①。今天的社会之所以比过去的社会进步,在于今天的社会拥有比过去的社会更多、更先进、更容易获得的媒介以及多元化的传播手段。在历史性的决定力量中,媒介和传播不再是生产活动的配角,而是成为生产的一部分,或者与生产牢固结合,也与生产关系牢固结合,共同推动社会的前进。从具体的现象看,一个最简单的道理是,社会高度发达的国家总是那些媒介和传播高度发达的国家。可以说这是经济发展的结果,但也可以反过来理解,经济发展受惠于包括传播在内的生产力的进步。今天各国都倡议建设信息化社会、数字化社会、智能化社会,所谓信息化、数字化、智能化,其实就是传播作用的强化。因此说,无论在昨天,在今天,还是在明天,没有传播就不会有社会,就不会有社会的进步。

第三节 文明与国际

一、什么是文明?

汉语中"文明"最早见于《易经·乾卦·文言》,所谓"见龙在田,天下文明"②,表示田里看见"龙"(类似龙的祥瑞之人或物),预示着天下最高的文化昭彰明了。按照上古汉字以单音节字为词的习惯,这里的"文明"不是一个词,而应该是一个主谓结构的词组,其中的"文"作为一种社会属性大概具有至高的地位和荣誉。这一点可以从陶寺遗址出土的陶罐上一个"文"字(见图1-2),和秭归柳林溪遗址出土的文物上"文"字看出。刻有文字的甲骨被发现时正以"龙骨"之名躺在中药铺的药柜里,安阳小屯的"龙骨"(即甲骨)被成堆发现时,其上面海量的文字是否有一种"天下文明"——天下文化彰显的感觉?在汉语中,"文"是一种精神世界的最高表现,这是由它的"身世"决定的。英语中和"文明"对应的词是civilization,源于拉丁语civilisatio(城市化)和civitas(城邦、国家),二者又都来源于civis(市民)。③英语"文

---

① 马特拉.全球传播的起源[M].朱振明,译.北京:清华大学出版社,2015:59.
② 周易·乾卦·乾文言[M]//孟子,等.四书五经.北京:中华书局,2009:474.
③ 许宏.先秦城邑考古上编[M].北京:金城出版社,西苑出版社,2017:134.

明"一词有时也用 culture 表示,源于拉丁文 cult,表示 to till(耕种)或 to inhabit(居住)。因此,前者和城邑、城邦有关,而后者则和农耕聚居有关。这两种表达的出发点完全不同,这也可能是导致文明的内涵和起点众说纷纭的原因之一。有人认为"城市是国家出现、文明时代到来的唯一标志"①,有人认为文明从农耕时代开启,还有人认为有了语言就有了文明。塞缪尔·亨廷顿(Samuel P.Huntington)则提出一种模糊的判断,认为文明概念是由18世纪法国思想家针对"野蛮状态"而提出的。

图1-2 陶寺遗址出土的陶罐上的"文"字

对文明的争议首先表现在定义上,其次是标准。

韦尔斯认为,"文明是人们定居在连续耕种并占有的地区之上,他们住在长久居住的建筑物里,有共同的规则和共同的城市或城堡"②。

斯塔夫里阿诺斯用外延法解释:"人类学者指出了将文明与新石器时代的文化区别开来的文明的一些特征。这些特征包括:城市中心,由制度确立的国家的政治权力,纳贡或税收,文字,社会分为阶级或等级,巨大的建筑物,各种专门的艺术和科学,等等。"③

现代西方学者戴维·威尔金森(David Wilkinson)用排除法下定义:"'文明'不是'文化',不是'国家',也不是'民族'。这一社会实体疆界通常超越民族、国家、经

---

① 许宏.先秦城邑考古:上编[M].北京:金城出版社,西苑出版社,2017:137.
② 韦尔斯.世界史纲:生物和人类的简明史(上)[M].吴文藻,冰心,费孝通,等译.上海:华东师范大学出版社,2019:119.
③ 斯塔夫里阿诺斯.全球通史:1500年以前的世界[M].吴象婴,梁赤民,译.上海:上海社会科学院出版社,1988:105-106.

济、语言、文化和宗教团体的地理界限。"①

麦克卢汉有独特的观点:"'文明'一词,从学术上讲,现在必须专门用于指代去部落化的人——对于他们,视觉价值在思想和行动的组织中有着更高的优先权。"② 怎么理解"去部落化"呢?他认为,"只有表音文字才拥有将人类从部族社会转向文明社会的力量,给予蒙昧的部落人一只眼睛,让他们用眼睛而不是耳朵去认知世界"③。他甚至觉得中国文化也是部族文化,"人民生活在听觉世界"。这是麦氏对媒介与视觉关系的最大曲解,他把西方在现代的暂时领先状态看成一以贯之的历史。但事实是,从现有的任何一种历史文献和考古结果看,都不能否认中国文字是世界上最早出现的最为系统和最为成熟的象形文字,正是这种文字让华夏民族最先进入了由信史支撑的文明社会。

至于斯宾格勒的对文明的定义,则有完全不同的指向。他说:"文明是一种发展了的人性所能达到的最外在的和最人为的状态。它们是一种结论,是继生成之物而来的已成之物,是生命完结后的死亡,是扩张之后的僵化,是继母土和多立克样式(指古希腊建筑风格)、哥特样式的精神童年之后的理智时代和石制的、石化的世界城市。它们是一种终结,不可挽回,但因内在必然性而一再被达成。"④

"世界体系"概念出现以后,西方的学者们面临着究竟是以"世界体系"作为历史编纂的框架还是以"文明"为历史编纂的框架的问题,当他们决定选择前者时,文明就彻底"恢复"了它的模糊性:"'文明'在体现为统一的整体问题上不明确,也极难在时空上做出界定。"⑤ 但是,当他们选择后者时,似乎问题更复杂。既然如此,是不是可以从多维的角度去理解文明?

从生产力文明观看,人类最早的文明是农业文明,其次是工业文明、信息技术文明、智能技术文明等。从物质技术文明观看,最早的文明是石器文明,其中包括了旧石器时代和新石器时代,然后是陶器文明,再次是金属文明,其中首先出现的是青铜器和青铜工具,接着是铁器。金属文明之后是化工技术、信息技术、仿真技术、智能技术等主要代表性技术带来的文明。从政治文明观看,人类经历了原始共产主义、私有制、阶级制等几个文明阶段,用马克思和恩格斯的历史分期理论分析,人类经历了原始社会、奴隶社会、封建社会、资本主义社会、社会主义社会几个文明阶段,最后将走向共产主义文明。从精神文明观看,人类经历了神灵时代、众神膜拜时代、宗教

---

① 弗兰克,吉尔斯.世界体系:500年还是5000年?[M].郝名玮,译.北京:社会科学文献出版社,2004:262.
② 麦克卢汉.谷登堡星汉璀璨:印刷文明的诞生[M].杨晨光,译.北京:北京理工大学出版社,2014:92.
③ 麦克卢汉.谷登堡星汉璀璨:印刷文明的诞生[M].杨晨光,译.北京:北京理工大学出版社,2014:92.
④ 斯宾格勒.西方的没落:第一卷·形式与现实[M].吴琼,译.上海:上海三联书店,2006:30.
⑤ 弗兰克,吉尔斯.世界体系:500年还是5000年?[M].郝名玮,译.北京:社会科学文献出版社,2004:24.

或礼教时代。最具代表性也最具影响力的文明观是社会文明观,认为人类历史经历了氏族社会、部落社会、城邦国家,再到民族国家。其实,这些不同的文明观的标准虽然不同,但它们彼此对应的某一大的历史时期基本是差不多的,这是因为每一种文明观下的每一个历史时期的衡量标准并不都是单一方面属性的事物或事件,而是由不同属性的因素复合式地组成了判断标准。这种情况集中体现在人类从氏族社会迈向国家形态的文明阶段。在这个阶段,人类已经掌握相对成熟的农耕技术,粮食已经有所盈余,剩余的粮食能够支撑氏族或部落人口扩张,而且人类可以用粮食与其他部族开展贸易,如此一来社会分工出现了,接着财富分配不均也出现了,最后导致阶级出现,血缘社会迅速向地缘社会转变。与此同时,为人类提供军事保护、聚集生产生活和娱乐的公共空间从早期的简易封闭场所扩张为城邑或城市。人类的认知水平也快速提高,为了加强集体记忆、有效开展天人沟通、改进管理手段,文字诞生了。这一系列的变化,使得局部地区的人类率先从氏族社会进入了国家社会,这种变化被称为最早的文明。四大文明古国的说法包含了以上全部的因素。

人们经常将文化和文明混为一谈,但二者有很大差别。文明是一种社会发展的状态,包含了各种基础性的,又是决定性的因素,如生产力、文字、城市、阶级等,而文化是一些具体的反映人类创造能力的事物,是"在有限的地理范围以聚集物的形式持续而反复地出现的明确而广泛的人工制品种类的多元集合"①。文化只是文明的构成元素。当文化最后形成一种如 21 世纪美国学者伊恩·莫里斯(Ian Morris)所谓的"文化单位"后,这种文化单位就可以被称作一种文明。这从侧面证明了亨廷顿的结论:"文明是放大了的文化。"②

除了文化,文明还有别的代名词。19 世纪英国社会学家赫伯特·斯宾塞(Herbert Spencer)提出了社会进化理论,这个"社会进化"或"文化进化"实际是文明的同义词或近义词。伊恩·莫里斯则用"社会发展"代替了文明一词,并在人类学家莱斯利·怀特(Leslie A. White)的基础上建构了自己的社会发展度量模型。莱斯利·怀特有一个公式:$C=E \times T$,即"文明(Culture)= 能量(Energy)× 技术(Technology)",莫里斯把技术进一步分解为社会组织、战争能力和信息技术三个具体指标,这样他的公式实际就变成了"文明 = 能量获取 ×(社会组织 + 战争能力 + 信息技术)"。

用历史的后视镜观察,无论哪种文明,都离不开媒介、传播的支持,甚至这些因素在其中起着决定性作用。因此,麦克高希的历史分期理论干脆以文化的类型及其进化过程作为文明进程的判断依据,其中每个阶段都包含了各自阶段的媒介与传播要素。

---

① 莫里斯. 文明的度量:社会发展如何决定国家命运[M]. 李阳,译. 北京:中信出版社,2014:23.
② 亨廷顿. 文明的冲突和世界秩序的重建(修订版)[M]. 周琪,刘绯,张立平,等译. 北京:新华出版社,2010:20.

在《世界文明史——观察世界的新角度》一书中，正如副标题所显示的那样，麦克高希用文化技术作为新视角重新观察世界，把人类文明分为五个阶段。文明的第一阶段，其特征是政府从社会中分离出来，并且组成一套政府管理机构，拥有配套的书面记录系统。文明的第二阶段的特征是世界性的三大宗教相隔不久就纷纷从社会中分离出来，特别是字母文字在中东（西方人笔下的西方源头）和南欧出现以后，伟大的哲学家和精神领袖脱颖而出。文明的第三阶段，其特征是教育和商业从社会中分离出来。但真正有影响力的事件是地中海贸易中心确立，航海大发现，新教变革，印刷术引进欧洲，君士坦丁堡被奥斯曼帝国攻占后大量的古希腊、古罗马典籍流向欧洲各地，大学教育兴起。文明的第四阶段，其特征是新闻和娱乐从商业社会中分离出来。进入21世纪，计算机时代来临了，麦克高希预告文明的第五阶段即将开始。麦氏的分期并没有让历史清晰起来，反而让历史的边界更模糊了，但是他调整了历史中的文化、技术以及传播和媒介的色彩。

二、文明的基础

一种文化之所以被称为文明，或者说一个文化共同体能够进入文明社会，是因为其到达了一种阶段，这一阶段的某种因素构成了文明的基础。至于什么因素构成了文明基础的问题，仁者见仁，智者见智，赞成农业文明形态的，会说耕种是文明的基础；赞成等级森严的集体生活的，会说城市是文明的基础；而赞成书写的力量的，会说文字是文明的基础。

恩格斯认为早期人类经历了三次社会大分工，第一次是游牧部落从野蛮人群中分离出来，随之出现了第一次社会大分工，剥削者和被剥削者出现了；第二次社会大分工是手工业和农业分离，出现了直接以交换为目的的生产，随之出现了贸易，出现了富人和穷人的阶级划分；第三次社会大分工是专门从事产品交换的商人阶级出现，随之出现了金属货币。文明正是建立在这样的社会分工之上的："文明时代是社会发展的这样一个阶段，在这个阶段上，分工、由分工而产生的个人之间的交换，以及把这两者结合起来的商品生产，得到了充分的发展，完全改变了先前的整个社会。"[①] 这意思是说，没有分工，没有交换，没有商品生产，没有阶级，就没有文明。

麦克卢汉直言，"文明以文字为基础，因为文字是使文化一致的加工过程"[②]。

美国学者马丁·普克纳（Martin Puchner）在《文字的力量》开篇之处有一段话说

---

① 恩格斯.家庭、私有制和国家的起源［M］//中共中央马克思恩格斯列宁斯大林著作编译局.马克思恩格斯选集：第四卷［M］.北京：人民出版社，2012：190-191.
② 麦克卢汉.理解媒介：论人的延伸［M］.何道宽，译.南京：译林出版社，2011：107.

明了文字的重要性。"如果文字从不曾存在,如果故事只有口头传诵而从未以文字记载,我们将会失去什么?这样的世界可以说是无法想象的。我们的历史观念,我们对帝国和民族的浮浮沉沉的理解,将会截然不同。大部分的哲学和政治思想将根本不会来到这个世界,因为不会有促使它们诞生的作品。几乎所有的宗教信仰都将连同它们赖以表达的经文手稿一同消失。"①

无论哪种理论,有两种媒介性基础因素是被普遍接受的。一是文字,二是城邑(城邦)。

文字是人类史上最具有决定性意义的媒介,因此,国际学术界把苏美尔、古埃及、古印度和中国称作四大文明古国,理由之一就是这四大文明古国都有自己的文字。苏美尔人创造了楔形文字,古埃及人创造了自己的象形文字,古印度人(实际为摩亨佐达罗人和哈拉帕人)创造了自己的印章文字,中国人的祖先则发明了甲骨文。

为了强调文字的力量,韦尔斯在《世界史纲——生物和人类的简明史》中曾写道,"在'七十年'间把犹太人融合成一个以传统结合在一起的民族,乃是文字在人类事务中的新威力在历史上的第一个例证"②。但其实他并没有什么最有力的证据。他在书中就史前史的论述用了大量的"大概""可能""也许""似乎"③等猜测性词语,他在论述《圣经》中的"故事"时特别强调,"以色列的子孙在埃及居留并受到奴役的故事很难考证"④,"摩西的故事具有很浓厚的神话色彩"⑤,"《出埃及记》的故事是在事件发生后很久才写成的"⑥,"在之后的历史记载(指《旧约全书》中的《撒母耳记》和《列王记》)中,大部分的叙事都逐渐符合于实际的情况"⑦。显然,"文字在人类事务中的新威力在历史上的第一个例证"绝不是关于犹太人的。虽然古埃及人、苏美尔人和摩亨佐达罗人或哈拉帕人被认为比中国先人更早发明了象形文字、楔形文字和印章文字,但是并没有系统的史料证明。只有中国先人是从文字诞生初期就开始建立用文字记录历

---

① 普克纳.文字的力量[M].陈芳代,译.北京:中信出版集团,2019:3.
② 韦尔斯.世界史纲——生物和人类的简明史:上[M].吴文藻,冰心,费孝通,等译.上海:华东师范大学出版社,2019:201.
③ 韦尔斯的《世界史纲——生物和人类的简明史》是很多人的历史入门读本,这本著作更因汇聚了一批20世纪中叶中国出类拔萃的译者如吴文藻、冰心、费孝通等而著称。但这些闪光之处并不能掩盖这本著作的一个致命伤,那就是全书没有注释和参考文献,正如韦尔斯习惯用这些模棱两可的虚词一样,全书给其所引用文献的真伪增添了无数的迷雾。
④ 韦尔斯.世界史纲——生物和人类的简明史:上[M].吴文藻,冰心,费孝通,等译.上海:华东师范大学出版社,2019:192.
⑤ 韦尔斯.世界史纲——生物和人类的简明史:上[M].吴文藻,冰心,费孝通,等译.上海:华东师范大学出版社,2019:192.
⑥ 韦尔斯.世界史纲——生物和人类的简明史:上[M].吴文藻,冰心,费孝通,等译.上海:华东师范大学出版社,2019:192-193.
⑦ 韦尔斯.世界史纲——生物和人类的简明史:上[M].吴文藻,冰心,费孝通,等译.上海:华东师范大学出版社,2019:194.

史的记录制度。《汉书·艺文志》记载,"古之王者,世有史官,君举必书,所以慎言行,昭法式也。左史记言,右史记事,事为春秋,言为尚书,帝王靡不同之"①。正因如此,中国的古代历史才是唯一可以称得上"信史"的古代历史。"中国几乎是逐日记录历史:一批数目庞大的档案、记事与本章。这种成文历史的文明善于保留而从不丧失一旦熟悉的内容。"②这是法国人在《海市蜃楼中的帝国:丝绸之路上的人,神和神话》一书中对中国历史记载方式的肯定,尽管他们在这句话之后紧接着不无怀疑地补充了一句话:"仅由一名旅行家发现的内容(指张骞出使西域期间的见闻),都会变成历代人的财富。"③他们的意思是对旅行家的见闻应提供旁证,但是他们忘记了13世纪的《马可·波罗游记》也在相当长时间内被西方人当作了解中国的孤证。

文字在国家和文明的形成过程中的作用毋庸置疑,但是和哪一个国家结合,和哪一种文明结合,却存在颇多可疑之处。近年来越来越多的研究发现,苏美尔、古埃及、古印度的"文字"存在许多令人疑惑之处,有的人甚至直接指明这几大古国的文字或者不可破译,或者根本不存在。马丁·贝尔纳(Martin Bernal)在《黑色雅典娜:古典文明的亚非之根》中不仅指出"古希腊"的历史是"在1840年和1850年发展起来"④的,而且直言埃及象形文字"缺乏直接使用的证据"⑤。

文明诞生的第二种媒介性基础因素是城邑,西方称为城邦。城邑是氏族社会聚集、生活的产物,既有区分族群关系的作用,也有防备野兽和外族入侵的作用。物质财富达到一定程度,社会分工出现,交易出现,阶级出现,城邑变成了城市。城市的出现有很多种解释。恩格斯认为城市在部落或部落联盟时期就出现了,标志性建筑是石墙、城楼、雉堞围绕着石造或砖造房屋,其作用在于防卫不断增加的入侵危险。⑥城市的防卫性质可以从汉字"国"的甲骨文字体得到证实(见图1-3)。它由城郭、城墙和武器("戈")等元素构成。

图1-3 "国"字的甲骨文字体

至于城墙,在东方文化中,它直接来自氏族或部落时期最简单的围障,这在山西、

---

① 班固.汉书:第六册[M].颜师古,注.北京:中华书局,2011:1715.
② 于格.海市蜃楼中的帝国:丝绸之路上的人,神与神话[M].耿昇,译.喀什:喀什维吾尔文出版社,2004:58.
③ 于格.海市蜃楼中的帝国:丝绸之路上的人,神与神话[M].耿昇,译.喀什:喀什维吾尔文出版社,2004:58.
④ 贝尔纳.黑色雅典娜:古典文明的亚非之根[M].郝田虎,程英,译.长春:吉林出版集团有限责任公司,2011:7.
⑤ 贝尔纳.黑色雅典娜:古典文明的亚非之根[M].郝田虎,程英,译.长春:吉林出版集团有限责任公司,2011:12.
⑥ 恩格斯.家庭、私有制和国家的起源[M]//中共中央马克思恩格斯列宁斯大林著作编译局.马克思恩格斯选集:第四卷.北京:人民出版社,2012:179.

陕西、内蒙古一带被称作圐圙（kū lüè），蒙古首都乌兰巴托旧称"库伦"，据考证就是圐圙的近似音。城市就是从被称为圐圙的简易围障，到石砌城墙和房屋而逐渐发展起来的。

著名的技术学和城市学专家刘易斯·芒福德对城市有深入的研究。他认为城市首先是精神的产物。"所谓城市，系指一种新型的具有象征意义的世界，不仅代表当地人民，还代表了城市的守护神祇，以及整个井然有序的空间。"① "城墙最初的用途可能是宗教性的；为标明圣界范围或是为了避邪，而不是防御敌人。"② 芒福德认为城墙（及后来的城市）在宗教之外的第二功能才是关于战争的。但这种战争功能首先不是防卫性的，而是出于彰显自己的侵略性。"古代战争，在貌似实际经济需求的掩盖下，无一例外地变成一种宗教行为，无非一种更大规模、成批的仪式性牺牲。"③ 说来说去，战争还是宗教性质的，因为统治者要通过在城市里对俘虏的杀戮炫耀自己的权威和武力，这被芒福德描述为"容纳有组织的暴力并传播战争"④。或者说，"古代城市自身构造决定了它要传播一种无个性特征的集团化人格结构"。城市的战争功能在侵略性之后，才是防御性。这种理解非常奇特，超越了一般人关于城市出于防御的理解。但不管怎样，城市确实和战争有关。芒福德关于城市的宗教功能说和战争功能说，在中国文化中有据可查。《左传》有言："国之大事，在祀与戎。"⑤ 既强调了祭祀等宗教活动仪式和战争的重要性，也对其做了排序。不知芒福德是受了中国典籍的启发，还是冥冥之中，人类在重大问题上总能取得共识。

城市的第三功能应该是精神交往——传播，正如芒福德自己所说的，"城市，作为在文化传播中仅次于语言的一项最宝贵的集体性发明，从其产生之初便成为内部各种分裂势力的容器，被用于无休止的破坏和灭绝"⑥。芒福德没有把城市和文字进行联系，而是把城市和语言联系起来，不是说文字不重要，而是证明了城市的历史悠久性。按照芒福德的理解，城市的传播属性是从其宗教属性引申出来的，这种"引申"一旦成熟和独立，城市就开始从各个方面展现它在传播方面的功能。首先，它让宗教祭祀活动从纯粹精神性走向了部分物质性，它发展出一系列的礼制、规则，并催生了更加专业的活动场所、传播内容和传播主体。其次，它带来的社会分工让个别人能够心无旁骛地钻研文字——迄今为止所有的古文字都被发现于城市的废墟之下，而非乡野僻壤。再次，城市组成了一种新的社区，一种古代社会的"公共领域"。哈贝马斯（Jürgen

---

① 芒福德.城市发展史：起源、演变与前景［M］.宋俊岭，宋一然，译.上海：上海三联书店，2018：35.
② 芒福德.城市发展史：起源、演变与前景［M］.宋俊岭，宋一然，译.上海：上海三联书店，2018：35.
③ 芒福德.城市发展史：起源、演变与前景［M］.宋俊岭，宋一然，译.上海：上海三联书店，2018：41.
④ 芒福德.城市发展史：起源、演变与前景［M］.宋俊岭，宋一然，译.上海：上海三联书店，2018：45.
⑤ 左传·成公十三年［M］//孟子，等.四书五经.北京：中华书局，2009：715.
⑥ 芒福德.城市发展史：起源、演变与前景［M］.宋俊岭，宋一然，译.上海：上海三联书店，2018：52.

Habermas）直接用表示城邦的古希腊单词 polis 来代指"公共领域"。在城邦国家时代，城市是公共领域，公共领域就是城市。他甚至直接给"公共领域"赋予传播属性："有些时候，公共领域说到底就是公众舆论领域，它和公共权力机关直接相抗衡。"① 在芒福德看来，这种公共领域能够扩大社交圈子，最终能让所有人都参与对话。而"对话是城市生活的最高表现形式之一……对话乃是脱离部落一致性的第一步。这种部落一致性是自我意识和发展进步中一大障碍……对话形式向极权主义形成的沉闷的一致性提出挑战"②。芒福德的结论更像是倒果为因，把现代的现象移植到了古代西方。最后，城市本身就是一种媒介。就像麦克卢汉说的，"城市本身是一种军事武器、集体盾牌或集体装甲，是我们肌肤城堡的延伸"③。在这里，城市既是军事防御的"肌肤"，也是人类生物性肌肤的延伸，是媒介的一部分，是人的延伸。城市还是媒介的"容器"——一个能够装载此后人类社会的任何一种传播系统和媒介技术的空间。人类在城市里发明了书写系统、印刷系统、电子系统、数字系统，建立起属于人类精神世界的元宇宙媒介域和传播场。此外，城市还延展出传播的其他各种传统系统，如邮驿制度、交通网络、社交社会，今天，它们仍然扮演着重要的传播和媒介角色，至少是传播系统所不可缺少的辅助系统。

三、文明的国际性

从空间维度看，文明是民族的、国家的。最早的文明在诞生之初在一定范围内都是孤立的、封闭的、自成体系的。几乎每一种文明都是由一群文化同质化的人创立的。这一群体虽然不再拥有共同的血缘，却拥有共同的地缘，拥有建立于地缘基础之上的共同的语言、习俗、规制。就像生物圈有生殖隔离一样，文化领域也存在文化隔离。这种隔离促成了不同的文明的独立生长，最后形成若干个文明单元。

但是，就像国家之间必然形成国际一样，文明之间也必然形成文明集体，由于文明的最高形式是国家，因此文明集体实际上可以被看作文明国际——一种被称作文明但实质是国家构成的国际社会。美国的学者白鲁恂（Lucian Pye）曾说：中国是伪装成国家的文明。④ 很多人不厌其烦地引用他的话，殊不知这句话是有陷阱的。这句话有两层含义，第一层是文明和国家不是一回事，第二层是中国从来不是一个国家。第二层显然是用现代的国家标准衡量古代国家，这样一来实际割裂了中国国家形态的历史传

---

① 哈贝马斯. 公共领域的结构转型 [M]. 曹卫东，王晓珏，刘北城，等译. 上海：学林出版社，1999：2.
② 芒福德. 城市发展史：起源、演变与前景 [M]. 宋俊岭，宋一然，译. 上海：上海三联书店，2018：109-110.
③ 麦克卢汉. 理解媒介：论人的延伸 [M]. 何道宽，译. 南京：译林出版社，2011：391.
④ PYE L W. China: erratic State, frustrated society [J]. Foreign Affairs, 1990, 69 (4)：58.

承。第一层则是没有认识到早期文明的国家属性。文明固然有很多种衡量标准，但当我们把文明和国家联系在一起的时候，国家绝对是文明的高阶形态，文明则因为进入国家形态而具备了精神的力量。正如黑格尔所说的，"所有历史变化本质上都取决于国家，或者说，历史变化在本质上落实在这个国家之上"①。

即使是在古代国家时期，当国家不再"遗世独立"时，国家与国家之间就形成了当时的国际关系，哪怕它们彼此之间互不相知，不相往来，它们已经在客观上形成共存的状态。这样的关系可以被称作无联系的国家关系。文明也是如此。今天我们所熟知的文明古国体系中，有的文明古国在同一时间共存，但它们并不互知对方的存在，例如，后来被西方"发现"或"发掘"的古希腊文明，其文化繁荣的时期正是中国的春秋时代。这种历史逻辑可说明的一点是，人类的精神世界进化过程大抵是相当的，当它的能量积蓄到一定程度，就会集中爆发，绽放出普遍的人类精神之花。就像人类的进化一样，当灵长类动物的大脑进化到一定程度时，必然跃进到人的时代，这个进程可能首先在一个地区展开，也可能是在地球的两端或多点同时展开。当然，类似四大文明古国的历史叙述还在争论之中，这些争论留待以后探讨。在现有的历史话语体系下，文明国际的结论还是站得住脚的。

事实上，当一个城邦进入国家形态时，城邦国家并不是由这一城邦孤立形成的，而是由城邦和若干乡村和其他更小的城邦组成一个较大的政治军事体系，这又是另一种特殊的文明国际体系。布赞和利特尔分析得很准，"城邦既能作为自治单位而存在，也可以作为更大单位的建构板块。尽管城邦在政治上通常是自治的，但它并不是在异常孤立的状态下存在的。它们的典型形态是一个文明区域，是一个包括一群城邦的国际体系"②。中国古代的商、周王朝并不是纯粹的独立国家形态，而是由自己这个"共主"或霸权和周围更广大的乡村、更多的小型国家组成的一个超大型的文明区域或文明体系，这个区域或体系也就是属于"共主"的"天下"或国际体系。

如果把视线投放到更长远的时间轴中去看，文明从来都不是一城一地一国的产物，文明具有继承性、再生性和辐射性。在这一点上，中华文明是最具说服力的文明形态。中国历史上虽然经历了无数次的战乱、动荡、分裂、被侵略，但是中国的文明却能够经历朝代更迭而绵延不断，即使是少数民族在中原地区建立的政权也能够自觉地接受中华文明，融入中华文明，显示了中华文明的高度向心力、凝聚力和影响力。中华文明不仅在东亚的核心地带流传、散播，还深刻地影响了周边或更远地区的民族、国家和文明，形成中华文化圈或儒家文化圈。直到今天，东亚的日本、韩国、朝鲜、东南

---

① 黑格尔. 黑格尔历史哲学［M］. 潘高峰，译. 北京：九州出版社，2011：141.
② 布赞，利特尔. 世界历史中的国际体系：国际关系研究的再构建［M］. 刘德斌，任东波，宋鸥，等译. 北京：世界知识出版社，2015：181.

亚的越南、泰国、马来西亚，西亚的伊朗等国文化中或多或少都有中国文化的元素和基因。从国际关系层面看，这种文化圈其实就是文明的国际体系。

中华文明之所以能够建立自己的国际体系，最大的原因是它的媒介性和传播性。文化传播过程中，文化既是传播的内容，又是传播的媒介。特别是在这个文化体系中，语言、文字这两种媒介扮演着极其重要的角色。通过这些媒介，中国人的礼仪、习俗、制度、思想等精神产物纷纷被传播到周边地区乃至更远的地区。随着造纸术、印刷术和指南针等传播到中东、欧洲，新的国际体系产生了。可以说，中国通过媒介、文化等文明元素系统地参与了新国际体系的塑造。

历史编纂学摆脱中世纪基督教范式的最大表现是历史进步的理念深入人心，以伏尔泰、维柯（Giambattista Vico）、杜尔哥（Anne R.J. Turgot）、孔多塞等人为代表的西方史学界坚定地认为历史是全体人类精神和文明的发展史，历史是不断前进的，理性终将取得最后的胜利，从而推动人类社会到达消除差异和不平等的理想状态。那么，在这一过程中理性如何战胜野蛮？精神如何战胜强权？当然是理性和精神要始终立于历史的潮头。而理性和精神如何立于历史潮头？这离不开传播。孔多塞在《人类精神进步史纲》一书中把世界历史划分为三个时代，第一个时代中有人类起源和语言的发明，第二个时代中有文字的发明，第三个时代是历史完全成立的时代。新的文明形态始终是历史转折的重要节点，而且这一结论只有上升到人类社会的普遍性才具有理论的普遍意义。因此，不仅中华文明的发展轨迹如此，其他主要文明形态的发展轨迹也如此，只不过中华文明更具媒介性、传播性和可证实性。

第四节　基础理论

一、媒介环境理论

媒介环境学的学者曾就 media ecology 应该翻译为"媒介环境学"还是"媒介生态学"而争论不休，最后确定为媒介环境学。从环境和生态两个词的本义理解，它们之间的差别似乎并不大。媒介环境学的创立者尼尔·波斯曼（Neil Postman）在这一专业方向创立之初的一次讲演中就既用了"媒介生态"（media ecology），又用了"媒介环境"（media environment）。提到前者时，他说："我们把媒介（media）放在生态（ecology）前面，意思是说，我们感兴趣的不仅是媒介，我们还想说，媒介与人互动的方式给文化赋予了特性，你不妨说，这样的互动有助于文化的象征性平衡。如果我们想要把生态一词的古代意义和现代意义联系起来，那就不妨说，我们需要使地球这个大家庭维持井然有序的环境。"①而提到后者时,他又说:"从一开始,我们就是一群强调道德关怀的人。我们想建立的学术单位应该把重点放在媒介环境(media environment)上,我们特别感兴趣的是媒介环境如何使我们生活得更好或更糟,我们想弄清楚媒介环境是否真有这样的作用。"②可见,生态(ecology)一词和环境(environment)一词在意义上并不是完全隔绝的,相反,它们是相通的,甚至是可以互换的。

那么,"媒介环境学"和"媒介环境"诸概念的准确含义是什么呢?我们可以先看看诸位媒介环境学大师给它下的定义。

"媒介环境学"概念最早是由尼尔·波斯曼提出的。他和其他人组建了世界上第一个媒介环境学的研究生教学单位,他认为媒介环境学是"把媒介当作环境的研究"③。这个定义显然太简单,不能让人一窥媒介环境学的全貌。不过他用其他的定义或分析对此做了深入解释。"媒介是文化能够在其中生长的技术;换句话说,媒介能够使文化里的政治、社会组织和思维方式具有一定的形态。"④"我们想要使人意识到:人生活在两种不同的环境里。一是自然环境,其构成要素是空气、河流和毛毛虫;二是媒介环境,其构造成分是语言、数字、形象、全息图,还包括一切符号、技术和机器。这些构造成分是人之所以成为今天这个样子的原因。"⑤"媒介环境学研究人的交往、人交往的讯息及讯息系统。具体地说,媒介环境学研究传播媒介如何影响人的感知、感情、认识和价值,研究我们和媒介的互动如何促进或阻碍我们生存的机会。"⑥"媒介环境学研究信息环境。它致力于理解传播技术如何控制信息的形式、数量、速度、分布和流动方向,致力于弄清这样的信息形貌或偏向又如何影响人们的感知、价值观和态度。"⑦波斯曼关于媒介环境学概念的理解是多维度的,包含了媒介技术、人、社会、符号、信息、感觉等因素以及这些因素之间的关联和互动。

实际上,按照此后媒介环境学学者们的表述,他们研究的对象首先是媒介技术以及媒介技术给社会带来的影响。而这种思想则远早于这一概念的出现,表现为关于技术与社会的关系问题:"技术如何并在多大程度上对社会和文化产生大规模的影响,或者说技术产生形式的、环境的和结构性的影响。"⑧媒介技术、媒介环境和媒介环境学等概念出现以后,关于技术与社会的关系问题就聚焦到了媒介与社会的关系问题上。

---

① 林文刚.媒介环境学:思想沿革与多维视野[M].何道宽,译.北京:中国大百科全书出版社,2019:80.
② 林文刚.媒介环境学:思想沿革与多维视野[M].何道宽,译.北京:中国大百科全书出版社,2019:81.
③ 林文刚.媒介环境学:思想沿革与多维视野[M].何道宽,译.北京:中国大百科全书出版社,2019:18.
④ 林文刚.媒介环境学:思想沿革与多维视野[M].何道宽,译.北京:中国大百科全书出版社,2019:79-80.
⑤ 林文刚.媒介环境学:思想沿革与多维视野[M].何道宽,译.北京:中国大百科全书出版社,2019:80-81.
⑥ 林文刚.媒介环境学:思想沿革与多维视野[M].何道宽,译.北京:中国大百科全书出版社,2019:305.
⑦ 林文刚.媒介环境学:思想沿革与多维视野[M].何道宽,译.北京:中国大百科全书出版社,2019:317-318.
⑧ 林文刚.媒介环境学:思想沿革与多维视野[M].何道宽,译.北京:中国大百科全书出版社,2019:25-26.

第三代媒介环境学代表人物林文刚指出："媒介环境学关注的是将媒介理解为物质的、感性的、象征性的环境或结构，并认为人们通过使用媒介技术建构意义，媒介环境学试图阐明传播技术的变化如何促进了社会和文化的变迁，反之亦然。"① 在这里，媒介技术代替了技术，但它的对象保持了原来的宏观世界。

另一个比较清晰的媒介环境学定义是美国学者克里斯琴·尼斯特洛姆（Christian Nystrom）提出的。他认为，"媒介环境学可以界定为：我们的符号系统和媒介技术如何对我们构建的'现实'产生影响，这样的'现实'对我们的社会制度、文化习俗和价值观意味着什么隐含的命题"②。"媒介环境学研究我们如何构建和重建知识，研究我们如何构建和重建人栖息其间的现实。研究的范畴包括：我们的认识工具即感官和中枢神经系统，我们的探索工具，我们的探索工具需要的物质媒介（比如光线、声音和电能），以及我们使用这些媒介的条件。"③

从媒介环境学学者以上的定义和分析可以看出，媒介环境理论包含了如下这样一些思想。

第一，媒介是一种技术，是把人和社会、世界联系起来的中介物。应该说所有的事物都可以是人与外界的中介物，但只有媒介这种传播信息的工具才能把人的感官和外界联系起来，才能让人与人联系起来。人通过媒介感知世界、认识世界甚至建构自己意识中的世界。人通过媒介与别人共同组成了某个特定的社会，并能够相互传情达意。媒介属于人，是人的感官的延伸。麦克卢汉在此基础上总结出他那著名的结论：媒介是人的延伸。事实上，既然媒介是人的延伸，那人自己也是媒介，是我们每个人自己的媒介，人是所有媒介的终极媒介——元媒介。

第二，媒介对人、社会、整个客观世界产生重大影响。无论是波斯曼说"媒介能够使文化里的政治、社会组织和思维方式具有一定的形态"，或设问"媒介如何影响人的感知、感情、认识和价值"，还是林文刚设问"传播技术的变化如何促进了社会和文化的变迁"，抑或尼斯特洛姆引导"我们的符号系统和媒介技术如何对我们构建的'现实'产生影响"，都证明媒介对人、社会、整个客观世界注定要发挥非凡的影响。在一些学者那里这种影响力被称作决定性力量，媒介环境学因此也被称作"技术决定论"或"媒介决定论"。对此，媒介环境学学者们的态度是不一样的。芒福德、艾吕尔（Jacques Ellul）作为这一流派的鼻祖，丝毫不避讳"技术至上"的思想；麦克卢汉坚决不承认自己是"媒介决定论者"；而波斯曼则通过猛烈地批判技术垄断与（媒介）技术决定论划清了界限。其实，技术决定论者所强调的媒介以及媒介技术对人类文明进程

---

① 梁颐. 理解媒介环境学[M]. 北京：北京大学出版社，2020：1.
② 林文刚. 媒介环境学：思想沿革与多维视野[M]. 何道宽，译. 北京：中国大百科全书出版社，2019：73.
③ 林文刚. 媒介环境学：思想沿革与多维视野[M]. 何道宽，译. 北京：中国大百科全书出版社，2019：400.

的推动是毋庸置疑的,过分地纠结于这顶"帽子"是不必要的。要认清"决定论"是波普尔污名化唯物史观的借口,而这种污名化行为本身是错误的。对此,要用列宁的话纠正人们对"决定论"的误解:"决定论思想确定人类行为的必然性,推翻所谓意志自由的荒唐的神话,但丝毫不消灭人的理性、人的良心以及对人的行为的评价。恰恰相反,只有根据决定论的观点,才能做出严格正确的评价,而不致把一切都任意推到自由意志的身上。"①

第三,"媒介即环境"。这应该是媒介环境学最核心的思想。林文刚从两个层面理解这一思想。第一个层面是作为感知环境的媒介。他说:"在生理感知层面上,我们可以把一种传播媒介设想为一种感知环境。大体上说,我们感知周围世界时,或多或少地调动着我们全部的感官……我们通过媒介感知或'构建/重构'的'现实',是现实的一种翻版,这种翻版是透过媒介的感知特征过滤的;因为翻版的'现实'乃是插入周围环境和我们之间的一种东西……把媒介作为环境来研究就暗示这样一个要求:利用媒介来理解世界时,我们必然要检查我们进入的感知环境;具体地说,我们凭借感知到的资料来构建外部世界,以便我们能够理解;而我们感知到的资料,就是多种媒介(或某一媒介)按照设计特征必须去进行编码和解码的基本素材。"②这意思是说,我们感知世界时总是要用某种媒介的,这种媒介决定我们需要调度什么感官。当我们的感官和世界接触时,我们实际上感知到的是一个翻版的、建构的"现实",并不是真实的现实。这一切决定于我们所使用的媒介给我们营造的环境。我们感知世界的第一刻起,就处于一种媒介的环境之中。第二个层面是作为符号环境的媒介。林文刚说:"我们可以把每一种传播媒介都设想为一种符号环境,由一套独特的代码和句法有条不紊地构成的符号环境……一方面,我们凭借视觉、听觉、嗅觉、触觉和味觉来感觉或感知我们周围的物质世界;另一方面,我们又从媒介的符号世界内部去思考、感知、言说或表征物质世界……我们语言的内部符号结构或逻辑是我们认识世界的参数,在这个参数之内,我们构建关于我们信念之中的周围世界的概念或理念,这个世界是我们'认为'或'了解'的世界。"③这一层面的意思使媒介不仅表现为宏观的感觉和"现实",还表现为微观的符号、结构和逻辑,没有这个微观世界的媒介,我们无法思考、表达。作为一种参数,它们构成整个媒介的一部分,也构成整个环境的一部分。

"媒介即环境"思想中的媒介和环境是等价关系,因此它还可以被说成"环境即媒介",如此一来,媒介则被赋予更加不一般的权重。这一思想同样可以从两个层面加以

---

① 列宁. 列宁选集: 第一卷 [M]. 中共中央马克思恩格斯列宁斯大林著作编译局, 编译. 北京: 人民出版社, 1960: 26.
② 林文刚. 媒介环境学: 思想沿革与多维视野 [M]. 何道宽, 译. 北京: 中国大百科全书出版社, 2019: 48-49.
③ 林文刚. 媒介环境学: 思想沿革与多维视野 [M]. 何道宽, 译. 北京: 中国大百科全书出版社, 2019: 49-50.

理解。第一个层面是把环境当作媒介。当我们开始感知世界的时候，我们必定处于某个环境中，这个环境可以是家庭、教室，也可以是社区、街道。没有人能离开环境而生存，只要当我们开始感知世界，我们所处的环境要么直接扮演了我们感知世界的媒介，要么为我们提供了某种媒介。第二个层面是环境中充斥着媒介。没有媒介就无法感知世界，因此当我们感知到世界的时候，我们其实也应该感知到媒介。这里的媒介不仅仅指普通的信息媒介，如报纸、书籍、广播、电视、手机等，还包括符号、信息、空气和光线等。我们浸润于媒介之中而不知，那是因为我们把媒介庸俗化了。

总之，从浅层理解，媒介环境理论是一种媒介学理论或传播学理论；从深层理解，媒介环境理论实质上是一种文明史理论和社会学理论，甚至可以上升到哲学高度加以认识和理解。

二、媒介唯物史观

在谈论什么是媒介唯物史观之前，首先要回顾一番唯物史观的内涵。

唯物史观是唯物主义历史观或历史唯物主义的简称。它是马克思和恩格斯的伟大发现，而恩格斯则谦虚地说唯物史观和剩余价值理论是马克思的两大发现。事实上，在唯物史观的创立和发展方面，恩格斯做出了卓绝的工作。在马克思和恩格斯之前，"所有的历史观，都以下述观念为基础：一切历史变动的最终原因，应当到人们变动着的思想中去寻找，并且在一切历史变动中，最重要的、支配全部历史的又是政治变动。可是，人们的思想是从哪里来的，政治变动的动因是什么——关于这一点，没有人发问过"①。恩格斯指出，"现在马克思则证明，至今的全部历史都是阶级斗争的历史"②。但这并不是最后的答案，因为人们又会问阶级是怎么产生的。恩格斯代替马克思作出回答，"历史破天荒被置于它的真正的基础上；一个很明显的而以前完全被人忽略的事实，即人们首先必须吃、喝、住、穿，就是说首先必须劳动，然后才能争取统治，从事政治、宗教和哲学等"③。

很显然，马克思和恩格斯的唯物史观"是从他们的唯物主义思想、他们的唯物主义世界观里产生出来的"④。它揭示了历史发展的真正动力："一切重要历史事件的终极原因

---

① 恩格斯．卡尔·马克思［M］//中共中央马克思恩格斯列宁斯大林著作编译局．马克思恩格斯选集：第三卷．北京：人民出版社，2012：722.
② 恩格斯．卡尔·马克思［M］//中共中央马克思恩格斯列宁斯大林著作编译局．马克思恩格斯选集：第三卷．北京：人民出版社，2012：722.
③ 恩格斯．卡尔·马克思［M］//中共中央马克思恩格斯列宁斯大林著作编译局．马克思恩格斯选集：第三卷．北京：人民出版社，2012：723.
④ 考茨基．唯物主义历史观：第一分册［M］.《哲学研究》编辑部，编译．上海：上海人民出版社，1964：20.

和伟大动力是社会的经济发展，是生产方式和交换方式的改变，是由此产生的社会被划分为不同的阶级，是这些阶级彼此之间的斗争。"① 但是这一观点却被有些人笼统而简单地总结为"经济决定论"和"阶级决定论"。针对这些误解和曲解，恩格斯特别进行了解释。"根据唯物史观，历史过程中的决定性因素归根到底是现实生活的生产和再生产。无论是马克思还是我都从来没有看过比这更多的东西。如果有人在这里加以歪曲，说经济因素是唯一决定性的因素，那么他就是把这个命题变成毫无内容的、抽象的、荒诞无稽的空话。"② 在致约瑟夫·布洛赫的信中，恩格斯进一步指出，"经济状况是基础，但是对历史斗争的进程产生影响并且在许多情况下主要是决定着这一斗争的形式的，还有上层建筑的各种因素：阶级斗争的各种政治形式及其成果——由胜利了的阶级在获胜以后确立的宪法等，各种法的形式以及所有这些实际斗争在参加者头脑中的反映，政治的、法律的和哲学的理论，宗教的观点以及它们向教义体系的进一步发展。这里表现出这一切因素间的相互作用……"③ 在致瓦尔特·博尔吉乌斯的信中，恩格斯指出，"政治、法、哲学、宗教、文学、艺术等的发展是以经济发展为基础的。但是，它们又都互相作用并对经济基础发生作用。这并不是说，只有经济状况才是原因，才是积极的，其余一切都不过是消极的结果，而是说，这是在归根到底不断为自己开辟道路的经济必然性的基础上的相互作用"④。在这些分析的基础上，恩格斯提出了他那经典的"力的平行四边形理论"——"历史是这样创造的：最终的结果总是从许多单个的意志的相互冲突中产生出来，而其中每一个意志，又是由于许多特殊的生活条件，才成为它所成为的那样。这样就有无数互相交错的力量，有无数个力的平行四边形，由此就产生出一个合力，即历史的结果，而这个结果又可以被看作一个不自主地起作用的力量的产物。"⑤ 到此，历史的动力和终极原因才丰富完善起来，"政治、法、哲学、宗教、文学、艺术等"都重新归位，回到它们本该所处的历史神坛上。

但是，有一种"力量"被忽视了。那就是媒介以及建立在其基础之上的一切传播活动。特别是当我们把视线突破阶级社会再往前看时，就再也无法用经济、政治、哲学等因素去衡量历史的动因了，而只能从生产以及为了生产而发明的传播技术和传播

---

① 恩格斯.社会主义从空想到科学的发展[M]//中共中央马克思恩格斯列宁斯大林著作编译局.马克思恩格斯选集：第三卷.北京：人民出版社，2012：760.
② 恩格斯.恩格斯致约瑟夫·布洛赫[M]//中共中央马克思恩格斯列宁斯大林著作编译局.马克思恩格斯选集：第四卷.北京：人民出版社，2012：604.
③ 恩格斯.恩格斯致约瑟夫·布洛赫[M]//中共中央马克思恩格斯列宁斯大林著作编译局.马克思恩格斯选集：第四卷.北京：人民出版社，2012：604.
④ 恩格斯.恩格斯致瓦尔特·博尔吉乌斯[M]//中共中央马克思恩格斯列宁斯大林著作编译局.马克思恩格斯选集：第四卷.北京：人民出版社，2012：649.
⑤ 恩格斯.恩格斯致约瑟夫·布洛赫[M]//中共中央马克思恩格斯列宁斯大林著作编译局.马克思恩格斯选集：第四卷.北京：人民出版社，2012：605.

活动中去寻找人类文明进化的动力。即使是生产，马克思和恩格斯也并不单纯指物质资料的生产，还包括精神性生活资料的生产："思想、观念、意识的生产最初是直接与人们的物质活动，与人们的物质交往，与现实生活的语言交织在一起的。人们的想象、思维、精神交往在这里还是人们物质行动的直接产物。表现在某一民族的政治、法律、道德、宗教、形而上学等的语言中的精神生产也是这样。"①在这里他们触及了语言这种最原始的媒介和传播形式，并对此从物质属性和精神属性两方面对语言进行了阐释："人还具有'意识'。但是这种意识并非一开始就是'纯粹的'意识。'精神'从一开始就很倒霉，受到物质的'纠缠'，物质在这里表现为振动着的空气层、声音，简言之，即语言。语言和意识具有同样长久的历史；语言是一种实践的、既为别人存在因而也为我自身而存在的、现实的意识。语言也和意识一样，只是由于需要，由于和他人交往的迫切需要才产生的。"②遗憾的是，他们没有对语言进行提炼，毕竟"媒介"和"传播"这些概念在那个年代还不流行，还没有被当作研究的对象，甚至没有被使用，因而也就没有"深究"语言以及其他媒介在历史进程中的角色。不过，按照陈力丹《精神交往论》中的分析，马克思和恩格斯德语著作中所大量使用的"交往"一词本身就是和"传播"同义，包含了传播的意义，因此也就形成了马克思、恩格斯的传播观。关于这一点，有待更深入的研究。

媒介和传播在历史发展过程中究竟有没有发挥"决定性"作用，这个问题一直没有引起哲学界和传播学界的高度重视。中国学者尹韵公在2000年撰文发问："人类社会的发展究竟有无动力？是怎样的动力？动力有无指向？""现在的问题在于：这个重大命题，跟新闻传播史研究有何关系？"③他认为："无论在古在今，传播活动从来就是处于文明进步和社会发展最前沿、最敏感的地带。任何新的传播活动和传播技术的出现，势必给予这个社会、这个时代以程度不等的影响。那么，揭示这种影响的相互联系，即新的传播活动或传播技术是怎样推动这个社会、这个时代进步和发展的？应当是我们研究的新思路和新方向。"④陈卫星在自己的著述中提出了"唯物主义的传播史观"，并借法国学者戴拉海的观点解释了这一概念。在戴拉海看来，"传播是指一个社会不断创造新的生产、流通和消费状态，并使属于这些状态的社会关系与之相适应"⑤。传播第一次被正式纳入了唯物史观关于生产和交换的逻辑体系，这样它也就具备了推动历史

---

① 马克思，恩格斯.德意志意识形态[M]//中共中央马克思恩格斯列宁斯大林著作编译局.马克思恩格斯选集：第一卷.北京：人民出版社，2012：151-152.
② 马克思，恩格斯.德意志意识形态[M]//中共中央马克思恩格斯列宁斯大林著作编译局.马克思恩格斯选集：第一卷.北京：人民出版社，2012：160-161.
③ 尹韵公.用进步的精神和发展的眼光看待新闻传播史[J].新闻与传播评论，2004（1）：5-8.
④ 尹韵公.用进步的精神和发展的眼光看待新闻传播史[J].新闻与传播评论，2004（1）：5-8.
⑤ 陈卫星.传播的观念[M].北京：人民出版社，2004：375.

的力量。"传播现象是肉眼看不到的，但它们仍作为基础的推动力在发挥着作用。正是在社会结构中组合、社会化和'生效'的传播方式，产生了巨大影响，包括阶级结构、信息市场的出现、货币和金融市场、农业、社会运动和工人反抗的形式、国家角色、政府模式、信息设备、城乡关系、劳动力市场，等等。"①最后，戴拉海说，"传播不仅仅是传播，还是通过调整与生产、流通和消费的一般条件相联系的社会关系，提供了一个既定的社会舞台，不断地创造出新的条件"②。陈卫星自己则总结，"如果用一句话总结唯物主义的传播观，那就是传播问题仅仅在生产和流通之间才有意义，也就是说，传播手段要与生产手段相对应"③。

这种用生产、流通和消费解释传播或把传播放入生产、流通和消费的理论框架之内的解释只是一种英国文化学派式或欧洲批判学派式的解释，多少有些牵强和割裂。事实上，媒介和传播的唯物史观属性就表现在它们对历史的推动作用，或者说它们在历史进程中的位置方面。而前面的许多论述都已表明这一点，那就是媒介和传播在历史中的作用是毋庸置疑的。没有语言，人和猿就不会分道扬镳；没有文字，就没有国家文明；没有印刷术，就没有现代民族理念和现代国际体系；没有电子技术，地球村建立不起来；没有互联网技术，人类意识不到虚拟现实世界的重要性。

谈到唯物史观，我们不能忽略一个人，他就是卡尔·考茨基（Karl Kautsky）。德国人考茨基的时代略晚于马克思和恩格斯的时代。考茨基是德国社会民主党成员，自认为是唯物主义者和马克思主义者，并骄傲地宣称马克思和恩格斯是他的导师。他后来因"庸俗地"理解帝国主义，并支持帝国主义战争，对布尔什维克革命持批判态度，被列宁批判为修正主义者和机会主义者。然而，不可否认的是，考茨基对唯物史观有过深入的研究，曾出版两卷本的《唯物主义历史观》巨著。20世纪60年代，上海人民出版社将这本书分成六册，以内部读物形式陆续出版。考茨基从自然界、社会、国家、人类、阶级、种族、技术、经济等方面，全面地论述了历史发展的走向、动力和规律。其中有很多真知灼见。比如在论述人类为何能与其他机体区别开来时，他指出，"使人类比其他机体优越的因素是什么呢？只能是人类的精神"④。如果论述到这里就结束的话，那考茨基的"唯物史观"就是唯心主义的，但他进一步解释，"人类的精神是不可能由自身任意创造出这种动力来的。我们必须认为，这种动力是由外界产生的。外界的这种新事物不断地向人类的精神提出新问题，提出解决这种新问题的新手段"⑤。至于这种新事物

---

① 陈卫星.传播的观念[M].北京：人民出版社，2004：374.
② 陈卫星.传播的观念[M].北京：人民出版社，2004：376.
③ 陈卫星.传播的观念[M].北京：人民出版社，2004：375.作者用"唯物主义的传播观"替换掉"唯物主义的传播史观"，实际是一回事。
④ 考茨基.唯物主义历史观：第三分册[M].《哲学研究》编辑部，编译.上海：上海人民出版社，1984：118.
⑤ 考茨基.唯物主义历史观：第三分册[M].《哲学研究》编辑部，编译.上海：上海人民出版社，1984：253.

是从哪里产生的，他分析了自然、劳动等因素对人类的挑战。"生产方式不仅把当时社会所需的劳动过程为制造物质产品所具备的一切包括在自己的总和里面，而且把这一切包括在劳动过程的全部相互关系中，这种相互关系也同样是人们的许多相互关系。"①

在论述人类社会、人类精神和历史发展动力等部分时，考茨基充分地肯定了语言、文字等媒介性事物在历史进程中的地位和作用，展现了传播学诞生之前的人们对媒介和传播问题的真知灼见。关于语言，他认为，"人类之所以与动物不同而有血缘关系的结合，这是语言的作用。语言把人类的血缘关系固定下来，使它成为永远有意识得到的东西，并且通过这种方式，自然地形成作为防守同盟和劳动同盟的长期结合的组织"②，"语言是人类相互交际的产物"③，"在语言共同体内部，在集体观念、宗教仪式、诗词歌赋、法律条文等方面所具有的语言文化的这种共同性，一方面促使该共同体的成员更加紧密地相互团结起来，另一方面促使他们同其他语言共同体的成员越来越分道扬镳"④。考茨基的这些思想既符合唯物史观，又准确地指出了语言的许多传播属性。他所转述的路德维希·诺瓦雷（Ludwig Novare）的《劳动工具及其对人类发展史的意义》中关于自然器官和人工器官关系的观点简直是语出惊人。诺瓦雷认为"人类后天获得的或加工制成的东西都是技术性手段，它们实际上是对自然器官的不自觉的人为模拟，即器官的投射"⑤。简而言之，人工器官是自然器官的延伸，再凝练就是"工具是人的延伸"。这一思想比刘易斯·芒福德"技术是人的延伸"的结论早了50年，比马歇尔·麦克卢汉"媒介是人的延伸"的论断早了80年。看来，媒介环境学的源头要再提前了。

考茨基敏锐地发现，"我们所称为高级文化或者文明的东西，是与国家和阶级统治同时形成的"⑥。这种高级文化或者文明显然指的是更高一级的媒介——文字。"文字是和国家一同出现的，至少，能比煞费猜测的迷画式文字多传达一些意义的那种精炼形式的文字是和国家一同出现的。"⑦ 当然，文字的形成有一个过程。"在国家出现以前的阶段中，就已经有了用形象来表示某些现象、特别是某些事情经过的形象记载。不过，这些形象记载满足不了国家的需要，因为国家必须加以记载的事情是范围广泛、式样繁多的。"⑧ 考茨基特别强调，文字不是一两个人的成果，而是集体智慧的结晶。

---

① 考茨基.唯物主义历史观：第三分册[M].《哲学研究》编辑部，编译.上海：上海人民出版社，1984：293.
② 考茨基.唯物主义历史观：第三分册[M].《哲学研究》编辑部，编译.上海：上海人民出版社，1984：101.
③ 考茨基.唯物主义历史观：第三分册[M].《哲学研究》编辑部，编译.上海：上海人民出版社，1984：101.
④ 考茨基.唯物主义历史观：第三分册[M].《哲学研究》编辑部，编译.上海：上海人民出版社，1984：101.
⑤ 考茨基.唯物主义历史观：第三分册[M].《哲学研究》编辑部，编译.上海：上海人民出版社，1984：255.
⑥ 考茨基.唯物主义历史观：第三分册[M].《哲学研究》编辑部，编译.上海：上海人民出版社，1984：57.
⑦ 考茨基.唯物主义历史观：第六分册[M].《哲学研究》编辑部，编译.上海：上海人民出版社，1965：16.
⑧ 考茨基.唯物主义历史观：第四分册[M].《哲学研究》编辑部，编译.上海：上海人民出版社，1964：194.

"就像语言一样，文字也不能是由个人发明的，而只能是形成起来的，是从思想、情感、观察和制作符号的能力彼此一致的许许多多个人的社会实践中产生出来的。"① 这种关于文字的思想即使用今天的眼光评判也不陈腐和落伍，相反更反映了他们那个年代的人对历史进程及其媒介动力的清晰而超前的认识。

那么，为什么要在研究国际、传播等问题时采用唯物史观呢？用考茨基的话来说就是，"只有根据唯物主义历史观研究的人，才会在他所考察的每一历史现象中有步骤地把个别从一般中分离出来"②。我们需要从纷繁复杂的事物中提炼出更具标识性的特征。另外，媒介唯物史观是一种研究方法和范式，无论是针对历史学，还是针对传播学，抑或针对其他现有的学科，这种新的方法和范式必然给研究者提供新的思路和研究路径，至少它本身就是一种研究创新。这一理论提醒我们，媒介和传播本就是人类的一种生存方式，它们的意义远超于媒介环境的意义，"与其把媒介环境学归入传播学，不如把它归入历史学……这种意义上的媒介史并不是把媒介当作研究的'内容'或'对象'，而是把媒介当作研究的'环境'，亦即背景、语境、方法等"③。媒介环境学只是研究媒介对环境的影响，而媒介唯物史观要把媒介和传播作为一种研究的环境或背景、语境，甚至要作为生活的环境、背景和语境。"人在媒介中遭遇自身，通过媒介来造就自身……人们更要通过各种媒介实现自我，通过演说、作品和事迹来显示自我。"④ 这还不够，整个世界都在媒介环境中，因此媒介同样可以显示世界、实现世界、造就世界，用建构主义的话说就是要建构世界。至少，媒介的话语和文本具备这一功能。诺曼·费尔克拉夫（Norman Fairclough）在《话语与社会变迁》一书中论证了这一观点："话语不仅是表现世界的实践，而且是在意义方面说明世界、组成世界、建构世界。"⑤ "话语是建构性的，建构社会主体，建构社会关系，建构知识和信仰体系。"⑥

三、全球传播理论

迄今为止没有一个被统一认可的关于"全球传播"的定义。但有一点是肯定的，那就是全球传播概念是国际传播打破某种边界以后不断弥漫、扩张的结果。按照学者们的分析，国际传播的主体是国家，传播媒介是报纸、广播、电视等传统媒介，对象主要是国外的受众。但是随着互联网新媒介推陈出新，传播手段不断打破官方和主流

---

① 考茨基.唯物主义历史观：第四分册[M].《哲学研究》编辑部，编译.上海：上海人民出版社，1964：195.
② 考茨基.唯物主义历史观：第六分册[M].《哲学研究》编辑部，编译.上海：上海人民出版社，1965：59.
③ 胡翌霖.媒介史强纲领：媒介环境学的哲学解读[M].北京：商务印书馆，2019：5-6.
④ 胡翌霖.媒介史强纲领：媒介环境学的哲学解读[M].北京：商务印书馆，2019：18，48.
⑤ 费尔克拉夫.话语与社会变迁[M].殷晓蓉，译.北京：华夏出版社，2003：60.
⑥ 费尔克拉夫.话语与社会变迁[M].殷晓蓉，译.北京：华夏出版社，2003：35.

媒体的垄断，广大网民和受众也都成了传播主体，传播对象也不再固定为国外受众，传播活动弥漫为一种全球性的、无死角的全民行为。原来的国际传播概念已经不能和新的现实完全吻合，需要一个新的概念取代它。

全球传播的历史远比国际传播早。毕竟，国际传播是和国家、国际关系相匹配的概念，在上古时期国家尚未形成的时候，人类已经有传播了，这种传播没有边界，没有明确的组织者，没有特征，是完全模糊的行为，只能被笼统地称为全球传播。国家出现以后，某些传播确实是跨国界的，但国家并未形成清晰的国际传播意识，而且早期的城邦国家、王权国家和近现代的主权国家或民族国家有很大的区别，因此跨越国界或没有边界的传播活动仍然只能被笼统地称为全球传播。国际传播是近现代的产物，是近现代主权国家或民族国家形成后的伴随物。特别是在16世纪资本主义在全球建立自己的殖民体系后，西方主导的国际体系和国际关系开始形成，另外，媒介技术不断进步，19世纪前后电子技术被人类掌握，电报、广播等技术和设备相继进入媒介行列，具备了把全球在较短时间内连通起来的能力。为了加强对殖民地的统治，很多真正跨国的、跨全球的新闻传播和政治宣传等行为被采纳，国际传播终于成为一种独特的传播形态。

全球传播作为国际传播的"替身"，是进入21世纪，全球化不断深入、扩大的结果。它不是孤立的"全球"事物和"全球"现象。全球传播与全球化、全球史、全球治理等构成了一种广泛的"全球场域"，这个场域是"全球系统中相互关联的文化与政治、经济等因素构成的'场域'（field）之集合，容纳从个体、群体到组织、国家等行为体之间互动、聚合的关系结构，以及以全球为舞台的信息传播环境"[①]。

全球传播首先是全球化的产物。全球化（globalization）一词是个现代化词语，20世纪60年代才被收入英语词典。美国学者罗兰·罗伯森（Roland Robertson）在80年代发表第一篇关于全球化的文章，90年代出版第一部关于全球化的专著，全球化问题开始成为各个学科关注的研究话题。按字面意思，全球化就是全球一体，而且可以被感知。这种可感知性是现代媒介和传播引发的，用麦克卢汉的话说就是"地球村"，用罗伯森的话说就是，"全球化既指世界的压缩（compression），又指世界是一个整体的意识的增强"[②]。全球一体则是彼此的相互关联性。这一点可以从吉登斯（Anthony Giddens）的全球化定义中看出来。"世界范围内的社会关系的强化，这种关系以这样一种方式将彼此相距遥远的地域连接起来，即此地所发生的事件可能是由许多英里以外的异地事件而引起的，反之亦然。"[③] 实际上，西方国家主张全球化还有文化、意

---

① 孙英春.全球场域的"双重结构"与跨文化传播本土研究的"知识策略"[J].现代传播，2022（3）：50-57.
② 罗伯森.全球化：社会理论与全球文化[M].梁光严，译.上海：上海人民出版社，2000：11.
③ 吉登斯.现代性的后果[M].田禾，译.南京：译林出版社，2011：57.

识、制度、标准等的一体化，是希望通过提高全球化意识，达到让其优势在国际社会延续的目的。为了规避政治陷阱，在中国的语境中，这一概念一般限定在经济领域，强调世界不同国家和地区，经济上相互依赖，一荣俱荣，一损俱损。无论如何，全球化的意识已经蔓延到各个领域，这为全球传播、全球治理等概念的出现提供了历史舞台。

将全球传播放到更为宏大的时间轴中才更有说服力，因此它必然和全球史理念一致。"全球史"是法国年鉴学派在20世纪中叶的用语，也被称为"总体史"或"整体历史"。在此之前，西方历史研究者虽强调"世界史"或"世界通史"的概念，但实际上一直没有跳出政治历史和西方中心主义的视野，为了与"兰克历史学"进行切割，法国历史学界几代人倡议把历史作为一个整体进行研究。具体来说就是，"在一个作为整体的地区中，对一定时段的历史进行地理、社会、经济、思想、政治等方面的综合研究，以反映这一整体的历史总貌"①。但在全球化语境下，全球史既不能被看作某个地区的历史，也不能被看作"一定时段"的历史，它必须是从最开始出现的有关全球范围内人和事的历史，在最近一些年出现的大历史学派视野中，这个历史的开端要前推到138亿光年前宇宙大爆炸那一刻。漫长的历史首先是纯自然的，只有200多万年前出现智人以后，人类史才开启了新的一页。而在真正意义上的国际传播出现以前，又是一个漫长的历史过程，这个过程充满了各种媒介和传播的大事件，它们不分国界，不分主体，不分对象，也不分专业与业余，完全是一种模糊的、断断续续的全球性质的传播。不过，因为传播环境的天然自在，全球化的传播特征就不可避免地呈现出来，以至于有的学者断言，"全球化过程其实是一个传播全球化的过程"②。

全球化也罢，全球传播也罢，它们体现的是一个国际范围内各主体之间的关系，就像有的学者所说的，"全球传播的本质是全球关系。研究全球传播，就是要在信息全球范围内自由而均衡地传播中建立理想的人际关系、群际关系和国际关系"③。如果这种观点是试图在国际传播和国际关系的话语体系之外重新构建一套全球传播与全球关系的逻辑的话，那这是没有必要的。在国家仍然扮演重要角色的今天，放弃国际关系去追求全球关系，既虚无缥缈，也不切实际。国家仍然是全球事务的最大、最重要的角色，国际关系仍然是全球关系中最重要的关系，是"天下"的主"战场"。因此，应该说：全球传播的本质是国际关系，研究全球传播，主要是研究如何维护公正合理的国际关系。如此一来全球传播就与国际关系建立了逻辑关系，而这正是本书的主题。

---

① 斯塔夫里阿诺斯.全球通史：1500年以前的世界[M].吴象婴，梁赤民，译.上海：上海社会科学院出版社，1988：46.
② 李智.全球传播学引论[M].北京：新华出版社，2010：2.
③ 李智.全球传播学引论[M].北京：新华出版社，2010：5.

今天国际关系的主旋律是全球治理，因此，全球传播和全球治理从名称到内容看起来更加般配。"全球治理"于20世纪90年代被提出，适逢冷战结束之际，这直观地说明了二者的因果联系。尽管在二战后50年内没有再发生世界大战，但暴力、苦难、贫穷却在世界各地不断上演；美苏展开军备竞赛，让全世界都笼罩在核阴云之下；全球的生态环境和气候被畸形的经济发展严重恶化，人类前途受到极大威胁。在这种情况下，一些有识之士开始呼吁、提倡展开全球合作。正如瑞典前首相卡尔松（Ingvar Carlsson）等人所说，"从冷战的紧箍咒中解脱出来的世界深知人类对自然造成的难以承受的影响所包含的危险，并洞悉全球意义上的人类贫困在世界除了以明智和建设性的方式，起而应答变化的挑战外，别无其他选择"①。全球治理因此应运而生。全球治理的目标是停止军备竞赛，开展全球合作，在全球范围内降低冲突、减少贫困、改善环境、建设可持续发展的国际社会，它更重视非国家和非政府之间的关系。在最后一点上，全球传播与全球治理达成一定程度的思想一致，即彼此都强调泛主体意识，力争让更多的主体参与进来。当然，事实上，无论有些人如何想"去国家中心"，国家既没有在事实上退出全球治理和全球传播，也没有意愿退出全球治理与全球传播。一个最简单的事实是全球治理会时时刻刻受到霸权式现实主义的冲击，而霸权式现实主义恰恰就是国家行为的最典型表现。

全球传播的理论体系不仅仅体现在传播主体多元化和传播媒介多元化上，还体现在传播秩序变革、传播实力追求，体现在全球传播与外交、文化、经济等的关系问题上。甚至可以说，原来和国际传播与国际关系、媒介与社会等有关的所有问题几乎都可以成为新的研究范式下的研究对象。

---

① 卡尔松，兰法尔.天涯成比邻——全球治理委员会的报告［M］.赵仲强，李正凌，译.北京：中国对外翻译出版公司，1995：XIII.

第二章　国际关系史观

这里之所以强调国际关系史观，是因为在用传播学视角分析国际问题时须以国际或国际关系史为轴心，毕竟，国际或国际关系才是研究的主要对象。但国际关系史观并非一成不变的，而应该有新的认知，知识创新的意识要求我们重新审视我们固化的认识。

人们一提起国际关系的肇始，就马上想到"三十年战争"和威斯特伐利亚体系，也就是说把近现代国际关系史等同于国际关系史。这明显是西方中心主义思想的表现。实际上，自从有国家以后，多个国家之间就形成了当时的国际关系，只不过这种国际关系和近现代的国际关系可能完全相异。另外，国际关系模式不应是那种唯一形态的、西方式的国际关系，还应该有别的类型的国际关系。比如古代东亚各国，长期维持的是一种"天下—朝贡"体系，无论我们承认与否，这种体系构成了东亚地区独特的国际关系，只是到近代以后，它才被西方式的国际关系取代。

第一节　国际关系及其历史观念

一、国际关系

国际关系是人类进入国家形态以后国与国之间的一种客观存在和互动状态。所谓客观存在是指这些国家就在那里存在着，它们可能有联系和互动，也可能没有联系和互动，甚至互不知晓。就像分子、原子等微观粒子一样，不是所有的微观粒子都有联系，但是它们共同组成了物质。古代国家众多，散落各地；距离遥远，来往困难。今天站在这些国家的角度看，不能因为彼此不来往，便说其他国家不存在。在哲学意义上，存在状态和关系状态是同在的。只要它们存在，它们之间就有关系状态。只不过这种没有互动的关系无法言说，或者言说它无意义。没有互动的关系可以称作"非互动关系",而有互动的则可以称为"互动关系"。那么,什么是国家的互动呢?就是指国家之间相互依存、相互竞争、相互冲突。有的国家之间这种关系可能不密切,有的则通过外交、战争等方式展开深度互动。有的关系可能是一元的,如长期敌对,势同水火;有的关系是多元的,既敌对,还相互依存。由于交通、通信的隔绝,类似的各种国际关系都是区域性的,而非全球性的。即使是17世纪开始的国际关系,那也只是区域性的,是发生在欧洲范围内的"国际关系"。只有当世界历史开始以后,全球性的国际关系才形成。

国际关系和国际体系是有差别的,不能把二者完全等同起来。国际关系只是陈述众多国家所处的客观存在状态,国际体系强调国家之间的互动。有的学者认为互动是国际体系的前提,如布赞和利特尔强调,"就任何一个体系的概念而言,互动都是最基本的"[1]。有的学者则强调不仅要有互动,而且互动必须有结果。如美国学者蒂利(Charles Tilly)曾说,"国家只有实现有规律的互动,且互动达到影响各国行为的程度,国家间才能构成体系"[2]。但是,如果按照布赞、利特尔和蒂利的观点,我们前面对国际关系的理解完全不成立,这样一来,我们可能会忽略掉历史中的很多现象。毕竟,在今天的国际关系中,彼此共存、不相往来的现象也屡见不鲜。比如联合国190多个会员国中仍有10多个国家没有和中华人民共和国建立外交关系,那么我们能因此说它们彼此没有"国际关系"吗?当然有,只不过是一种非互动关系,或非外交关系。从这个意义上说,我们需要再跨出去一步,要比布赞、利特尔和蒂利等人走得更远一些。

以上的争议其实暗含了近年来国际关系学的一大争议问题,那就是国际关系究竟应该从什么时候算起。国际上普遍认为今天的国际关系是威斯特伐利亚体系的扩大版,"其他国家成为威斯特伐利亚和约国的正式时间——美国是1783年,加拿大是1867年,中国和日本是在20世纪初"[3]。但是美国有学者认为在西班牙、荷兰和葡萄牙等殖民者进入美洲、东南亚等地区时,这些地区都有自己的国际秩序。"进入东南亚地区(亦称东印度群岛)的欧洲人,意外地发现自己在亚洲置身于一个复杂的由国家构成的网络之中。"[4]这样的"复杂的由国家构成的网络"其实就是亚洲当时的国际关系。而且,欧

---

[1] 布赞,利特尔.世界历史中的国际体系:国际关系研究的再构建[M].刘德斌,译.北京:世界知识出版社,2015:99.
[2] 布赞,利特尔.世界历史中的国际体系:国际关系研究的再构建[M].刘德斌,译.北京:世界知识出版社,2015:98.
[3] 刘禾.帝国的话语政治:从近代中西冲突看现代世界秩序的形成[M].杨立华,译.北京:生活·读书·新知三联书店,2009:34.
[4] 刘禾.帝国的话语政治:从近代中西冲突看现代世界秩序的形成[M].杨立华,译.北京:生活·读书·新知三联书店,2009:33.

洲之外的地区不只有自己的国际关系，还有成熟的自然法——约定俗成的国际法、海洋法等。欧洲人自认为欧洲的成文法是最早的国际法律，亚洲人闭关锁国，海洋也是封闭的，殊不知当他们进入亚洲以后发现，印度以东的人们早已有约定俗成的自由航行的规矩。"三十年战争"后著名的国际法创立者格劳秀斯（Hugo Grotius）关于航海自由的观点就是他在东亚时期受当地人约定俗成的自由航行习惯启发而形成的。

事实上，在欧洲人到达之前，亚洲、美洲、非洲等地区都存在大小不一的国际关系和国际体系。在亚洲，东亚地区以中华文明为核心的国际体系自不必说，后面还会详细阐释。西亚地区的波斯、阿拉伯和土耳其都在一段时间内建立起了自己的国际体系，阿拉伯帝国在7世纪到13世纪期间甚至建立起了地跨亚非欧三大洲的环地中海国际体系，这个体系给欧洲人带来的耻辱感太强了，以至于他们在谈起这段历史时往往会一笔带过，甚至一字不提。在美洲，15世纪末哥伦布带人进入美洲之前，千千万万的印第安人已经在这里生活了几千年，他们先后创造了玛雅、印加、阿兹特克等文明，但早期美洲的国家发展历史，因为没有信史，又没有足够多的出土文物，所以很难复盘。在难以证明古代美洲有国家发展史的同时，这个事实再次提醒我们，文字在国家史中具有不可或缺的地位。在非洲，情况和美洲大同小异，除了地中海沿岸地区国家进入欧洲人的视野，整个非洲的古代史几乎黑暗一片。但根据欧洲人的记录，在他们进入非洲之时，非洲各地存在许多王国。比如埃塞俄比亚、马达加斯加和乌干达等国的封建经济已经占据主导，刚果盆地的一些王国正在向封建制度过渡。既然是封建或半封建王国，那这些王国必定会形成属于它们自己的一定规模和形式的国际体系和国际关系。非洲绝非如汉斯·摩根索所说在第二次世界大战之前是"政治上的空白"，非洲不仅二战前不是空白，在西方殖民者进入之前也不是空白——尽管那片大陆直到现在也有人生活在原始部落中。

即使在欧洲，根据欧洲人自己编写的历史，"三十年战争"之前在欧洲的不同历史时期都有范围不一、主体变换的国际关系，抑或国际体系。古希腊与周边的埃及、波斯、腓尼基等地都有密切的联系；古罗马帝国则直接建立起一个地跨欧亚非三大洲的西半球国际体系；拜占庭帝国继承了西罗马的衣钵，尽管面积缩小了，但依然有以它为中心的地区秩序；奥斯曼帝国强势崛起并击败拜占庭帝国之后，直接和整个欧洲形成一种跨文明的国际关系。

总之，就如有的学者所说的那样，即使是在"现代国际关系"形成之时，北半球也至少同时存在着欧洲秩序、以奥斯曼为中心的伊斯兰世界和以中国为核心的东亚朝贡体系。在布赞、利特尔和麦克尼尔等人看来，国际体系的形成时间远早于现代国际关系形成之时，他们更愿意把国际体系放在世界历史的框架中去观察，这样一来，布赞和利特尔得到的结论是，它们"为一种超过5000年的国际体系的连续叙事提供了一个框架"①，而麦克尼尔得到的结论是，古代中东地区生活在不同地区、操着不同语言的各民族因为相互影响而促使公元前1700年至公元前500年期间一个广阔的"世界体系"产生了。②所以，西方创建了现代国际关系，不等同于西方所创建的国际关系是世界上唯一的国际体系，也不是最早的国际体系，更不能说"前现代国际关系"必须用"现代国际关系"的标准去衡量。

有关这方面的问题已经引起了国内外许多学者的高度关注。"拉丁美洲、非洲、中东以及东南亚地区的国际关系研究表明，由西方发展起来的占支配地位的国际关系概念——包括民族国家、权力、制度和规范——与当地学者在这些不同地区所感知和分析的现实之间的脱节正在日益加深。"③国内有的国际关系史著作在把《威斯特伐利亚和约》看作现代国际关系起点的同时，也观照到了《威斯特伐利亚和约》签订之前的漫长的"国际关系史"，并称其为"前现代国际关系"。④其实这样的认识还不彻底。唯有把这种思维定式打破，把国际关系史重新置入全球史或世界史框架，把国际关系史看作一种特殊的全球史或世界史的时候，我们才能一览全球国际关系史的全貌。能够肩负起这个上层建筑的全部结构的支柱就在那里，它们是早已成形的国家体系、天然蕴藏着的媒介和传播等物质和精神内容的力量。

另一个有较大争议的是国际关系的研究范式。这个问题主要是一个国际关系学的理论问题，而非国际关系现实或历史的问题。但这个理论问题也包含了现实和历史的因素。任何撇开现实背景和历史事实的理论研究都是空中楼阁，是理论乌托邦，没有成立的基础，也没有研究的价值。

范式（paradigm）概念是美国科学哲学家托马斯·库恩（Thomas S. Kuhn）在《科学革命的结构》一书中提出的。它是指开展科学研究、建立科学体系、运用科学思想的坐标、参照系与基本方式，是科学体系的基本模式、基本结构与基本功能。简单讲，是一种公认的模型或模式，是研究者共同接受的一组假说、理论、准则和方法的总和，是一种理论体系，范式的突破导致科学（学科）革命。科学（学科）革命的实质就是范式转换。在国际关系学者詹姆斯·多尔蒂（James E. Dougherty）看来，范式是用来选择理论研究对象的一种基本手段。范式的作用是引导人们研究构成范式的单位之间的关系。

---

① 布赞，利特尔.世界历史中的国际体系：国际关系研究的再构建[M].刘德斌，任东波，宋鸥，译.北京：世界知识出版社，2015：56.
② 麦克尼尔.西方的兴起：人类共同体史[M].孙岳，陈志坚，于展，译.北京：中信出版集团，2018：序言xxvii.
③ 阿查亚，布赞.全球国际关系学的构建：百年国际关系学的起源和演进[M].刘德斌，等译.上海：上海人民出版社，2021：3.
④ 刘德斌.国际关系史[M].北京：高等教育出版社，2018.

国际关系的"范式之争"是迈克尔·班克斯（Michael Banks）于1985年提出的。他认为当时的国际关系理论界形成了现实主义、多元主义和全球主义三种范式之间的争论。现实主义是以"国家为中心"的分析法，着重研究国家权力和权力均势。国家是最核心的国际关系角色，权利和安全是国际关系中的核心问题。多元主义是一种"多中心"分析法，强调非国家行为体是国际关系中不可忽视的重要角色，相互依存和跨国主义是国际关系的核心概念。国际关系的议题是广泛的，不是一成不变的。全球主义以世界体系为分析基础，强调国际关系中的经济因素。国际关系的核心角色不是国家，而是国家与其他非国家角色赖以发生作用的全球体系。全球主义注重探讨如何使这些角色协力建立国际关系机制。① 全球主义在那个时候就以一种范式出现，足以看出全球治理理论并不完全是新旧世纪交替之际全球化现实的结果，从理论上讲，它的渊源深植于国际关系理论范式之中。也就是理论创新对于全球治理理论的兴起可能比全球化现实的推动更具有逻辑必然性。

多尔蒂指出了国际关系范式之争的本质。"范式提出的问题是，关于国际体系的理论，在何种程度上应该关注国家行为体或者非国家行为体？这些行为体的根本特征是什么？传统范式是'以国家为中心'的。所谓范式的转变，就是强调从由国家（包括两个超级大国、它们的盟国和'中立国'）构成的范式向由多种行为体构成的范式转变。"②

这里有个问题没有引起人们的注意。从三种范式转变的过程看，西方学术界关于国际关系范式转变的判断标准是不一致的，在从现实主义向多元主义过渡时，其判断标准是国际关系行为体的状况，也就是围绕国际关系行为体是国家中心力量还是超越国家中心的多元力量展开。而从多元主义向全球主义过渡时，是强调政治因素还是经济因素？稍加留意，这种范式转向路线的飘忽不定就会引起人们的怀疑，即它为何不向别的范式转变，而单单选择了多元主义或全球主义？全球主义不能表述为更大范围的国际关系行为体的深度加入吗？当时范式的转变究竟是受理论界的研究兴趣点转移所主导，还是受当时国际形势变化所主导？如果是对规律进行总结，为何不选择一种前后一致的标准？反过来说，理论的转向有没有规律可言？如果有，那么如何去总结这些规律？从这些问题可以看出，范式转变是客观存在的现象，根本的原因是国际关系现实由量变累积导致质变，人们的关注点不得不进行调焦和再聚焦。但有时候也会有很多偶然、综合的因素影响范式的转向。因此，范式之争、范式转变并不是一目了然的事，对范式的总结可能充斥着很多不确定、不规律、不准确的判断，人们只需要

---

① 倪世雄, 等. 当代西方国际关系理论 [M]. 上海：复旦大学出版社, 2001：174.
② 多尔蒂, 普法尔茨格拉夫. 争论中的国际关系理论 [M]. 阎学通, 陈寒溪, 等译. 北京：世界知识出版社, 2003：2.

掌握历史发展的主线即可，而不必过于纠缠细枝末节。

其实，中国国际关系学的发展过程中也存在学科范式和理论范式的转变问题，而且由于和时代背景、关注重心、认知分歧等高度相关，这种范式转变也呈现出既清晰又模糊、既交叉又主题明确的特点。中国国际关系学在民国时代已经创立，当时人们曾因为学科名称而展开过争论，有的建议用"国际法"，有的建议用"国际事情"或"国际事务"，还有的建议用"国际学"，国际关系学概念只是到民国后期才逐渐开始使用。中华人民共和国成立以后，国际关系学被重构。改革开放以后，中国积极面向全球，与美国等西方国家关系大为改善，外交战略早已从"一边倒"转向全方位外交，国际事务的关注点转向国际社会，相关学科的研究基础转向发源于西方的国际关系理论，国际关系理论范式真正成为"传统国际关系范式"。进入 21 世纪，在全球化、各国对安全日益重视等因素的推动下，全球治理等议题成为外交领域、国际关系研究领域普遍关注的问题，"全球治理范式"异军突起。这种情况不仅是中国学术界的一大特征，也是国际学术界的一大特征，在一定意义上说明中国的发展已经与全球发展同频共振了。尽管"全球治理范式"并没有彻底替代原来的理论范式，但是作为一种相对独立、有明显特征的理论范式，它还是成立的。"全球治理范式"也许是一个过渡式范式，如果要从根本上适应急速发展、变化的"百年未有之大变局"，可能需要一种能彻底变革"传统国际关系范式"的"新型国际关系范式"。

回到"范式之争"的普遍性问题上来。国际关系学的范式及其转移其实不能等同于学术的时代性变迁，而应该体现理论的包容和丰富，也就是说国际关系理论范式可以表现为不同的学派、体系、思想、理论、模式、假说，而且它们呈现一种共同存在的理论界现状或学术界现状。范式没有优劣之分，范式的转移不能被要求是现实环境变迁的结果。范式的转移取决于研究的需要，取决于研究者的兴趣。比如我们在这里研究的国际关系就是一种传播学的范式——把国际和国际关系放到传播和媒介的坐标体系中进行观察、分析。"传播学范式"或"媒介学范式"并不是要取代其他范式，而是要拓展一种新的视角或路径。

二、世界历史

国际关系史只是世界历史或者全球史的组成部分，或者是世界历史、全球史的一个侧面。过去，国际关系史独立于世界史或全球史之外，或者把世界史、全球史的一段看作国际关系史，这使得学术界形成有关国际关系史的"威斯特伐利亚模式"认知，继而形成国际关系的"威斯特伐利亚模式"。如果要改变这种固化的认知，或者说要想创立一种新的理论范式，从历史学的角度看，首先要改变过去的国际关系史观念，要把国际关系史重新置于世界史或全球史的坐标中去。这是因为,"历史不仅简单地和随时代飞速变化的表面事件相关,而且还与必须历经更长的时期才能观察到的过程,以及只有经过长时段才能清晰显现出来的结构有关"①。现有的国际关系史起点够早,但是和整个世界史相比,还算不上"长时段"。历史的长度越长,历史的过程和结构才越完整。布赞和利特尔合著的《世界历史中的国际体系:国际关系研究的再构建》一书的书名清楚地表明这一思维的合理性。

"世界历史"的概念是黑格尔的创举。他把"世界历史"看作一种绝对精神或绝对理念在各民族和国家之间不断实现自由的发展过程。他的原话是,"在历史的喧闹背后,其实有着一个内在的、沉默的、隐秘的事业在悄悄地行进之中,这就是'世界精神'要实现自己的'自由'的终极目的,这就是要不同的民族在牺牲、毁灭之中将其'精神'延续到别的民族,从而让它们来完成这个历史使命"②。一方面,他把世界历史看作世界精神,而这种世界历史的精神隐藏在历史的背后,不断实现着一种向着以自由为终极目的的进步。实现自由的目的在于探寻历史最内在的东西。在《历史哲学》绪论中,黑格尔明言自己所关注的主题既不是外在的历史也不是实际存在的历史,而是"哲学的世界历史"。外在的历史在世界之外,实际存在的历史在世界之中,哲学的世界历史则指历史最内在的东西,即世界历史本身。他认为,所谓"哲学的历史"是被理性所把握的历史,理性是哲学用以观察历史的唯一"思想"。世界历史经过"原始的历史"和"反省的历史"之后就进入了"哲学的历史"。另一方面,"世界历史所要考察的并不是作为个体生命的'个体',而是以民族作为世界历史的个体"③。并且,世界历史精神在一个民族那里实现不了,而是需要经过不同民族的牺牲和毁灭之后由其他民族继承和延续。在他看来,"个别民族的特殊精神也许会没落,但由于它是'世界精神'发展链条中的一环,因此这种普遍精神就不能消失"④。黑格尔按照这种逻辑,给世界历史的发展设计了一个"四阶段模式"。世界历史的第一阶段是东方世界,以中国为主,是世界历史的童年期,世界精神还是自然精神,国家还没有获得自己的主体权利,个人也没有获得主体性自由。世界历史的第二阶段是古希腊世界,是青年期,但是主观自由的初级阶段,虽然实体性和主体自由结合起来了,但是结合仍是自然的、非反思的,不适用于更高级、更纯粹的普遍伦理生活形式。世界历史的第三阶段是罗马帝国世界,历史进入成年期,国家以一种抽象的面貌示人,个体必须屈从于国家的

---

① 布赞,利特尔.世界历史中的国际体系:国际关系研究的再构建[M].刘德斌,任东波,宋鸥,等译.北京:世界知识出版社,2015:31.
② 黑格尔.黑格尔历史哲学[M].潘高峰,译.北京:九州出版社,2011:36.
③ 黑格尔.黑格尔历史哲学[M].潘高峰,译.北京:九州出版社,2011:56.
④ 黑格尔.黑格尔历史哲学[M].潘高峰,译.北京:九州出版社,2011:57-58.

普遍性，从而获得自己的普遍性。世界历史的第四阶段是日耳曼世界，是历史的老年阶段，但也是它的完全成熟阶段。世界精神在保留自己的个体性，包含它先前发展的各个阶段的同时，获得了自己的全体性和普遍性，能够作为思想的对象而存在。这个真正的精神有着绝对主体性，能够自在自为地存在，它发展为一个真实的精神帝国，那就是"日耳曼世界"，即日耳曼民族。

在黑格尔那里，世界历史的"进步"有两个衡量标准，一个是个体自由的不断抗争和最终实现，另一个是精神从自然状态的、个体性的民族向普遍性的国家形式过渡。无论前者有多么牵强和荒谬，后者却体现了黑格尔的深思熟虑。黑格尔认为真正的历史有主观和客观双重属性，也就是记述的历史和实际的事实要一致，而只有国家才能做到这一点，因为国家才需要理性、规律，需要把自己的历史用文字记录下来。这当然是那些具有绝对精神且能在世界历史中留下一笔的民族才能做到。对于那些经过很长历史时期后才开始编撰历史的民族来说，"他们之所以没有客观历史，是因为他们没有主观的历史，他们没有历史记述活动"①。这些论述虽然矛盾，但其所透露出来的传播观，连同世界历史、民族国家等观念，都展现了黑格尔惊人的判断力。

马克思和恩格斯继承了黑格尔的"世界历史"概念，但并没有照搬其理论，也没有去精神世界中寻找世界历史的踪迹，而是转而去现实的历史中，运用唯物史观的长焦距去剖析世界历史的来龙去脉。马克思和恩格斯首先认为历史是人的历史，"整个所谓世界历史不外是人通过人的劳动而诞生的过程，是自然界对人来说的生成过程"②。其次，他们把历史与生产方式和生产力联系起来。"人们之间一开始就有一种物质的联系。这种联系是由需要和生产方式决定的，它和人本身有同样长久的历史；这种联系不断采取新的形式，因而就表现为'历史'。"③最后，历史只有在不断出现新的分工、生产交换的范围不断扩大的情况下，才能迈入世界历史的范畴。物质劳动和精神劳动的分工催生了城乡分离，城市里出现的公共机构、社会秩序要求国家的统一治理，商人的出现带动了地区之间的贸易联系，新的手工业出现了，更大空间范围的贸易和竞争出现了，接着大工业和大资产阶级也出现了，"资产阶级，由于开拓了世界市场，使一切国家的生产和消费都成为世界性的了"④。而大工业则"首次开创了世界历史，因为它使每个文明国家以及这些国家中的每一个人的需要的满足都依赖于整个世界，因为

---

① 黑格尔.黑格尔历史哲学[M].潘高峰，译.北京：九州出版社，2011：165.
② 马克思.1844年经济学哲学手稿[M].北京：人民出版社，2000：92.
③ 马克思，恩格斯.德意志意识形态[M]//中共中央马克思恩格斯列宁斯大林著作编译局.马克思恩格斯选集：第一卷.北京：人民出版社，2012：160.
④ 马克思，恩格斯.共产党宣言[M]//中共中央马克思恩格斯列宁斯大林著作编译局.马克思恩格斯选集：第一卷.北京：人民出版社，2012：404.

它消灭了各国以往自然形成的闭关自守的状态"①。很显然，在马克思主义这里，世界历史完成了从氏族社会到城市国家、从地区经济到世界经济的几次重大飞跃，从而完成了从个体历史到世界历史的跨越，完成了世界历史的空间扩张。世界历史真正成为世界共同的历史，其起点是航海大发现后世界市场、大工业、国际贸易的兴起，这种认识十分明显地表现出极强的空间属性。

世界历史当然是从个体历史、国家历史和区域历史逐渐过渡过来的，但是这并不意味着可以把这些历史和世界历史简单地画上等号。否则，马克思、恩格斯也就不会对世界历史进行唯物史观长焦距的时间回溯了。但是，马克思和恩格斯关于世界历史的认识是建立在政治经济学基础上的，为的是强调资本主义、资本、世界市场的重要性，这就意味着还可以从别的视角切入世界历史对其做"另类"的认识，也可以打破资本主义时代属性的限制，对世界历史做长时段、长焦距的探索。

完全可以对世界历史进行时间维度上的扩张。斯宾格勒、汤因比、麦克尼尔等人都先后进行了探讨。斯宾格勒以生物生长过程的观念进行世界历史研究，把世界历史分成八个完全发展的文化：埃及文化、印度文化、巴比伦文化、中国文化、古典文化（希腊罗马文化）、伊斯兰文化、墨西哥文化和西方文化，通过德国式的哲学思辨，总结出八种文化的通性，揭示了全部世界历史所具有的产生、发展、衰亡及其毁灭的循环秘密。斯宾格勒研究世界历史的对象看起来具有空间上的错位性，实质上是具有时间上的继承性。他的理论主要还是通过时间继承来证明世界不同文化之间从产生到毁灭的周而复始现象。汤因比坚决反对历史学界盛行的根据国别研究历史的做法，认为历史研究的基本单位应该是比国家更大的文明，应该把历史现象放到更大的文明范围内加以比较和考察。他和斯宾格勒一样认为人类文明（世界历史）的存在和发展犹如一个有机体，经历起源、成长、衰落和解体四个阶段。麦克尼尔的《西方的兴起：人类共同体史》尽管没有直接使用"世界史"作为书名，但书中以西方文明为主线的宏大历史叙事，表明了其世界历史的研究思路。麦克尼尔的著作代表了近现代以来世界历史的西方中心思想，也表现了把苏美尔、古埃及作为西方文明源头，把东亚文明、印度文明等看作外围历史的老套的世界历史叙事方式。

20世纪50年代兴起了全球史热潮，英国历史学者巴勒克拉夫（Geoffrey Barraclough）1955年在其论文集《处于变动世界中的史学》中最早提出了全球历史观。最有代表性的著作是斯塔夫里阿诺斯的《全球通史》，其中世界历史不再有明显的欧洲中心特征，世界各文明史得以被公平地并列展现。按照巴勒克拉夫的话，全球历史观

---

① 马克思，恩格斯. 德意志意识形态［M］//中共中央马克思恩格斯列宁斯大林著作编译局. 马克思恩格斯选集：第一卷. 北京：人民出版社，2012：194.

"认为世界上每个地区的每个民族和各个文明都处在平等的地位上，都有权利要求对自己进行同等的思考和考察，不允许将任何民族和文明的经历只当作边缘的无意义的东西加以排斥"[1]。贡德·弗兰克（Gunder Frank）在《白银资本：重视经济全球化中的东方》一书中对欧洲中心主义的世界史观进行更加决绝的批判。他指出，"撰写历史著作不是欧洲人发明的，甚至也不是希罗多德和修昔底德发明的，中国人、波斯人和其他民族的人早就在撰写历史了"[2]，"近现代历史（包括早期和晚期近现代历史）是由欧洲人制造出来的，按照布罗代尔（Fernand Braudel）的说法，正如历史学家所'知道'的，欧洲人'以欧洲为中心组建了一个世界'"[3]，"欧洲人发明了一个所谓起源于'民主'的希腊的纯粹欧洲传统的历史神话"[4]。为此，弗兰克大声疾呼"坚持全球观念，反对欧洲中心论"[5]。与弗兰克相比，新一代国际关系学者阿米塔·阿查亚和巴里·布赞更加大胆，他们呼吁，"打破白人不可战胜的神话"[6]。

马克思和恩格斯从空间维度上构建起了真正意义上的、建立于经济基础之上的世界历史，斯宾格勒、汤因比等人则在时间维度上提高了世界历史起源的上限，而巴勒克拉夫和弗兰克则从国家平等、民族平等和文明平等的历史真相原则出发，恢复了东方在世界历史中本应占有的杰出地位。这三种世界历史观为我们重新认识国际关系的历史渊源和理论范式提供了更加开阔的空间尺度和时间尺度。

对于国际关系理论来说，国际关系史"身陷"世界历史的结构之中，其时空是严格受世界历史的时空限制的。国际关系的时间维度和空间维度也是相辅相成的，有什么样的时间维度就有什么样的空间维度，但一般意义上时间维度并不影响空间维度上构成的"世界""国际"或"全球"状态。今天的国际关系是全球性的，联合国成员国有193个，其在世界上的影响几乎没有死角。第二次世界大战后的国际关系格局是世界性的，联合国成员国有51个，拥有全球1/4人口的中华人民共和国尚没有进入联合国，国际社会被撕裂成为完全对立的两个世界，要么是东西方各自独立的两个世界，要么是南北方完全对立的两个世界，无论哪种"两个世界"，它们都能形成一种奇特的国际社会。第一次世界大战时，参战国主要是欧、美、日、土等北半球的帝国主义国家、一些垂死的封建王国以及帝国主义的殖民地国家，但其后形成的国际关系格局却是第一个真正意义上的世界性国际政治体系。往前推，19世纪初形成的号称历史上第

---

[1] 巴勒克拉夫.当代史学主要趋势[M].杨豫,译.北京：北京大学出版社,2006：126.
[2] 弗兰克.白银资本：重视经济全球化中的东方[M].刘北成,译.成都：四川人民出版社,2017：3.
[3] 弗兰克.白银资本：重视经济全球化中的东方[M].刘北成,译.成都：四川人民出版社,2017：5.
[4] 弗兰克.白银资本：重视经济全球化中的东方[M].刘北成,译.成都：四川人民出版社,2017：10.
[5] 弗兰克.白银资本：重视经济全球化中的东方[M].刘北成,译.成都：四川人民出版社,2017：9.
[6] 阿查亚,布赞.全球国际关系学的构建：百年国际关系学的起源和演进[M].刘德斌,等译.上海：上海人民出版社,2021：26.

二个国际体系的维也纳体系充其量只是一个欧洲地缘政治格局,严格意义上讲,它是法国打破欧洲均势后导致的结果,等于是重构了一回欧洲格局,但它也是一种国际关系。至于威斯特伐利亚体系就更不用说了,1618年至1648年,欧洲殖民者已经进入非洲、美洲和亚洲,战后的势力范围划分和政治力量重组虽然主要涉及欧洲本土,且本质上说,威斯特伐利亚体系所规定的是欧洲各君主国与罗马教皇之间的关系,但它可是西方叙事中的第一个国际关系。

新的世界历史观允许我们把国际关系的时空轴继续往前推移,"对于过去至少5000年的世界历史而言,过程和过程模式都是相关的和适用的概念"[①]。布赞和利特尔把国际关系置入世界历史的容器,利用已有的国际体系观,用国际体系理论和历史学对接,扩展对国际关系的全面认识。"国际关系学诸种概念的展开范围与前现代史有关,这些概念可以有效地用于古代和古典时代的分析……国际关系学与世界历史的连接必不可少,没有这一连接,国际关系理论永远也捕捉不住它的主题。"[②] 为此,他们重构起了"世界历史中的前国际体系""古代和古典世界多重国际体系""全球性国际体系"三大历史性国际体系。仔细琢磨,后者当然是威斯特伐利亚体系,但是把前威斯特伐利亚体系再分为"前国际体系"和"古典国际体系"则是多余的,而且从国际关系视角看,也是不准确的。国际体系建立在国家基础上,没有国家的国际体系是不存在的。目前,国际关系的世界历史分期法只能承认威斯特伐利亚体系和前威斯特伐利亚体系(或古典国际体系、前现代国际体系)两个阶段。

三、国际观

"国际的"(international)一词其实是个形容词,表示国家之间。据说它由18世纪英国著名哲学家、法学家和经济学家杰里米·边沁首创,用于区分国内法和国际法。在此之前,国际法被写作"the law of nations"。这里尽管用了nation的复数形式,用"the law of nations"表示属于众多国家的法律或万国公法,但它在实际使用中仍然容易和国内法相混淆。另外,nation一词更主要的含义是"民族",这样一来,"the law of nations"就产生了更多的歧义。为此,边沁特别创造了international(国际的)一词。但是,1755年出版的约翰逊词典(即约翰逊所著的《英语词典》)和1823年出版的马

---

① 布赞,利特尔. 世界历史中的国际体系:国际关系研究的再构建 [M]. 刘德斌,任东波,宋鸥,等译. 北京:世界知识出版社,2015:392. 二人认为历史的社会过程被深深植入国际体系,这种过程模式具有历史的持续性,反过来说,把国际体系的现代观念置于过去的历史之中也能成立。

② 布赞,利特尔. 世界历史中的国际体系:国际关系研究的再构建 [M]. 刘德斌,任东波,宋鸥,等译. 北京:世界知识出版社,2015:392.

礼逊华英字典（即马礼逊所著的《华英字典》）中均没有收 international 一词。

在国家出现之前是没有国际观或国际关系的，因此像布赞和利特尔提出的"前国际体系"是不现实的，也是没必要的。人类社会早期，国际观有两种状态。一种是"孤独幽闭型国际关系"，即国家数量很少——它们所组成的"国际"体系在空间上只占微小的、狭窄的、局部的区域。这种情况在最早期的国家阶段肯定是非常普遍的。另一种是"满天繁星型国际关系"，即国家数量很多，像中国大地上曾经万邦林立，国家彼此之间未必能做到面面俱到地建立联系。"夜郎自大"的故事直观地说明，即使到了公元前后的汉代，国与国之间虽然离得不远，也未必对本国之外的情况了解多少。"夜郎国"故事实际体现了另一种早期"非互动关系型国际关系"——尽管大家都处在某个共同的时空中，实际已经形成了一种关系或体系，但是当局者迷，这些国家彼此并没有意识到存在这种关系。就像布赞和利特尔描绘的那样，"在适当的高度飞行时，森林形状会马上清晰可辨，而森林中的居民却可能对此浑然不知"①。这种早期的国际观，是我们施加给古人的，是我们这些后人对古代社会状况"后视镜"式的认知。

早期国家阶段，古人是没有国际观的，但有相似的认知，那就是中国人的天下观。《诗经》中有一句最耳熟能详的诗句："溥天之下，莫非王土；率土之滨，莫非王臣。"②说的是天下都是王的国土，国土之上的人都是王的臣子。在君王的眼里，天下要比国土大而重要。天下观的视野远比国际观要宽广得多，但这并不表明天下观比国际观高明，它只是在国际观缺位的情况下，中国人对世界的认知。世界有多大呢？"天之所覆，地之所载"③，天空之下、地面之上的万物就是天下，但是天空之下是包括了看似只有天空之下实则也有天空之上之物，所谓"今夫天，斯昭昭之多，及其无穷也，日月星辰系焉，万物覆焉"④。天下观不同于国际观，但是包含了国际观，因为天下包含了国际。古代中国的国际观表现为"中心—边缘"结构的"夷夏观"或"华夷观"。"天处乎上，地处乎下，居天地之中者曰中国。居天地之偏者曰四夷，四夷外也，中国内也，天地为之乎内外，所以限也。"⑤这种观念催生了有着明显的远近亲疏阶梯结构的东亚朝贡体系，这就是延续几千年的东亚国际体系。

今天的国际观和国家息息相关。毕竟国际是"国家间"的意思，它被认为是17—18世纪以来的产物。"三十年战争"之后，形成了以民族国家为核心的威斯特伐利亚体系，之后的国际体系在此基础上逐渐扩展、延伸，直至形成今天这样无所不包的全球

---

① 布赞，利特尔. 世界历史中的国际体系：国际关系研究的再构建 [M]. 刘德斌，任东波，宋鸥，等译. 北京：世界知识出版社，2015：39.
② 诗经·北山 [M]. 昆明：云南教育出版社，2010：253.
③ 中庸·至圣章 [M] // 孔子，等. 四书五经. 北京：华文出版社，2009：28.
④ 中庸·至圣章 [M] // 孔子，等. 四书五经. 北京：华文出版社，2009：26.
⑤ 石介. 徂徕石先生文集 [M]. 北京：中华书局，1984：116.

性国际体系。威斯特伐利亚体系的核心单位就是国家，许多民族或民族群体以国家形式构建起新的政治实体，在国际上争取自己的主权，维护自己的利益。过去，人们为君主和帝王而战，为资产者而战；现在，人们为国家而战。在国际关系中，国家成为首要的行为主体；在国际交往中，维护国家利益成为首要目标；在各种赛事中，胜败事关国家荣誉。在现实主义者的逻辑中，"国家中心主义"跃升为一切理论的前提。哲学家和社会学家甚至认为当代国家就是"威斯特伐利亚国家"，人类的公共领域有着明显的"威斯特伐利亚国家"属性。国家就像祖先的荣光荫蔽子孙一样关照一切，自然也就应该是人们关注和研究的焦点。然而，物极必反，"国家中心主义"引起新自由主义者和新法兰克福学派极大的不满，他们认为国家不是国际社会的唯一行为者，国际社会相互依存；世界和平和进步不取决于国家的行为，而取决于跨国机构、国际组织以及其他非国家行为体。有人甚至认为个人是国际关系最基本的构成因素，而非国家。"受到争论的问题通常天生地就是跨领土问题，而且，都既不能定位在威斯特伐利亚空间内部，也不能通过一个威斯特伐利亚国家来解决。"① 于是，"后威斯特伐利亚"和"去国家中心"的思想就成为顺其自然的结果。全球治理、全球传播等概念都或多或少地透露出人们对"非国家中心"的诉求。然而，国际关系的国家结构是不可撼动的，这是一种国际关系的底层结构，无论海面多么惊涛骇浪，大海之下的根基坚不可摧。在现实主义思想和行为一轮又一轮的反攻之下，人们不得不承认，国家才是国际关系的根本，无论是行为主体，还是行动目标，在相当长的时间内，国家仍将继续充当主角。因此，在经过无数个轮回之后，学术界呼唤"找回国家"②就不会显得那么突兀和捉摸不透了。

国际观就是从本国出发，同时超越对个别国家的研究，在国家组建起来的国际体系中，探索历史的脉络，特别是探索其中与其他因素形成合力的、有决定性作用的媒介和传播。过去，我们只是简单地附和，"公众舆论归属于一个威斯特伐利亚国家，这个国家在原则上有能力管理其居民的事务并解决他们的问题"③。而现在，在经历了"去国家中心""去威权主义"等一系列的震荡之后，我们需要在"跨国主义"和"后威斯特伐利亚时代"重构国际观、国际体系以及传播与历史的关系。我们需要"找回国家"，然后再从国家出发。

这里所说的国际观与伊曼纽尔·沃勒斯坦（Immanuel M. Wallerstein）的世界体系有着根本的不同。沃勒斯坦于20世纪70年代创立了自成一体的"世界体系"理论。他和其他整体主义者一样，认为世界历史不是世界各国历史的简单相加，世界不是由

---

① 弗雷泽.正义的尺度：全球化世界中政治空间的再认识[M].欧阳英，译.上海：上海人民出版社，2009：99.
② 埃文斯，鲁施迈耶，斯考克波.找回国家[M].方力维，莫宜瑞，黄琪轩，等译.北京：生活·读书·新知三联书店，2009.
③ 弗雷泽.正义的尺度：全球化世界中政治空间的再认识[M].欧阳英，译.上海：上海人民出版社，2009：93.

若干个毫无关联的实体组成的，而是一个整体，这个整体的研究单位就是"世界体系"。沃勒斯坦没有像其他人一样从文明、国家等政治实体去贯穿世界体系，而是接受马克思主义经济基础决定上层建筑的思想，用"世界经济"作为研究世界体系的次级单位。按照这一理论，世界经济即资本主义世界经济体系，是从16世纪诞生的，并不断把更多的地区吸纳进这个体系，这个体系也越来越具有世界的意义，最终形成一种"中心—边缘"结构的世界体系。国际观与沃勒斯坦的世界体系一样，把世界看作一个整体，即使这个世界有许多国家，它们彼此独立，但是它们共同存在这一事实是有目共睹的。国际观下的世界是从国家出发的，从国家的文明形态——特别是从国家之所以能够成为国家的那些属性如文字、城邦、制度、精神产物、阶级等——出发的。这是一种传播国际观，它希望通过强调国际观中的传播和媒介因素而重新认识世界历史，重新认识国际关系。

国际观不要求把对国际的认识上升到国际主义。国际观和国际主义是两个有着完全不同语境和意境的概念。在无产阶级政党语境中，"国际"一词已经变成了名词，"第一国际""第二国际""第三国际"都是代表全世界无产阶级的政治实体，这些政治实体和代表它们的政党要贯彻一种全球意识，那就是国际主义。马克思和恩格斯用"全世界无产者联合起来"这个口号表达了共产主义要通过国际主义精神获得成功的思想。十月革命以后，列宁针对新的形势，提出了新的口号："全世界无产者和被压迫民族联合起来！"[①] 无产阶级政党不仅要联合无产者，还要联合被压迫民族。因为整个世界已经被划分成了两大民族：压迫民族和被压迫民族。列宁对国际主义没有明确定义，只有一个解释："真正的国际主义只有一种，就是进行忘我的工作来发展本国的革命运动和革命斗争，毫无例外地支持（用宣传、同情和物质来支持）所有国家的同样的斗争、同样的路线，而且只支持这种斗争和这种路线。"[②] 可以说，国际主义是阶级斗争和无产阶级历史使命的产物，特别是在列宁时期被当作一种反对帝国主义战争的思想武器。但是，在本质上，国际主义所体现的是一种国际观或国际精神。"国际主义从一开始就不是为了挑起战争，而是为了有效地制止战争，捍卫世界和平。工人的国际联合在国际关系上所具有的作用就是争取影响各国的外交政策，为建立一种新型的国际关系而斗争"[③]。很显然，国际主义也是国际关系范畴的事物，它只有完成跨国界的、跨文化的、跨思想的交流，才能在政治理想上实现无国界的无产者彼此之间的相互理解和

---

① 列宁.列宁全集：第四十卷［M］.中共中央马克思恩格斯列宁斯大林著作编译局.北京：人民出版社，1986：73-74.
② 列宁.列宁选集：第三卷［M］.中共中央马克思恩格斯列宁斯大林著作编译局.北京：人民出版社，1960：52-53.
③ 曹泳鑫.马克思主义国际关系理论研究［M］.上海：上海人民出版社，2009：187.

认同，建立高度一致的政治原则。从一定意义上说，国际主义是有着相同理想的群体的国际观，是对传统国际观的自动隔离。当人们的国际观再次打破身份边界和阵营意识樊篱时，一种更广延的命运共同体意识将替代旧的国际观。

第二节 古典国际关系

现在我们要回过头去，用麦克卢汉的媒介"后视镜"①去"后视"一番威斯特伐利亚体系形成之前的国际——被布赞等人称作"古代和古典时代国际体系"或"前现代国际关系"。欧亚大陆上始终存在着至少两种国际体系，一种是包含欧洲在内的欧亚西部地区国际体系，另一种是延续几千年的专属于东亚的"天下—朝贡体系"②。谈论古典国际关系，必须兼顾整个"国际"，而不能一次次自困于"欧洲中心"的围城。

一、前威斯特伐利亚国际关系

前威斯特伐利亚国际关系是相对于威斯特伐利亚国际关系而言的。威斯特伐利亚体系本质上是欧洲的国际关系，因此前威斯特伐利亚体系或前威斯特伐利亚国际关系也是专指"三十年战争"以前的欧洲国际关系。

前威斯特伐利亚国际关系的时间跨度有多大呢？它的起点在哪里呢？

布赞和利特尔把整个世界历史中的国际体系划分为三个时期。第一个时期是"前国际体系"，它经历了漫长的历史时期，先是以"流动的、人人平等的采猎群"③为单位，后来以定居部落为单位。二人并未述及采猎群时期的起点，只是说定居部落"开始于公元前2万年到公元前1万年之间的某一点。它的终点是文献明确记载的城邦和帝国的形成"④。史学界普遍认为人类在300万年至250万年前就开始进入旧石器时代了，石器的用途一是砸碎硬壳取食，二是切割动物皮肉，因此如果把这样的生活方式看作采猎的话，最晚在那个时代，人类已经进入"前国际体系"了。事实上，人类可能很早便开始采猎了。把"前国际体系"和这群茹毛饮血的人联系起来，给人一种奇

---

① 麦克卢汉有句名言："我们通过看后视镜驶入未来。"他经常用后视镜的隐喻强调回顾历史的重要性，洛根在解释"后视镜"时把历史视作媒介研究的实验室。
② 借用莫翔著作《"天下—朝贡"体系及其世界秩序观》中的用语。
③ 布赞，利特尔. 世界历史中的国际体系：国际关系研究的再构建[M]. 刘德斌，仟东波，宋鸥，等译. 北京：世界知识出版社，2015：124.
④ 布赞，利特尔. 世界历史中的国际体系：国际关系研究的再构建[M]. 刘德斌，任东波，宋鸥，等译. 北京：世界知识出版社，2015：141.

怪而荒诞的感觉。其实就算从部落时代说起，部落时代的起始时间也是一个争议性很大的问题，布赞等人认为是公元前2万年到公元前1万年之间，也有研究认为是公元前6万年到公元前5万年之间，还有的认为是公元前20万年到公元前10万年之间。可见，这里不能过于强调具体时间，只能笼统地用文化特征更为显著的氏族时代和部落时代来概括，毕竟用文化关系的组织结构作为一种社会状态的构成单位永远比其他结构要牢固和可信。第二个时期是"古代和古典时代国际体系"或"古代和古典世界多重国际体系"，开始于城邦和帝国出现之时，具体说就是与苏美尔文明相伴而生，结束于欧洲民族国家在16世纪创立世界经济体系之时。二人强调"文献记载的城邦和帝国"，但殊不知这恰恰是苏美尔文明、埃及文明的"死穴"之一。如果说两种古文明是考古研究的结果的话，那么归属于它们各自的楔形文字和象形文字也都是考古的结果，这和它们各自的文献记载没有任何直接的关联。因为两种古文明中的文字信息是被后世的人"破译"出来的，或者是"猜"出来的，而不是传承下来的。另外，他们把这个时期的结束，也就是下一个时期开始的时间，定在1500年，此时距离《威斯特伐利亚和约》的签订（1648年）还有100多年，这尽管是为了向沃勒斯坦的世界体系致敬，但更多是后人把现代国际关系起点提前的一厢情愿。沃勒斯坦的历史分期法在国际关系学界早有分歧。从历史事实看，1500年的"世界经济"体系是很不确定的"事实"。从国际观出发，1500年虽然是很重要的历史节点，但它的重要性更多地体现在全球性，而非国际性上。第三个时期理当是"现代国际体系"。它建立在"现代国家"——被众人津津乐道的"民族国家"——的基础之上。二人认为现代国家本质上是一种欧洲现象，它与传统国家的区别在于"资本权力和强权政治之间复杂的辩证逻辑"，它首先表现为一种从中世纪晚期就开始的最有效率的"国际经济体系"，其次表现为一种最有效率的战争机器。历史的节点不知不觉又相应提前到了公元1000年。这一方面继续反映出沃勒斯坦的"世界经济"体系的影子，另一方面则流露出作者对欧洲1000多年前军事实力的迷之自信。但事实是，公元1000年左右，在经济社会方面，欧洲正处于西方自己都承认的极端黑暗和落后的中世纪；而在军事方面，欧洲尽管通过十字军东征取得了几个回合的胜利，但最终在13世纪时，其军事扩张进程被迅速崛起的奥斯曼帝国终结。这是新的历史分期法无法回避的尴尬。

回到"前威斯特伐利亚国际关系"概念。除了布赞和利特尔的分期方法，还有一种是中国学者提出的"前现代国际关系"概念[①]。这种观点首先和学界的普遍认识一样，认为现代国际关系来源于欧洲一地的威斯特伐利亚体系，因此把威斯特伐利亚体系之前的"国际关系"称作"前现代国际关系"。在阐释"前现代国际关系"的历史时他接

---

① 刘德斌. 国际关系史 [M]. 2版. 北京：高等教育出版社，2003.

受了西方较为权威的观点,即前现代国际关系经历了部落、城邦、帝国三个历史时期。部落发展到一定程度就出现了国家形态,最早的国家形态是城邦和周边区域共同形成的城邦国家,城邦又在扩张过程中,要么自己变身为帝国,要么被帝国吞并。然后,历史就进入了帝国时期。这种解释和布赞等人的观点基本一致,同样留下了很多陷阱。比如把部落视作"前现代国际关系"的一部分。虽然部落自成"世界",但由于它们处于前国家时期,明显无法在"国际关系"的意义之下被谈论,因此称其为"前现代国际关系"就显得非常多余。难道它可以被看作"古代国际关系"或"上古国际关系"?另外,把帝国当作城邦之后的一个历史阶段,这要么是对城邦不熟悉,要么就是对帝国有误解。城邦与帝国之间如果有承接性的话,那肯定不是普遍现象,只可能体现在欧洲。在亚洲,特别是在东亚核心地区,完全是另一种景象。

本书主张使用"前威斯特伐利亚国际关系"概念。第一,我们研究的出发点是国家,那就必须明确研究对象之一是国际关系,而不是含混不清的"国际体系"。国际关系只能发端于国家,而流行的"国际体系"则包含了非国家时期。第二,威斯特伐利亚体系并不完全是现代国际关系或现代国际体系,它只是西方中心主义范式下现代国际关系的滥觞,不能和现代国际关系画等号。因此在此之前的"国际关系"也就不宜称为"前现代国际关系"。第三,"前威斯特伐利亚国际关系"既是一种时间维度的叙事模式,即表明在国家诞生后至威斯特伐利亚国际关系形成之前的不同历史时期,一直存在着类型各异的国际关系和国际体系;又是一种空间维度的叙事模式,即强调除了欧洲式的"威斯特伐利亚国际关系",还有别的特征明显的国际关系及类型。这种特征的简要之处就是"非威斯特伐利亚体系"或"非威斯特伐利亚国际关系"。

欧亚大陆西端的前威斯特伐利亚国际关系有两个大的"关系圈"。一个是中东国际关系圈,另一个是欧洲国际关系圈,这两个关系圈在历史上,有时相互交叉,有时彼此孤立。

在一种最近200多年内形成的、被普遍认可的西方历史叙事结构中,苏美尔文明被看作国家的源头。它由若干城邦国家组成,这意味着这些城邦国家之间构成了人类历史上最早的国际体系。由于这种文明被看作人类历史上最早的文明,所以这些城邦国家构成的国际体系注定是一个孤立的关系圈。在苏美尔文明之后有着明显国际关系特征的城邦集团体系应该是古希腊国际关系。如果它成立的话,那这就是欧洲最早的国际体系。这个体系有内外两个关系圈。内圈的主角是雅典和斯巴达,双方各自形成了大陆集团和海洋集团,为了争夺地区霸权,频繁发生军事冲突,典型事件是伯罗奔尼撒战争。古希腊国际体系还有若干个外圈关系,比如古希腊与迦太基的关系、古希腊与腓尼基的关系、古希腊与埃及的关系等。最典型的外圈关系是古希腊各国与波斯帝国之间的关系。波斯首先在周边形成了"近国际关系",在征服周围较小国家之后,随着边界的不断扩张，开始直接面对地理位置不远、拥有巨大财富的古希腊各国。对雅典和斯巴达等国来说亦如此。最后的结果是马其顿王国国王亚历山大先后征服古希腊各城邦、波斯、中东各国，建立起了第一个环地中海国际关系体系。这是一个疆域更加辽阔的国际关系圈。从此，历史学家们笔下的欧亚西端开始形成一个整体，涵括了苏美尔、古埃及、古希腊等早期文明的辐射圈，西方的概念呼之欲出。

前威斯特伐利亚国际关系中西方体系与地中海有着密不可分的关系。马其顿帝国之后的第二个环地中海国际关系圈是由罗马人建立的。在相继占领希腊、波斯、北非，并深入欧洲"远西"（麦克尼尔语）如北欧、英格兰等地区之后，一个被认为是真正欧洲人的环地中海国际体系建立起来了。这个帝国被西方人看作一个不可替代的标杆，这源于它强大的军事霸权、发达的传播系统、与欧亚大陆另一端共建的更大范围的"生存圈"①，以至于后世不断有西方国家试图代替或复制罗马帝国，上演了一出又一出的改朝换代大剧。这包括真正称得上"纯地中海国际关系圈"的意大利城邦国际体系。12世纪—15世纪，意大利各城邦国家依托与西亚、北非、南亚等地区的贸易，建立起较为活跃的国际关系，创造了最早的现代外交，发明了服务于外贸的近代报纸格塞塔。当奥斯曼帝国崛起，东向外贸和外交受到阻隔后，欧洲经济、贸易和金融的重心开始向大西洋沿岸转移，同时欧洲人开始寻找通往世界的海上航道。一个属于欧洲人的国际体系随之来临。

地中海同样催生了两个非西方的国际关系圈。一个是阿拉伯帝国的国际体系，另一个是奥斯曼帝国的国际体系。二者既有地中海因素，也有伊斯兰宗教因素。7世纪初，穆罕默德创立伊斯兰教，迅速带领信徒占领阿拉伯半岛。他的后人建立了阿拉伯帝国，帝国疆域北起高加索、里海，南至阿拉伯海与撒哈拉沙漠，东抵葱岭和印度河，西达大西洋，最后建立起第一个非西方环地中海国际关系圈。1258年，阿拔斯王朝被蒙古大军消灭，统治环地中海并对欧洲形成战略统治6个世纪的阿拉伯帝国灭亡。欧洲短暂地夺回了环地中海地区的主导权。但不久后，中亚地区崛起的新势力重新对地中海地区形成压迫之势。1299年，中亚突厥人建立奥斯曼帝国，1453年消灭拜占庭帝国，建立起包括巴尔干半岛、中东、北非等地区在内的跨地中海国际关系圈。直到19世纪，奥斯曼帝国与欧洲在巴尔干半岛、希腊、直布罗陀海峡等地区形成了犬牙交错的战略对抗关系。

前威斯特伐利亚国际关系的地中海模式证明了国际关系中军事、贸易、外交等直接交往关系的重要性，同时也彰显了媒介以及建诸其上的传播系统的功能。地中海的海

---

① 麦克尼尔.西方的兴起：人类共同体史[M].孙岳，陈志坚，于辰，等译.北京：中信出版集团，2018：303，325.这一"生存圈"的论证采用了以中国历史记载为旁证的方法。

上航道促进了周边的贸易，当奥斯曼阻断欧亚陆上通道之后，开发从地中海出发走向深海的远洋航线就迫在眉睫。这条道路也是信息之路——因对海外信息需求增加，"新闻纸"应运而生。阿拉伯帝国、奥斯曼帝国不仅维持了环地中海国际关系圈，还在陆地充当了连接东西文化的桥梁。怛罗斯战役后，无数的行业工匠被俘虏，中国的造纸术、印刷术、指南针等媒介技术及媒介经中亚、西亚传播到欧洲。在此之前，欧洲据说用的是莎草纸、羊皮纸和手抄技术，这样的媒介和传播手段对社会发展的阻滞是不言而喻的，欧洲当时的生产力水平之低也可见一斑。15 世纪中叶，欧洲人掌握了来自中国的活字印刷术，一下子让中国造纸术在欧洲有了真正的用武之地，各种印刷文本如雨后春笋般出现。按照麦克卢汉、爱森斯坦（Elisabeth Eisenstein）和韦伯（Max Weber）等人的观点，印刷术解放了欧洲人的思想，激活了欧洲人创新的动力，最后催生了资本主义。而这又为威斯特伐利亚体系的到来奠定了基础。

二、东亚国际关系

无论从纵向还是从横向比较，与威斯特伐利亚国际关系形成鲜明对比的是东亚的特殊国际关系——朝贡体系。这种朝贡体系是完全不同于西方的东亚国际关系。费正清（John K. Fairbank）不愿意使用"国际"一词称呼这种关系，而是以"中国的世界秩序"[1]相指称。然而这丝毫不能否认这种关系的国际性。因此，他也不得不说这是"大致相当于欧洲国际秩序的中外关系网络"[2]。很显然，"中国的世界秩序"是要"暗示中国是孤立的、排外的、无法接纳基于对等主权与相互尊重之上的民族国家体制"[3]。然而，一个不争的事实是，当东方和西方的国际秩序迎面相撞时，"中国的世界秩序"已经存在几千年了，不可能自行废弃，而西方所谓的"民族国家体制"在那个时候是否已经成熟，甚至是否已经创立，都是需要继续探究的。就连西方人自己都说威斯特伐利亚格局并不直接意味着民族国家和主权平等思想的诞生，这些意识要等到拿破仑战争之后才逐渐出炉、定型。

朝贡是历史上广泛存在于各个时期、各个地区的保持族际、邦际、国际关系的方式，主要是弱小一方通过向强大一方按期贡献人、财、物而获得对方的认可、保护。这个词最早见于《汉书·叙传》，在最后总结"西域传"时，班固用了"修奉朝贡，各以其职"[4]一句。但"朝贡体系"（tributary system）一词是西方为了表示古代东亚国际

---

[1] 费正清.中国的世界秩序：传统中国的对外关系[M].杜继东，译.北京：中国社会科学出版社，2010：2.
[2] 费正清.中国的世界秩序：传统中国的对外关系[M].杜继东，译.北京：中国社会科学出版社，2010：2.
[3] 罗威廉.最后的中华帝国：大清[M].李仁渊，张远，译.北京：中信出版社，2016：121.
[4] 班固.汉书：第十二册[M].颜师古，注.北京：中华书局，2011：4268.

秩序而发明的，是费正清等人在20世纪五六十年代提出来的。① 和它相近的词还有"朝贡制度""册封体制""华夷秩序""畿服体制"等。东亚的朝贡体系是指从古代到近代由东亚大陆中原核心地区与周边藩属部族、国家共同构建起来的国际关系，或者说是各方以中国为核心共同构建起来的东亚国际关系。"朝贡体系的本质是中国向其他国家单边开放的贸易体系，这个体系也是以中国为中心的国际秩序。"② 除了贸易，朝贡更要体现出附属国接受中原王朝的册封，向中原王朝俯首称臣、定期朝拜、进贡礼物，而中原王朝则通过该制度牵制周边附属国家或藩属部族的状态。朝贡体系最晚在周朝就已经建立起来。《尚书·禹贡》记载：

"五百里甸服：百里赋纳总，二百里纳铚，三百里纳秸服，四百里粟，五百里米。五百里侯服：百里采，二百里男邦，三百里诸侯。五百里绥服：三百里揆文教，二百里奋武卫。五百里要服：三百里夷，二百里蔡。五百里荒服：三百里蛮，二百里流。③"

意思是说，以天子为核心、以亲疏为原则画同心圆，天子直接统治的地区被称为甸服，环绕天子建立起来的列国为侯服，侯服之外被征服的国家或部族为绥服或宾服，然后是要服，最后是荒服。要服假定在天子的控制之下，但只是名义上的控制，而荒服则是指化外之地。④

这种对外关系的"五服原则"可能是周王朝对内统治"五服"规定的延伸。对内的五服是一种丧服制度，以亲疏为差等，有斩衰、齐衰、大功、小功和缌麻五种。当然，也有可能是对外的"五服"启发了对内的"五服"，毕竟对外的"五服"记录在《尚书·夏书》中，处在时间链的上游。

在中国天子的眼里，"溥天之下，莫非王土；率土之滨，莫非王臣"，目力所达地区都和中央王朝存在朝贡关系。比较远的国家，如果能够建立联系，则采取羁縻制度，即封赐王号、分封官职、设立羁縻州县，体现"华夷一家"。即使是远在西亚、欧洲的安息、大秦，也要确认记录，只是互不来往，形成一种特殊的国际关系。因此也有人把中国的朝贡关系称作"天下—朝贡"体系。⑤

明朝时期，朝贡体系得到加强。1371年，明太祖朱元璋制定《皇明祖训》，明确规定把朝鲜、日本、琉球、安南、真腊、暹罗、占城、苏门答腊、西洋、爪哇、湓亨、白花、三弗齐、渤泥等国列为不征之国，告诫子孙除非这些国家主动挑衅，否则不得征伐；并规定"厚往薄来"的朝贡制度。受大明海陆力量震慑和厚往薄来政策吸引，

---

① FAIRBANK, TENG. On the Ching tributary system [J]. Harvard journal of Asiatic studies, 1941, 6 (2): 135-246.
② 莫翔."天下—朝贡"体系及其世界秩序观[M].北京：中国社会科学出版社，2017：2.
③ 尚书·禹贡[M].北京：中华书局，2012：88-90.
④ 刘德斌.国际关系史[M].2版.北京：高等教育出版社，2003：60-61.
⑤ 莫翔."天下—朝贡"体系及其世界秩序观[M].北京：中国社会科学出版社，2017.

向明朝朝贡的国家和部族最多时达到65个。许多中东、西亚国家也纷纷前来朝贡,有史料显示甚至法国也遣人前来请求向大明纳贡。东亚的朝贡体系形成了当时的国际关系观念,即不仅中原王朝与周边各国形成朝贡关系,其他地区强国也效仿中原王朝成立了次级朝贡体系,也就是在向中原王朝朝贡的同时,要求其他国家向自己进贡。如日本在向中国进贡的同时,要求琉球、朝鲜等国家向自己纳贡。朝鲜在向中原王朝进贡的同时,可能要求其他族群和更小国家向自己纳贡。越南和中原王朝以及占婆、南掌的关系也如此。朝贡体系实际成为亚洲东部通行的国际关系模式。

在决定亲疏关系的各种要素中,共同的礼制、习俗和文字等成为重要的衡量标准。比如,日本虽然属于荒服,但它与中原王朝一直保持着密切的联系,在东汉时期就被中原王朝册封为"汉倭奴国",隋唐时期日本更是主动派出各种留学生、遣隋使或遣唐使,加强与中原王朝的联系,全面地移植、复制、学习中原王朝的制度、礼仪、文字、习俗等。正如美国汉学家陆威仪(Mark E. Lewis)指出的那样,"中国文字成为中国人、日本人、朝鲜人可以阅读和理解相同文本的通用语言,即便他们以根本不同的方式发音。更为重要的是,由于中文字符携带着固定的语义元素,引进书写体系的同时也带来了特定的词汇以及相关的概念。由此共享的书写体系推动了某些核心概念或价值观在东亚圈的传播"[①]。这个"文字圈"和"文化圈"是东亚国际关系圈中最核心的圈层。

在结束本节的时候我们要指明几点。首先,东亚朝贡体系也符合布赞和利特尔的互动理论。在有关古代和古典世界多重国际体系的论述中,布赞和利特尔分析了这一国际体系的互动能力,即这一体系之所以能够成为体系是因为体系内部具备互动关系和互动能力。二人总结出两大互动能力,一是交通和通信的物质技术,二是交通和通信的社会技术,主要用于战略信息传递和军事活动。前者包括陆路运输、水路运输。陆路运输包括道路、马车、各种牲畜、筑路技术、轮子等。水路运输包括河流、港口、船只、航海技术、指南针等。其中,中国和欧洲的大航海行动直接开创了一个近现代的"全球国际体系"[②]。后者包括语言、文字、宗教、货币、外交、贸易社群等。其中语言、文字是纯"通信技术",自不必多说。宗教、外交和贸易社群本来也具有传播属性,但是把货币作为"交通和通信的社会技术",就像把轮子看作"交通和通信的物质技术"一样,大大出乎人们的意料。毕竟,只有麦克卢汉的泛媒介的思想才会把许多毫不相关的事物看作媒介。不管怎么说,除了有密切的交通、宗教、外交、贸易,统一的文化模式是非常重要的因素,而这一模式是奠基于文字媒介之上的。古典国际关

[①] 陆威仪. 世界性的帝国:唐朝[M]. 张晓东,冯世明,译. 北京:中信出版社,2016:140.
[②] 布赞和利特尔用语,以区别于"古代和古典多重国际体系"中的"国际体系"。现在,国际体系真正成为全球性的国际体系。

系在本书中的研究意义最终要通过这些媒介和传播显现出来。

其次，把东亚朝贡体系作为有别于威斯特伐利亚国际关系的一种国际关系，并不是要纪念、追捧、恢复这种旧制，而是要让人们意识到，国际关系史上不只有威斯特伐利亚国际关系这一种模式，在今天亦如此，我们不能陷入一种既定的框架而丧失了辨别意识和维新意识。如果有必要，完全可以开创一种新的国际关系模式——可以把它称作全球治理模式，或者新型国际关系模式，等等。在此之前，还要破除过去那种对东亚朝贡体系或天下观的狭隘理解。除了前面提到有西方学者认为中国的朝贡体系显示出中国的孤立和排外特征，还有国内学者认为东亚朝贡体系或天下观是等级性的体系和观念，不能和今天的国家平等和民族平等同日而语。这种认识显然违背了历史唯物主义，没有把体制、模式、观念作为一种历史产物加以认识，而是要求它们放之四海而皆准。显然，把东亚朝贡体系和中国的天下观看作等级制的思想，是对朝贡体系和天下观的曲解。朝贡体系的亲疏关系只是一种地理距离带动的心理判断，无所谓高低贵贱，最多是一种"差序格局"。尽管也有"蛮夷"和"华夷"之辨，但这些态度在实际的国际交往过程中，早就被自己另一种更宏大的世界观——"天下观"涤荡得无影无踪，否则就不会有朱元璋《皇明祖训》中的"不征"训诫，也不会出现各种"化外之邦"纷纷主动前来加入朝贡体系的现象。

最后，东亚朝贡体系虽然是一种"前威斯特伐利亚国际关系"，但从时间上看，它比维持了约200年的"威斯特伐利亚体系"寿命还要长，甚至让"威斯特伐利亚体系""活"在了自己的前头——东亚朝贡体系一直到1911年清王朝灭亡才彻底退出历史舞台。所以，朝贡体系所谓的"前"格局，实际更多地体现的是它的历史悠久性，以及它与传承到今天仍在采用的威斯特伐利亚体系相比的独特性。

第三节　威斯特伐利亚体系

一、"三十年战争"及战后体系形成

公元486年，新的王国——法兰克王国成立。法兰克王国的查理国王在公元800年被教皇利奥三世加冕为"罗马人的皇帝"，法兰克王国改称查理曼帝国。从此开始了教皇给君王加冕的传统。不久后，查理曼帝国一分为三：中法兰克王国、东法兰克王国和西法兰克王国。其中，东法兰克王国主要由日耳曼人组成，在几方权力斗争中成为胜者，也成为罗马的监护人、皇帝以及罗马天主教的最高统治者。从此欧洲各国之间的国际关系掺入了国与国、王室与王室、王室与教皇、国家与教皇等纠缠不清的因

素和关系,而教皇在其中扮演着主导性角色,他和神圣罗马帝国的皇帝组成联盟共同制衡欧洲其他新教国家、选帝侯、城邦国家等政治势力,这意味着这些政治势力不仅要接受教皇的领导,还要接受皇帝的领导。就像中国的夏、商、周时期一样,神圣罗马帝国皇帝成为整个欧洲的"共主",主导欧洲的事务,其他君主、邦君都得接受神圣罗马帝国皇帝的领导。皇帝一旦去世,往往产生有选帝侯资格的各君主国之间的战争。1618年,哈布斯堡王朝主宰的神圣罗马帝国皇帝位置空缺,再加上天主教的教皇、哈布斯堡王朝与属于新教势力的各君主国之间矛盾日深,新的冲突产生,并引发跨时30年的战争,史称"三十年战争"。

旷日持久的战争最后在威斯特伐利亚两座小城明斯特(也被译为"蒙斯特")和奥斯纳布鲁克(也被译为"奥斯纳布吕克")分别召开的和谈后停止,战争双方先后于1648年签署《明斯特和约》《明斯特条约》《奥斯纳布鲁克条约》,后来被统称为《威斯特伐利亚条约——神圣罗马皇帝和法兰西国王以及他们各自的同盟者之间的和平条约》(简称《威斯特伐利亚和约》或"和约")。和约共128项条款,宣布恢复和平,放弃仇恨,宗教自由,不得以任何借口支援对方的同盟,对各方的财产和领土作出归还、重新划分和补偿等规定,特别是确立了各国、各君主和邦君的特权——主权。"所有罗马帝国的选侯、邦君和各邦,应根据本协议确定和确认享有他们自古以来的权利、特权、自由、优惠、自由行使领土权,不论是宗教的,还是政治的或是礼遇性的权利,因而他们永远不能,也不应受到任何人以任何借口进行的骚扰。"①

和会之后形成了欧洲新的国际关系格局,教皇、"共主"般的帝国、西班牙和一众天主教诸侯国的权力受到削弱或制约,而身为天主教一派的法国,其他新教国家如瑞典、德意志各诸侯国以及君王的权力受到确认和保护,法国成为最大赢家,西班牙霸权旁落,荷兰独立,德意志被迫继续保持分裂割据状态。从国际关系学层面衡量,权威的观点认为和会开创了以国际会议形式来解决争端、结束战争的先例;确认了国家主权和国家平等,国家主权统一性、不可分割性和独立性等原则;首次创立并确认了条约必须遵守、对违约方施加集体制裁的原则;否定了中世纪教会法规和神圣罗马帝国的权力,打破了罗马教皇神权体制的世界主权论,巩固了世俗的封建王朝体制;巩固了意大利城邦国家开创的外交使节制度;以主权平等和独立的民族君主国组成的国际社会代替了中世纪的以罗马教皇为中心的神权政治体制,世俗国家成为国际关系的行为主体。②此外,威斯特伐利亚体系其实还开启了国际关系的"战后格局模式"。在这之后,维也纳体系、凡尔赛体系、雅尔塔体系形成。冷战后格局作为次一级的格局

---

① 国际条约集(1648—1871)[M].北京:世界知识出版社,1984:16.
② 刘德斌.国际关系史:第二版[M].北京:高等教育出版社,2003:118-119.

瓦解了冷战格局，而不是雅尔塔体系。而且，它只瓦解了雅尔塔体系的局部。今天的国际秩序依然由二战后所创立的联合国等国际组织和二战后所签署的《联合国宪章》等国际条约所主导。

威斯特伐利亚体系的形成是多种因素的结果。"三十年战争"及签订《威斯特伐利亚和约》、威斯特伐利亚和会并不是孤立的历史事件，也不是突发性事件。恩格斯认为，这一事件之后国家形态的重大变化其实可以追溯到文艺复兴。他在《自然辩证法》中写道，"这个时代（指法国人所谓的文艺复兴、德国人所谓的宗教改革）是从15世纪下半叶开始的。王权依靠市民摧毁了封建贵族的权力，建立了巨大的、实质上以民族为基础的君主国，而现代的欧洲国家和现代的资产阶级社会就在这种君主国里发展起来。"①

威斯特伐利亚体系的构建，与其他同时期的历史事件共同形塑了此后300多年的国际秩序。亨利·基辛格（Henry A. Kissinger）认为从15世纪开始，发生在欧洲的三件大事影响了后来的世界秩序。第一件事是地理大发现。欧洲完成了环球航行，真正把自己的势力同时渗入非洲、美洲和亚洲，这奠定了欧洲中心化的基础。第二件事是铅活字印刷术的发明。它"使昔日难以想象的大规模知识传播成为可能。中世纪社会靠死记硬背、手抄宗教教义或依据史诗了解历史的方式积累知识。在探险时代，不断有新事物被发现、被认识，印刷术使得介绍新发现的著述得以流传。"②第三件事是新教改革运动。一方面，"个人直接与上帝建立关系"的要求使得宗教改革势在必行；另一方面，封建君王为了加强自己的权势，鼓动人们改信新教。最终，"新教改革运动荡除了依靠教皇和帝国'两把剑'支撑的世界秩序观"③。从世界秩序或国际秩序的角度看，仅靠这三件大事件是建立不起来世界新秩序的。但如果仅有《威斯特伐利亚和约》的话，威斯特伐利亚体系充其量只是一个安抚欧洲的"君子协定"，新的秩序就只会是一个神话。正是环球航行、印刷术和宗教改革等综合因素才让欧洲摆脱了中世纪的黑暗，走向世界，并把自己的秩序强加于世界。

二、威斯特伐利亚体系的传播环境

这里需要重点关注一下金属活字印刷以及整个新的全球性传播系统给国际秩序带来的影响。历史过程给人的直观感觉是，全球传播系统是威斯特伐利亚体系的重要组

---

① 恩格斯.自然辩证法［M］//中共中央马克思恩格斯列宁斯大林著作编译局.马克思恩格斯选集：第三卷.北京：人民出版社，2012：846.
② 基辛格.世界秩序［M］.胡利平，林华，曹爱菊，译.北京：中信出版社，2015：12.
③ 基辛格.世界秩序［M］.胡利平，林华，曹爱菊，译.北京：中信出版社，2015：13.

成部分，或者说，没有全球传播系统，威斯特伐利亚体系不可能走向世界并成为世界性的国际秩序。古登堡（Johannes Gutenberg）或其他欧洲人在中国的活字印刷术基础上"发明"金属活字印刷术后不久，欧洲就开始了一系列翻天覆地的变化，诸如宗教改革、航海大发现、"三十年战争"、资产阶级革命。这当然不是历史的偶然，其背后应该有着深刻的历史因果逻辑。有人将资本主义和民族国家的出现看作历史社会学的元叙事。"工业资本主义和民族国家的出现可以说是人类历史上最不可逆，或者说最具后果性的事件，它不仅仅是历史社会学的核心议题，甚至可以说是整个社会科学最为重要的经验和哲学议题。"① 二者的产生、发展和后果，"会成为历史社会学唯一的实质性问题意识"②。追根溯源，如果没有活字印刷术，这些元叙事或"后果性事件"都是不可能的。从这个意义上说，爱森斯坦把印刷术看作历史的"变革动因"是站得住脚的。③ 让我们再往前一步，我们能不能把印刷术，或者把更大概念的媒介、传播看作历史学的元叙事？回到"媒介唯物史观"，答案是不言自明的。只不过这项工程无论对历史学来讲，还是对国际学来讲，抑或对传播学来讲，都将是一项艰巨的任务。

传播并不仅仅等同于面对面的交流、历史记录、书信来往和新闻活动。当传播以全球传播的形式在15、16世纪重新出现时，它涵盖了更大的领域。"其定义包含了交通道路、远距离传输网络和象征性交换手段，例如，世界博览会、高雅文化、宗教、语言，当然还有媒介。它也展现了思考这些现象的众多学说与理论。"④ 经常有人问为什么欧洲会在极短的时间内成为世界的中心，做到物质极大丰富、精神极度超前？当我们把前述各种现象都纳入历史考察的视野时，我们已经找到了回答这一问题的方法。当然，答案并没有直接呈现。因为很多历史事实隐藏在不为人注意的角落，需要我们去发现。比如中国的活字印刷术、造纸术和指南针等发明到达欧洲的时间，航海大发现完成之前欧洲传教士络绎不绝地往来于欧洲与中国之间的细节，伏尔泰、狄德罗、莱布尼茨等人对中国贡献的赞誉……这一系列历史事实又引导我们去提问，欧洲崛起背后的动因中，中国因素究竟起了多大作用？东学西渐的范围有多大？程度有多深？答案需要我们不断去探讨研究。而这些历史其实都是全球传播的一部分，它们和威斯特伐利亚体系的联动是不容置疑的。

威斯特伐利亚体系在元叙事层面面临着传播学的压力，今天作为威斯特伐利亚体系产物的当代国际关系可能承受着更大的来自传播领域的压力。传播力、话语权、信

---

① 赵鼎新.什么是历史社会学[M].北京：中信出版社，2023：9.
② 赵鼎新.什么是历史社会学[M].北京：中信出版社，2023：8.
③ 爱森斯坦.作为变革动因的印刷机：早期近代欧洲的传播与文化变革[M].何道宽，译.北京：北京大学出版社，2010.
④ 马特拉.全球传播的起源[M].朱振明，译.北京：清华大学出版社，2015：导言 xiv.

息战、认知战早已成为国际关系重要的组成部分,无论是把它们作为议题,还是作为要解决的问题,当代国际关系都面对着无数不同于以往的复杂局面和难以破解的难题。美国学者约翰·彼得斯有一本著作叫作 *Speaking into the air*,中国学者翻译为《交流的无奈》,强调人类无法做到"心对心"的交流(communication)。这一判断用来描述国际舆论场的传播行为最合适不过。交流的无奈注定也是国际传播场域一个永恒的困扰,它给交流双方带来了压力,也给国际关系场域带来了压力。

威斯特伐利亚体系也承受着自身天生不足带来的压力。威斯特伐利亚体系给国际关系理论带来的僵化是有目共睹的。布赞和利特尔明确指出这一体系的弱点:

- 由于国际体系概念只与后威斯特伐利亚历史联系在一起,甚至于这个概念本身也没有被充分地理论化和明确化。
- 体系的最大变化存在于深层结构之中的观点被证明是虚幻的,依然是局限于后威斯特伐利亚历史的人为制造。从世界史的角度看,主导单位类型的变化是时代变化的关键。①

威斯特伐利亚体系的结构性问题,不单是布赞、利特尔指出的这些,还有它的"西方中心主义"成色问题、它从地区性国际关系过渡到世界性国际关系的逻辑自洽性,此外,自它开始的主权、民族国家等概念的内涵与它们所涵盖的外延是否一致,它是否能够客观、公正、合理地检视现实等问题都需要加以讨论。基辛格强调,"威斯特伐利亚体系的普遍意义源自它的程序性特征,即在价值观上是中立的。它的规则适用于任何国家:不干涉他国内部事务,边界神圣不可侵犯,国家享有主权,鼓励遵守国际法。"②面对今天"破破烂烂"又"缝缝补补"的世界,以及个别大国和政治军事联盟咄咄逼人的行为,人们难免不对基辛格的判断提出怀疑。

历史事件一般都有一个具体而准确的时间,但它所形成的历史模式、理论范式往往需要经过较长时间的积淀才能成型。威斯特伐利亚体系也如此。虽然它被称为威斯特伐利亚体系,但是它并不是威斯特伐利亚和会与《威斯特伐利亚和约》的同义词。事实是,"三十年战争"结束后,欧洲又爆发了若干次战争,特别是多国为了遏制法国组建了反法同盟。各国不得不多次签署条约,如1678年的"奈梅亨系列条约"、1697年的《赖斯韦克条约》、1713年的《乌德勒支条约》,等等。荷兰学者叶普·列尔森(Joep Leerseen)认为,这些条约昭示了欧洲各国处理国际事务的两个新法则:一是欧洲国家的事务应由各国共同协商和讨论,二是欧洲应当在均势基础上建立国与国的关

---

① 布赞,利特尔. 世界历史中的国际体系:国际关系研究的再构建[M]. 刘德斌,任东波,宋鸥,等译. 北京:世界知识出版社,2015:392.
② 基辛格. 世界秩序[M]. 胡利平,等译. 北京:中信出版社,2015:475.

系。①很显然，构成威斯特伐利亚体系的《威斯特伐利亚和约》也应是一个体系，而且，这个体系除了有以国际会议形式解决国际争端、主张主权平等这些要求之外，还内嵌许多其他影响后续国际关系的特征，如均势、民族国家、民族主义等，而后者则以18世纪法国大革命爆发、以语言为基础的民族意识觉醒、神圣罗马帝国被拿破仑彻底废弃等历史事件为标志。只有当这些主要特征和系列事件都具备以后，才能说威斯特伐利亚体系正式形成。

---

① 列尔森.欧洲民族思想变迁：一部文化史［M］.周明圣，骆海辉，译.上海：上海三联书店，2013：59.

第三章　国家与传播

英国学者赫德利·布尔（Hedley Bull）强调，"国际关系存在的前提是国家的存在，而国家则是拥有政府并声称对地球表面的特定地区和世界人口的特定部分享有主权的独立政治共同体"①。这一定义并不是普遍成立的，因为早期国家并没有主权属性，甚至没有主权意识。这一点稍后会加以分析。不过他的上半句话是千真万确的，那就是国际关系也罢，国际体系也罢，抑或国际社会，都建立在国家基础之上。没有国家，就没有国际社会、国际体系和国际关系。那么，有了国家就会有国际关系或国际体系吗？答案是：不一定。一个独立的国家是无法形成国际社会的，也无法形成国际体系和国际关系。布尔认为，只有当两个或两个以上国家之间有足够的交往，并且对彼此的决策有足够影响，而且它们至少在一定程度上作为一个整体的组成部分来行动时，国际关系或国际体系才能出现。②准确地说，国家与国际体系之间的关系不完全是布尔所说的那种充分条件关系，而是一种必要条件关系。尽管国家之间即使没有来往也会形成客观上的国际社会，但是，严格来讲，若干国家组成的国际社会并不必然构成国际体系，它们必须要具备共同的特征，即"它们都建立在一种共同文化或文明的基础之上，或者至少是建立在共同文明的某些要素的基础之上。这些要素包括：共同的语言，共同的认识论与世界观，共同的宗教，共同的道德观，共同的审美观或艺术传统"③。在这里，布尔从逻辑上为国家、国际体系与传播、媒介之间搭建起了原生性关系。这同时提醒我们，研究国际关系与传播的关系应该回到国家这个原点，才能获得相关知识的全貌。我们当然要考虑到，国家的形成并不等同于氏族社会或部落社会，后者达到一定规模就必然形成国家。国家的形成同样需要具备几方面的条件，而且这些条件是和传播、媒介有关的，甚至可以说，传播和媒介本身就是国家形成的充要条件。

---

① 布尔. 无政府社会：世界政治中的秩序研究［M］. 张小明，译. 上海：上海人民出版社，2015：11.
② 布尔. 无政府社会：世界政治中的秩序研究［M］. 张小明，译. 上海：上海人民出版社，2015：12.
③ 布尔. 无政府社会：世界政治中的秩序研究［M］. 张小明，译. 上海：上海人民出版社，2015：17.

第一节　国家原点

国际的原点是国家，国家的原点在哪里？

一、从血缘到地缘

人类社会从氏族社会迈向国家形态经历了漫长的时期。摩尔根（Lewis H. Morgan）在19世纪提出系统理论，认为人类史前史经历了蒙昧时期和野蛮时期两个大的阶段，每一阶段又区分为初级阶段、中级阶段和高级阶段。从野蛮时期过渡到文明社会时，家庭首先出现了，然后是氏族，最后是国家。恩格斯在《家庭、私有制和国家的起源》一文中对这一判断给予高度认可。但恩格斯并没有简单地复述摩尔根的理论，而是以摩尔根的理论为依据，提出了自己独到的、更加深刻的见解和分析。他认为氏族发展到一定时期就出现了私有制，出现了阶级，随之出现了维护现状的机关，"这样一个机关，它不仅保障单个人新获得的财富不受氏族制度的共产制传统的侵犯，不仅使以前被轻视的私有财产神圣化，并宣布这种神圣化是整个人类社会的最高目的，而且还给相继发展起来的获得财产从而不断加速财富积累的新的形式盖上社会普遍承认的印章……它不仅使正在开始的社会分裂为阶级的现象永久化，而且使有产者阶级剥削无产者阶级的权力以及前者对后者的统治永久化。而这样的机关也就出现了。国家被发明出来了"①。在本文的另一处，恩格斯再次解释了国家的起源。他指出国家既不是从外部强加给社会的力量，也不是黑格尔式的"伦理观念的现实"，而是社会发展到一定阶段的产物。准确地说就是，"社会陷入了不可解决的自我矛盾，分裂为不可调和的对立面而又无力摆脱这些对立面。为了使这些对立面，这些经济利益互相冲突的阶级，不至于在无谓的斗争中把自己和社会消灭，就需要有一种表面上凌驾于社会之上的力量，这种力量应当缓和冲突，把冲突保持在'秩序'的范围以内；这种从社会中产生但又自居于社会之上并且日益同社会相异化的力量，就是国家"②。

国家来源于更早期的家庭、氏族社会，这已经是一种共识。人类为了生存，按

---

① 恩格斯．家庭、私有制和国家的起源［M］//中共中央马克思恩格斯列宁斯大林著作编译局．马克思恩格斯选集：第四卷．北京：人民出版社，2012：122-123.
② 恩格斯．家庭、私有制和国家的起源［M］//中共中央马克思恩格斯列宁斯大林著作编译局．马克思恩格斯选集：第四卷．北京：人民出版社，2012：187.

照血缘族亲原则，组成家庭、氏族、部落，直至走向地缘关系的国家形态。霍布斯（Thomas Hobbes）认为人类社会的抢夺、冲突、战争无可避免，为了自我保护、防止内部纷争，他们或者通过暴力，或者通过契约，让接受个体所让渡权力后形成的集体不断壮大，直至国家出现。"国家"在拉丁文中被称作"城邦"，而被霍布斯称作"利维坦"（Leviathan）——一种能保护个人的庞然大物。霍布斯认为国家就是一个大型的氏族。有类似思想的还有被认为是主权概念的提出者让·博丹（Jean Bodin），他认为，"众多家庭的结合，乃是为了共同防御和追求互利而形成的；当上述种种结合被一个主权机构统合起来的时候，一个国家便形成了"①。当然，博丹的思想肯定又是来自被视为近乎神话人物的古希腊文化集大成者、哲学家亚里士多德。亚里士多德说："当多个村落为了满足生活需要，以及为了生活得美好而结合成一个完全的共同体，大到足以自足或近于自足时，城邦就产生了。"②他又说："所有的城邦均由家庭构成。"③这可以看作"古希腊思想"中有关城邦和国家的权威理念。

当代美国学者蒂利认为，"让我们把国家定义为不同于家庭和亲属团体的运用强制的（coercion-wielding）组织，它在大片的领土范围内，在某些方面实施着明确无误的对其他所有组织的优先权。因此，这一术语包括城邦国家、帝国、民主国家和许多其他形式的政府，但是不包括部落、宗族（lineage）、公司和教会"④。蒂利的国家定义不仅内涵更加明确，外延也更加丰富，但有一点没有改变，那就是他仍然强调国家建立在家庭、宗族（亲属团体）和部落等组织基础之上。

在现代学者中，美国的埃尔曼·塞维斯（Elman R. Service）的"游团（band）—部落（tribe）—酋邦（chiefdom）—国家（state）"演进模式理论最具创新性。他通过对南美洲、非洲和大洋洲几个地区进行民族志研究，"证实"了人类学学者卡莱尔沃·奥博格（Kalervo Oberg）关于在氏族、部落和国家之间应该还有一种"酋邦"政体的观点。塞维斯认为氏族和部落中人们都是平等的，即使有首领，他的领导地位也是暂时的。而在酋邦中，代表不平等的权力已经固化，只不过还没有形成成熟的机构而已——"酋邦具有一种贵族统治性质的集权趋势和世袭的等级地位排序，但没有武力压迫的正式法定机构"⑤。显然，塞维斯当初应该是受到了酋长这个角色的启发才提出了"酋邦"理论。

---

① 萨拜因.政治学说史——民族国家：上[M].邓正来，译.上海：上海人民出版社，2015：102.
② 亚里士多德.政治学[M].颜一，秦典华，译.北京：中国人民大学出版社，2003：3-4.
③ 亚里士多德.政治学[M].颜一，秦典华，译.北京：中国人民大学出版社，2003：5.
④ 蒂利.强制、资本和欧洲国家（公元990-1992年）[M].魏洪钟，译.上海：上海人民出版社，2021：2.
⑤ 塞维斯.国家与文明的起源：文化演进的过程[M].龚辛，郭璐莎，陈力子，译.上海：上海古籍出版社，2019：15.

二、中国理论与实践

西方关于国家的很多理论是建立在零星、个别的事例基础之上的,而且是建立在"别人"的历史事实基础之上的,这就大大削弱了很多结论的科学性。所以他们的论述中有大量"可能""也许""估计"之类的用语。反观中国,"中国的古代国家和文明属于世界上第一批原生形态的国家与文明,也是世界上唯一源远流长、连续至今的文明与国家"[①]。而且,中国古代国家是有史(文献资料)可查、有案(考古结果)可证的,历史遗迹在中国遍地开花。鉴于此,关于国家起源的中国观点必须被格外重视。

中国古代史学者王震中在分析塞维斯"酋邦"理论和弗里德(Morton H. Fried)"社会分层"理论[②]等学说,并考察中国境内考古结果的基础之上,提出古代文明和国家起源应划分为三大阶段,即由大体平等的农耕聚落形态发展为含有初步不平等和社会分化的中心聚落形态,再发展为都邑国家形态。在第一阶段,不是游牧早于农业,而是农业早于游牧出现。时间大约为距今12000—6000年,跨越新石器时代。这一阶段聚落、作物、陶器、养殖、渔猎的相关考古实物在中国南北方都大量呈现。第二阶段距今6000—5000年,是由史前向国家形态转变的过渡期,仰韶中期和后期、红山后期、大汶口中期和后期、屈家岭前期、崧泽和良渚早期都属于这一阶段。这一阶段的聚落呈现"中心聚落—普通聚落"或"中心聚落—次级中心聚落—普通聚落"等形态,且出现了等级差别、集体祭祀等新的社会现象。第三阶段属于龙山早期文化,上起6000年前,下迄4000年前,一大批城邑出现,目前发现了如湖南澧县城头山遗址、河南郑州西山遗址、山西临汾陶寺遗址等[③]。不过,王震中认为不能一见城邑就断定是国家,还要看有没有阶级、城邑的规模、城内有没有宫殿和宗庙等特殊建制。但在龙山文化的大部分时期,"中国古代有国就有城,建城乃立国的标志"[④],"中国上古时期,国家每每是以都城为中心而与四域大小不等的各种邑落结合在一起的,而且是以都城的存在为标志的"[⑤]。

另一位中国学者裴安平提出了自己的见解。他认为国家起源走过了古城、古国、方国、帝国四大阶段,与之相对应,可以看作血缘国家、单一民族国家、多民族国家、

---

① 王震中. 中国古代国家的起源与王权的形成[M]. 北京:中国社会科学出版社,2013:12.
② 美国人类学者弗里德根据社会等级差异标准将原始社会演进过程分成四个阶段或四种社会类型:平等社会(egalitarian society)—等级社会(rank soceity)—阶层社会(stratified society)—国家社会(state society)。
③ 王震中. 中国古代国家的起源与王权的形成[M]. 北京:中国社会科学出版社,2013:52-56.
④ 王震中. 中国古代国家的起源与王权的形成[M]. 北京:中国社会科学出版社,2013:56.
⑤ 王震中. 中国古代国家的起源与王权的形成[M]. 北京:中国社会科学出版社,2013:56.

大一统帝国四种国家形态。距今 6000—4500 年是以古城崛起为代表的国家起源的初始阶段，到中后期，湖南澧县城头山、湖北天门龙嘴、湖北石首走马岭—屯子山、河南郑州西山等聚落已经从早期的临时性"军事中心"升级为新型的永久性的政治军事中心，标志着人类开始从自然血缘社会向地缘社会迈出实质性的一步。古国崛起是国家起源的第二阶段，距今 4500—4000 年，血缘组织被跨血缘和地缘组织所代替，属于古国模式的遗址有湖南澧阳鸡叫城、湖北天门石家河、山东聊城茌平、安徽马鞍山凌家滩和浙江杭州良渚等。从 4000 年前开始，中国进入方国阶段。裴安平认为"方国"就是"一方之国"和"地方之国"，是在古国基础上建立的规模更大、地域更广、以民族为单位的国家。夏、商、周都属于方国，其中春秋战国属于晚期方国。这个时期最大的特征是国体地缘化、政体血缘化，阶级社会出现，民族登上历史舞台。早期方国都是由单一民族构成，也就是说中国历史上最早出现了民族国家，后期才发展为多民族国家。公元前 221 年秦灭六国，统一中国，标志着中国历史上第一个帝国诞生。这个时期的特征是国土地域辽阔，国体政体全部地缘化，大一统中央集权形成。

　　裴安平观点的特色非常明显，给人们提供了很多启示，但内含一些理论上的冲突。比如他的民族国家的理论，一举把民族国家形态的历史从 17 世纪的欧洲提前到了 4000 年前的中国，这肯定会让人质疑他所说的"民族国家"与西方近代以来的民族国家是不是一个概念。如果所指相同，那么如何解释巨大的时间差？此外，裴论关于夏商周为方国的观点，显然抹杀了夏商周作为"天下共主"的特征。这样表述是否更准确：夏商周时期属于方国时期，但夏商周是方国中的核心国家、中央国家，其他周边的古国才是割据一方的方国？关于秦国统一六国后中国进入帝国时期的观点，裴显然是接受了西方关于帝国是国家演进中的一环的观念。但是中国历史表明，并不是每一个时期都对应着一个帝国，在国际范围内，也不是每一个时期都必然有一个帝国存世，西方语境中的很多帝国根本算不上帝国。帝国只是一种特殊现象，而非普遍现象。不过这倒是提醒我们，如果一定要说有一种国家形态叫帝国的话，它确实是从中国发源的，而不是别的地区或国家。因为帝国所对应的统治者必须是皇帝，有据可查的世界历史上的第一个皇帝是嬴政，他是真正的"始皇帝"。

三、传媒黏合剂

　　那么，问题来了：是什么力量把家庭、氏族、部落或酋邦等集体凝聚成早期国家？

　　人类文明有很多种分类标准，但是真正系统的文明从国家开始。进入国家形态以后，人类社会逐渐从血缘社会跨越到了地缘社会或"血缘＋地缘"社会，人们不再完全根据血缘区分关系，而是按照财产、能力、学问和由此而掌握的权力等条件划分阶层，阶级出现了，社会分工出现了，有制度的管理出现了，人类社会具备了政治、经济、文化等属性。不过，有研究显示"古国的崛起与私有制、财富和阶级无关"[①]，"不是阶级矛盾不可调和的产物，而是血缘组织之间生存矛盾不可调和的结果"[②]。看来，在组成国家的要素中，只有城邑和由此构建起的传播系统才是不可或缺的。城邑和包含文字在内的语言系统是两种最直观的、可考的黏合剂。

城邑（或城市、城邦）的功能是自然形成的，不是后来附加上去的。氏族或部族聚落发展到一定程度、一定规模，必然会向空间更大、防御更加坚固、能容纳更多人和物资以及组织机构的城堡、城邑发展。城邑除了能够保护集体之外，还形成了一个芒福德式的"城市容器"和哈贝马斯式的"公共领域"。作为媒介环境学的鼻祖之一，芒福德的城市理论大大拓展了媒介环境学的学术外延，城市也自然而然地成为一种重要的媒介。城邑就像一个大容器，容纳了各行各业、各种机构、各类人员，容纳了各种传播活动，容纳了各种精神、思想。随着城邑规模的不断扩大，制造业、加工业、商业等快速发展，娱乐、宗教、教育等精神性活动以及从事该类行业的团体、人员也快速增加。此外，城邑成了人们集中、交流的公共领域，它比松散的农村更容易使人形成共同的价值观和世界观，进而自愿遵守共同的契约和规则。尽管在哈贝马斯笔下，公共领域是资产阶级的产物，且哈贝马斯对这一概念另有所指："公共性本身表现为一个独立的领域，即公共领域，它和私人领域是相对立的。有些时候，公共领域说到底就是公共舆论领域，它和公共权力机关直接相抗衡。"[③]但是，客观地讲，公共领域不是某一个时代的专属，而是人类社会的专属，也就是说，只要有人群的地方，就会形成公共领域。今天如此，古代也如此。城邑在第一时间为民众提供了附属于公共权力机关而非与公共权力机关相抗衡的公共交往空间、公共信息交流场地和公共舆论领域。因为要通达神灵、感念天地祖先，城邑开始出现有组织、有仪式、有制度的官方宗教祭祀活动的场所；因为要上传下达，较为文明的或在文明方面较为领先的国家，开始修筑道路、开发水运、建立信息处理系统，开展一切有别于部落野蛮时期的传播活动。

城邑为国家提供了一个物理上必不可少的空间，并在这个空间内为已经到来的新"户主"——国家及其国民提供一切必要的陈设、工具。斯宾格勒对城邑（城镇）有着极高的评价："民族、国家、政治、宗教、所有的艺术以及科学，全部有赖于一种原初

---

① 裴安平.中国的家庭、私有制、文明、国家和城市的起源：下[M].上海：上海古籍出版社，2019：560.
② 裴安平.中国的家庭、私有制、文明、国家和城市的起源：下[M].上海：上海古籍出版社，2019：561.
③ 哈贝马斯.公共领域的结构转型[M].曹卫东，王晓珏，刘北城，等译.上海：学林出版社，1999：2.

的人类现象，那就是城镇。"①

国家的第二种黏合剂是包含文字在内的语言系统。恩格斯在论述人类蒙昧时代从低级阶段向中级阶段过渡时认为，人类除了掌握食用果实、坚果和根茎的技术之外，最大的成就是掌握了语言，"音节清晰的语言的产生是这一时期的主要成就"②。在论述野蛮时代的高级阶段时，恩格斯认为这一阶段"从铁矿石的冶炼开始，并由于拼音文字的发明及其应用于文献记录而过渡到文明时代"③。正是因为有语言，人类才能够实现最大规模的聚集。聚集需要交流、交往，语言在劳动、交往过程中产生后，加强了人类交流、交往的能力，使得使用同一种语言的人能够更加紧密地相处。血缘只能联结有血缘关系的一小部分人，而语言可以联结超越血缘的更多数量的人。一座城邑中如果都是有血缘关系的人，不利于种群的繁衍，也缺乏等级分层的冲突基础，同样也没有行业分工的社会基础。而如果要跨越血缘关系把更多的人联结在一起，需要一种能从感情、意识、表达方面提供便利的媒介。发声语言就是这种媒介。和恩格斯一样，考茨基在《唯物主义历史观》中论述人类社会的发展过程时，也充分肯定了语言的作用，而且在书中反复阐明这一观点。"语言的发展是这样一种因素，它使人类有可能超出动物社会，并制定规范来适当地和有效地规定社会性行动……语言使那些靠动物的简单的思想交流手段不可能达到的社会协作方式有了可能，从而促进了人类的智力和技术，并使社会团结得越来越紧密。但是，语言……同时也成了使人们分开的手段。"④在整个论述过程中，考茨基是把语言作为人类社会进步的原始推动力看待的。

文字是一种特殊的语言，它在人类早期发展过程中扮演了重要角色。进入国家形态后，统治者面临着前所未有的信息存储、加工、处理的挑战，这是一项浩大的工程。过去那种通过语言就可以构建集体记忆的方式出现严重的能力不足问题，必须要有一种工具或手段代替或加强旧的传播方式，文字因此诞生了。文字的诞生当然经历了一个漫长的过程，它可能从氏族时代已经开始以画符或刻符的形式出现，但是直到国家形成时期，它才正式以文字的面貌出现。文字与国家同时出现很大程度上不是一种巧合或偶然性的事件，而是因为后者需要前者。正如考茨基所指出的那样，"在有国家时，才出现对文字的广泛需要"⑤。

---

① 斯宾格勒. 西方的没落：第二卷, 世界历史的透视 [M]. 吴琼, 译. 上海：上海三联书店, 2006：79.
② 恩格斯. 家庭、私有制和国家的起源 [M] // 中共中央马克思恩格斯列宁斯大林著作编译局. 马克思恩格斯选集：第四卷. 北京：人民出版社, 2012：30.
③ 恩格斯. 家庭、私有制和国家的起源 [M] // 中共中央马克思恩格斯列宁斯大林著作编译局. 马克思恩格斯选集：第四卷. 北京：人民出版社, 2012：34.
④ 考茨基. 唯物主义历史观：第一分册 [M]. 《哲学研究》编辑部, 编译. 上海：上海人民出版社, 1964：114.
⑤ 考茨基. 唯物主义历史观：第四分册 [M]. 《哲学研究》编辑部, 编译. 上海：上海人民出版社, 1964：196.

美国现代政治学者福山（Francis Fukuyama）说过，"如要研究国家的兴起，中国比希腊和罗马更值得关注，因为只有中国建立了符合马克斯·韦伯定义的现代国家"①。他认为，"我们现在理解的现代国家元素，在公元前3世纪的中国业已到位。其在欧洲的浮现，则晚了整整一千八百年"②。但是，福山在解释中国为何领先于其他国家而进入国家形态时却错误地认为，"中国国家形成的主要动力，不是为了建立壮观的灌溉工程，也不在魅力型宗教领袖，而是无情的战争"③。这不仅是对中国历史的歪曲，还是对国家历史原点的误读，更是张冠李戴的行为，用流行于西方的"战争驱动论"注解中国历史。战争可能像有人说的那样是"创造国家"的一种外部"动力"，但绝对不是国家形成的决定性因素和"支配逻辑"。④难怪对于非洲、大洋洲等原始民族一直未能建立起国家的现象，福山认为各种理论都不能说明问题，为此他感到很困惑，原因在于他没有找到国家形成的真正原因。在公认的国家形成所需要具备的几大因素中，城邑和包含文字在内的语言系统绝对是最具主导性的因素。尽管福山提出中国最早进入国家这一结论表明他认识到了真实的历史现象，但是他没有找到真实的历史原因。

最后需要对国家原点做一个简要的解释。国家原点有几层含义。第一层含义是要寻找国家演进发展的历史源头，因为它决定了"国际"的起点。国际是国家间的意思，一般来说，有了国家才有国际，国际的边界在国家，没有国家就不会有国际。但这并不是说有了国家就一定会有国际，必须要有两个及以上的国家出现才会形成国际。真正意义上的国际肯定是那些彼此之间有联系、有交往的国家之间形成的空间性关系结构。第二层含义是我们必须理解国家的起源是一个渐进的过程，而不是短时间就从氏族、部落直接迈进一个用我们今天的标准去定义的国家形态。国家的形成过程其实可以看作一种国家文明的发展过程，也就是说可以看作一种特殊的文明形态的发展过程。既然如此，就不能把历史上的一些文明看作国家，也许它们具备了国家的雏形，但把它们看作一种前国家或古城形态应该更为准确。第三层含义是从国家的形成过程和结构中探寻传播与媒介的因素，从而找到国际与传播的渊源。这是我们不厌其烦地阐释国家的起源、早期国家结构中的诸要素等问题的出发点。

从很多的事实、论述、文献中都可以看出，在国家形成的过程中，传播活动和媒介手段一直若隐若现地存在着，但过去它们基本是一个幕后角色，现在要让它们和城市（或"城邑""城邦"）一起走到前台来。

---

① 福山.政治秩序的起源：从前人类时代到法国大革命[M].毛俊杰，译.桂林：广西师范大学出版社，2012：21.
② 福山.政治秩序的起源：从前人类时代到法国大革命[M].毛俊杰，译.桂林：广西师范大学出版社，2012：19.
③ 福山.政治秩序的起源：从前人类时代到法国大革命[M].毛俊杰，译.桂林：广西师范大学出版社，2012：93.
④ 许田波.战争与国家形成：春秋战国与近代早期欧洲之比较[M].徐进，译.上海：上海人民出版社，2018：29，32，35.该书提出"国家形成的动力学""战争创造国家""国家形成过程中的支配逻辑"等概念。

第二节 国家的意义

国家的意义就存在于它的定义和概念解释中。

一、国家的定义

霍布斯认为国家是一种集体人格,"一大群人相互订立信约、每人都对它的行为授权,以便使它能按其认为有利于大家的和平与共同防卫的方式运用全体的力量和手段的一个人格"①。霍布斯的定义突出了国家的契约性质和防御性质。契约性质体现了卢梭以来的西方精神之一,防御性质则体现了国家的出发点——最早的聚集区、后来的城墙等都确实有防御的功能。但是这些都没有触及国家的本质。

法国红衣主教兼权臣黎塞留(Armand-Jean Richelieu)的认识则赋予了国家以国际关系的意义。"黎塞留的国际秩序观一反从前,提出国家是一个具有自身存在价值的抽象的永恒实体。国家的需求不是由统治者的个性、家族利益或追求向全世界传播宗教的目标决定的,而是由基于具体原则的国家利益决定的,即日后所谓的'国家理由'。国家理由才应该是国际关系的基本要素。"②鉴于黎塞留生活在"三十年战争"期间,他对国家的理解必然地会和当时的欧洲局势联系起来,这也解释了这场战争在国际关系史上的地位。

在黑格尔历史哲学中,国家意义非凡。尽管真正的历史开始于"世界精神"在各个民族个体中的实在化,但是这并不是历史的本质形式。"所有历史变化本质上都取决于国家,或者说,历史变化在本质上落实在这个国家之上。"③黑格尔之所以做出这样的判断,有这样的几个理由。一是他认为国家才具有精神的普遍性,"个体在国家之中实现自己的自由,并能享受这种自由"④;二是他认为国家代表正面、积极的力量,是和正义、伦理道德等类似的东西,"是正面实现的自由,是人们对自由之渴求的满足"⑤;三是历史只关注那些利用媒介把自己转变为国家的民族,"因为只有那些对法律有清晰意识的国家才能有清楚的历史记载,也只有在这种国家中,这种记载能得到很好的保

---

① 霍布斯. 利维坦[M]. 黎思复,黎延弼,译. 北京:商务印书馆,1985:132.
② 基辛格. 世界秩序[M]. 胡利平,等译. 北京:中信出版社,2015:16.
③ 黑格尔. 黑格尔历史哲学[M]. 潘高峰,译. 北京:九州出版社,2011:141.
④ 黑格尔. 黑格尔历史哲学[M]. 潘高峰,译. 北京:九州出版社,2011:129.
⑤ 黑格尔. 黑格尔历史哲学[M]. 潘高峰,译. 北京:九州出版社,2011:130.

存"①。总之，黑格尔理解的国家是一种具有精神性质的"绝对理念"，由于它代表了正面、积极、正义和道德，因此，国家相比个人和其他共同体具有至高无上的地位，而且只是那些有历史记载的国家才是有历史的国家。

马克斯·韦伯对国家的解释是，"国家是在一定区域的人类的共同体，这个共同体在本区域之内——这个'区域'属于特征之一——要求（卓有成效地）自己垄断合法的有形的暴力。因为当代的特殊之处在于：只有当国家允许时，人们才赋予所有其他的团体或个人以应用有形的暴力的权利：国家被视为应用暴力'权利'的唯一的源泉"②。在另一处，韦伯继续解释，"现代国家是一个强制机构的统治团体，它在一个区域里曾经卓有成效地争取垄断合法的、有形的暴力作为统治的手段，为此目的把实物的运作手段都聚拢在它的领导人手中，剥夺了从前自己有权拥有这些手段的所有有独立权利的、等级干部的财产，并使它自己的最高领导取他们而代之"③。韦伯的"国家暴力论"观点和苏联缔造者列宁不谋而合。列宁在《国家与革命》一文中给国家下了一个妇孺皆知的定义："国家是阶级统治的机关，是一个阶级压迫另一个阶级的机关，它建立一种'秩序'来使这种压迫合法化、固定化，使阶级冲突得到缓和。"④按照吉登斯（Anthony Giddens）的理解，韦伯关于国家的解释透露出两层含义，其一是暴力，其二是领土权——在自己的区域内的主权。后者成为现实主义国际关系理论中关于国家要素理论的来源。汉斯·摩根索（Hans Morgenthau）把国家权力的要素总结为地理、自然资源、工业能力、战备、人口、民族性格、国民士气、外交素质、政府素质。⑤这一思想后来被其他国际关系学者继承，他们先后提出了若干不同的观点，有的甚至设计出可量化的指标体系。

恩格斯认为，"国家是文明社会的概括，它在一切典型的时期毫无例外地都是统治阶级的国家，并且在一切场合在本质上都是镇压被压迫被剥削阶级的机器"⑥。很显然，列宁继承了这一思想，也影响了马克斯·韦伯。这里的问题是如何理解恩格斯"国家是文明社会的概括"这一主张，或者说，国家和文明之间有什么联系。这让人想起白鲁恂的话——"中国是伪装成国家的文明"，给人最直观的感觉是文明和国家很相似又很不一致。文明和国家之间保持着一定的距离。中国有学者就认为文明和国家不是一回事，国家不代表文明，它只是文明起源过程中的一种产物。"国家除了证明暴力是社

---

① 黑格尔.黑格尔历史哲学［M］.潘高峰，译.北京：九州出版社，2011：165.
② 韦伯.经济与社会：下［M］.林荣远，译.北京：商务印书馆，1997：731.
③ 韦伯.经济与社会：下［M］.林荣远，译.北京：商务印书馆，1997：736.
④ 列宁.国家与革命［M］//中共中央马克思恩格斯列宁斯大林著作编译局.列宁选集：第三卷.北京：人民出版社，1960：176.
⑤ 摩根索.国家间政治：权力斗争与和平［M］.徐昕，郝望，李保平，译.北京：北京大学出版社，2006：148-188.
⑥ 恩格斯.家庭、私有制和国家的起源［M］//中共中央马克思恩格斯列宁斯大林著作编译局.马克思恩格斯选集：第四卷.北京：人民出版社，2012：193.

会地缘化的基础以外,并没有给人类社会的发展带来任何文明的成果。"① 这种认识当然太过片面,它只是极端地解读了马克思、恩格斯、列宁和韦伯等人关于"国家是暴力机关"的结论,把文明和国家对立起来、割裂开来,错误地把国家看作文明发展的结果,而不是文明的组成部分,无视国家在人类社会进步中的作用。

二、国家的传播本质

在中国,"文明"一词早在《易经》中就已出现,拆解开来就是,有"文"才有"明"。"文"字可以理解为"文化""文章",但追根溯源是"文字"。所以在一定程度上,"文明"一词可以理解为"文字给人类带来了文明"。在西方,按照亨廷顿的解释,"文明"一词是18世纪法国人发明的。其英文单词civilization的词根是希腊词civis,意指"城市居民"。为什么是城市居民,而不是乡村居民?或者说为什么不是其他非城市居民,或其他城市事物呢?因为文明与城市、城市居民、文字息息相关。城市从松散、狭小的"古城"迈向具有国家性质的"城邦"时,城市才具有了文明的属性,其前提条件是城市居民掌握了共同的文字。文字是人的一种传播能力,是人的感官的一种延伸,因此文明一定是和人有关的事物。此外,只有城市(或城邑)才能给人提供创造文字、使用文字的条件和迫切性。因此文明必然是和城市有关的。

在媒介学学者伊尼斯看来,文字和国家之间有一种根深蒂固的因果关系。"文字使小型社区成长为大型的国家,又使国家强化而成帝国。"② 国家并不是突然出现的,它首先是从一些更小的共同体、政治组织发展而来。其次它不是规模壮大后的自然结果,而是借助一种起催化作用的"媒介"才得以产生,这种媒介只能是文字。伊尼斯给出的理由是,"在人口稠密的地区,活动的范围拓宽,因而需要文字记载。反过来,文字记载又支持活动范围的拓宽。权力集中和拓展之后,政治结构不稳和冲突又接踵而至。于是,超越个人经验范围的、共同语言的理想形象,就被强加在分散的社区头上,并被其接受"③。

在国家的形成过程中,语言和文字充当了强有力的黏合剂。汤因比指出,"某一种语言和文字在统一国家成立之前已经把所有可能的竞争者都排挤出去了"④。他的意思是,每一个国家都有一种具备统治力的语言和文字,而国家的独特性也因此被语言和文字所规定。可以用斯宾格勒的观点对此作进一步的解释。斯宾格勒在阐述国家与历

---

① 裴安平.中国的家庭、私有制、文明、国家和城市的起源:下[M].上海:上海古籍出版社,2019:439.
② 伊尼斯.帝国与传播[M].何道宽,译.北京:中国传媒大学出版社,2013:41.
③ 伊尼斯.帝国与传播[M].何道宽,译.北京:中国传媒大学出版社,2013:41.
④ 汤因比.历史研究:下[M].曹未风,等译.上海:上海人民出版社,1997:53.

史的关系时说过,"如果所有的生命都是同一的、千篇一律的存在,那么,'民族''国家''战争''政策''宪法'等这些词汇就永远不会被听到了"①。但世界恰恰是多样性的,这些词语及其背后的实在是永恒存在的,而世界之所以是多样性的,是因为文化,"文化的创造力可将其提升到最大的强度"②。斯宾格勒没有对文化作更多的解释,但我们完全可以把文化具象为各种具体的可见的与我们保持密切联系的事物,这其中必然有语言和文字。毕竟,"民族""国家"之类的词首先是以文字的形式呈现在我们面前的。

其实,用斯宾格勒的话解释语言、文字与国家的关系是很肤浅的,更为重要的是,在国家形成以后,王朝、帝国或其他政府机构在管理国家的时候根本就离不开语言、文字。汤因比强调,"统一国家必须有思想交流的正式媒介,而这些媒介不仅包括口头传达的语言,而且包括某种看得见的书法"③。国家不仅把语言、文字当作"国家容器"中简单的交流工具,更把它们作为变革性的媒介——改造记录方式、建构国族的思想、创造与时俱进的文明。没有语言、文字及其所承载的各类信息、理论、思想、科学,国家一步也不会前进。更进一步说,国家不仅生产思想,而且按照法国社会学家涂尔干(Émile Durkheim)和英国学者吉登斯的观点,国家本身就是社会思想的喉舌,因为,"凡是国家都会牵涉到对归其统辖的社会体系的再生产的各方面实施反思性的监控"④。

第三节 国家的历史形态

有人把历史上出现的国家形态分为两种:城邦国家和民族国家。布赞和利特尔把国家形态分为城邦国家、帝国和民族国家。在分析古代国家形态方面,日本学者宫崎市定把中国古代的国家形态分为三种:都市国家、领土国家和帝国。其中领土国家是指强大的都市国家以自己为中心展开霸权争夺,最后形成超级都市国家。中国学者中,苏秉琦提出"古国—方国—帝国"理论,王震中认为"方国"即"邦国",且"方国"不能准确描述夏商周这样的"中央王国"与"方国"的关系,故提出"邦国—王国—帝国"说。⑤裴安平坚持"古城—古国—方国—帝国"结构模型。

中外类似的观点还有很多。事实证明,把国家起源、演进的过程划分得越细,问题就越多,观点就越不能自洽。毕竟历史分期是人为的结果,而不是像黑格尔的历史

---

① 斯宾格勒.西方的没落:第二卷,世界历史的透视[M].吴琼,译.上海:上海三联书店,2006:335.
② 斯宾格勒.西方的没落:第二卷,世界历史的透视[M].吴琼,译.上海:上海三联书店,2006:335.
③ 汤因比.历史研究:下[M].曹未风,等译.上海:上海人民出版社,1997:53.
④ 吉登斯.民族-国家与暴力[M].胡宗泽,赵力涛,译.北京:生活·读书·新知三联书店,1998:19.
⑤ 王震中.中国古代国家的起源与王权的形成[M].北京:中国社会科学出版社,2013:63.

理念认为的那样具有自觉性，他认为历史到某个时间段以后就会自动开启或自动结束。每个历史时期充斥着上一个时期的遗留物，也饱含着下一个时期的各种苗头。在历史的过渡期，各种复合因素层出不穷。因此最好的划分方式是按照粗线条展开。跳出古代国家，在对现代国家形态的变迁进行分析、分类时，特别是要对作为一种中外通用的、世界性的国际关系史上的国家形态进行分类时，更应该采纳"去精取粗"或"宜粗不宜细"的原则。

考虑到"城邦国家"已经是一个国际通用的概念，且有的中国学者认为中国古代国家最早的形态是"邦国"，这两个概念十分相近，故应保留"城邦国家"这一概念。帝国理论虽然中外通用，但作为人类社会的一种国家形态，该理论夸大了"帝国"概念，且存在很多言实不符的现象，故应在国家演进模式中摒弃"帝国国家"这一概念。恰恰是王震中等中国学者的"王国"概念比较适用于全球范围内的历史现象，再考虑到为了强调帝王的核心地位，且为了和西方近代国家前夜的"君主""君权"概念建立联系，故应把国家的第二种形态看作"君权国家""君王国家"或"王权国家"。至于"民族国家"称谓的不合理性，留待后文详论。

结合西方学者和中国学者的理论，从国际关系理论角度出发，本书此处提出一种新的贯穿古代国家和现代国家的国家分期说：城邦国家—君权国家—主权国家。

一、城邦国家

城市之所以在历史上留下浓重的一笔，是因为它把人类带进了国家。斯宾格勒甚至说，"世界的历史即是城市的历史"[1]。在他看来，"所有伟大的文化都是城镇文化……世界历史便是市民的历史，这就是'世界历史'的真正尺度，这一尺度使得世界历史与人的历史非常鲜明地区分开来，民族、国家、政治、宗教、所有的艺术以及所有的科学，全都有赖于一种原初的人类现象，那就是城镇"[2]。

"城邦"是一个舶来词，最早出现于古希腊，希腊语写作 polis，最初指物质堡垒，后来有了城市的意思，再后来被赋予"国家"（城邦国家）的含义。英语单词 politics（政治的）、polity（政体）、policy（政策）和 police（警察）都从 polis 衍生而来。但是 1755 年《约翰逊词典》和 1823 年《马礼逊华英字典》中均未收录 Polis、Politics、Policy、Police 等词。

汤因比对城邦有过较深入的研究。他指出，"一个城邦或许被定义为一个国家，在

---

[1] 斯宾格勒.西方的没落：第二卷，世界历史的透视［M］.吴琼，译.上海：上海三联书店，2006：83.
[2] 斯宾格勒.西方的没落：第二卷，世界历史的透视［M］.吴琼，译.上海：上海三联书店，2006：79.

这个国家中仅有一座单体城市，或者存在一座城市，与城邦境内的更小的城市相比，在人口与力量方面存在绝对的优势，并且这座城市的权威在这一国家内不容置疑"①。这意味着城市未必是城邦，城邦也未必是国家。"'国'的疆域也包括周围的乡村地区，不过这一区域很小，在最远地方居住的乡村居民能够在黎明时分去往城市，在日落时分返回。"②城邦还包括为其提供粮食等物资的农村，而它的地理半径只能在自己的掌控范围之内。

一些西方学者则认为城邦是"一个小面积的独立政治实体，通常有一个首都或代表城市。这个城市与周边腹地在经济和社会上融为一体。一个城邦通常在经济上较为独立，并且在居民的种族上异于同时存在的城邦。简言之，城邦是一个以城市为核心的小型主权实体"③。拥有主权的城邦自然就是国家或类国家实体，只不过在城邦时代，特别是在早期城邦时代，尚没有主权——没有概念，也没有事实。

也有人将城邦国家称作城市国家。中国学者侯外庐在20世纪40年代最早提出"城市国家"概念。后来日本学者宫崎市定分析古代中国的国家形态时借用了侯外庐的"城市国家"概念，将其改为"都市国家"④，并与西方的city state等而视之。宫崎市定指出，"古代'都市国家'的实体，在原则上是将农民集中起来的城郭都市。我在古代中国发现的，也不外乎是这样的农业都市国家。中国的都市国家被称作'邑''邦''国'等，周围环绕着城郭，人民居住在其中，耕地在城郭之外，农民每天出了城郭到耕地上劳动，傍晚回到城郭内的家中。这样的都市国家是最初的国家形态，但也因为是最初的形态，在一开始其只能将以前的氏族制度原样带入其中，与其共存"⑤。这里的city state其实就是城邦国家，只不过译者将其翻译为"都市国家"。

需要强调的是，斯宾格勒认为城邦国家是对王朝国家的超越，也就是说城邦国家并非最早的国家。这种认识是有问题的。原因有三点。其一，斯宾格勒把地中海城邦国家的特殊现象当作历史的普遍现象，实际上这个时期东方的王权堡垒一如既往地坚固，欧洲的君王们正蠢蠢欲动，准备和教皇一较高下。其二，斯宾格勒像其他西方学者一样，给城邦赋予了"公民""个人"等色彩，在他看来，民族国家、资本主义的产生正是建立在此基础之上，既然如此，城邦国家就应该和新的时代有更近的时间距离。这样的理解有臆测之嫌。资本主义是对君主统治的封建社会的超越，这个"放之四海而皆准"的道理在斯宾格勒这里要被颠覆吗？其三，斯宾格勒在城邦问题上只是把自

---

① 汤因比.变动的城市[M].倪凯，译.上海：上海人民出版社，2021：33.
② 汤因比.变动的城市[M].倪凯，译.上海：上海人民出版社，2021：35.
③ 薛凤旋.中国城市及其文明的演变[M].北京：北京联合出版公司，2019：33.
④ 宫崎市定.宫崎市定中国史[M].焦堃，瞿柘如，译.北京：民主与建设出版社，2019：31，38-39.
⑤ 宫崎市定.宫崎市定中国史[M].焦堃，瞿柘如，译.北京：民主与建设出版社，2019：38-39.

己的视线落在欧洲，而没有放眼东方。在这一点上，其他学者要比斯宾格勒客观一些。布赞和利特尔认为在城邦国家这一标准上，中国和古希腊、古罗马没有区别。英国历史学家韦尔斯的判断更加直接："中国与苏美尔和埃及一样，是一个城邦制国家。"① 其实他们说得还不够，真实的情况是，大量的文献和考古结果证明，中国才是世界上最早出现城邦国家的地方。

城市之所以被看作国家文明的标志，并不是说它能够独立成为一种标志，而是它恰好和其他一些同样重要的媒介同时出现了。"城市，作为在文化传播中仅次于语言的一项最宝贵的集体性发明，从其产生之初便成为内部各种分裂势力的容器，被用于无休止的破坏和灭绝。"② 我们暂且放过后半句话。芒福德前半句话就告诉我们在文明和国家形成过程中，语言和城市是形成文明和国家的两大"集体性发明"。没有这两大发明，国家不会成立，文明不可想象。当然，这里的语言不仅仅指发声语言，还包括书写语言。而且后者和国家之间的关系更是决定性的。芒福德为此作了补充："城市，作为一种人类自我完备的设施，连同它全部高度分化的重要器官一起，其出现时期与象形文字、表意文字以及手书草字等永久性记录方式发生发展的时期相吻合。"③ 文字与城市（城邦）的同时出现不是巧合，它是那些被称为文明古国的地区领先迈入文明的必要条件。

在西方的世界历史叙事框架中，四大文明古国的先后顺序是苏美尔、古埃及、古印度、中国，苏美尔是世界上最早的城邦国家。但苏美尔这个概念出现的时间很晚。"在西方，斯宾格勒1928年出版的《西方的没落》中很少提到'苏美尔'，更多使用的是'巴比伦'。"有资料说英国人伦纳德·伍利（Leonard Woolley）1922年开始对美索不达米亚地区的乌尔古城开展实地考古，"从此将苏美尔人标注在古代世界的地图上"④。这说明"苏美尔"一词是1922年至1925年之间出现的。关于苏美尔的历史起点，学界众说纷纭，有的说是公元前8000年，有的说是公元前3500年，近来又有人说是公元前2000年。许多学者认为，苏美尔是人类历史上的第一个文明，它是最早产生国家的地区，在这个地区诞生了大批城邦国家，比如用于描绘中国夏商周时期天下状况的用语就是"邦国林立"。最古老的城邦是埃利都，此后出现了许多城邦，如基什、埃兰、乌尔、乌鲁克等。苏美尔人种植谷物、用黏土制陶，他们有自己的语言，更重要的是他们发明了刻写在泥板上的楔形文字，又被称作泥板文字。西方考古人员找到了很多刻写有文字的泥板，并且成功破译了这种已经失传几千年的文字。

---

① 韦尔斯.世界史纲——生物和人类的简明史：上［M］.吴文藻，冰心，费孝通，等译.上海：华东师范大学出版社，2019：133.
② 芒福德.城市发展史：起源、演变与前景［M］.宋俊岭，宋一然，译.上海：上海三联书店，2018：52.
③ 芒福德.城市发展史：起源、演变与前景［M］.宋俊岭，宋一然，译.上海：上海三联书店，2018：92.
④ 伦福儒，巴恩.考古学：理论、方法与实践［M］.陈淳，董宁宁，薛轶宁，等译.上海：上海古籍出版社，2022：16.

图 3-1 记录啤酒分配的苏美尔泥板文字

据说,英国人亨利·罗林生(Henry Rawlinson)首先在1851年破译了今天伊朗境内的贝希斯敦铭文中的波斯楔形文字,后又于1857年成功释读苏美尔楔形文字。在发现的泥板中,考古人员和历史学者又破译出一系列的"作品",如史诗、卜辞、国王年表、啤酒分配信息等(见图3-1),最典型的作品非《吉尔伽美什》莫属。该作品是赞扬乌鲁克国王吉尔伽美什带领国人打败恶神的英雄史诗。

他修筑起拥有环城的乌鲁克的城墙,
圣埃安那神苑的宝库也无非这样:
瞧那外壁吧,铜一般光亮;
瞧那内壁吧,任啥也比它不上。
跨进那门槛瞧瞧吧,是那么古色古香;
到那伊什妲尔居住的圣埃安那瞧瞧,
它无与伦比,任凭后代的哪家帝王!
登上乌鲁克城墙,步行向前,
察一察那基石,验一验那些砖,
那砖岂不是烈火所炼!
那基石岂不是七贤所奠!
——《吉尔伽美什》第一块泥版[①]

苏美尔楔形文字中最典型的文献首推古巴比伦的《汉穆拉比法典》。该法典以49条纵列镌刻在2.25米高的玄武岩圆柱上。

有了文字,才有了历法、文学、交易记录等,因此苏美尔看起来就俨然是一个井然有序、管理有方的国家,而不再是一个散漫的、零乱的、单调的部落。

古埃及文明是以金字塔、木乃伊、象形文字等著称于世的另一大早期文明。关于其历史的源头问题,学界莫衷一是,有公元前7300年、公元前5800年、公元前4000年、公元前2200年等数十种解释。据称,古埃及从公元前3500年开始进入城邦国家时期。古埃及人称城邦为"塞普",古希腊人称城邦为"诺姆"。现代历史著述中经常

---

① 佚名.吉尔伽美什[M].赵乐甡,译.沈阳:辽宁人民出版社,2015:15-16.

用"诺姆"一词,不知道是古埃及学者影响了古希腊学者,还是古希腊学者影响了古埃及学者。古埃及最早的城邦国家有涅伽达、希拉康坡里斯。在早王朝时代,上埃及有16个诺姆,下埃及有10个诺姆。古埃及历史应该是在18世纪开始出现在近代世界史著述中。"1789—1799年,拿破仑远征埃及之后,辉煌的古埃及文明引起了热心公众的注意。"① 在此次侵略行动中,法国士兵发现了"罗塞塔碑",碑上用古埃及象形文字和希腊文等三种文字(作者注:非常巧合,贝希斯敦铭文也是三种文字)刻写着同一文本。法国人让-弗朗索瓦·商博良(Jean-François Champollion)于1822年通过石碑上面三种铭文中的希腊文破译了古埃及象形文字,从此欧洲人、埃及人打开了走入古埃及历史深处的钥匙。既然有文字,那就得有文字的载体。古埃及的文字书写载体除石碑、石板之外,还有一种由纸莎草晒干处理而成的"纸"——莎草纸。在关于古希腊和古罗马的历史著述中,莎草纸扮演着重要的角色,它既是地中海地区主要的贸易货物,也是有关文明地区开展传播活动的主要媒介(见图3-2)。西罗马灭亡后,纸莎草贸易中断,莎草纸历史使命完结,退出了媒介历史,取而代之的是一种成本巨大的羊皮纸。地中海地区的历史,包括欧洲的历史,更换了传承方式。

图3-2 古埃及莎草纸上的象形文字

古印度文明是指公元前3000年到公元前2000年出现在印度河流域的一种文明。考古人员在西起阿拉伯海、东到恒河与亚穆纳河交汇处的广大区域内先后发现数百座城市和村镇遗址,其中最典型的两个城邦是哈拉帕和摩亨佐达罗,坐落在今天的巴基斯坦境内。因此也有人把古印度文明称作哈拉帕文明和摩亨佐达罗文明。这两座城市之所以被称为城邦,是因为它们都已经有颇具规模的城市内外部建设,包括城堡、道路、住房、作坊、谷仓、会议厅、公共浴室、排水系统、祭祀场所等。哈拉帕和摩亨

---

① 伦福儒,巴恩.考古学:理论、方法与实践[M].陈淳,董宁宁,薛轶宁,等译.上海:上海古籍出版社,2022:11.

佐达罗之所以出名与它们拥有印章文字息息相关（见图3-3）。考古学家发现了3000多枚印章，上面要么只有一个符号，要么有多个符号，至今未能破译。严格来讲，没被破译的符号尚不能被称作文字，最多可以称作刻符或字符。如果这样的刻符在未被破译的情况下可以被看作文字，那在中国河南舞阳县贾湖村和安徽蚌埠市双墩村等地发现的9000—7000年前的成规模刻符就更应该算作文字了（见图3-4）。事实上，贾湖刻符已经被认定为书写系统而非画符系统了。2003年3月，中国科技大学研究人员和美国布鲁克·海文国家实验室的研究人员联合在国际权威杂志《古物》上发表论文《最早的书写：中国河南贾湖遗址公元前七千纪的符号使用》。

贾湖刻符与甲骨文的相似度非常高，也属于高度抽象的字符。贾湖刻符在一定程度上证明了汉字不是在商朝时期突然出现的，而是在漫长的历史时期中经历了创造、使用、变迁、抽象、认同等过程之后在商朝或商朝以前成熟起来的。它提示我们文字的历史可能比城邑的历史和国家的历史要悠久得多。城邑（城邦）和文字中任意一种元素单独出现都不意味着成熟国家的出现。

再回到古印度文明。当然我们也不能否认哈拉帕和摩亨佐达罗刻符的另一种可能性，即哈拉帕和摩亨佐达罗的人们确实把这种刻符当作文字使用，至少是把它们当作记录、记事的符号。实在无法想象，如果把哈拉帕和摩亨佐达罗看作城邦国家的话，它们怎么能缺少一种管理国家的媒介手段？统治者如何有效管理个体？社会制度如何有效地规范人们的言行？集体记忆如何保存以便能被复制、模仿和学习？只有一种可能，那就是它们根本不属于国家形态，它们仍然处在"不需要"文字的部落、"古城"或"古国"时期。

图3-3 哈拉帕"印章文字"

图3-4 中国河南贾湖刻符

一个不容辩驳的事实已经被世界所认可和接受，中国历史是人类历史上所有文明中唯一有连续性的国家历史和文明历史。根据大量的文献和考古证据，中国甚至有可能是现代人的发源地之一，甚至是地球生命的发源地。中国地质研究团队1997年在华北燕山地区发现了15.6亿年前的地层中的碳质宏观化石生物群，这是迄今为止地球上最充分、最古老、体积最大的海洋底栖多细胞藻类生物群，一举将地球多细胞生物出现的时间提前了10亿年。1999年，中国科研人员宣布在云南抚仙湖地区发现5亿年前的、地球上最早的脊椎动物——昆明鱼和海口鱼。在此前后，中国西南各地发现了有进化联系的有颌鱼类、肉鳍鱼类和肯氏鱼（四足动物）。在这一地区还发现了地球上最早的哺乳动物化石、世界上最早的猴化石——亚洲德氏猴化石。1985年，中国古人类研究人员先后在河南省三门峡市渑池县上河村、江苏省溧阳市上黄镇和山西省运城市垣曲县王茅镇寨里村发现距今4500万年的曙猿化石，比之前在埃及法尤姆发现的古猿化石早了1500万—1000万年。20世纪中叶，云南开远发现距今1400万年的开远腊玛古猿。20世纪70年代又在湖北巴东、广西南宁发现了距今500万—100万年的南方古猿（最早在南非约翰内斯堡附近发现而得名）。此外，20世纪60年代，考古人员在山西芮城西侯度遗址发现距今243万年的砾石打制石器，这表明，在直立人走出非洲（185万年前）之前，东亚地区已经出现早期人类。2010—2013年，中国科研人员先后在湖南道县和贵州毕节发现距今18万—10万年的现代智人牙齿化石。而目前在非洲没有发现8万年前的现代人化石。继续沿着时间线往下走，中国还发现了12万年前的丁村人、10万年前的许家窑人、7万年前的柳江人、1.8万年前的山顶洞人，等等。

　　在东亚，特别是在中国，生命的进程和文明的进程一脉相承、清晰可见。考古证明2万—1万年前左右，中国已经出现了农耕文化。按照塞维斯的理论，中国人已经从"游群"或"游团"生活进入了"部落"生活。早期的部落肯定会有边界，起码需要用一些树木、枝条、枯草、石块垒扎成一个简易的"堡垒"。当部落扩大到一定规模，纯粹血缘社会开始迈向血缘和地缘复合社会时，地域更大、防御更加牢固、内部结构更加复杂的城邑就出现了。最晚在7500年前，浙江嵊州小黄山和河南新郑唐户出现了有主从关系的等级化聚落。6000—5000年前，湖南澧县城头山、湖北石首走马岭—屯子山、湖北天门龙嘴和河南郑州西山出现了最早的古城。5000—4500年前，中国各地古城爆发性增加，仅在长江中下游就发现了15座古城，比较典型的有湖北天门石家河、湖北京山屈家岭、安徽蒙城尉迟寺、山东滕州西康留和浙江杭州良渚等古城。4500—4000年是城邑遍地开花的时期，其中石家河晚期聚落数量增加到163个，大汶口晚期聚落多达27个，龙山早期也达到150个。这些城邑中有一些已经达到了早期国家和"古国"的水平。① 比较典型的有近年来被发现的陕西榆林石峁古城和民间传说为禹都的山西临汾境内的陶寺遗址。

在汉语中，城、邑、郭等意思相近，"邦"意为"立土为界"，后来引申为国家；"国"最早写作"或"，表示"以戈守卫的城池"。"筑城以卫君，造郭以守民。"② 早期的"国"只是城邑的一种。"舜一徙成邑，再徙成都，三徙成国"③，这说明邑、都、国是呈阶梯式等级的城邑、城郭，"国"在早期的汉语中并没有今天"国家"的含义。只有当规模不断扩大，领有周边更多的方国、农村以及土地，且拥有了文字以开展系统的法治化、阶层式管理的时候，古城、古国才跃升为国家意义上的城邦国家，"国"才真正成为国家。"国"字从形式（见图3-5）到所指的变化，在考古之外，再一次证明中国的国家历史真正是"国祚绵延"。而西方的国家历史在state、nation、country等词语出现之前只能作别的理解，所谓"城邦国家"充其量和古希腊词语polis、nomos的原意一样，就是"城邦"。

图3-5 "国"字的演变

裴安平认为，从夏商周开始中国进入了方国时代，"夏商周都属于国体地缘化、政体血缘化的早期方国"④。这个结论有一定道理，但不全面、不准确。夏商周时代确实方国林立，但商朝自从拥有了文字以后，就不再是普通的方国，而是拥有一定领土的、方国臣服的城邦国家。甲骨文于19世纪末被发现。后来在河南安阳殷墟陆续发现15万片刻有文字的龟甲、兽骨，单字数量逾4000字。相当一部分文字已被释读，显示甲骨文已是成熟的文字系统，是现代汉字的可确认源头。甲骨文主要被用来占卜问筮，内容涉及祭祀、气候、征战、收成、田猎、生育、病患等。文字内容和其他文献证明甲骨文是商王朝统治和治理国家的重要手段、工具、机制。商为此设立了专门的机构和官员。商朝拥有文字早已经是举世公认的事实，中国的历史在西方学者眼中也从原来的1900年延长到3000年（间接证明中国学者关于文明和国家有所区别的判断是有道理的）。不管怎么说，从我们新的尺度出发，商是标准的城邦国家，而且是大型中心

---

① 裴安平. 中国的家庭、私有制、文明、国家和城市的起源：下［M］. 上海：上海古籍出版社，2019：346-281.
② 赵晔. 吴越春秋校注［M］. 长沙：岳麓书社，2006：294.
③ 吕氏春秋·贵因：上［M］. 陆玖，译注. 北京：中华书局，2011：507.
④ 裴安平. 中国的家庭、私有制、文明、国家和城市的起源：下［M］. 上海：上海古籍出版社，2019：439.

城邦国家，因为其他方国如果要与商这个天下共主开展有效交往的话，同样得掌握当时的甲骨文。只要有了文字，那么这些方国就都是城邦国家，只不过它们是地方性的、受商领导的。当时的"周"国也是一个方国，也是一个地方性城邦国家，只有当它推翻商的统治以后，才成为新的中心城邦国家。周国最大的贡献是充分地系统地运用从商国继承来的甲骨文，将其发展为金文，并构建起了一整套管理国家和天下的复杂礼制，以至于当周大势已去的时候，仍然有人希望"克己复礼"，这个人就是孔子。古人称赞"天不生仲尼，万古如长夜"[1]，虽不够客观，但也形象地突出了孔子的历史地位。而孔子正是用周朝的文字、制度、礼乐照亮了后代，使它们成为使中国绵延几千年而不倒的精神支柱之一。

按照西史框架，古希腊对应的是中国的春秋、战国，古罗马对应的是中国的秦、汉王朝。古希腊和早期古罗马在西方的历史叙事中都属于城邦国家，而且是西方语境中标准的城邦国家。它们所谓的城邦国家有两个辨别标准，一个是文字，另一个是公民。文字和城邦（城邑）的关系我们已经重复论述多遍，这里仍需进一步阐述。伊尼斯曾说，"城邦基本上是文字的产物"[2]。他的话有两层含义。第一层含义是文字和城邦有着很紧密的因果关系。第二层含义是他也不敢贸然断定一个群体有了文字就肯定会建立城邦，或者说没有文字就一定没有建立城邦。其实，我们之所以在这里给城邦国家赋予文字属性，一是要尊重历史发展的事实逻辑，二是为了纠正过去忽略文字作用的历史观，三是为了还原历史的本来面目，防止某些人伪造历史（文字以及文字传承是很难造假的）。此外，文字可以有效区分各文明之间的异同，防止陷于文明与国家关系的各种无谓争执中。

古希腊的城邦还有一层含义是公民。卢梭曾说："大多数人都把城市认作城邦，把市民认作公民。他们不知道构成城市的是家庭，而构成城邦的是公民。"[3] 卢梭把城市和城邦区分开来，普通人住的是城市，而那些在公意原则下集合起来的公民就形成了"道德的与集体的共同体"。卢梭因此又说，共同体由此而"获得了它的统一性、它的公共的大我、它的生命和它的意志。这一由全体个人的结合所形成的公共人格，以前称为城邦，现在则称为共和国或政治体。"[4] 因为有卢梭这样的表述，所以后来就有人解释 polis 在译成英语时，不应该译为 city-state（城邦），而应该译为 citizen-state（公民邦）。[5] 公民意味着古希腊开创了民主，而这是西方一切社会科学和人文科学的滥觞。

---

[1] 黎靖德.朱子语类卷九十三：第六册[M].北京：中华书局出版社，1986：2350.
[2] 伊尼斯.帝国与传播[M].何道宽，译.北京：中国传媒大学出版社，2013：41.
[3] 卢梭.社会契约论[M].何兆武，译.北京：商务印书馆，2003：21.
[4] 卢梭.社会契约论[M].何兆武，译.北京：商务印书馆，2003：21.
[5] 卡特利奇.古希腊民主制的兴衰[M].刘畅，翟文韬，译.北京：九州出版社，2021：16，41.

古希腊的民主不仅体现在公民意志、公共空间、公开辩论和集体决策上，还体现在古希腊的文字上。西方有学者认为，"古希腊人的字母文字有内在的民主性质。他们首要的意思是，这种世界上第一个完全表音的字母文字非常简单，甚至它能让一个五六岁的小孩就获得运行人民自治政治体系所需要的知识"①。问题是，城邦国家是国家的最初形态，人类刚刚摆脱部落社会的愚昧状态，怎么就能一步迈入直到今天仍然被很多人视为最高境界的民主社会？所以难免有西方学者产生类似的疑问：民主制怎么可能一下子从天上掉下来？会不会有另外一种可能，即今人用自己的想法建构了过去的历史？对此，《古希腊民主制的兴衰》开篇就利用克罗齐（Benedetto Croce）的名言"一切真历史都是当代史"②坦言，"历史学家所做的工作是发明：他们在当代并为当代（以及未来，假如有希望的话）重新构建他们心目中的某一种过去"③。

按照有关古罗马的历史著述，古罗马最早也是一个城邦国家，后来才发展成为帝国。古罗马的历史首先来源于神话。公元前12世纪《荷马史诗》中的特洛伊英雄埃涅阿斯率领幸存者来到意大利避难，他的后代罗慕路斯在被一只母狼救助后于公元前8世纪建立了罗马城。古罗马无缝对接式地继承了古希腊的一切，也继承了城邦国家的一切特征。古罗马人的生活以奢靡著称，同时古罗马人也继承了古希腊的民主精神，并且发展出元老院、共和政体等体现民主的机构和制度。古罗马人发展出文学、艺术，创作了大量的历史著述。在传播学者和媒介学者的笔下，古罗马的执政官尤利乌斯·恺撒创办了最早的报纸——《每日纪事》，他要求元老院议事和人民讨论的事情须每日汇编，张贴在罗马广场的木质张贴板上。然而，"使历史学家十分恼火的是，《每日纪事》一份也没有保存下来"④。但是，更多的历史学家对此采取了无视，没有"意识"到这份"报纸"的重要性，以致透露出相反的信息："罗马时代有报纸吗？答案是有的，但它不是今日我们所熟悉的形式。当时有所谓的'日常记录'，但这些其实是保存在政府档案室里的官报。而最有趣和最能刺激神经的新闻则在广场里流传。"⑤罗马的广场成为信息的集散地，同时也是体现"图像志"（iconography，保罗·卡特利奇 Paul Cartledge 语）的传播场——大量的公共雕塑被竖立起来，用以纪念某些名人、某些事件，展现古罗马人的艺术造诣。

15世纪的意大利由许多独立的城邦国家组成。这些被很多学者视作开启了近现代历史学元叙事的地中海城邦国家，从国家形态的历史演变过程看，只是些历史的"晚

---

① 卡特利奇.古希腊民主制的兴衰［M］.刘畅，翟文韬，译.北京：九州出版社，2021：21.
② 克罗齐.历史学的理论和实际［M］.傅任敢，译.北京：商务印书馆，1982：2.
③ 卡特利奇.古希腊民主制的兴衰［M］.刘畅，翟文韬，译.北京：九州出版社，2021：13.
④ 斯丹迪奇.社交媒体简史：从莎草纸到互联网［M］.林华，译.北京：中信出版社，2019：37.
⑤ 安杰拉.古罗马的日常生活：奇闻和秘史［M］.廖素珊，译.北京：社会科学文献出版社，2019：204.

产儿",并不值得骄傲。因为此时,世界上的部分国家早已进入第二个国家形态——君权国家时期。中国进入君权国家形态已经 2200 年,世界其他地区的君主们在安享殖民主义来临之前的最后的快乐时光,欧洲的法国、英国正在为巩固本国君主权力而与罗马教皇展开激烈斗争,哈布斯堡王朝内部正在经历着一轮又一轮的王位争夺。意大利北方以米兰、威尼斯和佛罗伦萨为代表的城邦国家和城邦同盟则以家族统治的方式积累财富、维持安宁。有一段话用来描述这个时期的欧洲最恰当不过。"14 世纪和 15 世纪早期的政治发展是充满矛盾的。一些历史学家认为此段时期是一个制度建设的发展时期,另一派则把此段历史看成一个政治分化的时代。"[①] 尽管如此,地中海城邦国家还是参与了整个欧洲从神权政体向君权政体转变的过程,意大利人马基雅维利(Niccolò Machiavelli)甚至创作了《君主论》为君权国家呐喊。它们还开启了近代欧洲最早的商业贸易活动,甚至创立了现代外交。地中海城邦国家在这个时段所经历的一切看起来与它们的纯粹城邦国家性质很不相符,但是又与时代发展相适应。

二、君权国家

君权国家也可以称作王权国家、王朝国家、君主国家、君王国家或领土国家。

中国在春秋战国时代逐渐从城邦国家形态过渡到了君权国家形态,一方面小国林立的局面被大国兼并潮彻底改变,先后出现了"春秋五霸"和"战国七雄",国家不再以城为单位,而是以领土为单位,显示出和城邦国家完全不同的国家形态。另一方面,周天子这样的共主因"礼崩乐坏"而逐渐退出历史舞台中心,天下最有权的是原来身为人臣的各诸侯国君主,典型的如齐桓公、晋文公、秦穆公、楚庄王和宋襄公,韩、赵、魏三家分晋后变成了秦国、楚国、齐国、燕国、赵国、魏国和韩国的国君。

有人曾这样评价古典时代的中国:"在资本主义和民族国家兴起之前,帝制中国的政治形态实际上是世界帝国发展过程中出现的最为成熟的一种帝国形态。"[②] 这显然是将西方"城邦—帝国"历史递进模式套用在了中国历史上。事实上,与其说古代中国是一个帝国,不如说古代中国是王朝国家,是君主权力无限的国家的君权国家。在古代世界中的任何一个地区,帝国都只是一种特殊现象,在君权至上原则基础上建立的君权国家或王权国家才是那个时代的典型。

中国古代的君权国家自有一套成熟的思想、理论体系,而且是从进入君权国家形态的那一刻起,就以"满天星斗""百家争鸣"的状态迅速在先秦时代迸发。从"国际

---

① 蒂尔尼,佩因特.西欧中世纪史[M].袁传伟,译.北京:北京大学出版社,2011:514.
② 赵鼎新.东周战争与儒法国家的诞生[M].夏江旗,译.北京:北京联合出版公司,2020:9.

学"的角度看,中国的君权国家思想体现在两方面,一方面是关于国家的思想,另一方面是关于国际关系或外交关系的思想。

在国家思想方面,老子宣扬"无为而治",孔子主张"天下为公",孟子提出"民为贵,社稷次之,君为轻",管子建议"以民为本",墨子呼吁"兼爱非攻",荀子强调"国者,天下之大器",秦始皇用行动开创大一统模式。在外交方面,《诗经》记载:"溥天之下,莫非王土;率土之滨,莫非王臣";《礼记》追求"天下大同";《论语》提醒"己所不欲,勿施于人";《孟子》提倡"以德服人"和"得道多助,失道寡助";范雎建议"远交近攻";公孙衍要求"合纵连横"……诸如此类的思想光芒四射。

中国是最先创立外交思想的国家。尽管当时的国际关系不同于今天的国际关系,但既然有"国",就会有"国际关系"或"国际体系"。春秋战国时期的中国形成了一种前威斯特伐利亚国际关系或早期国际关系。类似的"国际关系"可能出现得更早,远在古城时代或古国时代就已经形成了当时独特的"国际关系"。中国古代史学者曾这样描述当时的"国际社会":"陶寺遗址所处的尧舜时代的另一重要现象,就是邦国联盟,也是史书所称的'万邦'时代……唐尧、虞舜、夏禹之间的关系实为邦国与邦国之间的关系……尧舜禹他们的身份一度是双重的,即首先是本国的邦君,其次是族邦联盟之盟主或霸主,这种盟主地位就是夏商周三代时'天下共主'之前身。'邦国联盟'是国际关系而不是一种国家形态,其时的国家形态就是邦国……"[①]我们并不判断这里关于尧舜禹时期的国家形态的表述是否准确,而是要说,在上古时期的中国也存在"国际关系"和"国际体系",只不过这种"国际关系"不同于今天的国际关系,是一种原始的"古国式国际关系"或"城邦式国际关系"。春秋战国时代的"城邦式国际关系"已经孕育了丰富的外交思想。

最重要的是,在君权国家时代的大部分时间里,中国在世界范围内一直引领各个领域。中国的生产力迅速发展,人文科学丰富多彩,用于信息传播的新媒介不断革新迭代。秦始皇统一中国后实行"书同文、车同轨",全国统一以小篆为标准字体,这项政策中的文字因素实际上对确立中华文明几千年大一统思想起到了决定性的作用。汉代发明纸张以后,文字新载体的成本显著降低,制作过程也简化了,尤其是重量变轻了,更易于使用、收藏、运输,完成了文字媒介从时间偏向向空间偏向和"时间空间复合偏向"的转移。唐朝时期的雕版印刷和宋朝时期的活字印刷极大地提高了文本的制作速度,文本不再要求识文断字的人抄录,即使是不认识字的人也可以从事文本复制工作。印刷技术给人类的知识生产带来了革命性的变化,西方学者惊呼,从这一刻起大众传播开始了。看来中外传播学界原来那种把近代西方商业报纸的出现看作大

---

① 王震中. 中国古代国家的起源与王权的形成[M]. 北京:中国社会科学出版社,2013:59.

众传播时代源头的认识确实忽视了印刷术在中国的原发性创造给世界带来的贡献。但是科学史和科学家们没有忽视这一技术创新。据说文艺复兴时期的英国哲学家弗朗西斯·培根（Francis Bacon）对中国造纸术、印刷术等发明就大加赞赏。现代著名的英国科学史学家李约瑟（Joseph Needham）及其多卷本《中国科学技术史》对中国造纸术和印刷术也不吝赞誉，他认为"在全部人类文明中没有比造纸史和印刷史更加重要的"①，"活字的发明，更是历史上最重大的发明之一"②。

中国的印刷术对历史的影响是潜移默化而非轰轰烈烈的。它没有赶上一次历史性的巨变浪潮，因此也就只能作为一种无足轻重的发明保存在文献、谈话和历史故纸堆里了。而所谓金属活字印刷术正好"赶上"西方几千年不遇的历史事件——宗教革命、资本主义萌芽、航海大发现、"三十年战争"，最后成为历史的宠儿。在所有的传播学著述中，金属活字印刷术被视为德国人古登堡的发明。但实际上，人们似乎夸大了金属活字印刷术的作用，而且对西方金属活字印刷术的来路也不甚明了。首先，金属活字印刷术是活字印刷术的延伸，而印刷术和活字印刷术的发明权归属中国是全世界的共识。没有印刷术，就没有活字印刷术，更没有金属活字印刷术，这不言而喻。其次，传播学知识体系中的古登堡发明金属活字印刷术这一结论历来就有争议。一来有人认为，即使在西方，金属活字印刷术的发明者也另有其人；二来大量事实证明这一结论并不确定，甚至不真实。钱存训的《李约瑟中国科学技术史》得出结论说中国在明代发明了金属活字印刷术，具体时间未确定。明朝开启于1368年，终结于1644年。如果中国人是1450年之前发明了金属活字印刷术，就比古登堡的时间早。而潘吉星的《中国科学技术史》印刷卷则直接指明中国宋元时期已经有金属活字印刷术。他的理由是金属活字印刷是雕版印刷、泥活字印刷和木活字印刷的自然发展结果，另外，中国制铜冶铁历史悠久，铸造金属活字顺理成章。没有泥活字印刷术和木活字印刷术，没有冶铜历史，金属活字印刷技术的发明是不可想象的。元朝科学家王祯在其《王祯农书》中对金属活字印刷术有所记录："近世又有铸锡作字，以铁条贯之作行，嵌于盔内界行印书。"③潘吉星推断这个"近世"是元代以前的朝代，而非元代。这说明至迟在南宋，中国人已经发明锡活字印刷术。④ 实物方面，上海博物馆收藏了一块金朝1216年铸造的"伍贯贞祐宝券"铜钞印版，上面有两个方形凹洞，用于放置活字字模（见图3-6）。鉴于此，潘吉星强调金属活字印刷术不一定用于印书，"印刷史不等同于印书

---

① 钱存训.李约瑟中国科学技术史，第五卷化学及相关技术，第一分册纸和印刷[M].刘祖慰，译.北京：科学出版社；上海：上海古籍出版社，2018.
② 钱存训.李约瑟中国科学技术史，第五卷化学及相关技术，第一分册纸和印刷[M].刘祖慰，译.北京：科学出版社；上海：上海古籍出版社，2018：142.
③ 王祯.王祯农书[M].杭州：浙江人民美术出版社，2015：771.
④ 潘吉星.中国科学技术史·造纸与印刷卷[M].北京：科学出版社，1998：388-389.

史……必须改变将印刷史等同于印书史的陈旧的印刷史观。"①最后也是最重要的,不止一个西方学者对古登堡金属活字印刷术的权威性提出疑问。法国学者安田朴在其《中国文化西传欧洲史》的绪论部分用了这样的标题——"欧洲中心论欺骗行为的代表作:所谓古登堡可能是印刷术的发明人"②。鉴于西方把古登堡称作金属活字印刷术的发明人,所以安田朴的话等于直接否认了古登堡是最早发明活字印刷术的人。总之,印刷术和活字印刷术的重要性远超金属活字印刷术。这就好比说,当考古证明中国人最早发明了刀叉等餐具时,有人说中国人发明的是铜质刀叉,而西方人才真正发明了钢质刀叉。但是,钢质刀叉的发明意义在铜质刀叉发明意义之上吗?显然不是。

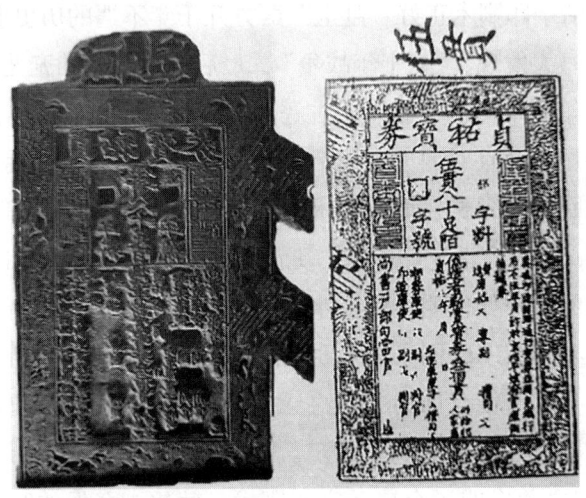

图3-6　金朝伍贯贞祐宝券活字铜钞印版(左)
伍贯贞祐宝券纸钞(右),原物保存于上海博物馆

在近3000年的君权国家时期,中国为世界作出的贡献是人类史性质的、世界文明水平量级的。中国通过语言、文字、经典文本作品、文学、历史文献以及出土文物等媒介和传播方式真实地、无可置疑地记录了自己的历史,几乎保留了自己发展的全部轨迹。也许正如有的人说的,中国的传统太丰厚,以致太沉重,面对挟工业化装备汹涌而来的西方,无法快速作出调整、掉头,最后输掉一场面对面的制度对抗、经济对抗、文化对抗和军事对抗。它需要重整旗鼓,用一种新的国家形态拯救自己。

欧洲各国的历史有一个特点,那就是每个国家或民族各自的历史没有连续性。只有把它们看作一个整体的时候,才能感觉到一种时间上的传承性。但是这种传承究竟在多大程度上是一脉相承的?它们的记录、史料太含糊其词了。即使是中世纪以来的历史,有许多内容也是语焉不详。美国当代政治学者罗伯特·帕特南(Robert D.

---

① 潘吉星.中外科学技术交流史论[M].北京:中国社会科学出版社.2012:590.
② 安田朴.中国文化西传欧洲史[M].耿昇,译.北京:商务印书馆,2013.

Putnam）在论述中世纪意大利政治生活时很无奈地指出，"从罗马衰落到公元 1000 年之间的黑暗时代的社会政治生活特征在很多方面是模糊不清的。从我们想要进行的理论探讨来说，最遗憾的是无法明确获知北部公社的起源和史前史的信息"①。

欧洲必须被视为一个整体。欧洲的历史起点晚，欧洲的城邦国家也普遍出现得晚。而且，欧洲各城邦国家并非同时发展为君权国家，有的国家灭亡时国家形态也随之消失，根本不存在国家形态的转型问题。古希腊从公元前 7 世纪起就以若干城邦国家的形态出现在世人眼前，公元前 3 世纪被马其顿帝国取代，公元前 2 世纪罗马崛起之后，它就彻底退出了历史舞台。罗马帝国在早期也是城邦国家，皇帝掌权以后就转变为君权国家。人们喜欢把古罗马称作帝国，但帝国其实是君权国家的一种特殊形式。意大利地区再度走入国际关系的舞台中央是以中世纪结束后一系列城邦国家兴起为标志的。这个地区是一个特例，它在罗马帝国时期已经有过一次从城邦国家跨越到君权国家的经历。11—15 世纪，意大利地区又重新开始一次历史的轮回。如果历史学家们的猜测准确的话，②这次新的轮回打破了斯宾格勒的模式，即它不再是在不同文明之间展开，而是在自己文明内部完成的。意大利各城邦国家没有像罗马帝国一样发展成一个统一的帝国，但它们同样完成了向君权国家的过渡。

欧洲考古学界认为欧洲的王国时期开始于公元 780 年左右麦西亚（Mercia）的奥法（Offa）王国或公元 871 年韦塞克斯的艾尔弗雷德（Alfred）王国。③但这种解释很含混。与之相比较，更清晰的标志性事件可能是 1231 年腓特烈二世颁布新宪法，规定了君主的权力。"腓特烈的宪法表达了君主垄断公共秩序供给权力的强烈诉求，同时也反映了他们对封建贵族特权的坚决认可。"④因此，帕特南称它是"后来遍布欧洲的中央集权专制国家之众多准则的雏形"⑤。这似乎是一种潮流。15 世纪英格兰和威尔士合并后实现了中央集权；16 世纪西班牙菲利普二世战胜奥斯曼帝国，国力达到巅峰，也顺势实现了中央集权；17 世纪法王路易十四自许"太阳王"，宣称"朕即国家"，在镇压投石党

---

① 帕特南.使民主运转起来：现代意大利的公民传统［M］.王列，赖海榕，译.北京：中国人民大学出版社，2015：178.

② 沃尔夫.剑桥插图罗马史［M］.郭小凌，晏绍祥，崔丽娜，等译.济南：山东画报出版社，2008.该书第112页："由于缺乏公元前200年以前的文字史料，学者们主要依靠考古材料获取共和早期罗马发展的信息。"第14页："因为最初的纸草卷几乎都已毁失，所以古代的文献只有在经过中世纪多次的抄写和再抄写之后才得以保存下来。"第25页："我们关于罗马世界的图景是从碎片中拼凑起来的，但可以说关于恐龙或者暗物质的研究也是如此。"

③ 伦福儒，巴恩.考古学：理论、方法与实践［M］.陈淳，董宁宁，薛轶宁，等译.上海：上海古籍出版社，2022：198.

④ 帕特南.使民主运转起来：现代意大利的公民传统［M］.王列，赖海榕，译.北京：中国人民大学出版社，2015：137.

⑤ 帕特南.使民主运转起来：现代意大利的公民传统［M］.王列，赖海榕，译.北京：中国人民大学出版社，2015：137.

人起义后，建立起了强大的中央集权的君主制。荷兰学者列尔森认为在此之后，欧洲几大国的国王最终成为国家的象征。①

意大利城邦国家向君权国家的转型是不彻底的，因为在意大利实行"城市共和国"时期，罗马教皇的世俗统治也开始建立，也就是说，在意大利和德意志，除了城邦国家之外，还同时出现了君权国家和神权国家两种形态。它们的矛盾、对立为17世纪初的"三十年战争"埋下伏笔。此外，欧洲各国进入君权国家形态的时间也有早有晚，有的根本没有经历城邦国家，有的则从城邦国家直接进入了主权国家。

这里不得不提到马基雅维利和他的《君主论》。根据西方历史记载，马基雅维利1469年出生于城邦国家佛罗伦萨，曾在美第奇家族统治下的佛罗伦萨出任国务秘书、外交官等。他为意大利的分裂及其面临法国、西班牙的压迫而担忧，认为只有强有力的君主才能解救意大利。随后结合自己的从政经历、日常观察，马基雅维利创作了《君主论》一书。在这本书中，他阐释了君主国的种类、如何统治君主国、君主的责任、如何做一个成功的君主等问题。马基雅维利指出，从古至今国家只有共和国和君主国两类，君主国又分为世袭君主国和新君主国。君主国都是用两种方法治理国家，一种是由君主和辅助他的群臣统治，另一种是由君主和诸侯共同统治。征服一个国家和统治一个君主国，都需要用武力手段，必要时要"妥善使用"残暴手段。君主要想保住自己的权力，就要同人民保持友谊，要有自己的军队，要依靠宗教上的古老制度。对于君主来说，受人畏惧要比受人爱戴重要，为此应不惜做一个伪君子，什么吝啬、狡猾、淫荡、贪得无厌、残忍成性，如果需要就毫不踌躇地去做这些恶行。马基雅维利作为一个"城邦公民"，如此心向君主国，是为了劝说美第奇家族解救意大利。在他看来只有像法国那样成为一个强大的君主国才能解放意大利。但是，马基雅维利又是一个坚定的共和派，《君主论》显然与他的另一种理想不一致，所以他在创作《君主论》之前创作了《论提图斯·李维著〈罗马史〉前十卷》（即《李维史论》），该书集中讨论了城邦国家的事务。他认定，"一个城邦国家决定要走向强盛，就必须从各种政治的奴役形式中解放出来，不论这奴役是来自'内部'暴君统治还是'外来'帝国的压迫"②。马基雅维利不会意识到要用君主国来代替城邦国家，在他看来，城邦国家的共和政体才是目标，君主国只是一种手段。他用他的方式让城邦国家和君权国家达成和谐共存。

除了英、法以外，欧洲大部分君王的权力是罗马教皇授予的。只有得到教皇的加冕，君王的权力才是合法的。所谓"君权神授"，就是通过这种形式得到体现的。在这

---

① 列尔森.欧洲民族思想变迁：一部文化史[M].骆海辉，周明圣，译.上海：上海三联书店，2013：34.
② 何宁生，王迁.《君主论》导读[M].成都：四川教育出版社，2002：28.

样的权力结构下,很难说欧洲国家告别了城邦国家就能算作君权国家。一个令人难以置信的事实是,欧洲君权普遍得到确认是在威斯特伐利亚和会之后。有人可能会有疑问,威斯特伐利亚和会之后诞生的不是主权国家或民族国家吗?历史告诉我们,"三十年战争"的结果是因为打了败仗,哈布斯堡王朝和神圣罗马帝国不得不承认各诸侯国君主的权力,也就是君王的权力不再需要罗马教皇的加冕而自动具有了合法性和神圣性。主权的英文单词是 sovereignty,其中 sovereign 表示"君主",再剖析下去,reign 表示"君主的统治"。从词义上看已经很明显了,主权的原意不是国家主权,而是君主权。既然如此,《威斯特伐利亚和约》纵使保护的是国家主权,那这个国家主权也首先是属于君主的。所以,把威斯特伐利亚体系的形成视作欧洲君权国家时期的真正开端,没有任何逻辑问题。很多人把威斯特伐利亚体系看作现代国家——民族国家或主权国家的起点,这是因为欧洲整体上的君权国家时期太短暂了,仅仅在一个世纪后,随着法国大革命和拿破仑战争的爆发,欧洲在民族主义的躁动中,其主权思想就从君主权式正式过渡到了国家主权,国家形态也从君权国家迈入主权国家(或民族国家)。

事实证明,单纯用欧洲的历史来说明整个人类的历史,只能会让问题复杂化。人云亦云则会使得历史的真相被遮蔽。中国的君权国家时期非常漫长,因此更具有代表性。商、周时期应该是从城邦国家向君权国家过渡的时期,这一时期既有"天下共主"统治下的君权体制,也有众多城邦国家存在。从春秋战国时期开始,礼崩乐坏,周王室权力被分散到各诸侯手中,单一的君权国家形态逐渐形成。这个时期到清朝灭亡,时间近 3000 年。道理很简单,我们不能舍弃一个拥有 3000 年周期的范本,而去迁就一个 100 年周期的孤例。

无论中国还是欧洲,君权国家时期相比城邦国家时期的媒介技术要发达得多,君王或君主为了维护自己的统治,开始使用媒介,并为此构建起复杂、系统的传播体系。君王国家也被称为领土国家,为了拓展领土,君王不断挑起对外战争。占领了新的领土之后,君王还需要驯服当地民众。文化发达地区的君王自然省了很多事,因为文化就是用来充当黏合剂的。仍以中国为例。"春秋战国时代之后的中国历史表明,虽然儒教为精英文化的统一提供了基础,但为这种文化的传布和绵延提供物质基础条件的却是表意性的汉语文字。正因为如此,中国成为古代世界中唯一一个能够借助非常有限的基础性硬件就得以将广土众民抟成一体并绵延悠久的国家。"[①] 汉字的演变是最具有说服力的媒介事件。当前考古结果显示,汉字经历了从甲骨文到金文、篆书、隶书和楷书的演变过程,字体逐渐规范、稳定,易于书写。在某种程度上,秦王朝统一汉字的政令对于汉字的传承、推广是一种制度性的保护,更为重要的是,这一政令在中国

---

① 赵鼎新.东周战争与儒法国家的诞生[M].夏江旗,译.北京:北京联合出版公司,2020:42.

人头脑中深深地植入了大一统思想，这使中华文明能够以国家形态发展至今，延绵不绝。为配合文字使用，中国人发明了纸张、雕版印刷术、活字印刷术等基础性的媒介和媒介技术，为后人留存下来大量典籍。张骞、玄奘、法显等人，走出"国门"，联通中外，传经送宝，开启了早期国际传播。中国周边很多国家应感到庆幸，虽然缺乏历史记录，但他们的历史得以保存在海量的中华典籍之中。尽管中国古代王朝不断更迭，但历朝历代接续宫廷史官建制，延续了用记录传承信史的传统；修建官道，延续邮驿制度，让天下能够交通便利、信息通达，保障政令上传下达；创办邸报，建立了世界上最早的真正有史可查的新闻报道系统。可以说，中国古代王朝在传播方面做了大量工作。除此之外，中国古代大量的发明、创造、制度都与传播相关，也都在一定意义上可以看作媒介事件。比如中国从战国时期就开始修建长城，到明朝时修建起一条长达2万多公里的长城。长城最大的功能是防御北方草原游牧民族（布赞等人称其为草原游牧国际体系）的侵袭，但它同时也是军事传播系统，一旦某一点位发现敌情，士兵迅速点燃狼烟，如此一站传一站，军情就会传送到指挥中心。中国在周朝开始就建立了选贤用能制度，到隋朝完善成为科举考试制度，通过考试制度组建起一支传播知识、治理国家的人才队伍，农业、天文、文化、艺术、政治、经济、军事等知识和历史信息得以系统传播［法国媒介学者雷吉斯·德布雷（Régis Debray）称这种历时性的传播为"传递"］给后人，这些知识在15世纪前后开始传播到西亚、欧洲，形成"东学西渐"的知识传播大潮。

　　欧洲君权国家时期也意识到了语言的重要性。"各个王国的语言逐渐成为该王国内部各级官员处理国家事务和从事行政管理的官方工具，拉丁文逐渐成为只有教会和大学才使用的语言，至于新的法律颁行、宫廷文化礼仪的制定等，都开始使用本地语言。"①这一方面形成了一种模式化系统，即每个国家都意识到要有明确的语言；另一方面却深化了欧洲各国的分离意识。语言不再仅仅是媒介的问题，它变成了民族和国家的问题；媒介也不再仅仅是媒介本身的问题，而变成了政治问题和国际关系的问题。

　　君权国家时期欧洲的媒介是比较贫乏的，和城邦国家时期相比没有多少长进。文字载体方面，它们可能仍然在使用古埃及的莎草纸，更多使用的是羊皮纸。语言方面，虽然各国有了自己的国语，但很多国家并没有配套的文字。按照霍布斯鲍姆（Eric Hobsbawm）的观点，欧洲大部分国家最早从18世纪才开始"造字运动"。伏尔泰也认为欧洲在17世纪以前没有人认识文字。即使有文字，也只有拉丁文，而这种文字基本被教会垄断，其所传播的内容与国家治理没有任何关系，所以媒介对国家的意义非常有限。但是这个时期，德国、法国、荷兰、英国等欧洲主要国家正在酝酿着一场媒

---

① 列尔森.欧洲民族思想变迁：一部文化史［M］.骆海辉，周明圣，译.上海：上海三联书店，2013：36.

介革命。随着中国造纸技术、活字印刷术的传入，金属活字印刷术的出现引发媒介革命，宗教改革、资产阶级革命、工业革命相继到来，全球的、世界的、国际的欧洲时代也随之到来。

三、主权国家

"三十年战争"和《威斯特伐利亚和约》是国家发展史上的"后果性事件"或"存在性事件"[①]，这在国际关系学界和历史学界都已成为共识。

在这些连贯性事件之后，国家进入了现代国家时代。布赞和利特尔自信地认为，"现代国家本质上是一种欧洲现象"[②]。基辛格也认为法国的黎塞留主教是现代国家之父，他最早提倡国家至上观念，"在他的倡导之下，这个观念取代中世纪的世界道德观成为法国国家政策的指导原则"[③]。由于坚持这种国家至上原则，法国和神圣罗马帝国哈布斯堡王朝以及罗马教皇决裂，"三十年战争"爆发。战争削弱了哈布斯堡的宗教权，强化了法国等传统国家和其他诸侯国的"主权"，现代国家体系和国际体系就建立起来了，国家理论和国际关系理论的欧洲中心思想也因此确立。

《威斯特伐利亚和约》之下的"现代国家"被人们普遍地称为"民族国家"，一直沿用到今天。表面上看，这是因为民族国家概念建立于民族和民族主义基础之上，有了民族概念和民族主义理念，民族国家也就顺其自然地成为现代国家的代表性符号了。民族一词的英文是nation，国家一词也可以写作nation。也就是说nation既有民族的含义，也有国家的含义。即使把民族国家写作nation-state，也有人把它理解为这只是"民族"和"国家"两个词用连字符联结而成的新词语，其内涵和外延并没有超越"民族"和"国家"这两个独立的单词。这应该是"民族国家"的语义学来源。而从历史社会学的层面看，民族国家之所以被人们所津津乐道，是因为如基辛格所言，"国家，而不是帝国、王朝或宗教信仰，被确认为欧洲秩序的奠基石"[④]。而且这种现代国家与历史上的其他国家形态有着很大的不同，那就是它在19、20世纪被深深地打上民族解放、民族自决和民族主义的烙印。学者们喜欢用民族主义概括民族解放、民族自决等问题，最后有关这方面的理论就构成一整套关于民族主义的话语体系。

关于民族主义的解释五花八门。

[①] "后果性事件"是历史学者赵鼎新用语。赵鼎新.什么是历史社会学[M].北京：中信出版社，2023：9．"存在性事件"是哲学学者赵汀阳用语。赵汀阳.假如元宇宙成为一个存在论事件[J].江海学刊，2022（1）：31．
[②] 布赞，利特尔.世界历史中的国际体系：国际关系研究的再构建[M].刘德斌，任东波，宋鸥，等译.北京：世界知识出版社，2015：254．
[③] 基辛格.大外交[M].顾淑馨，林添贵，译.海口：海南出版社，1998：40．
[④] 基辛格.世界秩序[M].胡利平，林华，曹爱菊，译.北京：中信出版社，2015：23．

布赞和利特尔从自治与同质性文化角度解读民族主义："民族主义是指一种政治意识形态，就是将自治的权利定位于共享同一文化的民族上。"①

汉斯·摩根索（Hans Morgenthau）赋予民族主义以时代特征。他认为20世纪后期的民族主义和19世纪的民族主义完全不同。19世纪的民族主义是传统民族主义，"寻求使民族摆脱外来统治，从而使它们得以建立自己的国家"②。而20世纪后期的民族主义，"实质上是民族主义的普世主义"③，即"主张一个民族和一个国家有权把自己的价值观和行为标准强加给其他国家"④。摩根索的意思是20世纪后期的民族主义以民族主义为借口推行民族主义之外的思想和诉求。

传播学者从媒介和传播角度解读民族主义。在媒介环境学派看来，国家政体的世俗化和权力的确立才是民族主义的最大特征，而这种世俗化和权力的确立是因为得到了印刷术的支持。"印刷术还以其他方式促进了拉丁语基督教世界的永久分裂。各种各样的统治者长期追求的国家至上论的政策得到进一步的贯彻。"⑤麦克卢汉认为印刷术让人的感官重心从听觉转移到了视觉，而这两大感觉代表了两种不同的文明。"人类文化进步到视觉元素社会之前，人们只知道一种部族结构。社会个体走出部族结构的过程，至少在过去，依赖于文字（只有字母文字）所孕育的强烈的视觉生活。"⑥麦氏过于自恋于西方的字母文字，认为字母文字开启了视觉生活，殊不知真正能和视觉挂钩的是中国的象形文字或表意文字。所以说，把他括号中的文字删去，那这句话才是有道理的。麦克卢汉进一步指出，"封建体制是基于口头文化和中央集权的自给型系统。而视觉的定量手段将这种结构转化为巨大的、国家主义的、重商思想的、中央自主的体制。而在这个过程中，印刷发挥了巨大的推动作用"⑦。他引用美国历史学者卡尔顿·海耶斯（Carlton Hayes）《现代国家主义的历史发展》（*Historical Evolution of Modern Nationalism*）一书的观点，认为"如果首先缺乏以印刷形式的本国语言的感知体验，就不可能存在国家主义……在非书面文化的地区，部族式的动乱或社会行为不会与国家主义相混淆……在16世纪欧洲迅速出现现代的政权体系之前，并不存在现代意义上的国家主义。"⑧他最终认定，"印刷，在把地方语言转变为大众媒介（或封闭系统）的

---

① 布赞，利特尔.世界历史中的国际体系：国际关系研究的再构建[M].刘德斌，任东波，宋鸥，等译.北京：世界知识出版社，2015：261.
② 摩根索.国家间政治：权力斗争与和平[M].徐昕，郝望，李保平，译.北京：北京大学出版社，2006：364.
③ 摩根索.国家间政治：权力斗争与和平[M].徐昕，郝望，李保平，译.北京：北京大学出版社，2006：365.
④ 摩根索.国家间政治：权力斗争与和平[M].徐昕，郝望，李保平，译.北京：北京大学出版社，2006：365.
⑤ 爱森斯坦.作为变革动因的印刷机：早期近代欧洲的传播与文化变革[M].何道宽，译.北京：北京大学出版社，2010：69.
⑥ 麦克卢汉.古登堡星汉璀璨——印刷文明的诞生[M].杨晨光，译.北京：北京理工大学出版社，2014：112.
⑦ 麦克卢汉.古登堡星汉璀璨——印刷文明的诞生[M].杨晨光，译.北京：北京理工大学出版社，2014：263.
⑧ 麦克卢汉.古登堡星汉璀璨——印刷文明的诞生[M].杨晨光，译.北京：北京理工大学出版社，2014：336.

过程中，构建了现代国家主义的统一而中央集权式的军队力量"①。在这里，"国家主义"等同于民族国家主义或民族主义。所以，他又说，"民族主义是一项伟大的发明、一场伟大的革命，所以它在文艺复兴时期消除了许多分裂的地区差别和地区忠诚。这场革命的完成，几乎完全靠的是活字印刷所实现的信息加速"②。

研究语言学的人会有更深刻的关于民族主义与媒介关系的认识，那就是民族主义根植于民族语言。西方学者一针见血地指出，"在19世纪的民族主义者看来，所有的文化标志、文化印记以及所有能够实实在在代表民族特性的物质，全部存在于民族的语言之中"③。民族主义并不是《威斯特伐利亚和约》的直接结果，它是在国家意识清晰起来以后，统治者出于构建一种更具有凝聚力的共同体的目的，而煽动起来的意识形态。这种意识形态必须要有一个具体的、现成的、感觉得到的抓手，语言在第一时间进入了现代民族主义者的视野。"现代民族主义者有一个关键性的认识，即语言才是种族特点的核心所在。"④于是乎，欧洲各国为了语言而纠缠不休，甚至发生冲突。在低地地区，人们不仅因为语言同异族形成一种横向的心理隔阂，也因为语言同中央政府形成一种纵向的情感疏离。这种语言原因的源头甚至可以追溯到《威斯特伐利亚和约》中对个体势力特权的保护。

大部分关于民族主义的论述给人的感觉是，民族是人类固有的本体性产物，威斯特伐利亚体系建立以后，民族国家形成，对本民族的认同衍生了民族主义。但是霍布斯鲍姆并不认同，他认为"并不是民族创造了国家和民族主义，而是国家和民族主义创造了民族"⑤，即先有民族主义和国家，后有民族和民族国家。这个结论与词典中"民族"和"国家"出现的先后顺序不一致。1755年出版的《约翰逊词典》中nation解释为"与众不同的人民"（近似于"民族"），1823年出版的《马礼逊华英字典》中nation解释为"国"和"邦"。除非《约翰逊词典》是1823年之后的人杜撰的，否则霍布斯鲍姆的结论与"词典事实"不符。

人们关于民族主义概念的理解是如此复杂多样。韦尔斯在《世界史纲》中有这样一段话："19世纪民族主义（即国家主义）的主要思想就是各民族（即国家）都有主权完整的'合法要求'，也就是各民族（国家）都有管理其自己境内一切事务的权利，对任何其他民族（国家）一概置之不顾。"⑥这意味着"民族"和"国家"是同义词，或

---

① 麦克卢汉.古登堡星汉璀璨——印刷文明的诞生[M].杨晨光，译.北京：北京理工大学出版社，2014：310.
② 麦克卢汉.理解媒介：论人的延伸[M].何道宽，译.南京：译林出版社，2011：401.
③ 列尔森.欧洲民族思想变迁：一部文化史[M].骆海辉，周明圣，译.上海：上海三联书店，2013：298.
④ 列尔森.欧洲民族思想变迁：一部文化史[M].骆海辉，周明圣，译.上海：上海三联书店，2013：298.
⑤ 霍布斯鲍姆.民族与民族主义[M].李金梅，译.上海：上海人民出版社，2006：9.
⑥ 韦尔斯.世界史纲——生物和人类的简明史：上[M].吴文藻，冰心，费孝通，等译.上海：华东师范大学出版社，2019：754.

是同语反复。既然是同语反复，那"民族国家"从语法上讲就是一个不能成立的概念，或者说在语义上是有硬伤的语词。再从事实方面看，"民族国家"要强调的是"单一民族构成的国家"含义，但实际的情况是，威斯特伐利亚和会之后被承认、被确立的许多君主国所属民族之间很难有一个清晰的区分，特别是在中欧、德意志境内，虽然王国林立，但许多国家的民众实际上同属一个民族。进入近现代以来，出现了相反的走向。随着许多民族国家的成立，"民族国家"一词反而有了与原来相反的意义——多民族而非单一民族构成的国家。就连那些原来是单一民族构成的西方帝国在非殖民化、去种族主义浪潮中也先后成为"民族大熔炉"，保存原意的"民族国家"一词用在它们身上不再准确。这表明，在世界范围内，"民族国家"一词已经失去了它的准确性和合理性。

民族国家概念源头上的歧义并不仅仅是从韦尔斯的话语中分析出来的，在其他人的观点中也多有表现。沃勒斯坦就直接挑明了这一点。他在其大部头系列著作《现代世界体系》中论述16世纪的绝对君主制和国家主义时指出，"作为一种社会力量的国家的兴起和作为一种思想理论的绝对君主制的出现，不应该与民族国家和民族主义相混淆"①。这句话有几层含义，一是16世纪出现的或即将出现的新国家形态是与绝对君主制高度相关的，这个时期的国家形态首先是君权国家。这一点印证了我们前面所得到的结论。二是民族国家和民族主义两个概念高度关联，没有民族主义就没有民族国家，民族主义又反过来直接建立在民族国家的基础上。三是沃勒斯坦断然拒绝把现代国家与民族国家画等号。他甚至认为早期国家主义是反民族主义的，因为民族主义和君主国家是对立的，至少，民族主义的感情范畴比君主国家的范畴狭窄。只是到了后期，为了寻求国家的凝聚力，民族主义才被利用，占统治地位的民族或种族通过民族国家体制同化了边远地区。②

在现代社会，尽管同为民族国家，但是各个国家的发展速度、节奏不同，人员组成不同，这给当事国家带来了困惑，也必然使民族国家概念混乱。有人认为"现代民族国家"大体可以分为三种类型，其一是"已构建国家"，即一开始就在威斯特伐利亚体系上构建起来的欧洲国家；其二是"再构建国家"，指那些历史上有过辉煌，甚至有过自己的国际体系，在新形势下不得不加入欧洲主导的国际体系，并重构国家主权、制度等的国家；其三是"构建中国家"，特指那些在两次世界大战后摆脱殖民统治，获得解放的"新兴国家"。③那些发展比较缓慢的"构建中国家"面临着如何把大民族

---

① 沃勒斯坦. 现代世界体系：16世纪的资本主义农业和欧洲世界经济的起源：第一卷[M]. 郭方, 刘新成, 张文刚, 译. 北京：社会科学文献出版社, 2013：159.
② 沃勒斯坦. 现代世界体系：16世纪的资本主义农业和欧洲世界经济的起源：第一卷[M]. 郭方, 刘新成, 张文刚, 译. 北京：社会科学文献出版社, 2013：160.
③ 刘德斌. 国际关系史[M]. 北京：高等教育出版社, 2003：21.

理念和国内的族群、部落和宗教等统一起来的问题。现代民族国家模型也许并不适合它们,但"民族国家化"的进程又不可逆转。归根结底,三者在本质上都有共同的麻烦。按照摩根索的解释,"民族主义所要求的是一个民族建立一个国家"①,民族主义性质决定了民族国家最根本的底色,也注定会让人觉得这个概念有着某种暧昧的暗示。如果不放弃"民族国家"这个概念,民族主义早晚会拖累国家实体。即使是那些曾经由单一民族构成的欧洲国家,在移民不断涌入、人口结构发生重大变化的情况下,也会受到民族主义的冲击。

查尔斯·蒂利(Charles Tilly)曾提醒民族国家这一术语并不完全指民族—国家,意思是说不能把民族国家理解为"人民共有一种强势语言、宗教和象征身份的国家"②,既然不能从国家向度上理解民族国家概念,那么能从民族向度上理解民族国家概念吗?或者说,"民族国家"一词有歧义的话,可以把它改换顺序为"国家民族"吗?"国家民族"一词当然存在,在越来越多的国家都转变为多民族国家的时候,原来狭义的民族概念与现实越来越不适配了,必须把民族理解为一个现代意义的概念——"国族"(国家民族 nation),而非固守某种习惯、语言、文化的种族群体(ethnic group)。其实,蒂利提到的这些因素还并不是民族国家的真正负担,真正的负担是摩根索所说的那种"一个民族建立一个国家"的不切实际的诉求。面对这种困境,单纯地改变对民族国家概念的解读能解决问题吗?显然不能。我们需要一种替代式的概念。

那么,用什么替代民族国家概念呢?答案是主权国家。再也没有一个词比"主权国家"能更准确地指称从威斯特伐利亚和会以来贯彻了历时性、恒定性和普遍意义的国家特征。正如霍布斯鲍姆指出的,"'民族'的建立跟当代基于特定领土而创生的主权国家(modern territorial state)是息息相关的,若我们不将领土主权国家跟'民族'或'民族性'放在一起讨论,所谓的'民族国家'(nationstate)将会变得毫无意义"③。

我们需要比沃勒斯坦和霍布斯鲍姆更进一步,既不能把君权国家混同于民族国家,也不能停留在民族国家概念上,以至于简单地认为民族国家只要和领土主权联系起来认识,就能解决民族国家概念带来的麻烦。事实上,在法国大革命之后,没有民族国家,只有主权国家。不是民族国家建立于主权之上,而是主权国家建立在民族和民族主义之上。正如有的学者所指出的,"以领土、民族和世俗政权的统治为主要标准的主权国家的诞生,是欧洲近现代政治和国际关系形成的最初元素……民族主义是主权国家建立的思想旗帜和理论基础"④。

---

① 摩根索.国家间政治:权力斗争与和平[M].徐昕,郝望,李保平,译.北京:北京大学出版社,2006:365.
② 蒂利.强制、资本和欧洲国家(公元990-1992年)[M].魏洪钟,译.上海:上海人民出版社,2021:3.
③ 霍布斯鲍姆.民族与民族主义[M].李金梅,译.上海:上海人民出版社,2006:9.
④ 曹泳鑫.马克思主义国际关系理论研究[M].上海:上海世纪出版集团,2009:43.

在今天，主权就是国家的最高权力，是国家的本质属性，包括对内和对外两个方面。"对内主权是指国家内部事务具有排他性的最高统治权，以确立政治秩序，维护安全与和平；对外主权是指国家在对外事务上具有独立自主的决定权。"① 一般来讲，主权是外向性的，也就是在处理国际关系或对外关系的时候才会提到主权概念。这一概念出现的时代背景证明了这一点。摩根索说："现代意义上的主权概念最早形成于16世纪后半叶，与当时领土国家的出现所带来的新现象有关。"② 提出这一概念的是法国政治学家、法学家让·博丹。他于1576年发表《国事六书》，第一次系统地提出并论述了国家主权思想。博丹给"主权"的定义是，"主权（sovereignty）是一个共和国（commonwealth）绝对的、永恒的权力（power）。"③ 但他又说，"'主权'一词不仅用于私人，也用于那些对国家拥有完全控制权的人，希伯来人称之为'tomech shevet'，也就是最高指挥权的意思"④。看来，博丹所说的主权还不完全是国家的集体权力，而是国家的统治者——君主以及其他人的权力。这个和我们前面对sovereignty一词的解释是一致的，即《威斯特伐利亚和约》所承认和保护的主权不是国权，而是君主权。

如此看来，卢梭的主权观体现了时代的进步，在很多方面和今天的主权观基本一致。卢梭指出，"正如自然赋予了每个人以支配自己各部分肢体的绝对权力一样，社会公约也赋予了政治体以支配它的各个成员的绝对权力。正是这种权力，当其受到公意指导时，如上所述，就获得了主权这个名称"⑤。卢梭认为主权是神圣的，是不可转让的，是不可分割的。这一点直到今天也是国际社会所反复强调的，特别是当较为弱势的国家权益受到威胁和侵害时，卢梭的主权观就成为一种有效的理论武器。卢梭又强调，主权主要表现为少数群体或个人的权利得到保护和体现，具体的体现是"人民合法地集会"。集会之所以能够成为衡量主权的标准，是因为它是表达或抗议的媒介，而表达或抗议本身就是一个传播的过程。在卢梭看来，国家主权不是属于个别精英的，也不是一小部分人的，而是属于大多数人的。后来有人提出了"民族主权"概念，把民族主权等同于国家主权。"民族主权概念呈现出一种总体化的趋势。一旦宣称拥有民族主权，他们自身就不能不统合。'体现人民的意志'不是凭空想象出来的，也不是冲突不断的混乱状态，而是优雅而严谨的思想，代表的是团结和统一。"⑥

既然博丹提出了主权思想，人们一般就认为主权思想是欧洲人发明的先进思想。但是历史学家亚历山大罗维茨（Alexandrowicz）否认主权概念发源于欧洲。他把主权

---

① 张占斌，薛伟江.当代中国国家治理概论［M］.北京：中共中央党校出版社，2021：18.
② 摩根索.国家间政治：权力斗争与和平［M］.徐昕，郝望，李保平，译.北京：北京大学出版社，2006：342.
③ 博丹.论主权（影印本）［M］.北京：中国政法大学出版社，2003：1.
④ 博丹.论主权（影印本）［M］.北京：中国政法大学出版社，2003：1.
⑤ 卢梭.社会契约论［M］.何兆武，译.北京：商务印书馆，2003：37.
⑥ 列尔森.欧洲民族思想变迁：一部文化史［M］.骆海辉，周明圣，译.上海：上海三联书店，2013：138.

和国际法联系起来考虑，指明那些认为欧洲人创立主权概念和思想的人的错误在于，"他们把欧洲核心国家视为国际大家庭的创建者，而把东印度群岛（作者注：指东南亚一带）的亚洲主权国家排斥在外。其实，这种对国际大家庭之起源和发展的看法，很晚近才披上这种成文法的外衣，而成文法本身却是迟至18、19世纪之交才产生的思想观念"①。格劳秀斯则从另外一个角度对"主权观念欧洲起源论"提出反对。为了反对葡萄牙对东南亚的独占，荷兰殖民者请本国法学家格劳秀斯做出论证。格劳秀斯遂提出公海权概念，同时强调各国必须承认东南亚地区各国天然拥有的主权，且这一地位在国际法中是合法的。②格劳秀斯歪打正着地从法理上维护了东亚地区各国的主权，尽管他在行动上支持荷兰殖民者的行为践踏了这一地区各国的主权。

社会学者赵鼎新把"工业资本主义"和"民族国家"的出现看作人类历史上两个最不可逆、最具后果性的事件，认为这两个事件是历史社会学的核心议题，也是整个社会科学最为重要的经验和哲学议题，③其实也就是把它们看作历史学、社会学和"国际学"的两大元叙事。但是，民族国家概念的麻烦如此之多，以至于列尔森等人提出要彻底抛弃这个陈腐的概念，不如把它替换成为主权国家。④如是这样，那就让主权国家概念归位于历史学、社会学和"国际学"的元叙事。

从传播学或者传播国际学的角度讲，人类历史进入主权国家时还有一种元叙事，那就是大众传播媒介对这一时代的进步产生了重大的影响。

传播体系在任何一种形态的国家都不可或缺，在强调主义的精神文化的主权国家形态中，传播媒介更显重要。这一时期，简单的文字和羊皮纸已无法满足国家需要，时代需要更强大的媒介，于是一种更广阔的传播场域应运而生。新时代最有代表性的媒介首推西方语境下的金属活字印刷术，它的出现加速了宗教改革、资产阶级革命、工业革命的发生。除此之外，它还催生了各种看起来不像是媒介但又充当媒介的新型传播场域、手段、工具和方式，这促成了整个欧洲乃至全球社会在各个领域的巨变。

哲学家、历史学家孔多塞把人类精神进步史划分为10个时代，上起部落时代，下迄法兰西共和国成立和他没有看到的"未来"。其中第8个时代是从印刷术发明开始的。

---

① 刘禾.帝国的话语政治：从近代中西冲突看现代世界秩序的形成［M］.杨立华，译.北京：生活·读书·新知三联书店，2009：34.
② 刘禾.帝国的话语政治：从近代中西冲突看现代世界秩序的形成［M］.杨立华，译.北京：生活·读书·新知三联书店，2009：34-35.
③ 赵鼎新.什么是历史社会学［M］.北京：中信出版社，2023：9.
④ 列尔森在其《欧洲民族思想变迁》一书第285页处提出：鉴于我们的社会在文化和种族方面日益多元化，我建议国家放弃旧的原则，不要再将民族性作为立国根基，抛弃民族国家的陈腐概念，建设公民国家（civic state）。他关于抛弃民族国家的想法很有创见，但是他提出建设公民国家只是一种对未来的设计，而非对历史的校准。

孔多塞所说的印刷术当然是指欧洲金属活字印刷术。他用极具时代和民族特征的那种模糊、隐晦、烦琐的文笔，阐述印刷术带来的便利：可以快速、无限印刷书籍的大众传播，持同一种语言的人不分地域地形成公众舆论，保证不被遗忘和误解的各种意见、事实所带来的知识爆炸，各种学科知识汹涌而至带来精神世界的门户洞开，市民觉醒以后与反专制主义共生的思想自由，等等。① 孔多塞"意识"到印刷术的发明恰好与另外两件事的发生时间吻合。一是奥斯曼土耳其人攻占君士坦丁堡。这给欧洲人带来了文明，因为希腊文人为了逃避奥斯曼土耳其人的统治，大批涌到意大利避难，同时带来了大量关于古希腊诗歌、演说、历史、哲学和科学的文献手稿。另一个事件是大航海开启的"发现新世界"运动。欧洲人从此走向世界、征服世界，在给自己带来无尽财富的同时，也给其他国家和民族带去了杀戮、贫穷、衰落乃至灭亡。

16—18世纪，欧洲文明快速崛起，欧洲各国快速创造了一系列新文化、新媒介和新传播。城市继续扮演文明进步的晴雨表。城市曾引领人类进入文明社会，城邦国家又进一步丰富了城市的内涵和功能，当欧洲从城邦国家迈入主权国家以后，城市的国家属性逐渐消退，代之以一系列代表先进、繁荣、发达等象征的中心。一种据传来自文艺复兴时期的巴洛克风格开始占领城市建筑，街道更加宽敞笔直，房饰更加浮华铺张，广场、雕像和喷泉成为城市标配。欧洲人所擅长的"图像志"技术得到进一步发展。与此同时，城市变成了权力、商业、文化艺术的中心，聚集了大量的人口。正如芒福德所言，"城市发展的大部分历史中，它作为容器的功能都较其作为磁体的功能更重要。因为城市主要还是一种储藏库，一个保管者和积攒者"②。它所储存、保管、积攒的除了物质财富，还有精神、思想和文化。巴黎、罗马、伦敦，都成为物质时尚与精神时尚之都，上流社会和普通市民都热衷于参加各种聚会，协会、俱乐部、戏院、咖啡馆等公共领域相继出现。正如芒福德所分析的那样，当城市具备了"储藏库""保管者"和"积攒者"功能后，它就开始发挥其"作为一个传播者和流传者"的最高功能。"公共领域"很快催生了"公众舆论"。根据列尔森的研究，公众舆论（public opinion）最早是在戏院里被广泛使用的，它的本义是"一个剧场中的观众"与"观众的口味和喜好"，③ 后来引申为表示压倒性的、比较一致的、大多数人的意见。公众舆论的形成和传播的空间有其特殊性，"公众在道德方面的凝聚力以及普遍认同的观念通常通过出版发行物来体现，但更多的则是通过咖啡馆、民间协会乃至剧院这些直接而又公开的场合来体现"④。当"新闻纸"变身报纸，新闻成为商品，公众、公众舆论、公众态度等

---

① 孔多塞. 人类精神进步史表纲要[M]. 何兆武，何冰，译. 北京：北京大学出版社，2013：95-118.
② 芒福德. 城市发展史：起源、演变与前景[M]. 宋俊岭，宋一然，译. 上海：上海三联书店，2018：92.
③ 列尔森. 欧洲民族思想变迁：一部文化史[M]. 骆海辉，周明圣，译. 上海：上海三联书店，2013：83.
④ 列尔森. 欧洲民族思想变迁：一部文化史[M]. 骆海辉，周明圣，译. 上海：上海三联书店，2013：84.

就开始和新式的报纸媒介一起成为大众传播。"三十年战争"期间,大量关于战争的报道出现,如今这些陈旧的报纸被收入英国伦敦的新闻博物馆。

欧洲(主要是西欧)摆脱神权束缚,走上资本主义道路,开辟世界航线,鼓吹思想自由,创新文化艺术,不断向周边国家和地区展示自己的强大形象。作为近邻,俄国人看到了西欧的神速发展,沙皇彼得一世于1697年带领庞大的使团出访西欧一年,学习西欧的造船术、航海术以及各种科学技术和工业技术。回到国内,彼得一世发布命令,决定全面向西方学习,推行改革。经济方面鼓励发展工场手工业,振兴贸易;政治方面进行机构改革,打击保守势力,加强中央集权;文化方面建设学校,开办报纸,强令男人剃掉胡须,男女长服剪短;军事方面实行兵役制,统一编制,建立多军种。经此改革,俄国迅速步入欧洲列强行列。

西欧的发展并不同步。法国凭借"三十年战争"的余威,主宰了欧洲的政治军事格局,社会经济各方面取得的成绩也都遥遥领先于欧洲其他国家。这引起了英国、德国的嫉妒和警惕,在爱国主义、民族主义等各种复杂情绪的支配下,英国、德国等开启了最早的反应式国际传播。法国文化的主基调是贵族式的,法国人所热衷的击剑、芭蕾、时装、烹调、礼节,还有法国人引以为傲的法语,都成为整个欧洲追捧的时尚。但英国出于制衡欧洲大陆考虑,决定反对法国,不仅体现在外交、军事、政治上,还体现在文化上。既然法国文化是贵族式的,那英国就推崇中等阶级的文化。他们视贵族为不道德、傲慢、自大和堕落的形象,反对赌博和决斗,反对"外国"生活方式,用戏剧鞭挞国王和权贵,在反复上演莎士比亚戏剧的同时,创作新的作品颂扬中等阶级和平民的美德。18、19世纪以后,英国人更擅长在小说中"使用情感方式把傲慢的贵族与善良纯洁的普通人区分开来"①。在德意志各诸侯国,法国的文化霸权也引起了日耳曼人的不满。1768年,著名的戏剧理论学者莱辛(Gotthold E. Lessing)振臂一呼,德意志应当有自己的民族戏剧,这唤起了"德意志共同体"内人们对"德意志民族"概念的讨论和认可。在莱辛的影响下,歌德于1772—1775年创作了《浮士德》(Faustl),席勒(Friedrich von Schiller)从1781—1804年相继创作了《强盗》(The Brigands,1781)、《唐·卡洛斯》(Don Carlos,1787)、《华伦斯坦三部曲》(Wallenstein,1800)和《威廉·退尔》(Wilhelm Tell,1804)等作品。历史学家和作家赫尔德(Johann G. Herder)更加直截了当,他从研究语言的起源出发,得出结论:人类最伟大的发现不是各民族创造了自己独特的语言,而是人类创造了各个民族共同存在的多样性。"多样性才是人类社会存在与发展的内在本质,这种多样性不是基于人类自身,而是社会和民族国家基于发展和生存所创造的成果,它也是各民族不同

---

① 列尔森.欧洲民族思想变迁:一部文化史[M].骆海辉,周明圣,译.上海:上海三联书店,2013:68.

的语言、外貌、文学以及他们各自所创建的生存环境的具体体现。"①赫尔德的"文化相对主义"深刻地影响了"德意志共同体"内的民族意志,"德意志民族通过使用英国文化模式、放弃法国模式和拒绝法国文化而促成了德意志文学之花的灿烂开放"②。向外,德国的文学新潮也深刻地影响了全欧洲的民族觉醒。诗歌是战斗的武器,到1815年拿破仑失败而新的国际体系——维也纳体系建立起来之际,全欧范围内产生了无数个爱国主义诗人,他们有文化德国的施莱格尔(Friedrich Schlegel)和科拿(Theodor Körner)、爱尔兰的托马斯·穆尔(Thomas Moore)、希腊国歌《自由颂》作者索洛莫斯(Dionysos Solomos)、匈牙利的裴多菲(Petöfi Sándor)、波兰的密茨凯维奇(Adam Mickiewicz)、明确反对拿破仑帝制的法国人贝朗瑞(Pierre Jean de Béranger)和为了希腊民族解放献出生命的英国人拜伦(George G. Byron)等。向内,德国文学在浪漫主义和民族主义情怀下不但诞生了家喻户晓的《格林童话》和德意志史诗《尼伯龙根之歌》,还启发了一批从事哲学研究的学者循着康德的足迹继续寻找基于观念化的思维原则,于是黑格尔、谢林(Friedrich W. J. Schelling)、费希特(Johann G. Fichte)等一大批哲学天才出现了。我们平常看到的历史结论往往很凝练,比如1815年后的欧洲各国纷纷走上民族解放道路,1871年普法战争后德国统一、意大利统一,在这些历史事件背后有无数人的努力,从理念的提出、思想的冲突到认知的统一都要经历漫长的酝酿和传播过程。

说到德国哲学,如果只强调哲学是现实世界的反映、概括、结果,那是不够的,必须充分地肯定哲学给现实世界的指导。黑格尔关于日耳曼民族的历史终结论深深地刺激了几代德国人,以致纳粹极端分子妄想建设一个纯粹日耳曼人主宰的世界,最后导致德意志民族几乎陷入万劫不复的深渊。美国人采用了实用主义的思想,先后赶走英国人、法国人和西班牙人,在两次世界大战的中后期加入战争,让一个只有100多年历史的国家迅速强大起来,成为国际关系的主导者。马克思主义思想则让一种从未有过的社会制度成为现实,从此,国际社会以意识形态为界限划分为不同的世界。

不要简单地认为威斯特伐利亚体系意味着国家形态直接过渡到了民族国家或主权国家,前面说过,《威斯特伐利亚和约》不但没有结束君权国家形态,反而是认可了君主拥有不受教皇限制的自由,也就是说,君权国家这个时候才真正得到确认。此后300年内,君主制并没有被主权国家或所谓的民族国家所取代,只不过它的对手不再是教皇和神权,而是民族和国家。英国等国自不必说,君主和资产阶级经过妥协,得以续命,摇身一变为君主立宪制。而其他国家要么在君主制和共和制之间左右摇摆,要么

---

① 列尔森.欧洲民族思想变迁:一部文化史[M].骆海辉,周明圣,译.上海:上海三联书店,2013:90.
② 列尔森.欧洲民族思想变迁:一部文化史[M].骆海辉,周明圣,译.上海:上海三联书店,2013:87.

坚守君主制。1815年拿破仑战争以法国失败收场，维也纳体系恢复欧洲均势，法国趁机复辟君主制，君主制一直到1848年欧洲大陆革命期间才正式退出法国历史舞台。战胜法兰西帝国的另一方是奥地利、普鲁士和俄国，三国都是君主制，直到20世纪初，这三国的君主制才彻底结束。也就是说从1815年到20世纪初，欧洲的第二个"国际关系格局"是由三个君权国家（奥、普、俄）和一个君主立宪制国家（英）共同操控着。面对这样的历史事实，我们能说欧洲从威斯特伐利亚和会之后就进入了主权国家或民族国家吗？严格来讲，第一次世界大战结束后的凡尔赛体系才是君权国家的终点，也是主权国家的起点（这种说法其实也不严谨，直到今天还有很多君权国家，这里以主要国家为准）。

中国没有和西方同步感受15—19世纪已经逐步全球化的国际关系的震动频率，但是对19、20世纪以来国际社会的阵痛却深有体会，而且也参与了第一次世界大战后国际格局的重构。1911年辛亥革命爆发，中国的封建王朝国家历史落下帷幕，代之以一种西方式的主权国家。中国从君权国家过渡到主权国家的时间甚至比德国、奥匈帝国、俄国、土耳其等国家还要早。从此，中国不但结束了君权国家，也结束了以自己为中心、延续3000多年的朝贡国际体系，开始或被动或主动地适应西方主导的、从威斯特伐利亚体系延续下来的新国际体系。1918年第一次世界大战结束，国际力量重新洗牌，但中国没能搭上"便车"。列强对中国根本不屑一顾，不仅不让中国以战胜国身份参与新的国际秩序的建立，而且要把从中国抢走的权益转让给新的列强。巴黎和会上中国外交失败的消息传回国内，《晨报》迅速发布消息，大声疾呼"胶州亡矣，山东亡矣，国不国矣"，号召"国亡无日，愿合四万万民众誓死图之"。[①] 五四运动由此爆发。1921年，中国共产党成立，中国的历史车轮换轨前行。从"开眼看世界"，到民族解放，报纸新闻、广播新闻带来最新的思想，这使国人打开了眼界，获得了启蒙，中国的命运和世界历史前进的步伐被联系起来。

维也纳体系向凡尔赛体系过渡期间，媒介开始进入电信时代。现有的资料显示，1831年法拉第（Michael Faraday）发明了发电机。1844年莫尔斯（Samuel F. B. Morse）发明用电码在两地之间发送信息的方式，电报诞生。1894年马可尼（Guglielmo Marconi）发明无线电，这为电报省却了铺设电线的烦恼，而且电报两端的距离被极大延长。正如美国传播学者彼得斯所说，"19世纪80年代和90年代，照片克服了时间障碍，电报克服了空间障碍"[②]。在电报技术的支持下，报纸获取信息、报馆投放报纸的效率大幅提高，新闻的即时性进入行业规范视线，信息传播的工业化、专业化、大众化

---

① 邓野.巴黎和会与北京政府的内外博弈［M］.北京：社会科学文献出版社，2014：98.
② 彼得斯.交流的无奈：传播思想史［M］.何道宽，译.北京：华夏出版社，2003：129.

不断加强。此后,电话、电唱机、收音机、电视机等相继被发明出来,一个由广播和电视主导的电子信息时代来临了。新的媒介和传播方式不仅改变了人们接收信息的方式,还深度介入人类社会的各个领域,以致当我们暂时放弃这些媒介工具时往往会感觉寸步难行。在国际关系领域,电子媒介既能方便国家之间的外交,又能加剧国家关系的紧张程度。一些新的冲突方式不断涌现,如宣传战、心理战、舆论战、信息战等;一些新的国际社会现象也先后出现,如媒体产业、国际传播、信息安全等。互联网出现以后,国际关系的新一轮竞争开始了,国际关系的权力结构已经发生天翻地覆的变化,国际关系中的个体要素重新回到社会的聚光灯下,"后威斯特伐利亚""后国家时代""去全球化"等稀奇古怪的提法不断涌现。传播以及媒介不再是国际关系领域的配角,而成为整个智能时代的主角。

第四章　全球传播历史分期

传播是国际史的起点，也是人类史的起点，更是人类史的动力之一。没有人类，历史便只是自然的历史，是和精神无关的历史。有了人类，历史才活跃起来。"全部历史是为了使'人'成为感性意识的对象和使'人作为人'的需要成为需要而做准备的历史。"[1] 人之所以为人，之所以能够成为自己"感性意识的对象"，是因为人懂得传播，掌握了媒介。事实上人本身就是媒介，人自身内部一刻不停地在"自传播"[2]。一方面，我们的"五官感觉的形成是迄今为止全部世界历史的产物"[3]；另一方面，一切媒介是我们人类自己身体的延伸。人、媒介、世界、事件、思想构成了人的全部历史，如果把事件和历史合并，则形成了人、媒介、世界、思想和历史"五位一体"的全部世界——一个客观世界和精神世界结合而成的事实世界。

了解、掌握历史的方法之一是历史分期。历史分期法可以帮助人更简洁、更凝练、更有条理、更有规律地认识历史。"所谓历史分期，就是从历史过程的不同时期或阶段之间质的差别中，发现历史发展的特点，揭示历史变化的规律。"[4] 历史分期本身体现了一种时代特征，是一定时期人们对自己所处历史的一种理解。无论是世界历史，还是国别史；无论是整体历史，还是专业历史，都有分期的问题，也都可以分期。麦克高希有一段话，对为什么要进行历史分期以及如何进行历史分期讲得非常透彻。他说："世界历史是在最高的层次上讲故事。这不能是一个涵盖这个世界所有事件的故事。那么故事要描述从一种情形向另一种情形发展的运动……对世界历史的宏观叙述被分为几个部分，可称之为'时代'（Epochs），以增强叙述的关联性……将世界历史划分为不同的时代如同将一本书划分为章节一样。这样的组织结构增强了人们对历史的理解。理解世界历史的关键之处在于明白如何用时代来划分它，换言之，就是讲述一个文明

---

[1] 马克思.1844年经济学哲学手稿[M].北京：人民出版社，2000：90.
[2] 赵雪波，赵伦.元宇宙传播：未来传播学框架[M].北京：中译出版社，2022：281.
[3] 马克思.1844年经济学哲学手稿[M].北京：人民出版社，2000：87.
[4] 张世飞.中共历史学分期理论研究[J].中共党史研究，2005（2）：76.

与别的文明的不同之处。"① 在这里,观察历史的角度是文明,文明具有历史的传承性,而文明之间一般会以时代作为历史节点进行区别。这个历史节点一定是"关系时间"(relational time)。什么是"关系时间"?美国科技学者布莱恩·阿瑟(Brian Arthur)解释说,"如果事情总是保持不变,就没有变化来标注事情正在过去,因而也就没有变化来标注'时间'。从这个意义上来说,'时间'将保持静止。同理,如果结构变化了,宇宙间的事物移动并改变它们自己,'时间'就会显现"②。阿瑟所说的"变化"不是指正在变化的过程,而是指变化以后的结果。这也就是说历史分期是以"关系时间"为分水岭,在这个分水岭上一定是发生了一种根本性的变化,并表现出了与过往完全不同的特征和本质。

传播史作为一种专业史,作为整体世界历史的一部分,作为一种鉴定文明的标准,也有自己的历史分期法,而且也能找出它的"关系时间"。当然,传播史分期法和整体历史分期法一样,不是唯一的,或者说不应该是唯一的,从不同的标准出发,就会得出不同的结论。对传播史进行分期既能体现人们对时代的传播特征的认识,又能够从传播的角度对世界历史做出别样的解读。

第一节 历史分期法

一、划时代理念

"划时代的事件这种观念,也变成一种司空见惯的事;于是历史随之就划分为各个时代,各有其自己的特点。"③ 柯林伍德的这句话意味着一种历史方法的出现。实际上,我们前面提到的"部落—城邦—帝国"以及其他类似的模式都是对历史的分期,"城邦国家—君权国家—主权国家"模式也是一种历史分期。只不过前述大部分内容聚焦于古代社会,或者偏重于"国际体系"或"国家模式",即单纯从国家形成的过程对历史进行分期,缺乏标准的显要性。要想得到历史学界的认可,这种历史分期所选取事件的历史影响必须是"划时代"的。

柯林武德认为历史分期法是从中世纪开始的,这种思想"在希腊罗马的历史编纂学中不存在,而是被早期的基督教徒们创造出来的"④。也就是说,历史分期法最早没有

---

① 麦克高希. 世界文明史:观察世界的新视角[M]. 董建中,王大庆,译. 北京:新华出版社,2003:16.
② 阿瑟. 技术的本质[M]. 杭州:浙江人民出版社,2014:177.
③ 柯林伍德. 历史的观念[M]. 何兆武,张文杰,陈新,译. 北京:北京大学出版社,2010:53.
④ 柯林伍德. 历史的观念[M]. 何兆武,张文杰,陈新,译. 北京:北京大学出版社,2010:53.

出现在世俗的历史著作中，而是出现在了基督教有关天国历史的教义当中。

西方历史学界普遍认为最早揭示历史意义和规律进而对历史进行分期的人是古罗马后期的神学家奥古斯丁（Saint Augustine）。奥古斯丁所生活的年代是教会与国家并立的时代，由于长期受罗马国家的迫害，基督教徒把国家看作负面的压迫力量。他们坚信"恺撒的事情归恺撒，上帝的事情归上帝"（Render unto Caesar the things that are Caesar's and unto God the things that are God's）。但奥古斯丁并未彻底抛弃古希腊罗马的国家观，仍然认为国家是最高的社会共同体，只不过他用了"世界"这个比"国家"更宏观的概念。他认为"属地之城"并不是世界的最高形式，世界的最高形式是"上帝之城"（The City of God）。奥古斯丁在其著作《上帝之城》中，把世界分成"属地之城"和"上帝之城"两部分，也把世界史理解成从"属地之城"向"上帝之城"进发的"双城史"。奥古斯丁笔下的"属地之城"经历了"家庭—城镇—世界"三个发展阶段——有了家庭才有城镇，有了城镇才有世界。历史不再是亚述、希腊、罗马、以色列的民族史，而具有了世界性。这里的世界指邦城之间形成的政治共同体，因此也被称作"国际世界"。奥古斯丁认为"上帝之城"也有不同的历史时期。他把《圣经》中的"日"解释为"时代"，每1日代表一个时代，7日就是7个时代。第1日是第1个时代，从亚当延伸到大洪水；第2日是第2个时代，从大洪水延伸到亚伯拉罕；从亚伯拉罕一直到基督降临，共有3个时代；现在（奥古斯丁时代）是第6个时代，在这个时代之后，上帝将要安息，世界进入第7个时代。[1] 奥古斯丁并没有明确地提出"世界历史"的概念，他的历史观强调尘世的"属地之城"经过自我救赎走向"上帝之城"的过程，这个历史实质上是基督教的历史，而非真正自然的世界历史。

18世纪初意大利历史学家维柯提出了自己的历史分期思路，被誉为"历史哲学"的开创者。他用圣经体、启示录式的箴言阐明自己在历史中的重大发现，并把自己的发现编撰成书，称作《新科学》。无论是语言还是构思，这部著作都明显地暴露出模仿奥古斯丁《上帝之城》的痕迹。在奥古斯丁"属地之城—上帝之城"演进路线之上，维柯把埃及人关于历史分为"神的时代""英雄时代"和"人的时代"三个时期的演进规律看作适用于世界上各民族的规律。和这三个历史时代相关的表达还有"三种习俗""三种部落自然法""三种语言""三种字母""三种权威"和"三种裁判"等。关于"三种语言"，维柯解释第一种语言是神的语言，是通过象形文字以及用无声的宗教动作或神圣礼仪表现的；第二种语言是英雄的语言，是象征性的，用符号或英雄们的徽纹表现；第三种语言是俗人的语言，是书写性质的，它供彼此有些距离的人们用来就现实生活的需要互通消息时所用。和"三种语言"相对应的是"三种字母"。第一种

---

[1] 奥古斯丁. 上帝之城 [M]. 王晓朝, 译. 北京: 人民出版社, 2006: 914-915, 1160-1161.

字母是神的字母，表现为"象形文字"（hieroglyphics），是各民族在起源时都使用的。象形文字是某种想象的共相（imaginative universals），是由人心有喜爱一致性这种生来就有的特性支配的。第二种字母是英雄们的字母，也是一些想象的共相。英雄时代的各种具体事物都被归到这种想象的共相里，例如把凡是英雄战士的事迹都归到阿喀琉斯身上，凡是聪明人的谋略都归到尤利西斯身上。第三种字母是土俗字母，和土俗语言齐头并进。土俗语言是由文字组成的，这些文字仿佛就是过去英雄的语言所使用的殊相（个别具体事物）的总类。[①]维柯把历史分期和媒介联系起来的思想是开天辟地的，他给我们最大的启发是每一个时代都有自己的代表性媒介和传播方式。维柯的贡献还不止于此，他认为历史必须经过思维过滤，并让思维认识到历史是在某种规律之下展开，否则就是"非历史"或者"编年史"。他还提出人类的第二个野蛮时期的历史将是第一个野蛮时期的复演过程，开创了历史循环论。从中我们已经看到"未来"学者黑格尔、斯宾格勒和克罗齐等人的影子。

二、世界历史观

黑格尔在他的思辨哲学中把历史看作历史的"绝对理念"的发展过程。他正式提出了"世界历史"的概念，把世界各民族纳入这个发展过程，让世俗的、自然的历史首次具有了世界性。他把世界历史比喻为人一生的四个时期：童年、青年、壮年和老年，相对应的是东方世界、希腊世界、罗马世界和日耳曼世界四个地理形态从不成熟到成熟的发展过程。历史最后终结于日耳曼世界。这是一种令人熟悉的思维逻辑，前有维柯的君主专制终结论，后有福山的资本主义终结论，中有黑格尔的日耳曼文明终结论，克罗齐的名言"一切真历史都是当代史"在这里有了明显的例证和全新的意义，即人们总是用自己所处时代或自己民族的历史去总结整个历史，甚至只是用自己个人的经验去总结历史。海登·怀特（Hayden White）对黑格尔的世界历史过程总结道："这种历经四个阶段的活动代表着文明自我意识的四个阶段，即自我意识的自在阶段，自为阶段，自在和自为阶段，以及自在、自为和自主阶段。"[②]怀特用罗马历史作为典型案例加以解释，并称在各个民族和文明的历史中都有"对应的空间"，"抵抗外敌入侵、为创立帝国而向外扩张、背弃自身、解体而为一个新的力量"[③]。这种历史逻辑甚至渗透艺术，成为一种艺术的固定结构，"这些阶段也可以被用来标记古典戏剧的诸要素，即

[①] 维柯. 新科学（上下册）[M]. 朱光潜，译. 北京：商务印书馆，1989：223，503-537.
[②] 怀特. 元史学：19世纪欧洲的历史想象[M]. 陈新，译. 南京：译林出版社，2013：157.
[③] 怀特. 元史学：19世纪欧洲的历史想象[M]. 陈新，译. 南京：译林出版社，2013：157.

它的苦难阶段、冲突/比赛阶段、撕裂阶段、发现阶段。"[1]黑格尔终于彻底摆脱神学的束缚，为"世俗"的历史找到了发展演进的逻辑，但是这个过程不是客观历史的自然结果，而是世界历史绝对理念的"自主"结果。

自此之后，整个18世纪和19世纪的欧洲历史学界洋溢着理性主义的史学观，人们钟情于世界主义的历史框架。当达尔文的"生物进化论"迅速占领知识界之后，理性主义开始接受历史沿着"古代—中古—近代"不断"进步"的"决定论"思想，只不过这种历史观和世界观迅速被"欧洲中心主义"抢占了解释权——世界历史及其分期按照发生在欧洲或西方的事件确定坐标。斯宾格勒和汤因比提出新历史分期标准，即以文明形态作为历史分期的透视对象。斯宾格勒的观点最具代表性，他把历史看作文化和文明发展跃迁的过程，这个过程分为"前文化阶段""文化或高级文化阶段""文明阶段"三个时期。他又把世界文化和文明总结为"埃及文化""巴比伦文化""印度文化""中国文化""古典文化""阿拉伯文化""西方文化"和"墨西哥文化"八大形态。这些文化形态各不相同，各有各的历史进程，虽相隔千年，但它们都在一种"同源"的"出生—成长—衰老—死亡"的节奏之下展开自己的春夏秋冬。整个世界史突破过去的直线式发展框架，开始一种循环往复的运动。为此，西方文化就不再优越于其他任何一种文化，而只是历史长河中的一种图景。"一切真正的历史著作必定都是哲学"[2]，斯宾格勒把历史和历史分期理论上升到了哲学高度，自己也成为历史学领域一个里程碑式的人物。

然而，历史哲学不应该是黑格尔的"绝对理念"那样神秘莫测的精神性产物的外化和回归，而应该是历史中关于一切活的和死的、有机的和无机的、过去的和现在的表象和本质的客观发展过程，人类思维完全可以凭借一种简明扼要的方式穿透之。历史哲学也不应该像斯宾格勒所认定的那样循环往复，历史的直道上并没有"此路不通"的警示。马克思主义的历史分期思想注定会成为另一种历史的选择。马克思在青年时期受黑格尔影响，把历史阶段区分为自然作用占主导的"古代社会"和人的精神占主导的"近代社会"或"新世界"（又被称为"不自由的时期"和"自由时期"）。1843年左右在《黑格尔法哲学批判》和《德法年鉴》中，马克思经过集中研究后把历史分为古代社会、中世纪、现代社会、未来社会几个阶段。之后，在《1844年经济学哲学手稿》中，"社会历史被设定为没有发生异化的人类主体生存状态，这种状态作为私有制和劳动异化存在于当代社会（资本主义），以及扬弃和消灭了劳动异化和私有制的未来社会（共产主义）"[3]，1845年后他关于历史分期的思考更加深入，也更加活跃。经过

---

[1] 怀特. 元史学：19世纪欧洲的历史想象[M]. 陈新, 译. 南京：译林出版社, 2013：157.
[2] 斯宾格勒. 西方的没落：第一卷, 形式与现实[M]. 吴琼, 译. 上海：上海三联书店, 2006：41.
[3] 张一兵. 马克思历史辩证法的主体向度[M]. 武汉：武汉大学出版社, 2009：223.

《雇佣劳动与资本》《〈政治经济学批判〉序言》等不同时期的不同表述的概括和总结，马克思形成了自己的以生产关系总和为脉络的多社会形态理论，经过恩格斯和列宁及其他后继者的补充、完善，这一"多社会形态"理论最终凝练成"五种社会形态"理论：原始社会、奴隶社会、封建社会、资本主义社会和共产主义社会。

近现代以来的历史著述中有关历史分期的理论层出不穷，每一种分期都从一种特殊的视角出发，自成体系。麦克高希把人类文明分为五个阶段。文明的第一阶段开始于政府机构从神庙社会中脱离出来而建立起原始的城市国家的时候；文明的第二阶段是从哲学求真理的精神孕育宗教、宗教从政权中分离、创建世界宗教开始；文明的第三阶段开始于一种新的商业、艺术、学术和对现世的发现浸入西欧文化，对金钱和教育的追求成为它的文化焦点的时候；文明的第四阶段开始于娱乐成为一种正式的产业以及新闻报道塑造了公共舆论的时候；文明的第五阶段随着计算机的到来而开始，因为时间太短，麦氏无法确定它的机制。①美国学者罗伯特·凯利（Robert L.Kelly）回顾了人类600万年的历史，把以棍棒和石头为代表的技术视作人类第一历史阶段的主要特征，把以使用符号的能力为核心的文化特质的出现视作第二历史阶段的主要特征，把农业文明视作第三历史阶段的主要特征，把国家的出现视作第四历史阶段的主要特征，而工业革命、殖民运动、资产阶级革命和全球化成为第五历史阶段的主要特征，现在第五历史阶段正在技术变革的推动下走向一个"世界政府"。②近年来盛行于西方的大历史学派则把历史的视线重新从人类社会拉回自然界，扩张到宇宙维度。大历史学派的代表大卫·克里斯蒂安（David Christian）把历史切割成三度时空：宇宙、生物圈、人类。宇宙时空包含了宇宙大爆炸、星球形成、星系形成和分子与卫星形成四个重大时间节点；生物圈时空包含了生命出现、微小生命体形成和大型生命体形成三个过程，但只有生命出现算得上是一个宇宙级时间节点；人类时空包含了人类出现、农耕文明、工业文明三个时间节点。和凯利一样，克里斯蒂安把关注的重点落在即将到来的"未来"，暗示如果不加节制，历史将进入没有人类的世代。

历史分期的历史昭示了若干规律性的结论。历史分期首先是人的精神性活动，是人对各种有机的和无机的、过去的和现在的、生成的和成长的、物质的和精神的事物的发展过程的普遍性、整体性、规律性的认识活动和结果，这个过程和结果彰显了主客观的二元结合，并且体现出一种高度的哲学思辨性质。历史及其规律固然是客观存在的，但是人对历史的认识明白无误地体现了这一过程的主观性，这意味着不同的主体对同样的历史的认识是不同的，如此也就产生了历史上各种各样对历史分期的认识

---

① 麦克高希.世界文明史：观察世界的新视角［M］.董建中，王大庆，译.北京：新华出版社，2003：53-54.
② 凯利.第五次开始：600万年的人类历史如何预示我们的未来［M］.徐坚，译.北京：中信出版集团，2018.

和结果。历史的客观性不仅仅体现在历史的自在、自为和自主上，还体现在这种客观性所包含要素的多样性上，这样一来历史分期就体现出第二个特点，也就是第二个规律性的结论，即历史给试图认识它的人提供了不同的认识角度和判断标准，这正是马克思和恩格斯的几种历史分期法同样成立、同样有效的原因。任何总结出来的历史分期法和分期结果，必须能够反映历史最客观、最普遍、最深刻的规律。强调这一点有助于防止有人对历史随意加以解释，更防止有人随意对历史"打扮"、歪曲。但是，历史规律不止一条，为何强调这一方面而不强调另一方面？除了对历史进行分期的人在历史世界面前的有限性（认识是有限的）之外，还因为主体的价值取向，即采取某一种历史分期法其实反映了主体的目的，简单地说就是选择某一种历史分期想达到什么目的。这说明了历史分期的合目的性和方法论性质。最后，历史分期要有一个标准，一个能够反映客观规律的标准，一个能够保证达成目标的智慧的标准。这个标准可以是历史的性质和特征，还可以是产生全局性影响的事件，或一段有特点的时间，如西方的"中世纪"概念。总之，"历史分期的本质是人们为了使自己的知识得到一种更简单的且更有说服力的表述而把连续的历史内容依照从某种特定的角度选择的事实和一定的观念体系分成段落"①。

第二节 传播史传统分期法

历史分期不仅仅是整体历史的专利，专业史、学科史以及其他历史都存在历史分期的习惯和要求。

一、历史分期的传播面向

维柯的历史分期强调了历史的主体——神灵、英雄和个人，更为"神的时代""英雄时代""人的时代"各自找到了与其相对应的诸多要素，如"三种文字"和"三种字母"，这凸显了媒介在不同历史发展阶段中的角色和作用。这给了我们沿着传播和媒介的路径为历史重新分期的思路以莫大信心。这样的分期实际就是对传播史进行分期，而非像维柯一样给每一个历史分期寻找对应的媒介附属物。

传播史作为历史的一部分，特别是作为与人类相伴相随的传播领域的历史，自然也有自在自为自主的发展过程，也有具有标志性的事物、事件。在这些标志性的事物、

---

① 赵轶峰.历史分期的概念与历史编纂学的实践［J］.史学集刊，2001（4）：1-6.

事件前后，它的发展过程呈现出截然不同的特点和表征，这样一来就给传播史的分期提供了直接明了的依据。

传播的历史和人类历史一样悠久，但传播学或者说把传播作为一种研究对象的历史并不长久。传播学是在19世纪末以来逐渐从社会学中分离出来的一门新型学科。20世纪四五十年代，随着施拉姆有关传播学的著述出版、传播学系的设立，传播学专业正式诞生。传播学创立以后有关传播史的研究也就逐渐展开了。然而最先开展这项工作的并不是施拉姆，而是加拿大经济学者哈罗德·伊尼斯。伊尼斯的专业是经济史，但是"在攻克了皮货、鳕鱼等课题后（伊尼斯先后出版了《加拿大皮货贸易：加拿大经济史导引》和《鳕鱼业：国际经济史》），他试图转向对加拿大经济中的另一件重要的大宗商品——木质纸浆的研究时，突然打开了思路，一举转入传播史研究"[1]。这是一种最合乎逻辑的猜测。伊尼斯给传播学界留下了永恒的经典之作——《帝国与传播》和《传播的偏向》。他在这两部著作中首次系统地回顾了从苏美尔、古埃及时期直到19世纪的美国的漫长岁月中，媒介是如何作用于社会和文化的问题。这当然不是对传播史的明确分期。但是在1948年一场研讨会上，他明确指出，"按传播媒介将世界史分为以下几个时期：从两河流域苏美尔文明开始到泥版、硬笔和楔形文字时期；从埃及的莎草纸、软笔、象形文字和僧侣阶级到希腊—罗马时期；从苇管笔和字母表到帝国在西方退却的时期；从羊皮纸和羽毛笔到10世纪或中世纪时期，在这个时期，羽毛笔和纸的使用相互交叠，随着印刷术的发明，纸的应用更为重要；印刷术发明之前中国使用纸、毛笔和欧洲使用纸、羽毛笔的时期；从手工方法使用纸和印刷术到19世纪初这个时期，也就是宗教改革到法国启蒙运动的时期；从19世纪初的机制纸和动力印刷机到19世纪后半叶木浆造纸的时期；电影发展的赛璐珞时期；最后是20世纪三四十年代到现在的电台广播时期"[2]。很明显，按照伊尼斯自己的话，他并不是直接对传播媒介史进行分期，而是用"传播媒介"的视域对世界史进行分期，从这个角度说，他所做的工作的性质和过往的历史学家所做的工作性质是一样的，只不过换了一个视角而已，或者说给世界史找到了一个新的背景和面向。然而正是因为他的这一新面向，传播学史上一种独领风骚的学派——媒介环境学诞生了。从伊尼斯的分期结果看，与其说这是"传播史分期"，不如说是"媒介史分期"——尽管传播与媒介无法截然分离，人们很多时候把它们二者结合在一起使用，有时也分开单独使用，但当它们被分开使用时，二者是同义的——因为人们把各个时期的传播技术即媒介作为分类标准。传播史分期从一开始就散发着浓重的技术味道。

---

[1] 胡翌霖. 媒介史强纲领：媒介环境学的哲学解读[M]. 北京：商务印书馆，2019：132.
[2] 伊尼斯. 传播的偏向[M]. 何道宽，译. 北京：中国人民大学出版社，2003：译者序言.

媒介环境学派的集大成者是自谦为伊尼斯学生的马歇尔·麦克卢汉。然而，在传播史分期（或媒介史分期）一事上，麦克卢汉做出的工作不如"媒介史开辟者"[①]伊尼斯，他并没有在他的著述中专门为传播史进行分期，最后是他的同事罗伯特·洛根（Robert K.Logan）为他和伊尼斯做了总结。洛根认为伊尼斯和麦克卢汉把传播史分为三个时代：口语传播时代、书面传播时代和电力传播时代。大约对应的时间是自20万—5万年前获得言语能力始至5000年前文字滥觞止、5000年前至1844年电能发现、1844年至他们所处的时代。[②]洛根在此基础上又补充了两个时代，即模拟式传播时代和互动式数字时代。这样他就把智人（人类）的传播分为界限清晰的这样几个时代。

（1）非言语的模拟式传播时代（远古智人的特征）；
（2）口语传播时代；
（3）书面传播时代；
（4）大众电力传播时代；
（5）互动式数字媒介或"新媒介"时代。[③]

这种分期的技术特征是非常明显的，（4）和（5）完全体现为两种媒介技术，（3）的背后其实也是印刷技术。就算是书面文字和口语，在麦克卢汉笔下也都属于技术。麦克卢汉借用了法国哲学家亨利·柏格森（Henri Bergson）的观点——"语言被认为是人的技术"[④]。他在他的著作中多次强调口语和文字的技术性质："拼音字母是一种独特的技术"[⑤]，"只有拼音字母表才是创造'文明人'的技术手段"[⑥]。事实上，媒介环境学派在媒介和技术之间直接画上了等号。因为从麦克卢汉开始这一学派就把媒介泛化了，或者说他们把一切技术和发明都媒介化为人的器官的延伸。衣服是皮肤的延伸，城市是人身体的延伸，轮子（一种特殊的技术）是腿和手的延伸，口语是口和耳的延伸，文字是眼睛的延伸，电力是中枢神经的延伸，诸如此类，它们既是媒介的代表，也是技术的体现。

媒介环境学新一代学者对媒介史分期重新做了梳理，将其起点复归"口语时代"，随后分别是"文字时代""印刷术时代"和"电子媒介时代"，删去了前口语时代和数字媒介时代，把书面传播拆分为文字和印刷术两个时期。[⑦]这突出了媒介环境学派——甚至包括其他人——媒介认识上存在的分歧。有人认为印刷术的发明是媒介史上的重

---

① 胡翌霖.媒介史强纲领：媒介环境学的哲学解读［M］.北京：商务印书馆，2019：126.
② 洛根.理解新媒介——延伸麦克卢汉［M］.何道宽，译.上海：复旦大学出版社，2012：24-25.
③ 洛根.理解新媒介——延伸麦克卢汉［M］.何道宽，译.上海：复旦大学出版社，2012：24.
④ 麦克卢汉.理解媒介［M］.何道宽，译.南京：凤凰出版传媒集团，译林出版社，2011：100.
⑤ 麦克卢汉.理解媒介［M］.何道宽，译.南京：凤凰出版传媒集团，译林出版社，2011：105.
⑥ 麦克卢汉.理解媒介［M］.何道宽，译.南京：凤凰出版传媒集团，译林出版社，2011：105.
⑦ 林文刚.媒介环境学：思想沿革与多维视野［M］.何道宽，译.北京：中国大百科全书出版社，2019：58-63.

要事件，有人则认为书面传播或书写语言包含了手抄、印刷等媒介和媒介技术，没有必要再分割。有人认为数字媒体带来了全新的媒介浪潮，但有人认为互联网、数字媒体等都可以看作电子媒介的内容。这里更隐蔽的问题是，如何清晰地区分传播和媒介的关系；媒介和媒介技术能否画等号；新媒介、新新媒介与"传统媒介"的界限究竟在哪里。只有把这些问题弄清楚，才能对媒介史分期作出一个令所有人都信服的结论。要么就得寻找一种新的依据和标准对媒介史和传播史进行分期，否则在此问题上的争执不会停止。

伊尼斯、麦克卢汉这一派明显受到了芒福德的启发和影响。在芒福德的《技术与文明》中有很多似曾相识的语言如"感知的平衡"[①]、"书面语言摆脱了时间和空间的局限"[②]、"回到最初的人与人之间的瞬时反应"[③]等。这不就是媒介环境学者所谓"感官平衡""时空偏向""人性化趋势"的同义词吗？芒福德当然也回顾了技术的历史，并且也提出了技术史分期理论。他把技术史分为三个时期，分别是始生代技术时期、古生代技术时期和新生代技术时期。但是他对技术的理解是狭义的，他认为技术开启于公元10世纪左右。面对他把能源和材料作为考察标准，并且把"水能—木材体系"和"始生代技术时期"对应起来，任何一个读者都会产生困惑。对水能的利用显然不是10世纪才出现的现象，木材的使用则更早，否则人类如何进入农业文明？早期农业文明强调的是人类对作物栽培技术的掌握，但是用什么工具呢？当然不是石头，也还不到利用金属工具的时候。利用石头的时代被人类学家称作"石器时代"，那个时代因为打磨石器的技术高低不同还被分为"旧石器时代"和"新石器时代"。对金属工具的利用肯定是农业文明的一大飞跃，但绝对不是最早的特征。也许是意识到自己判断的狭隘，芒福德在几十年后的另一部著作《机器神话》中回顾了人类早期的技术的历史，只不过他仍然坚持石器等工具不是技术的立场，但是他强调了语言、非理性等人文精神在人类进化过程中的决定性作用，这也许又为媒介环境学派提供一个大的启示。不管怎么样，芒福德的观点影响了麦克卢汉等人，尽管他的技术历史分期对媒介史或传播史的分期来说算不得学派意义上的开创。

施拉姆在他的学术生涯的最后阶段开始关注传播史。施拉姆去世后第2年，他的皇皇巨著《人类传播史》出版。施拉姆在该书第9章明确地把人类传播史分为了口语时代、文字时代、印刷时代和大众媒介时代。他指出，"人类已经历了口语、文字和最近的印刷时代。到了19世纪与20世纪时，印刷时代更加入了电子和摄影等新成员，以及一种吾人称之为大众媒介的崭新传播组织。几个世纪后的历史学家或许不会以印

---

① 芒福德.技术与文明[M].陈允明，王克仁，李华山，译.北京：中国建筑工业出版社，2009：124.
② 芒福德.技术与文明[M].陈允明，王克仁，李华山，译.北京：中国建筑工业出版社，2009：125.
③ 芒福德.技术与文明[M].陈允明，王克仁，李华山，译.北京：中国建筑工业出版社，2009：213.

刷时代来称呼我们，而是称这个时代为大众媒介的时代"①。很显然，施拉姆也是以媒介技术为路径对传播史进行分期。这种分期明显受到了麦克卢汉等人的影响。对于这一点，很多人都有共识。"施拉姆提出的'人类传播的发展历程'的四个对大众媒介的出现特别重要的时刻，都建立在文字、印刷、电子等某种技术方面的创造发明上的观点，也沿袭了麦克卢汉对人类传播历史进行的技术角度的历史分期逻辑。"②考虑到麦克卢汉的分期理论为三阶段说，而施拉姆的分期法与新一代媒介环境学派的分期法如此相似，是不是可以认为媒介环境学派最后又吸收了施拉姆的观点，而不是施拉姆抄袭了媒介环境学派的观点？

媒介环境学传播史分期的技术路径给传播史分期确定下了一种基调，后来研究传播史分期的学者基本都沿袭了这一路径。比如美国学者约书亚·梅罗维茨（Joshua Meyrowitz）将媒介历史划分为口头文化、手抄文化、印刷文化和电子文化四个阶段。罗杰·菲德勒（Roger Fidler）在其著作《媒介形态变化：认识新媒介》中认为人类的媒介形态发生了三次大变化，分别是口头语言、书面语言和数字语言。③加拿大人戴维·克劳利（David Crowley）和他人合著的《传播的历史：技术、文化和社会》以早期文明、印刷革命、电流、影像技术、无线电时代、电视时代和信息时代为线索探讨了各个时期媒介技术和社会的关系。法国人让-诺埃尔·让纳内（Jean-Noël Jeanneney）的《西方媒介史》对 18 世纪前的历史一笔带过，18 世纪开始的媒介史则散落在各种重大事件和媒介机构之中，即使这样，各章节也仍然随处可见各种媒介技术的身影，如"无线电广播的产生""1945 年以来的书面出版物""电视的政治解放""互联网的闯入"等。马绍尔·坡（Marshall T. Poe）的《传播史：从口语到互联网进化的媒介与社会》是近年来较为全面回顾媒介历史的著作，他把媒介史分为了言语时代、手稿时代、印刷时代、视听时代和互联网时代五个阶段，并相应地把各个时期的人称作语言人（Homo loquens）、手稿人（Homo scriptor）、诵读人（Homo lector）、视频人（Homo videns）和智能人（Homo somnians）。他得出三个重要的结论：媒介技术改善了人类的物质生活，媒介技术给了我们更好的感官体验，媒介技术对人类的精神世界并没有带来太好的影响。④

也有一些外国学者对媒介史进行了断代史性质的分期。比如美国学者沃尔特·翁

---

① 施拉姆.人类传播史［M］.游梓翔，等译.台北：远流出版事业股份有限公司，2010.
② 杜永利.当代美国大众传播史学研究——基本脉络与观念批评［D］.武汉：武汉大学，2016：97.作者关于"麦克卢汉的人类传播历史的四阶段"判断有误，实际上按照洛根的总结，麦克卢汉把传播史分为三个阶段，而不是四个阶段。
③ 菲德勒.媒介形态变化：认识新媒介［M］.明安香，译.北京：华夏出版社，2000：45-60.
④ POE M T. A history of communication: media and society from the evolution of speech to the internet［M］. New York: Cambridge University Press, 2011: 25-270.

（Walter J.Ong）的著作《口语文化与书面文化：语词的技术化》回顾了 11 世纪以来西方媒介从口语文化到书面文化再到次生口语文化（Secondary Orality）的发展过程，认为电话、广播、电视等电子媒介让人类进入了一个次生口语文化时代，从内容和标题两方面都明显地表现了他关于媒介史断代史分期的粗线条技术特性。比尔·科瓦里克（Bill Kovarik）的《传播的革命：从古腾堡到数字时代的媒介史》①把欧洲金属活字印刷术出现以后的媒介史分为印刷革命、视觉革命、电子革命和数字革命几个阶段，同样让历史的技术线索一目了然。阿萨·布里格斯（Asa Briggs）等人合著的《媒介社会史：从古腾堡到脸书》和科瓦里克的媒介断代史几乎没有什么区别。但是他们的结论之一对我们很有启发："书写历史的方式并不唯一，没有一个标准答案，任何一种不同的角度都是可以的。"②如果一种角度不能说明问题，我们完全可以选择别的角度。

中国学者关于传播史或媒介史的时间叙事逻辑基本上也都沿袭了这种技术路径。郭庆光的《传播学教程》把人类传播发展历程划分成口语传播时代、文字传播时代、印刷传播时代和电子传播时代，③胡正荣等人把传播史划分成符号和信号时代、口语时代、文字时代、印刷时代、大众传播时代、网络传播时代，④李彬的《全球新闻传播史》重点在新闻史，但是他也从媒介变迁的角度给人类传播历程划分了阶段，分成口头传播阶段、手写传播阶段、印刷传播阶段和电子传播阶段。新闻业开始于印刷传播阶段，电子传播阶段则涵盖了广播、电视和网络。

二、技术路径分析

传播史分期的技术路径让我们想起了一个基本被污名化的概念——"技术决定论"。这个概念给人们带来的不是荣耀，而是不安，因此很多人遇到这个概念都唯恐避之不及。就连麦克卢汉也非常敏感地否认自己是"技术决定论"者。然而，即使技术没有统治人类社会，它也肯定已经成为传播史和媒介史的基因了。因此，我们不应该简单地把"技术决定论"看作一个贬义词，更不用像麦克卢汉一样撇清自己和"技术决定论"的关系。在很大程度上，传播历史乃至整个人类史的方向或进程无可置疑地受到了技术的影响，至少可以说技术和其他因素共同支配了历史。

哲学家和历史学家在谈论历史哲学时都普遍地坚持一种观念，即任何一种历史分

---

① KOVARIK B. Revolutions in communication media history from gutenberg to the digital age [M]. London, UK: Bloomsbury Academic, 2011: 8-9.
② BRIGGS A, BURKE P, YTREBERG E. A social history of the media: from Gutenberg to Facebook [M]. London, UK: Polity Press, 2020: 37.
③ 郭庆光. 传播学教程 [M]. 北京：中国人民大学出版社，2011：23-26.
④ 胡正荣. 传播学概论 [M]. 北京：高等教育出版社，2017：21-31.

期方法都有其不同的历史的、精神的原因，如果把历史分期限定为某一种固定的范式或结构，那我们看到的历史极大可能是片面的，甚至是歪曲的。传播史分期也如此。美国学者迈克尔·舒德森（Michael Schudson）等就提出了异议，他们认为"（传播媒介）不应该再被当作传播史研究的唯一核心问题。如果这样规定，那就会将研究指向多种多样的技术。我们现在积累了足够的知识让我们有理由怀疑这种取向的合理性。特别是如果我们将'技术'宽泛地定义为口述、印刷和电子通信技术，传播史研究就会深陷困境"①。他引用了传播学文化研究学派的雷蒙德·威廉斯（Raymond Williams）的话："传播史研究的结构所依据的是技术被发明的顺序，这导致传播史研究更青睐某种技术决定论。诚然，在建构传播史时，研究者很难不对新技术新发明出现的重要时刻另眼相待。但同时，我们也应当清楚这种以技术为中心的研究模式的局限性。"②舒德森和威廉斯等的论述可以看作对传播史分期技术路径或技术范式的质疑。

舒德森等认为传播媒介同社会实践和文化供给性一样，可以从技术的入口进去，同样可以从别的出口出来。詹姆斯·凯瑞用实际行动作出了回答。他把传播技术史分为"口语传统—印刷媒介—电脑"三个阶段，但他认为这三个阶段是一个时间轴，它们分别有不同的"形式维度"和"内容维度"。"形式维度"表现为"表演—印刷—编程"，或者"演说—印刷—人类行为的编程"，再或者"演说家—印刷术—编程人员"。重要的是透过这些"形式维度"要看到与之对应的"内容维度"："谈话—文本模型"或"谈话—文本性结构"。而最关键的是在"内容维度"背后还有更深层的哲学隐喻——"实用主义—解释学—结构主义和后结构主义"。他认为"传播技术研究关注的重点并不在技术本身，而是技术所展现的言说方式、技术背后的话语和权力关系、思想观念以及这些因素争斗所形塑的现实世界"③。凯瑞讨论了在媒介这个多面体上面和技术相对应的形式、内容和哲学指向，这为传播史分期理论提供了一种"另类"思维的样本。

类似的"无心插柳柳成荫"的事例还有一些，他们研究的对象不是传播史及其分期问题，他们也没有在研究过程中刻意地对传播历史进行分期，但他们的研究结果可以理解为一种传播史分期结论，而且是一种有别于媒介环境学思维和技术范式的结论。丹麦人克劳斯·延森（Klaus Bruhn Jensen）的《媒介融合：网络传播、大众传播和人际传播的三重维度》把媒介的物质载体分成三重维度，第一维度是"身体和工具"，包

---

① 舒德森. 传播研究的历史取向——谈谈传播史的研究方法 [J]. 新闻记者, 2018 (4): 93.
② 舒德森. 传播研究的历史取向——谈谈传播史的研究方法 [J]. 新闻记者, 2018 (4): 94.
③ GAREY J. The language of technology: talk, text, and template as metaphors for communication [C] // MEDHURST J M, GONZALEZ A, PETERSON T. Communication & the culture of technology. Pullman, WA: Washington State University Press, 1990: 19-38.

括人的身体和工具性延伸,以及口语、书写等具身性传播;第二维度是"技术",涵括印刷书籍、报纸、电影、广播和电视等所有模拟技术,也就是所有大众媒介;第三维度是元技术,即包含个人计算机、手机等其他便携设备在内的接入互联网络的数字终端。为了给未来留出位置,延森继续设计了第四维度,这个维度的媒介物质载体首先是类似虚拟现实眼镜、虚拟现实手套的工具,它们能使人进入远离现实的虚拟空间;其次是被某些人神话的"物联网"——万物互联技术;最后是人体自身,传播媒介在最后时刻将再次回到人体,但那时的人体将和以往的人体不一样,媒介回到人体不是让人重新体验面对面的温馨互动,而是要让人全副武装,凭借生命支持系统和植入技术,让人成为一切媒介的终极——超媒介。再往前走,与超媒介形成呼应的将是时下正被给予热切期盼的元宇宙。不可否认的是,延森的研究再次引出了传播史问题,也带来了传播史分期的路径问题和范式问题。鉴于网络传播、大众传播和人际传播所表现出的"后视镜"时间顺序特征,延森的"三重维度"其实是传播史分期的话语切换。他的这一著作的副标题最直观不过地展现了"人际传播—大众传播—网络传播"的人类传播史发展路径,这条路径不能简单被理解为是一条技术路径。

法国学术界总是给我们带来耳目一新的感觉。让纳内的《西方媒介史》名为"媒介史",但如果人们试图在这本书中找到一条媒介发展历史的清晰线索的话,一定会失望。让纳内的"媒介史"看起来更像是"舆论史""传播史"。我们习惯于英美的思维模式,即认为只能是传播包含媒介,而不能倒过来。但是法国式套路恰恰相反——从媒介说起,传播体现在媒介之中。麦克卢汉讲"媒介即讯息",在法国学术界,这句话可以直接改为"形式即讯息",作为传播载体的媒介形式本身自带信息,自带内容,自带属性。从这个意义上说,法国的"媒介学"与媒介环境学是一脉相承的。

与让纳内相反,雷吉斯·德布雷(Régis Debray)的《普通媒介学教程》虽然是一本关于媒介学的理论教程,全书的目的在于以一种媒介文化的视角去发现一种"可行的知识方法",或者是通过媒介那些"小的细节去发现大的文化问题",[1] 但是其中却散发出他对传播史分期的真知灼见。德布雷的这本书中"最新颖而富有想象力的核心概念是'媒介域'"(译者语)[2],"这个字眼指的是一个信息和人的传递和运输环境,包括与其相对应的知识加工方法和扩散方法……每个媒介域都是已有做法和新工具相互妥协的结果,并嵌入不同时代的技术网络。每个媒介域都会产生一个特有的空间—时间组合,也就是一个不同的现实主义"[3]。他把媒介域分为逻各斯域、书写域和图像域。其中逻各斯域属于神学时代,书写域属于形而上学时代,图像域属于电子时代。很显然,

---

[1] 这组词和前面"可行的知识方法"都出自雷吉斯·德布雷的《普通媒介学教程》(2014年9月版第40页)。
[2] 德布雷.媒介学宣言[M].黄春柳,译.南京:南京大学出版社,2016."媒介域"被译为"媒体界".
[3] 德布雷.普通媒介学教程[M].陈卫星,王杨,译.北京:清华大学出版社,2014:261-262.

这种描述不自觉地体现了一种具有时间先后顺序的技术轨迹，当然也体现了维柯的历史三段论。德布雷后期在别的地方修正了自己早先的观点："依据不同的传播媒介把媒介域分为以下几种：语言域（口头传递）、书写域（印刷和书写）、视频域（电视和影像）和超级域（数字网络）。"[①]

对于传播史的"另类"认识，一定还有很多，比如阿尔文·托夫勒（Alvin Toffler）的"三次浪潮"，虽然是以产业为线索展开的历史回顾和总结，但每一次浪潮中都蕴含着一种影响深远的传播形式或媒介技术。这些"另类"的认识，在媒介环境学思维之外，在技术路径之外，为我们避免千篇一律地认识传播史分期提供了启示。所有这些启示也是本书关于传播史分期的哲学批判的思维依据，即我们不能拘泥于某一种思维定式，把某一种理论奉为知识圭臬。托夫勒、德布雷、延森的经验告诉我们，观察传播史的方法有很多种。技术路径是一种基础思维，毕竟载体是传播最直观的表征。但是传播不等于媒介技术，传播还有内容、功能、效果、受众等。我们需要谨记，真正能带来各种可能性的除了历史本身，还有我们如何去看历史。

第三节 功能传播的历史分期

从传播史分期的技术思维本身看，有一些问题是无法彻底自圆其说的。这种思维看起来更像是一种进化论思维，人们总是把新媒介看作对旧媒介的彻底超越和取代，甚至把一种抽象为数字媒体的"媒介域"看作"元媒介"——"媒介的媒介"（延森语）。为什么不能把新媒介看作旧媒介的补充？在数字媒介时代已经被"超越"了几代的口语彻底没落了吗？我们早上醒来见到家人的第一件事难道不还是"你好""休息得如何"之类的口语交流吗？作为一个正常人，我们每天做得最多的事不还是说话吗？把口语之后的时代称作"文字时代"，那这个时代和后来的"印刷时代"的本质区别只是因为印刷技术的介入吗？问题是印刷技术出现以后相当长的时间内，手抄在很多地区（甚至就在早期金属活字印刷术最活跃的欧洲地区）都还是最基本的书写方式。书写和印刷这两种模式谁的历史地位更重要？是印刷吗？《论语》最早的版本是手抄体，甚至晚近出现的《圣经》最早的版本也是手抄本。没有那第一本手抄体，经典如何产生？在手抄体问题上是竹简的贡献大还是纸张的贡献大？诸如此类的疑问会很多，所以，用"口语时代""文字时代""印刷时代"是否就一定能准确地、完全地归纳那一时代的主要特征？对传播史这样复杂的历史做这种碎片化的总结是否周全？其实，传

---

① 朱振明.媒介学中的系谱学迹线——试析德布雷的方法论[J].新闻与传播评论，2019（3）：87-97.

播史学者们自己也已经意识到这些问题了。德布雷尽管划分了不同的媒介域，但他又让他的媒介群在各个"域"下不停地"翻转"："我想以一个世纪去阐明另一个世纪，以一个翻转去解释另一个翻转……我们这个世纪就是 16 世纪的平方，n 次幂。但是一个倒转的 16 世纪，是一个方向翻转。"① 而延森把传播媒介的"第一维度"锚定为"身体和工具"，而不是"口语"或"语言"，则是因为他考虑到了口语在人类历史中的全程介入。他不得不小心翼翼地单独在口语框架下把口语划分为了"原始口语""次生口语"和"第三阶层口语"。这样一来就出现了某种单一媒介伴随整体传播史同时又不得不给这一媒介历史进行单独分期的情况。至少在线性的历史脉络中，这种情况对我们清晰地认识传播史是一种挑战。事实上，在现有的技术路径下或技术支持的"哲学思辨"中，我们经常会遇到很多类似的思维困惑。

历史分期的目的之一是方便人们认识历史，即用一种最少的文字、最直观的结构总览历史全局。历史分期既要反映历史的客观性，又要体现对历史分期的主体意识。历史分期有时需要庖丁解牛，精确细微；有时需要大刀阔斧，简约概括。随着数字媒介技术的诞生，以及我们对史前史认识的深入，传播史分期中的历史阶段比麦克卢汉、施拉姆时期的时段长，洛根的分期法是典型的现代分期法，得到了国内外很多人的认可。然而，历史分期的细化意味着我们在解释历史时需要用更多的笔墨，但有的时候我们又希望能用更经济的语言来描述历史。那么我们能不能反其道而行之，提出一种更简约的分期法？

既然技术路径无法设计出完满的传播史分期法，那就必须接受通过其他路径设计新的方法。这里我们不妨在德布雷、延森、凯瑞等人之外，把传播的功能要素作为衡量标准，对传播史分期法重新进行一次实验。

传播学理论所涉传播功能指的是传播的社会功能。最早系统地提出相关理论的是哈罗德·拉斯韦尔（Harold Lasswell）。他在 1948 年的博士学位论文中提出传播有三种社会功能：守望环境、协调社会和传承社会遗产。后来拉扎斯菲尔德（Paul F. Lazarsfeld）和赖特（Charles Wright）等人发展了他的学说，施拉姆将之发展为教科书理论：传播具有社会雷达、管理、传授和娱乐四种功能。单纯从这些功能分类看，我们无法从中获得一种历史分期的线索。但如果我们稍微留心，就会发现以上的功能理论也罢，功能主义也罢，其所强调的是传播的"社会功能"。这意味着在"社会功能"之外，传播的其他功能被我们遗忘了。这个被遗忘的功能其实就是传播本身——传播本体功能。媒介传播什么呢？人们会回答说媒介传播信息，但是在历史的不同时期，信息是不同的，人们对信息的理解不同，信息的内容不同，信息传播的功能也不同。

---

① 德布雷. 普通媒介学教程［M］. 陈卫星，王杨，译. 北京：清华大学出版社，2014：417-418.

我们的出发点就在这里。如果按照传播的本体功能框架爬梳，那一条不同以往但同样清晰的传播史线索就出现了。根据传播本体功能的"理想类型"（韦伯语），再结合媒介形态衍生的传播形态的差异，借助历史哲学的抽象思维，我们就可以把传播史划分为记录时代、新闻时代和全息时代三个大的历史时期。本书称其为传播史功能主义分期法。

一、记录时代

这一时代从神话时代开始，也就是从语言用于集体记忆开始，经过文字发明、书写（手抄），到15世纪和16世纪的地中海城邦国家占据统治地位时期为止。这个时代可以称为"记忆/记录时代"或"记录时代"。这里要强调一下，如果换作完全的中国叙事框架的话，这一时代的终点就不再是15、16世纪，而是更早的中国唐宋某一个诞生"邸报"和新闻的时期，或者更早时期。

这个阶段的媒介和媒介技术不只是语言、文字、印刷术，还有大量的伴生性媒介，比如绘画、神话、石碑、竹简、器皿、甲骨、泥板、纸张、书籍、交通等媒介载体和媒介技术；从传播过程看，有祭祀活动、"左言右事"制度、邮驿传报系统、各种社交活动等；从传播内容看，包含官方布告、史料文献、百科著述、集体记忆等。

语言（这里实际是指非文字的言语）当然是记录时代最早的媒介。在语言诞生之前，人类在"前社会"状态下是通过各种动作、表情、不确定的发声展开交流的，但是这种交流式传播的效果非常有限。语言和社会互为因果，没有语言，就没有社会；没有社会，也不会有语言。"社会之外是没有语言的。"① 由于模拟传播时代尚未形成社会，模拟传播自然也就不具备社会功能，所以这类传播活动可以忽略不计。语言产生之后，人类开始进入一种拥有意识、建立关系、学会记忆、确立目标的集体社会状态。语言除了交流之外，还有一种更重要的功能，那就是记忆和记录。当然前文字时代的"记录"是通过记忆完成的，"刻"在集体的大脑深处。"人类运用语言把自己的思想记录下来，当思想已成过去时便用语言来加以回忆；并用语言来互相宣布自己的思想，以便互相为用并互相交谈。"② 霍布斯对语言与记忆、记录的关系有深刻的认识。"语言的一般用处是将心理讨论转化为口头讨论，或把思维序列转化为语言序列。像这样做有两种用处，一种是记录我们的思维序列。这种序列由于容易遗忘，使我们必须从头进行构思，但通过作为标记的语词就可以重新回忆起来。所以名词的第一个用处就是

---

① 斯大林. 斯大林文集1934-1952［M］. 北京：人民出版社，1985：561.
② 霍布斯. 利维坦［M］. 黎思复，黎廷弼，译. 北京：商务印书馆，1985：18.

作为记忆的标记。另一个用处是：当许多人运用同一些语词时，他们可以通过这些语词之间的联系与顺序互相表达自己对事物所想象或想到的是什么，同时也可以表达他们所期望、惧怕或具有其他激情的东西。"[1]可见语言在初期担任着非常重要的职能。人们生活在记忆和历史之中，"记忆是一种和时间有关的直观当下化"[2]，没有记忆，就没有当下，一切都将解体。就像尼采哲学中所释放出来的信息，"人历史地活着；他意识到他不断地形成、未形成，意识到所有现在都消亡成了一个固定了的过去。过去以一种做了、结束了、完成了、无法改变了的事情的形象，不断浮现在人眼前"[3]。这种"本能"动物和人都有，但是动物的记忆只是身体上的、感官上的，而人的记忆不仅涉及身体、感官，还涉及位置、关系、意识、现象等，后者必须通过语言才能完成。这就是人和动物的最大区别。

  英国学者杰克·古迪（Jack Goody）把文字诞生以前的传播形态称作"口传文化"。他相信，"口传文化中的交流绝大多数发生在面对面的情境中。信息基本上储存在记忆里和心里。没有文字，就没有真正储存在人类大脑之外的信息，因此也没有跨越时空的远距离交流"[4]。因此，他对苏格拉底和柏拉图等人担心的文字会毁坏记忆的"反文字口语记忆"表示极端怀疑。这当然不是古迪一个人的态度，大部分享受到文字好处的理性人都对片面强调口语式记忆的观点表示出担心。作为人类传播史上第一种具有文明意义的媒介，口语固然重要，但是，"口传文化中的一切文化知识都储存在心里，这多半因为别无选择"[5]。纯粹依靠大脑来记忆和记录事情并不是一件容易的事，就算集体的规模再大、投入集体记忆的人数再多、关于记忆和记录的任务分配得再具体和清楚，能够记忆下来和"记录"下来的事情、事务仍然是非常有限的。利用语言开展记忆和记录，显然存在严重的缺陷。所以文字是社会要求提高记忆和记录能力的产物，它使人类的记忆和记录能力更加强大。如果得到有足够时间偏向性的媒介支持——古人在甲骨、石碑、器皿上镌刻文字，并通过墓葬方式穿越时空长久地传承下来；现代人用数字技术、云端储存技术等将包含文字在内的一切记录保存在更长久的记忆载体之中——记忆和记录就可以成为永久性的传播内容，成为考证历史的素材，成为"信史"的证据，当然更重要的是它同时催生了各种各样的当代的精神和物质文明，比如文学、历史、政治、思想、理论、制度等。

  神话是记录时代最典型的媒介，也是语言的次生媒介。神话首先是人类征服自然

---

[1] 霍布斯.利维坦[M].黎思复，黎延弼，译.北京：商务印书馆，1985：19.
[2] 利科.记忆，历史，遗忘[M].李彦岑，陈颖，译.上海：华东师范大学出版社，2018：57.
[3] 怀特.元史学：19世纪欧洲的历史想象[M].陈新，译.南京：译林出版社，2013：432.
[4] 法拉，帕特森.记忆[M].户晓辉，译.北京：华夏出版社，2011：69.
[5] 法拉，帕特森.记忆[M].户晓辉，译.北京：华夏出版社，2011：70.

的产物。马克思指出,"任何神话都用想象和借助想象以征服自然力,支配自然力,把自然力加以形象化"①。其次,神话是上古时代人类面临无数困惑的结果。人们或者无法理解自然现象,对大自然充满敬畏,或者需要对祖先和领袖顶礼膜拜,或者面对过去发生的许多故事无法有效记忆,神话就走到了生活的前台。正如斯宾格勒所言,"这种无机的、致死的、禁锢的意义上的经验,是与人的生命体验及生命知识完全不同的东西,这种经验以两种方式出现——理论和技术,或者用宗教语言来说,神话和崇拜"②。最关键的是神话为以语言为主要媒介的人类提供了一种便于记忆和记录的次级媒介,通过富有情节的、由熟悉的人物形象构成的故事,再加上超自然力量的想象物,人们对自己所处的世界加强了理解和认识,也有效地长久保留了集体的某种记忆。

每个民族无论大小,都有自己的神话。有的很简单,有的很复杂;有的是自然生成的,有的看起来更像是后期建构的系统化的神话体系。中国的神话是中国先人在征服自然、支配自然、了解自然的过程中形成的,虽然从整体上看内容很丰富,但很多神话及神话人物之间是彼此独立的。比如盘古开天地、夸父逐日、女娲补天、后羿射日等,只需要简单的语言就可以完成历时性的记忆。只是在国家历史展开、有了文字以后,才出现了神话系统,如古希腊、古罗马的神话完全可以看作一套"神权历史"(柯林武德语)。当时的人甚至把神话等同于历史。就像柯林武德所指出的那样,这种历史神话化或神话历史化的行为开启于"早期"美索不达米亚文明,并且"统治了整个近东,直至希腊兴起为止"③。事实上,即使是在古希腊、古罗马时期,这种"神权历史学"的神话传说痕迹依然到处可见,修昔底德的《伯罗奔尼撒战争》和希罗多德的《历史》就是证明。

不管怎么样,早期的神话传说一定是语言属性的,如果一种神话传说一开始就以文字的形式出现,它绝对是不可信的。因此,后来的研究者指出《荷马史诗》最早是荷马作为游吟诗人传播开来的。苏美尔泥板上被破译的《吉尔伽美什》史诗神话证明苏美尔的历史比人们说的 5500 年前或 6000 年前还要悠久,但没有证据证明这一点。中国的许多神话也是经无数代人口耳相传传承下来的,但中国神话的可靠性在于各种汉字典籍记录了这些神话。中国神话不仅有明确无误的文本作为佐证,更有口耳相传的"活化石"做证——今天在中国民间依然有大量的艺人——特别是一些盲人,采取口耳相传的"说书"等艺术形式传播各种神话传说和民间故事。这些艺术以无可置疑的事实证明语言传播对神话的记忆和记录,这也证明了语言在各种历史情节中的独特记忆和记录作用。

---

① 中共中央马克思恩格斯列宁斯大林著作编译局. 马克思恩格斯文集:第 8 卷 [M]. 北京:人民出版社,2009:35.
② 斯宾格勒. 西方的没落:第二卷, 世界历史的透视 [M]. 吴琼, 译. 上海:上海三联书店,2006:244.
③ 柯林伍德. 历史的观念 [M]. 何兆武, 张文杰, 陈新, 译. 北京:北京大学出版社,2010:17.

与神话密切配合的另一种传播活动是祭祀。斯宾格勒说，初民们对世界的恐惧和爱让人类走到了神话和崇拜世界。一方面，人们建构各种神话"理论"来破解自己的困惑；另一方面，人们通过祭祀"技术"来践行对神秘世界的崇拜。在斯宾格勒和其他西方学者看来，巫师和请灵者通过献祭和祈祷来驱遣神灵，他们的权能体现在"在罪与赎罪、忏悔与赦免、献祭与神恩之间"①。这显然是基督教式"技术"的功能。在上古时期的中国，祭祀是一种国家行为，所谓"国之大事，在祀与戎"，祭祀和战争是国家最大的事务。祭祀的种类很多，礼制很复杂。根据祭祀对象，分祭天、祭地、祭日、祭月、祭星、祭四时、祭四方、祭水旱、祭祖宗、祭风雨山川等百神，等等；根据祖宗的级别，分禘祭、郊祭、宗祭和祖祭；祭祀祖先的场地分考庙、皇考庙、显考庙、祖考庙不同级别，还有桃、坛、墠、社；祭四时，春祭曰礿，夏祭曰禘，秋祭曰尝，冬祭曰烝；祭祀用酒分为玄酒、清酒和浊酒；和百姓生活直接相关的祭祀神有司命神、中溜神、国门神、国行神、户神和灶神。诸如此类，典籍中所记载祭祀的规定和礼制之繁复多样，令人目不暇接。祭祀过程要记录在案，估计在没有文字的时代该过程是通过诗词、歌谣流传下来的。祭祀过程中要用诗的形式诵念祷词，祷词既是礼仪的一部分，也是对祭祀活动的记忆和记录。祭祀的权力掌握在统治者手里，统治者通过祭祀仪式彰显了自己的威权，通过求问答谢上苍、追念感怀先祖，获得心灵的安慰，为社会建立了秩序。《礼记》等典籍中皆有这方面的记述，《诗经》中还有大量的祭文或祷词的原始文本：

> 我将我享，维羊维牛，维天其右之。
> 仪式刑文王之典，日靖四方。伊嘏文王，既右飨之。
> 我其夙夜，畏天之威，于时保之。
> （《诗经·我将》）

在祭祀活动中，有三种东西是直观层面的媒介。第一种是诗歌。诗歌的产生根源有三个，一是劳动号子，二是生活歌谣，三是祭祀祷词。这些在中国文献中都能找到案例。传说帝尧时期的《击壤歌》就是劳动号子，"日出而作，日落而息。凿井而饮，耕田而食。帝力于我何有哉？"②《诗经》中耳熟能详的诗句"关关雎鸠，在河之洲。窈窕淑女，君子好逑"，就是人民群众的生活歌谣。前述《诗经·我将》是典型的祝祷词，这类内容在《诗经》中还有很多。意大利历史学家维柯说过，"各种语言和文字的起源都有一个原则：原始的诸异教民族，由于一种已经证实过的本性上的必然，都是

---

① 斯宾格勒.西方的没落：第二卷，世界历史的透视［M］.吴琼，译.上海：上海三联书店，2006：247.
② 沈德潜.古诗［M］.北京：华夏出版社，2006：1.

些用诗性文字来说话的诗人"①。限于语言条件和文献掌握情况，我们不敢说还有哪个民族能完全做到维柯所说的那种水平，但中国绝对是维柯笔下最标准的典范。中国不仅从源头上具备了诗性，而且历朝历代都是按照这样的模式展开的。一部中国历史就是一部诗性中国历史。第二种是"社"。"社"是祭祀规制中的土地神。具体做法是用一个垒砌的土墩或一棵树、一段木桩，或者一块竖立的石头，来代表土地神"社"。其中有一种代表军事保护神的"军社"，要用竖立的石块作为象征。移除敌对国家的社石象征着对那个国家的征服。周人在献祭、典礼时会用"碑"代表石质的"社"。许慎认为"碑，竖石也"②。碑和"社"一样，是某个祭祀对象的象征。但是石碑只有在祠庙和宫殿庭院中才使用，葬礼中用的则是木碑，以利于搬运。最初的碑没有铭文，单纯是一种神器，是权力和身份的象征。到秦汉时，青铜器逐渐从礼仪、生活中淡出，但青铜器上的铭文没有消失，作为一种对先人的纪念、对天下和后代的昭告，铭文开始转移到石碑上。③至此，石碑具备了信息载体的属性。"社"和"碑"是有来历的，或者说经过了多次"变身"以后，才成为今天的社与碑。那些动辄被发现属于几千年前且上面镌刻着各种丰富历史信息的石碑，在中国的文明话语中是站不住脚的东西。第三种是"铭"。《礼记》记载，"夫鼎有铭，铭者，自名也，自名以称扬其先祖之美，而明著之后世者也"④，意即祭祀用的鼎一般上面有铭文。所谓铭就是自己写的，用来赞扬自己祖先的美德，并使其昭彰于世，流传后人。从此，汉字又有了另一种字体——金文。

还有一种媒介是潜在的，那就是地下文物及其负载的信息。我们了解古代历史一是通过文字材料，二是通过考古。考古中发现的地层、遗骨、文物等揭示了逝去年代的准确信息，证实或证伪了某一段历史。《尚书》《史记》等中国历史典籍中都有武王伐纣的记录，但许多历史研究人员对此持怀疑和否定态度，理由是司马迁等作者距离武王伐纣时代太久远，故他们所记录的信息有道听途说之嫌，而且也都没有交代信息来源，缺乏可信度。但1976年在陕西临潼出土的青铜器利簋揭开了这一历史谜团。利簋制作精美，内底铸32字，内容为"珷（武王）征商，唯甲子朝，岁鼎，克昏夙有商，辛未，王在闌师，赐有事利金，用作檀公宝尊彝"⑤（见图4-1）。大意是：周武王征伐商国，在岁星当空的早晨占领了商都。第八天后的辛未日，武王在闌师论功行赏，赐给官员"利"以铜、锡。名为"利"的官员用武王赏赐的铜和锡制作了此青铜簋，纪念自己的祖先檀公。利簋铭文有力地证实了《尚书》《史记》等文献中有关武王伐纣的

---

① 维柯.新科学（上下册）[M].朱光潜，译.北京：商务印书馆，1989：37.
② 段玉裁.说文解字注[M].北京：中华书局，2013：454.
③ 有关"社"和"碑"的知识，参见王静芬.中国石碑[M].毛秋瑾，译.北京：商务印书馆，2011：33-53.
④ 郑玄.宋本礼记·祭统：第三册[M].北京：国家图书馆出版社，2017：206.
⑤ 张政烺.甲骨金文与商周史研究[M].北京：中华书局，2012：217.

历史记录，这一事件也证明中国古代史官和历史学家们在治史方面态度之严谨。墓葬为今人和古人搭建起一个对话、沟通的渠道，墓葬是联通古今的一种特殊传播——"历史传播"。任何一种器物都包含着大量的文化信息、历史信息和一般的传递式信息，所以说器物也是媒介，更何况其上还黏附着包含准确信息的文字媒介。从这个意义上讲，相较于世界上同时期的其他器物媒介，中国商周青铜器无疑是价值最高者。

图 4-1 利簋及其铭文

图像和记忆之间存在一种"记忆—图像"的硬关系模式。借用法国哲学家柏格森的话，"从本质上说，过去是潜在的。如果我们不跟随并接受过去完全地展现为当下的图像所需要的运动，让过去从晦暗状态转而显露在光明中，我们就不能捕捉到过去"[①]。所以，图像的产生时间远比文字要早，甚至可能早于语言。我们所理解的史前时期的模拟传播实际都是初级的三维图像。至于二维的图画，当人类具备初级意识的时候，有可能就会在地上、石壁上涂画各种图案了。发现于世界各地的远古岩画证明人类早就掌握了绘画技术。目前在 120 多个国家发现了岩画，被考古界和学术界经常提及的有法国南部比利牛斯山岩洞中的岩画，最古老的则是发现于印度尼西亚南苏拉威西岛的距今 4.5 亿年的"半兽人"围猎图。中国南北各地也发现了大量的岩画，这些地点分布在江苏连云港、云南澜沧江岸、广西花山、内蒙古阴山、宁夏贺兰山和西藏各地。仅西藏一地就发现了 60 余个岩画点，共计 5000 多幅岩画。世界各地的岩画内容不尽相同，其中以围猎、战争、动物形象等为主要图案。岩画是最早的"图像志"，之后人类绘画水平不断提高，而建筑、雕塑、各种材质的器皿等，都先后加入了"图像志"的行列。作为一种独特的历时性媒介，岩画展现人类远古时代的生活景观，同时也从另外一条路线上促进了文字的诞生。

---

① 利科.记忆，历史，遗忘[M].李彦岑，陈颖，译.上海：华东师范大学出版社，2018：66.

文字是我们窥探过去岁月的主要媒介。文字是语言的延续，它的出现弥补了语言在交流、传播过程中的不足。文字和语言一样，都具备记忆、记录的功能。没有文字文本，人们无法准确地了解过去；没有文字文本，就没有历史学者们所说的"信史"。同样，宗教圣典也具有记忆和记录的功能。基督教的《圣经》是信徒们直接接受上帝的旨意、教义的媒介，它也是一部基督教的历史文献，特别是《旧约》，"记录"了中东、北非各民族的交往史、发展史。中国的历史可信度世所公认，原因是中国的历史以文字的形式记录下来了，而且这种文字保持了连续性。中国文字还揭示了早期文字的另一种功能，那就是与天地通灵。安阳殷墟发现的7000多块附带文字的龟甲基本都是占卜问筮的产物。这说明祭祀以及占卜问筮等行为在夏商周甚至更早的上古时代就已经存在，同时也说明作为一种符号，文字在诞生之初与祭祀、原始宗教有着密不可分的关系，二者甚至有可能存在一种因果关系。如果此想法有道理，那么贾湖、双墩等地发现的器物上的刻符也应该是祭祀文化和宗教文化的产物，最早的刻符式文字或文字式刻符所记录和表达的一定是神职人员个体化的经验、意识和意念。

　　总而言之，从传播的本体功能看，古代媒介并不强调即时性的信息交流，它们更多发挥的是记忆、记录功能。各种景物、事件、记忆、知识、历史等通过崖壁、建筑、器皿、竹简、纸帛等载体以图画、文字等方式保存了下来，流传至今。这种传播也许是为了告知天地、族人、敌人以及可以到达的"天下"，也许是为了传颂千秋万代。"记录"这种传播方式不追求即时性和广泛性，它甚至只是为了让记录者自己铭记这些内容。当然比图画和文字更早的传播是面对面的口语交流，它所体现的特征和记录没有直接的关系，那些传播内容的转述和传承靠的是集体的大脑记忆。有关那些交流过程的认识我们这些后人只能靠合理的推断获得。然而人类如此伟大，我们庆幸祖先发明了文字，他们可以把个体大脑中千差万别的"记忆文本"用一种具有一以贯之的意义、能够被后人辨识的"可视文本"——文字——永久地保存下来。传播完成了从记忆到记录的转变。通过这些记录，我们得以了解古代的各种神话、史诗，也得以了解过去的一切。只有把历史看作时光隧道，站在隧道的这端回首隧道的那端，我们才会深切地体会到"记录"的含义，才会理解德布雷、凯瑞等人所强调的历时性"传递"（transmission）概念在人类传播史中的意义。"传播是在一个空间完成，在同一个空间——时间——领域中的信息运动，是一个长长过程的节点；而传递强调时间的纬度，意味着在不同的空间——时间——领域当中的信息运动。"[①] 从时间偏向的意义上讲，没有比"记录"二字更能概括这一段漫长的历史，只有依靠记录，那些逝去的时光才成为传播史的一部分。

---

① 德布雷.普通媒介学教程[M].陈卫星，王杨，译.北京：清华大学出版社，2014：7.

二、新闻时代

"新闻"一词最早出现于中国唐朝初期。其时,许多诗中用了这个词,最接近现代意义的用法是李咸用《春日喜逢乡人刘松》中的诗句:"故人不见五春风,异地相逢岳影中。旧业久抛耕钓侣,新闻多说战争功。"① 按照中国新闻史学界的判断,唐朝已经有了正式的官方信息公开机制。唐朝官员孙樵《经纬集》中《读〈开元杂报〉》记载唐宣宗大中五年(851)前后,朝廷每天发布朝政简讯,有人还将简讯抄录后寄往各地。唐朝中期以后出现了给节度使提供情报的"进奏院状",藉此向节度使提供京师消息和军事情报。宋朝出现了"邸报"一词,和"进奏院状""朝报""报状"等同义,所不同的是发布主体从地方当局改为中央政府。后来明朝、清朝都延续了这一制度。中国早期"报纸"成为一种由朝廷控制的信息发布工具,这与近现代西方的新闻制度有很大的区别。

西方的新闻萌芽于15世纪前后的欧洲地中海地区。彼时,意大利各地尽管仍然处于城邦国家时期,但是凭借地处地中海核心和连通西亚、中东、北非、西欧的优越地理条件,其发展起兴旺的对外贸易和金融业。20世纪初法国历史学家费尔南·布罗代尔(Fernand Braudel)曾对15世纪前后地中海的政治、经济、贸易、文化等有过全面而深入的描述。"被这片辽阔的地区团团包围,并位于它的中心的地中海,直到1600年,仍然拥有兴旺发达、灵活多变和充满活力的经济。"② "热那亚人推动了塞维利亚的经济起飞,并建立起必要的和缓慢的资金周转机制。否则,大西洋两侧的任何往来都不可能。西班牙经济容忍了热那亚人的介入,也容忍了佛罗伦萨人虽比较隐蔽但规模更大的介入。意大利的资本家——威尼斯的和米兰的——也加入他们的行列,控制通向尼德兰的交通要道。在安特卫普、纽伦堡,甚至在地球另一端的霍尔木兹和果阿等地,都能见到威尼斯人和米兰人……地中海人到处插手。地中海人甚至通过热那亚人控制西班牙王室的财政,通过贝桑松交易会控制欧洲资金的高层运动。"③ 随着威尼斯、热那亚城邦的兴起,以及教宗影响力的"加持",意大利成为近代欧洲最早的集政治、文化、经济于一体的中心,整个欧洲和西亚、北非的贸易、金融中心在地中海的东北地区落户,这个地区迅速成为世界各地货物的集散地。威尼斯和热那亚商人们的足迹遍布欧洲和北非、西亚、南亚、美洲甚至东亚地区,他们对于有关地区的信息需求也

---

① 全唐诗:第十九册[M].北京:中华书局,1960:7408.
② 布罗代尔.地中海与菲利普二世时代的地中海世界[M].唐家龙,曾培耿,等译.北京:商务印书馆,2017:324.
③ 布罗代尔.地中海与菲利普二世时代的地中海世界[M].唐家龙,曾培耿,等译.北京:商务印书馆,2017:321-322.

成为第一需求。"消息奇货可居，价值何止千金。"① 于是，手抄新闻出现了。1566 年，威尼斯人发明了一种手抄的新闻纸《威尼斯公报》（Venice Gazzette），1 格塞塔（威尼斯货币）可以买一份新闻纸，或者 1 格塞塔允许走近新闻纸看一遍，这种新闻纸因此也被称作"格塞塔"。后人将此看作近代报纸的源头。但是《马礼逊华英字典》中 Gazzette 一词的解释只有一种：邸报、京报。难道威尼斯人的新闻纸也叫邸报和京报吗？显然不可能。这桩公案暂且搁置一边。印刷新闻纸出现以后，手抄新闻继续存在了 200 年，18 世纪才正式退出历史舞台。但另一种说法显然与此相互矛盾。同一本新闻学著作认为早在 13 世纪英国就有了手抄新闻书，后来还出现了带有一定文学色彩的新闻诗和新闻信。1605 年，出版商纳撒尼尔·巴特（Nathaniel Butter）开始出版不定期新闻纸，1624 年他与人合作创办《每周新闻续编》，连续出版 23 期。1621 年，出版商尼古拉斯·伯恩（Nicholas Bourne）和托马斯·艾克尔（Thomas Archer）获得国王许可，创办英国第一家定期刊物《来自意大利、德国、匈牙利、波西米亚、巴拉丁领地、法国和低地国家的每周新闻》，简称《每周新闻》（Weekly News），News 一词作为"新闻"之意第一次被用于报刊。②

西方近代报纸的起源有多种可能性。1482 年，德国奥格斯堡发行《巴西探险记》，它被认为是印刷新闻传播的萌芽；1502 年，德意志境内出版过报道打败土耳其人的印刷品，其首次使用了 Zeitung（报纸）一词；1513 年，英国出版过有关苏格兰战争的新闻书；1549 年，意大利出版《特兰特会议新闻书》；1590—1610 年，英国有过大约 450 种新闻书，它们大量使用"真实的新闻"（True News）（注意：同一著作在前面说英国 1621 的《每周新闻》开始使用 News）。③另一种版本是：1605 年，世界上第一份期刊《安特卫普新闻》（Les Nouvelles d'Anvers）诞生；1631 年，一名法国医生在教会支持下创办了《每周法国新闻》（La gazette de France），周报含 8 页纸内容，发行量为 1200 份，这被法国人自己看作现代报业的鼻祖；1660 年诞生于德国的《莱比锡日报》（Leipziger Zeitung）被称作世界上最早的日报。④ 英国现代学者汤姆·斯丹迪奇（Tom Standage）提供了另一种解释。16 世纪的欧洲社会出现大量印刷品，包括书籍、小册子；16 世纪 60 年代，报道新闻的单页新闻叙事诗出现，到了 16 世纪 80 年代，单页叙事诗变成了多页的小册子；1600 年，出现了定期出版的以了解政治形势为目的的新闻稿，也称"新闻信札"，由伦敦的政治消息人士编写，再送给外地的收信人；1618 年，"三十年战争"爆发，新闻需求量骤增，一种新型印刷品"新闻报"（Coranto）出现，

---

① 布罗代尔.地中海与菲利普二世时代的地中海世界［M］.唐家龙，曾培耿，等译.北京：商务印书馆，2017：545.
② 郑超然，程曼丽，王泰玄.外国新闻传播史［M］.北京：中国人民大学出版社，2000：53-54.
③ 郑超然，程曼丽，王泰玄.外国新闻传播史［M］.北京：中国人民大学出版社，2000：12-13.
④ 巴勒.传媒［M］.张迎旋，译.北京：中国传媒大学出版社，2007：3，4.

只有一页纸，两面印刷；1641年，英国资产阶级革命爆发后，对新闻的限制取消，导致英国新闻业大发展。1642年，伦敦涌现一大批新闻周刊；1643年，官方的皇家新闻书《宫廷信使报》(*Mercurius*)创刊，议会作为回击，创办《英国信使报》(*Mercurius Britannicus*)；英国每年出版刊物数从17世纪30年代的624种飙升至1641年的2000多种、1642年的4000多种、1660年的4万种。①

历史的巧合之处就在这里。手抄新闻出现不久，中国人发明的印刷术就传到了欧洲，德国人古登堡在此基础上发明了金属活字印刷术，使新闻报纸可以投入较少的人力、面向更多的人且有规律地出版，报纸和新闻生产走上制度化道路，新闻时代来到了。这个时代和之前的记忆、记录时代相比，最大的不同是信息不再是可有可无的东西，人们对信息的态度也不再那么迟钝、冷漠，而是报以极大的热情。新闻信息决定下一步行动的成败，新闻可能会给社会带来动荡——欧洲早期新闻报道只允许报道国外的消息，而不允许报道国内的消息。当18世纪日报成为常态，新闻报道机构化、新闻贸易成为社会经济的一环时，现代新闻业诞生了。

我们都知道传播学者和历史学家更愿意把15世纪中期古登堡发明的金属活字印刷术看作传播史上的历史性转折点，几乎所有的传播历史分期都把这种印刷术作为一个时代的开启。很多人对它给予极高的评价。芒福德把印刷术和钟表一起看作技术史的第一阶段"始生代技术时期"最主要的创新。"印刷术打破了对书写文字传统的垄断，这使得收入微薄的普通人也能找到进入文化世界的入口，至少文化可以借此变成话语或其他可印刷的符号；这带来的结果是，每个人时间和空间上的活动范围大大增加了，过去和未来的人、附近和遥远的人、早已去世的人和尚未出生的人都汇集在一起。"②麦克卢汉把古登堡及其媒介技术比作天空璀璨的星汉，盛赞印刷术。"印刷术的发明巩固并扩展了应用性知识全新的视觉侧重，提供了一种统一的、可重复的商品，第一条组装线，以及第一次大规模生产。"③"在古登堡技术的推动下，欧洲进入了进步的技术阶段；在这一阶段，变革本身成为社会生活的原型。"④"封建体制是基于口头文化和中央集权的自给型系统。而视觉的定量手段将这种结构转化为巨大的、国家主义的、重商思想的、中央自主的体制。"⑤"印刷文件构建了国家的统一性和政治的中央集权，但同时也建立了个人主义和反政府主义。"⑥麦克卢汉可以从任何一种媒介推导出时代的隐

---

① 斯丹迪奇.社交媒体简史：从莎草纸到互联网[M].林华,译.北京：中信出版社,2019：101-114.
② 克劳利,海尔.传播的历史：技术、文化和社会[M].董璐,何道宽,王树国,译.北京：北京大学出版社,2018：89.
③ 麦克卢汉.古登堡星汉璀璨——印刷文明的诞生[M].杨晨光,译.北京：北京理工大学出版社,2014：219.
④ 麦克卢汉.古登堡星汉璀璨——印刷文明的诞生[M].杨晨光,译.北京：北京理工大学出版社,2014：255.
⑤ 麦克卢汉.古登堡星汉璀璨——印刷文明的诞生[M].杨晨光,译.北京：北京理工大学出版社,2014：263.
⑥ 麦克卢汉.古登堡星汉璀璨——印刷文明的诞生[M].杨晨光,译.北京：北京理工大学出版社,2014：358.

喻，而他笔下的印刷术给人的感觉是它更像诗意的哲学和政治宣言。

另一个对印刷术给予高度肯定的学者是美国的伊丽莎白·爱森斯坦（Elizabeth Eisenstein）。她的著作题目——《作为变革动因的印刷机：早期近代欧洲的传播与文化变革》直接指明印刷术是欧洲变革的动因。她从许多方面论述了这种"变革动因"。这里对其做一个粗线条的总结。第一，她认为印刷术给欧洲的思想界、知识界带来了巨大变化，手抄书技术被印刷技术取代，这提升了知识生产的效率，加强了人文交流，减少了人们对记忆术的依赖。第二，印刷术是文艺复兴和宗教改革的动力。"许多人研究'意大利人文主义的传播'时常常忽略印刷术，这一点尤其值得在此强调。"[①]"印刷术的出现总体上看是新教革命重要的先决条件；如果没有印刷术你就不可能'担任所有信徒的牧师'。然而与此同时，这种新媒介又起到推进剂的作用。"[②]第三，伊丽莎白把印刷术和民族主义、国家权力联系起来思考。"研究王朝或民族主义的巩固时，我们不妨将更多的篇幅给予印刷术。印刷术抑制了语言的偏离，丰富了通俗语并使之标准化，为欧洲主要语言的进一步纯洁化和典范化铺平了道路……通俗语启蒙读物和译作还以其他的方式促成了民族主义……印刷术还以其他方式促进了拉丁语基督教的永久分裂。各种各样的统治者长期追求的国家至上论的政策得到进一步贯彻。在手抄书时代，仪式、仪轨、教会法的文件由教士复制，到了印刷术时代，文件的复制由雄心勃勃的非神职人员进行，他们服从当朝者的权威。"[③]第四，印刷术形成了新的政治环境。印刷术强化了政治势力的宣传，"宣传战犹如火上浇油，使王权与平民产权、宫廷与国土、教会与国家之间传统的摩擦愈演愈烈，这就为政党的形成奠定了基础。"[④]第五，印刷术塑造了一批新型的人员。"印刷机作为早期近代欧洲一支日益壮大的力量被掩盖了，在很大程度上，这是文人被当作各阶级代言人的原因；他们代表各阶级的利益，唯独不代表自己的利益。"[⑤]"这些雄心勃勃的新人来自各个阶层，他们脱离了对本地的忠诚，在后世人的眼里，他们是捉刀人或自由流动的知识分子。他们常常是新兴'资产阶级'的思想家。"[⑥]第六，伊丽莎白认为，印刷术为科学发明、传播"搭台唱戏"。

---

① 爱森斯坦.作为变革动因的印刷机：早期近代欧洲的传播与文化变革［M］.何道宽，译.北京：北京大学出版社，2010：109.
② 爱森斯坦.作为变革动因的印刷机：早期近代欧洲的传播与文化变革［M］.何道宽，译.北京：北京大学出版社，2010：191.
③ 爱森斯坦.作为变革动因的印刷机：早期近代欧洲的传播与文化变革［M］.何道宽，译.北京：北京大学出版社，2010：69.
④ 爱森斯坦.作为变革动因的印刷机：早期近代欧洲的传播与文化变革［M］.何道宽，译.北京：北京大学出版社，2010：79.
⑤ 爱森斯坦.作为变革动因的印刷机：早期近代欧洲的传播与文化变革［M］.何道宽，译.北京：北京大学出版社，2010：81.
⑥ 爱森斯坦.作为变革动因的印刷机：早期近代欧洲的传播与文化变革［M］.何道宽，译.北京：北京大学出版社，2010：86.

此外，她还对印刷术对不同社会等级、领主的征税权、谋臣的策略、外交和财政政策等有无影响提出疑问。伊丽莎白在《作为变革动因的印刷机：早期近代欧洲的传播与文化变革》中的思想比麦克卢汉在《古登堡星汉璀璨——印刷文明的诞生》中的思想更深入和深刻，但和麦克卢汉的《理解媒介》相比又逊色不少。

学者们对印刷术大加赞扬是可以理解的，这首先体现了大部分人对技术的重视。站在技术主宰生活的今天，没有人能否认第一种以现代技术形式出现的印刷媒介的重要性。第二个原因是印刷机给欧洲带来的变化太大了，宗教改革、文艺复兴、新教崛起、资本主义萌芽、报纸的大众化，这么多的重大历史现象都与印刷机的出现有关，自然加强了人们对它的信任。另外，我们还可能要"妄自揣测"是不是"欧洲中心主义"在其中发挥了作用，即西方的学者故意放大了印刷机的历史贡献。毕竟，最早的印刷术诞生在东方而非西方。欧洲所谓金属活字印刷术并不是原发性的发明，而是建立在中国的印刷技术基础之上的。中国在6世纪就掌握了木版印刷，9世纪掌握了雕版印刷。五代十国的"十朝元老"冯道于932年开始主持刻印儒家经典《九经》，953年（他去世前一年）全部刻印完成，历时21年。这是中国历史上首次官方性质的大规模印刷套书行为，对儒家经典的继承做出了重大贡献，我们甚至不能否认它在数千年塑造东亚各国社会结构以及东亚"天下—朝贡体系"中的作用。对于中国的成就，约翰·霍布森（John M. Hobson）在其《西方文明的东方起源》一书中高度赞扬，"这一行为对于中国印刷业的意义，几乎相当于后来古登堡印刷圣经对于欧洲的意义。"[①] 他甚至以中国木版印刷和雕版印刷技术的发明证明古登堡印刷术是一个神话。鉴于此，如果我们充分肯定中国活字印刷和雕版印刷的历史意义的话，那种把古登堡印刷术作为人类传播的历史节点的结论就值得商榷了。事实上，"古登堡发明金属活字印刷术"这个结论本身就不牢靠。直到现在还有学者在争论究竟是美因茨的约翰·古登堡发明了"金属印刷术"，还是哈勒姆的劳伦斯·科斯特（Laurens Coster）发明了"金属印刷术"。此外，发明金属活字印刷术的前提是要有冶金技术和其他发明为基础，还要掌握雕刻和浇铸字模的技术，但这些信息在西方任何一个历史文献中都没有交代，所以麦克卢汉发出灵魂拷问："古登堡发明了什么？"[②] 印刷术所衔接的上一个时代是手抄书或手抄新闻文化，然而，手抄文化留给人们的却是一笔糊涂账。伊丽莎白坦言，"印刷术之前的出版意味着什么，手抄书时代的书信如何传递，这些问题并没有大致相同的答案……对手抄书文化最后50年的情况，却难以做出类似的估计。实际上，我们根本就没有任何数字。"[③]

---

① 霍布森. 西方文明的东方起源[M]. 孙建党, 译. 济南：山东画报出版社, 2009：2.
② 麦克卢汉. 古登堡星汉璀璨——印刷文明的诞生[M]. 杨晨光, 译. 北京：北京理工大学出版社, 2014：252.
③ 爱森斯坦. 作为变革动因的印刷机：早期近代欧洲的传播与文化变革[M]. 何道宽, 译. 北京：北京大学出版社, 2010：7.

事实上是中国古人分别发明了雕版印刷、泥（陶）活字印刷、木活字印刷和金属活字印刷。考虑到它们都是印刷术，故把雕版印刷、泥（陶）活字印刷、木活字印刷和金属活字印刷看作一个整体更为合理。而作为一个整体，印刷术的发明者只能是中国。中国人发明了印刷术是世所公认的事实。亨廷顿说过，"公元8世纪中国发明了印刷术，11世纪发明了活版印刷，但直到15世纪这一技术才传到欧洲。"[1] 日本学者也高度认可中国在这方面领先的观点。宫崎市定指出，过去那种认为毕昇发明活字印刷之后因汉字很难分解成字母而未能广泛传播的观点是错误的，"其实中国的活字印刷一直继续着，从未中断，到了这个时代也渐渐明显起来。它传入朝鲜，成为铜活字，又被带到日本，于是才有了庆长活字版书籍的印行。"[2] 宫崎市定所谓"传入朝鲜，成为铜活字"并不是说朝鲜发明了金属活字印刷术。考古显示，目前发现最早的金属活字印刷文本《佛祖直指心体要节》（现藏于法国巴黎国家图书馆）确实是1377年王氏高丽王朝清州牧兴德寺刊印。而且李氏朝鲜第二任统治者太宗在1403年下令设置铸字所，开始大规模印刊"天朝"的经史子书、诗文兵律。这些都证明朝鲜半岛在推广金属活字印刷术方面做出了重要贡献，但并不能因此证明朝鲜半岛发明了金属活字印刷术。按照已故中国学者潘吉星的观点，金属活字早于12世纪已经在宋朝被用于印制"交子"。尽管不是印刷书籍，但也是印刷活动。印刷术不会因为其功能是印刷书籍还是印刷钱币而改变技术特征和技术性质。因此，结论只有一个：印刷术（包括金属活字印刷术）就是中国人发明的。其实，鉴于当时中国和朝鲜半岛之间所存在的非西方式朝贡体制关系，即使不从潘吉星观点出发而认定金属活字印刷术发源于中国，也不存在什么原则性错误。不管是中国，还是朝鲜（韩国），这项技术发明的专利仍在东亚，而不是西欧。从这个角度出发我们似乎很容易理解有人对大众传播时代开启时间的新判断。宫崎市定考证认为，日本法隆寺所保存的公元770年印行的百万塔陀罗尼是世界上最古老的印刷品，他因此把"东洋印刷术"的起源看作"大众传播时代"的来临，这一下子就把大众传播的起点——如果从地中海"新闻纸"时代或17世纪一系列报刊开始发行算起——提前了八九百年。不过这终究是一种赞誉之词，新闻传播学意义上的大众传播必须要满足几个条件。一是由机构作为传播者开展的组织传播；二是受众不能是少数精英，而应该是包括普通大众在内的大多数人；三是内容必须是即时传播的最新信息，也就是新闻。按此标准，大众传播时代一定是新闻高度发达的产物。

这里再补充一点。单论活字印刷技术和新闻结合的起点的话，这可能要上溯到更远的时代。秦始皇统一中国之后，统一文字、统一度量衡。始皇二十六年发布40字

---

[1] 亨廷顿.文明的冲突与世界秩序的重建[M].周琪，刘绯，张立平，等译.北京：新华出版社，2010：28.
[2] 宫崎市定.宫崎市定中国史[M].焦堃，瞿柘如，译.北京：民主与建设出版社，2019：273-274.

诏书:"廿六年,皇帝尽并兼天下诸侯,黔首大安,立号为皇帝。乃诏丞相状、绾,法度量则不壹,歉(嫌)疑者,皆明壹之。"诏书以多种形式发布。现在发现的有甘肃镇原所出土的铜板诏书,以及山东邹县等地出土的秦代陶量外壁镌刻的40字诏书(见图4-2)。特别是后者,经过研究,考古学家马衡发现量器上的诏书是用木戳子印上去的,一个木戳子四个字,十个木戳子正好合成一篇诏书。这意味着当时人们已经掌握了一模多字的活版印制技术。中国新闻学者丁淦林等人认为这是第一次用活字排印技术向全国发布的新闻。①

图4-2 秦代陶量(中国国家博物馆)

把15世纪开启的时代称作"新闻时代"是因为金属印刷术的出现吗?当然不是!人们显然过分夸大了印刷术的作用。为什么不是那些由报纸、金属印刷机等共同构成的、被称作新闻媒介的媒介开始塑造了一种新的信息传播模式和系统呢?从新闻传播本体的角度看,不把新闻本身看作历史的起点,而把一种辅助它的技术作为它的起点,绝对是一种"灯下黑"的表现。新闻时代不等同于印刷时代的含义不仅从源头上得以体现,还从它的结尾处得以见证——当代的人都是见证者:从传播内容角度看,电子媒介出现后并没有对信息传播的本质造成根本性的改变,主要是没有撼动新闻在传播内容方面的主导性地位和垄断地位。即使是互联网媒介出现初期,新闻在传播内容中的垄断地位也没有被动摇,它的重要性只是从社交媒体和自媒体等"新媒体"出现后才开始被慢慢减弱。

我们要强调的是,新闻成为7世纪、10世纪或者15世纪以来信息传播的一种更显性的时代特征。它开始强调即时传播,因为商人们需要用最快的消息把自己的损失和风险降到最低,还需要用最快速的消息换取更大的经济利益。在此基础上还产生了一种新的业态——新闻业,新闻变成一种生产活动,变成有组织、有规律、有目的、有规模的传播活动。因为印刷业的加盟,传播不再是街头巷尾的邻里互动,而成为声势浩大的大众行为。凯瑞等人认为,真正的新闻诞生于18世纪,是中产阶级发明的。它

---

① 丁淦林,等.中国新闻事业史新编[M].成都:四川人民出版社,1998:4.

之所以在这个时期出现，外部原因是欧洲工业化正在走向深入，印刷技术、印刷机械、印刷工人等越来越成熟和专业。内部原因是新闻采访报道越来越成熟，人们对信息的诉求已经从海阔天空的传说转变为快速新奇的新闻。正如凯瑞所说，"新闻形成并反映了一种特有的'对经验的渴望'，废弃史诗、英雄与传统，偏爱独特、原创、新奇和新鲜，即'新闻'的愿望。"[1]新闻彻底改变了信息的特征和属性，也改变了人们寻求信息的目的、习惯和思维，让信息世界发生了天翻地覆的变化。此外，在持续两百多年的印刷业、邮政业、新闻业的推动下，日渐成熟的报纸刊物和大众化受众群体以及有目的、有组织的传播活动，带来了近代报刊业的大发展，让人类的信息传播逐渐迈入了新的时代——新闻时代。

之所以把这个时代称作新闻时代，是因为在这个时代新闻的信息传播功能最为突出，新闻自成一体，形成新的行业和领域，并不断深化自身与社会的关系，对国家、国际社会、人类历史的影响都不断加强。

新闻作为一种劳动成果，从一开始就具有经济属性。这种经济属性表现在信息可以作为商品出售，而在新闻时代之前，信息是不具有或不直接具有商品属性和经济属性的。在新闻时代，不仅新闻可以交易，新闻媒介、新闻机构所有权等也都可以交易。新闻在交易时，其价值要么包含了传播新闻的媒介载体，要么独立于媒介之外。正如麦克卢汉所指出的那样："印刷本身是一种商品，一种新的自然资源。"[2]既然印刷是商品，那作为印刷的产物，新闻也是商品。在市场化体制中，制作新闻不单是为了报道事实、揭露真相、传播正义，还要在不违反职业要求的情况下尽可能地盈利——只有盈利才能可持续发展。至少在早期新闻生产的西方，从事新闻生产、传播新闻的目的就是获利。新闻生产方一般是企业，企业因为新闻业务而具备了商业价值属性，从而可以进入交易市场。新闻的商业属性让新闻生产、传播整个链条形成一个独立的产业和商业模式。今天很多新闻是免费获得的，但这并不意味着新闻的商业价值消失了，或是重新回归记忆/记录时代的商业静默状态，而是把商业价值或者隐藏起来，或者转移到"替身"上去了——新闻可能免费，但是你可能需要成为付费注册会员，或者你需要忍受广告信息对你的轰炸，再或者新闻投放机构只是暂时免费，等待你的黏性达到一定程度，再来对你进行"收割"。总之，自始至终，新闻时代的信息构成一种独特的、规模巨大、无所不在、无人能脱离的产业，这个产业也叫传媒经济或媒介经济。新闻和商业的关系一刻也没有疏远。一段时间人们曾经以为新闻的唯一职责是社会责任，即传播事实、匡扶正义、揭露真相，当20世纪70年代有人发现美国新闻为了追

---

[1] 凯瑞. 作为文化的传播［M］. 丁未，译. 北京：中国人民大学出版社，2019：20.
[2] 麦克卢汉. 古登堡星汉璀璨——印刷文明的诞生［M］. 杨晨光，译. 北京：北京理工大学出版社，2014：266.

求利益而不择手段时，遂提出"市场新闻业"（market-driven journalism）概念[①]，批判把新闻当作商品的倾向。这实际上是忽视了新闻与商业之间本身就有的强逻辑关系。

作为一种普遍现象，西方式现代传播真正的起点是17、18、19三个世纪中的某个时间点。17世纪60年代德国的《莱比锡日报》被看作最早的日报，进入18世纪以后，英国《每日新闻》（1702年）、法国《巴黎新闻》（1777年）和美国的《宾夕法尼亚晚邮报》（1783年）等日报先后出现，这意味着欧美地区先后建立起了制度化、规律化的新闻信息传播秩序。在这段时间里，新闻业有代表性的现象和事件层出不穷。蒸汽印刷机投入使用，极大地提高了报纸的印刷生产效率；"便士报"出现，报纸更加廉价，更多的人能够买得起报纸；泰晤士报、纽约时报等世界知名报社，以及新的交换、提供新闻信息的专业新闻机构相继成立；职业记者出现，很快又出现了驻外记者，新闻的生产、提供越来越专业化；电报诞生，媒介进入电子时代，并很快催生了广播、电视，新闻传播的时效性成为行业规范，信息传播速度加快。一个大众传播的时代来临。过去在记忆/记录时代，获取信息是一部分人甚至是少部分人的特权，而在新闻时代，获取信息成为所有人的权力，信息在一定程度上促成了社会的平等。

对新闻商业利益的追求使得新闻传播行业开始树立自己的不同凡响的信条和理念，诸如"坏新闻就是好新闻""狗咬人不是新闻，人咬狗才是新闻"等。这要求新闻媒体和新闻人员要设法去挖掘、寻找新闻。新闻媒体唯恐新闻不够劲爆，拼命去捕捉冲突性事件，如果没有，则可能制造新闻，这成为后来虚假新闻的来源之一。在这种理念之下，冲突性新闻成为新闻报道的主要特征。过去的冲突表现为直接的兵戎相见，但新闻时代的冲突还表现在思想、观念、话语等方面，这导致意识形态领域的冲突越来越突出、越来越激烈。"宣传战""心理战""认知战"等冲突形式不断强化人们对信息传播的重视。新闻时代的信息传播一改此前人们对信息的迟钝、冷漠、被动和无意识态度，转而变得热衷、敏感、疯狂和积极主动。不仅人们对信息的态度转变了，信息也在改变人们的思维习惯、行为方式，甚至在影响、改变整个社会的风貌、方向、进程。信息传播的动力不再潜藏在事物的背后，而是直接走到前台，采取一种更果断、更"暴力"的行为对社会各个领域产生影响、提出挑战。信息传播正式成为人类社会的有机构成部分，人类生活的节奏加快，国家之间沟通更加便捷，无论多远都能体现作为国际社会成员的身份，天下因其物理空间的缩小而变成"地球村"，全球化成为这一时代的重要特征。

新闻时代有两大事件被看作历史学、政治学的元叙事，一是资本主义的诞生，二是民族、民族国家和民族主义系列意识的出现。资本主义、民族主义等词语的重要性

---

① 胡正荣. 传播学概论［M］. 北京：高等教育出版社，2017：148.

不言而喻，但是我们以前没有意识到它们的出现实际上是与媒介发展史或传播发展史在这一时期的重大变化不可分割的，是和媒介及媒介技术在这一阶段的发展密切相关的。列宁对资本主义、民族、媒介三者之间的关系就做过准确的解释。"在全世界资本主义彻底战胜封建主义的时代，是同民族运动联系在一起的。这种运动的经济基础就是，为了使商品生产获得完全胜利，资产阶级必须夺得国内市场，必须使操着同一种语言的人所居住的地域用国家形式统一起来，同时清除阻碍这种语言发展和阻碍把这种语言用文字固定下来的一切障碍。语言是人类最重要的交际工具；语言的统一和语言的无阻碍发展，是保证贸易周转能够适应现代资本主义而真正自由广泛发展的最重要条件之一，是使居民自由地广泛地按各个阶级组合的最重要条件之一，最后，是使市场同一切大大小小的业主、卖主和买主密切联系起来的条件。"[①]

从媒介的角度说，语言如果单纯地说的是口语的话，它对资本主义和民族主义的促动是十分有限的。毕竟那个时候欧洲地区的语言状况是非常复杂的，不可能形成一种统一的力量而对资本主义和民族主义的产生提供统一的、正向的支持。从外部看，欧洲民族众多，方言也众多，语言的发展不是走向一种统一的语言，恰恰相反，是从统一的拉丁语走向越来越分裂的碎片化民族语言。从内部看，各个国家或国家民族内部又有大量的方言，国家要想提高凝聚力，就必须统一语言或者从其中选取一种作为国家语言。面对如此复杂的局面，如何才能让语言真正成为清除障碍、自由交往的工具？只能是寻求文字语言的帮忙，创立或寻找一种有统治力的文字语言，超越发音的障碍。正是在这种要求下，"标准意大利语、标准英语、标准法语、标准西班牙语以及后来的标准德语迅速代替了各地的方言。这些语言在各自的国家成了文学用语；它们经过使用，在应用中洗练，变得准确而有力。最后它们像希腊文或拉丁文那样能够负担起哲学上的讨论了。"[②] 当然，单纯有文字还做不到这一点，还需要一种能够把文字的作用无限放大、在文字媒介之外提供更大支持的媒介。这种媒介恰恰在这一时期出现了，它就是印刷术。准确地讲，印刷术并不是媒介，而是媒介技术。在这种媒介技术支持下产生的报纸、新闻才是表现为不同形式的媒介之媒介——任何媒介的"内容"都是另一种媒介（麦克卢汉语）。我们可以将它们统称为印刷媒介。印刷媒介的使用提高了传播的速度，还使原来四分五裂、意义不明的发声语言以一种统一（或可以转型的统一）的、含义准确而又稳定的书写语言——文字无数次地重现。当然，它同时延伸了我们人类的视力、大脑，让人类能够看到和创造一个全新的世界。

---

① 列宁. 列宁选集：第二卷［M］. 中共中央马克思恩格斯列宁斯大林著作编译局, 编译. 北京：人民出版社, 1960：508.
② 韦尔斯. 世界史纲——生物和人类的简明史：上［M］. 吴文藻, 冰心, 费孝通, 等译. 上海：华东师范大学出版社, 2019：570-571.

我们在同一个时间点上看到的不同事件、现象之间不可能没有关系。除非这些现象是不存在的、是被编造出来的。最近一些年对西方历史真实性的质疑越来越多，但要概括翻新有的理论是需要做大量证伪工作的。目前情况下在很多方面我们姑且继续以传统历史为权威观点。

从历史节点上看，新闻时代的起始时间与威斯特伐利亚时代的起始时间基本是一致的，新闻时代每一个阶段的媒介技术变化与其时的国际环境、国际关系形势都保持着同步。西方语境下新闻时代的上限是15世纪"古登堡金属活字印刷术"，下限是18世纪日报的普及化，而"三十年战争"发生在1618年至1648年。按照西方历史常识，欧洲人掌握印刷术以后，首先获得"解放"的是《圣经》，过去需要许多人经年累月地手抄的工作，换成了机器快速复制，与此同时，马丁·路德也得以方便地广为传播他的《九十五条论纲》。"印刷商发挥的作用远远不只是反映宗教改革，而是为宗教改革铺平道路，他们确保了宗教改革的开花结果。"[①] 宗教改革的结果是形成了两大宗教势力：天主教与新教。当彼此的矛盾激化到不可调和的程度时，战争就爆发了，而战争的结果是欧洲形成了历史上第一个国际体系。

报纸等印刷媒介日渐成熟，民族主义、国家主义、资本主义、共产主义等各种思想和意识在欧洲纷纷崛起。在那些年代，欧洲各国纷纷创办起各种报社、通讯社，为各种思想和观念的宣传提供了极好的平台和出口。欧洲许多小国在民族主义大旗下纷纷要求独立，大国则忙于展开一轮又一轮的领土瓜分，那些掌握了诸多工业技术（包括媒介技术）的资本主义强国则在竞争中处于领先位置或者悄然崛起。拿破仑利用国家至上的口号打破了欧洲均势，建立了法国的霸权地位。但是拥有更强大工业力量的英国拉拢俄国、奥地利和普鲁士挫败了拿破仑的势头，一个新的国际关系格局——维也纳格局随之形成。在大洋彼岸的北美，美国在立国之后迅速展开领土兼并、南北统一、工业革命，它拥有一套成熟的工业体系，包括信息生产、传播产业。美国虽然是后起之秀，但它的新闻行业丝毫不比欧洲落后。传媒行业既是工业的一环，又为美国雄心勃勃的扩张、发展营造了锐意进取的舆论环境。据统计，1870年至1900年，美国人口增加了一倍，而城市人口则增加了两倍。在这30年内美国报纸数目增加了三倍，每天的销售量增加近六倍。英文报纸的数目从489种发展到1 967种，日报总销量从260万份上升至1 500万份。周刊增加了两倍，从约4 000种增加到12 000多种。报纸和印刷业之所以取得这样的进展，是工业化和城市化的结果。"大城市的居民结成了一个个经济和文化单位，日益需要通过报纸来获悉有关城市生活的消息和他们共同感

---

① 爱森斯坦. 作为变革动因的印刷机：早期近代欧洲的传播与文化变革[M]. 何道宽，译. 北京：北京大学出版社，2010：232.

兴趣的问题。同时，经济上相互依存的趋势，使全国迅速打成一片。通信工具的进步，就是这种全国一体化的表现形式，其影响渗透到所有美国人的生活中。"①

伊丽莎白·爱森斯坦指出研究王朝和民族主义时，要把更多的篇幅给予印刷术，因为"印刷术抑制了语言的偏离"②，麦克卢汉指出"印刷文件构建了国家的统一性和政治的中央集权"③。在他们之外的历史学者、民族学者、政治学者们早就对此加以肯定。新闻时代的传播对民族主义、国家主义产生了影响是被公认的。对资本主义的影响如何，爱森斯坦也做了探讨，二者的关系可能远比韦伯所谓的"新教伦理与资本主义精神"之间的关系更直接。当然这一问题还需要继续研究。至于新闻时代的传播与共产主义的联系，在马克思和恩格斯等先贤们的经历中可以一目了然。早期工业的野蛮增长导致工人和资产阶级之间的矛盾不断激化，逐渐到了势不两立的地步。各种改良、革命的思想层出不穷，其中最引人注目的是共产主义思想的诞生。1848年，马克思和恩格斯发表《共产党宣言》，标志着科学社会主义——共产主义正式登上历史舞台。马克思和恩格斯的共产主义思想并非在《共产党宣言》中才形成，而是在长期的研究、探索中形成的，这从他们的各种文章、著作中可以看出来。恩格斯在马克思墓前的讲话中提到，马克思为了无产阶级解放事业曾在若干报刊上进行斗争，包括《莱茵报》（1842年）、巴黎的《前进报》（1844年）、《德意志-布鲁塞尔报》（1847年）、《新莱茵报》（1848—1849年）、《纽约每日论坛报》（1852—1861年）等。④ 与此同时，"恩格斯的名字也是同一连串报刊紧紧连在一起的。他是《新莱茵报》《新莱茵报·政治经济评论》的编辑，是《德意志电讯》《知识界晨报》等报刊的撰稿人，是《莱茵报》《北极星报》的通讯员，是《德意志-布鲁塞尔报》《雅典娜神殿》等报刊的记者，是《派尔麦尔新闻》《军事总汇报》等报刊的专栏作者，是各国社会主义报刊和党报的指导者。"⑤ 童兵教授汇总了马克思和恩格斯两人的报刊工作经历。"马克思和恩格斯创办、主编4种报刊，协助创办、参与编辑5种报刊，指导编辑方针的报刊达10种，此外，还为60余种报刊撰稿、提供科学著作和文件，有更多的报刊发表过他们的声明，转载过他们的文章。据《马克思恩格斯全集》统计，他们共写了1 700余篇（部）文章（著作），其中政论、通讯和消息约750篇，占总数45%，论战性文章260篇，占总数16%。《马克思恩格斯全集》收录他们写的信件4 000余件，这些信件中不少是谈及报

---

① 埃德温·埃默里，迈克尔·埃默里. 美国新闻史：报业与政治、经济和社会潮流的关系［M］. 苏金琥，译. 北京：新华出版社，1982：276-277.
② 爱森斯坦. 作为变革动因的印刷机：早期近代欧洲的传播与文化变革［M］. 何道宽，译. 北京：北京大学出版社，2010：69.
③ 麦克卢汉. 古登堡星汉璀璨——印刷文明的诞生［M］. 杨晨光，译. 北京：北京理工大学出版社，2014：358.
④ 中共中央马克思恩格斯列宁斯大林著作编译局. 马克思恩格斯选集：第三卷［M］. 北京：人民出版社，2012：1003.
⑤ 童兵. 马克思主义新闻思想史稿［M］. 北京：中国人民大学出版社，1989：45-46.

刊工作和评论报刊文章的。马克思和恩格斯的报刊文章同有关信件加起来超过2 000万字。"① 其实,《共产党宣言》第一个英译本于1850年发表在伦敦《红色共和党人》杂志上,1872年又有人翻译成英文发表在纽约《伍德赫尔和克拉夫林周刊》上,同年,第一个法译本发表在纽约《社会主义者报》上。② 可以说,没有报刊经历,马克思和恩格斯能否形成后来的共产主义思想是要打问号的。或者可以说,马克思和恩格斯的新闻思想史——以报刊和印刷物为武器展开思想斗争的历史——是共产主义思想形成的前提和基础。

"一旦一种新技术进入一种社会环境,它就不会停止在这一环境中渗透,除非它在每一种制度中都达到了饱和。"③ 麦克卢汉的话不仅适用于印刷术,也适用于广播、电视以及后来的互联网等各种新媒介及其所依赖的媒介技术。"印刷书籍对中世纪组织中的团体模式所构成的挑战,和电力技术对我们现在分解割裂的个人主义所构成的挑战不相上下。"④ 这意味着印刷导致了个人主义,而电力(或电子)媒介则对个人主义发起了挑战。"电力媒介介入的速度造成了个人知觉和公众知觉结成的不可分割的整体……电力媒介迅速而经常地造成一个相互作用的事件的整体场,所有的人都必须参与其间。"⑤ 因为个人的"联觉"(麦克卢汉语,指统一的感知)的出现,个人感觉成为公众感觉的一部分,所以社会中的一切都具有了整体性和关联性。而这种整体性、关联性都是电力媒介带来的,"它作为技术被用于电话、电报、广播和其他形式,它的有机社会纽带性就得到了证实"⑥。至少在欧洲,"广播这种媒介在(20世纪)20年代和30年代复活了欧洲精神里的部落网络和血亲网络"⑦。

电子媒介兴起并投入使用的时期是国际关系格局中第一个真正意义上的全球性国际体系——凡尔赛体系形成之时。过去的所谓国际格局或国际秩序只是欧洲范围内的地缘国际格局,根本算不上全球性的国际格局。但是第一次世界大战改变了这一模式。由于西方殖民者占领全球市场和原料生产地,他们的矛盾也带到了全球各地。而他们的势力和影响之所以能到达全球各地,是因为他们借助中国的指南针拥有了全球航行的能力,又借助刚刚发明的电报、广播和电话等电子媒介,把全球各地"一电打尽",把原来浩渺无边的"天下"瞬间浓缩为小小的"地球村"。过去地区性的、地缘性的

---

① 童兵. 马克思主义新闻思想史稿[M]. 北京:中国人民大学出版社,1989:46,376-398.
② 中共中央马克思恩格斯列宁斯大林著作编译局. 马克思恩格斯选集:第一卷[M]. 北京:人民出版社,2012:376-398.
③ 麦克卢汉. 理解媒介:论人的延伸[M]. 何道宽,译. 南京:译林出版社,2011:204.
④ 麦克卢汉. 理解媒介:论人的延伸[M]. 何道宽,译. 南京:译林出版社,2011:203.
⑤ 麦克卢汉. 理解媒介:论人的延伸[M]. 何道宽,译. 南京:译林出版社,2011:281.
⑥ 麦克卢汉. 理解媒介:论人的延伸[M]. 何道宽,译. 南京:译林出版社,2011:281.
⑦ 麦克卢汉. 理解媒介:论人的延伸[M]. 何道宽,译. 南京:译林出版社,2011:359. 此处的意思是广播使得社会又回到了血缘关系的整体性部落时代。

国际格局马上就转变为全球性的、"媒缘"性的国际格局。电视的出现让听觉偏向重新转向了视觉偏向，人们可以把各种"不在场模式"位移成"在场模式"，受众在虚拟在场的状况下得到一次见证事件发生过程的机会。麦克卢汉指出电视在20世纪50年代能够成为美国的革命性媒介是有原因的，它和广播在欧洲产生的作用，建构起了美国人"精神里的部落网络和血亲网络"。按照麦克卢汉的观点，电视是一种冷媒介，它需要受众调动全部感官介入，它的这种"低清晰度"确保了观众的高参与度，所以无论是观看电视，还是日常生活或政治生活，人们都踊跃参与。电视出现以后，它和广播一起成为占统治力的媒介，这种组合和国际关系中的现状何其相似。第二次世界大战结束后雅尔塔体系形成，美苏两极成为占统治地位的力量，共同主宰了国际秩序和世界事务。冷战结束，苏联解体，美国独霸天下。在媒介领域里，广播最后不敌电视，把统治地位让给了电视。正像国际格局依然在不断发生着变化一样，当美国的单极世界渐行渐远之际，电视的天下也在不知不觉中让位于新来者——互联网、电脑、手机……历史在这两条线上发生的变化如此默契。

中国进入西方主导的现代新闻时代的时间起点和进入主权国家形态的时间起点相近。1815年英国传教士米怜（William Miline）在马六甲创办《察世俗每月统记传》月刊，成为最早的中文近代报刊。1833年普鲁士传教士郭士立（Karl F. A. Gutzlaff）在广州创办《东西洋考每月统记传》，是在中国领土上出版的第一份中文近代报刊。此后，中国境内的各种中外文报刊逐渐增加，但基本都被外国人垄断。很多报刊呼吁西方政府对清政府采取强硬手段，以打开中国的贸易口岸，一些报刊甚至鼓吹武力侵华，新闻界已现西方入侵、殖民的势头。鸦片战争之后，国门洞开，外国人在华办报越来越多，《字林西报》《北华捷报》《申报》等就是在这个时期创办的。客观上，这些报刊加强了中外交流，也把中国拉入西方主导的国际秩序中。1873年中国人艾小梅在汉口创办《昭文新报》，被认为是国人创办的第一份中文日报。此后，王韬、康有为、梁启超等人纷纷创办《循环日报》《万国公报》和《时务报》。在践行"开眼看世界""师夷之长技以治夷""救亡图存"等理念的过程中，新闻报刊扮演了重要的角色。中国正式进入了新闻时代。中国报刊和西方报刊的功能正好相反，西方的报刊是以盈利为出发点，而中国的报刊是为救国救民而创办。所以说，辛亥革命的成功和清朝封建王朝的灭亡，如果没有前期报刊启发民智、宣传先进思想，都是不可想象的。

一个有趣的现象是，虽然中国封建制度在近代拖累了中国社会发展，但是从新闻传播和媒介技术的角度看，半封建半殖民地的特殊国情，却使得西方的任意一种媒介技术和传播理念都能在第一时间输入中国。而且，中国人总是能够最大限度地发挥它们的作用：用报纸启迪民智、宣传思想，用电报和广播传递信息、沟通中外，用摄像记录历史、揭露真相。后来的历史也验证了中国历史步伐与传媒事业节奏的一致。中华人民共和国成立既是新的国际关系形成之际,也是广播和电视媒介崛起之时;而中国改革开放则是两极格局解体和互联网兴起之时。

三、全息时代

进入21世纪,人类掌握、利用科学技术的能力极大增强,媒介技术发生着日新月异的变化。一种媒介刚刚诞生,另一种新媒介就呼之欲出,媒介迭代的频率加快。另一方面,信息在存储系统、计算系统、显示界面等技术不断革新的背景下,呈几何级数增加。一个全新的、信息无处不在的时代已经开启。这个时代就是传播史的第三个时代——"全息时代"。今天每一个人都在经历着这个时代。

这里的"全息"不是指那种能够呈现三维图像的全息技术。全息术是匈牙利科学家丹尼斯·盖博(Dannis Gabor)于1948年发明的,就是把一个情境中所有可能的景象聚集在一个光调制模式下的单一平面上,当光束通过这个平面或被这个平面反射时,原先的景象会在空间中以光学方式重组,形成新的影像。[①]"全息时代"中的"全息"建立在"全息媒体"概念的基础之上。2019年1月习近平总书记在《推动媒体融合向纵深发展 巩固全党全国人民共同思想基础》的讲话中指出,"全媒体不断发展,出现了全程媒体、全息媒体、全员媒体、全效媒体,信息无处不在、无所不及、无人不用,导致舆论生态、媒体格局、传播方式发生深刻变化,新闻舆论工作面临新的挑战。"[②]其中"全程媒体""全息媒体""全员媒体""全效媒体"被称为"四全媒体"。全息时代中的"全息"包含了"信息无处不在、无所不及、无人不用"的含义,但是不止于此,它还包含了各种最新的媒介和媒介技术、新环境下信息的形式及呈现方式、新结构下传播者和受众的角色变化、个体传播者和集体传播者的关系等。全息时代是对新的传播时代或媒介时代的概括、总结,所以"全息时代"的"全息"指的是"全息传播"。

全息时代开始于移动通信技术、数字媒体和社交媒体的出现。准确的时间点需要进一步明确,但肯定不能把它和托夫勒的"信息时代"相混淆。20世纪美国知名学者阿尔文·托夫勒(Alvin Toffler)提出了享誉世界的"三次浪潮"学说。他把农业革命称作"第一次浪潮",把工业革命称作"第二次浪潮",而把从20世纪50年代中期开始的技术革命和产业革命称作"第三次浪潮",人类随之进入"信息时代"。这次革命的代表性事物是计算机、太空技术、分子生物、多样化传播等,其中信息技术和信息理论是核心。按照托夫勒所说,20世纪50年代第三次浪潮开始,那么中国自80年代

---
① 尼葛洛庞帝.数字化生存[M].胡泳,等译.北京:电子工业出版社,2017:119.
② 习近平.推动媒体融合向纵深发展 巩固全党全国人民共同思想基础[EB/OL].(2019-01-25)[2019-01-25] http://www.gov.cn/xinwen/2019-01/25/content_536//96.htm.

开始接入互联网，比西方晚30年进入"信息时代"。然而，这是从宏观历史角度看问题的结果。实际上，即便如托夫勒所说，他同时也强调当时还没有一个国家进入真正的信息社会，世界正处于新旧时代的交替之中。信息时代已经出现，但工业社会的浪潮还没有退去，在相当长的时间内第三次浪潮和第二次浪潮并存。因此与其说托夫勒的"信息时代"是对历史的总结，不如说它是对历史的预判。特别是当我们从传播内容上回顾那段历史的时候，我们就会发现尽管有越来越多的"新媒体"出现，但是这些归附于传统媒体和主流媒体的新媒体所传播的信息主体内容依旧是新闻。也就是说那个时代依然属于新闻时代的尾声阶段。所以说，当时的中国其实也并没有落后多少。

全息时代最大的变化是媒介和媒介技术的变化。从媒介方面看，电视机、电脑、手机迅速迭代。迭代不是取代，也就是说我们除了拥有新的移动媒介手机之外，实际还保留了电脑、电视机、广播等传统媒介。现在的媒介域是一个既体现联觉系统的全媒体体系，也能够让人回归某一特定感知的单一媒体场域。媒介环境无处不在，界面无处不在，由媒介构成的景观无处不在。一切取决于我们所处的环境，我们的诉求、不同的环境和不同的诉求会调动我们不同的感官去适应某一种媒介。大多数情况下，我们会使用手机，因为它集中了文字、图像、声音、互动、便携、沉浸等多功能。但是有些特殊环境下，我们只能使用一种传统的媒介。比如当我们在驾驶车辆的时候，出于安全考虑，我们只能使用车载播放器，或者播放广播，或者播放车载、联网音乐，而不得不屏蔽别的媒介。今天，就感知系统而言，我们会不停地在各种环境、景观、界面之间"脱域"（吉登斯语）。新的媒介还在不断推陈出新，例如AI智能技术、脑机接口技术和数字人技术所生成的媒介。中国和美国一些机构企业已经研发生产出自己的脑机接口设备，这种媒介通过若干连接线把计算机和人脑中枢神经连接起来，人不用说话，只需要意念就可以给计算机下达指令，或者不需要通过其他感官，直接从计算机获取自己所需的信息，并直达中枢神经系统，实现大脑对外界的感知。数字人技术更是已经成熟，许多媒体、企业、机构纷纷创建了自己的数字人形象大使，通过数字人完成交流工作、接受或传达指令、完成指定的各项任务。美国的ChatGPT、Sora和中国的星火大模型、文心一言等智能技术经过几次迭代已经能够熟练地为人们提供交流、创作等服务。从整个媒介技术方面看，媒介技术要保障传播过程的及时、迅速、主动、随时、交互，以及在虚拟与真实空间中自由穿梭等各种新的要求。按照元宇宙传播要求，这涉及存储技术、区块链技术、交互技术、电子游戏技术、网络及运算技术和物联网技术。总之，全息时代的媒介和媒介技术必须是无所不包的，否则它们无法满足"四全媒体"的要求。

全息时代第二大变化体现在信息内容上。这里的全息当然是指"信息无处不在、无所不及、无人不用"。在全息时代，我们生活在信息的空气之中，空气本身就是一种信息，但是信息爆炸的结果是信息像空气一样弥漫在我们周围。全息时代对应着"全息宇宙"。按照"全息宇宙理论"，宇宙实际上是一个表面写有信息的二维数组，我们所看到的三维宇宙反而是一种错觉。宇宙是一个巨大的全息图，宇宙的最大信息量是它表面积除以普朗克常数的平方，接近 10^{120} bit。① 实际上宇宙中没有足够的物质对这么多信息进行编码，这显示出宇宙中信息的无限性。我们所能掌控的信息无法达到这样的程度，但是全息宇宙为人类提供了无限的可选择性。"传播只是在通过不同的媒介和媒介技术不断地对信息进行解码、编码、传播、再解码、再编码，人类的传播活动就是这样一个永无止境、循环往复的过程。"② 就像《数字化生存》作者尼葛洛庞蒂（Nicholas Negroponte）所描绘的，信息以比特流的形式充斥空间和光纤，以一种"随选信息"（on-demand information）的状态存在。过去信息是被"推"过来的，而现在以及将来我们需要去把信息"拉"过来，从中拣选、过滤、捕获最有用的信息。信息的获取不需要特定的空间和环境，只要你需要信息，信息就会到达。辨别信息的真伪在任何时候都是一种刚性需求。全息时代，我们将掌握这样的技术，即通过量子技术或别的技术迅速辨伪。我们要考虑的问题不再是纠结于真信息和假信息，也不再去关注什么是"热媒介"与"冷媒介"（麦克卢汉语），而是要么选择"热信息"，要么选择"冷信息"；再或者是考虑去生产信息，还是去虚拟现实中体验信息。从传播功能上看，信息概念早已突破了新闻属性。即使以现在的各种社交媒体看，这种情况也已经出现。在中国，用户打开最具代表性的社交媒体如今日头条、微博、腾讯新闻等应用，上面除了包含政治、军事、国际、国内各种内容的新闻板块之外，还有各种商业资讯、电商推荐、短视频、游戏栏目、百科知识，当然广告也必不可少。每个人还可以根据需要下载各种自媒体和应用软件。新闻概念、新闻意识已经退居其次。人们无法分清哪些是新闻，哪些是旧闻；哪些是重要新闻，哪些是普通信息。更重要的是受众可以参与各个平台的互动，传播主体和客体界限相当模糊，传播组织和传播平台的新闻传播属性极大淡化，而其信息集散的功能则超越了其他功能。媒体不再只属于新闻，也属于知识、社交、娱乐、商业等，成为全信息化的、大信息化的传播平台。

　　全息时代的信息传播看似经过一个轮回，又从专业化、分工协作的、注重即时消息的新闻时代回到了过去那种传播内容不加区别、包罗万象的业余化信息时代，但其实它是对包括新闻时代在内的过去一切传播时代的覆盖式的超越。在全息时代，新闻并没有被其他信息取代，而是被覆盖了，也就是说在各种互联网新媒体、自媒体中，新闻只是海量信息当中有分量的一部分内容，还有大量的内容则是与新闻信息相关但

---

① 库兹韦尔．奇点临近：人类超越生物［M］．李庆诚，等译．北京：机械工业出版社，2014：220.
② 赵雪波，赵伦．元宇宙传播：未来传播学框架［M］．北京：中译出版社，2022：226.

又完全不同的知识信息、娱乐信息、商业信息、社交信息等。

全息时代的媒介、传播的变化带来了个人角色、国家地位乃至国际关系等各个层面的社会变化。首先是社会的多中心化。很多人在谈到互联网、元宇宙时喜欢用"去中心化"（decentralization），安德鲁·查德威克（Andrew Chadwick）当年用这个词代替"非中介化"（disintermediation），其意指"网络能够减少对一些人的社会需求，这些人具有在某些前互联网时代的专业知识，或者拥有某些不是建立在技术基础上的传统职位"①。新的媒介环境下，它有了新意，"大的传媒机构和政治传播专业人士主导公共舆论的情况将会逐步减少……政治组织的网络形式开始取代旧的阶层划分形式……这将会扩展政府政策制定的参与范围，从权力中心的少数人扩大到外围许多想参与的人中间。"②实际上，无论是"非中介化"，还是"去中心化"，都不准确，而准确的用词是"多中心化"（polycentrization）。在深度互联网化的传播环境或传播结构中，节点无限增多，有多少个人、机构、组织、国家等主体，就有多少个媒介节点或传播节点，节点是盈余的，不存在短缺。每一个节点都会形成一个以某个自我为中心的网络结构。这样一来，中心非但不能去掉，反而增加了。媒介环境学派原来所谓在文字媒介下形成的"个人主义"，经过电力媒介的冲击，在互联网、元宇宙等新的媒介和媒介技术的扶持下，得以重新找回。但现在的个体单元不再需要担心印刷媒介所带来的感知的分散，以致造成力量的分散。在深度互联网化的全息传播时代，多中心是一种固有的结构，分散不是节点争取来的，而是结构赋予的。其次，作为节点，国家的权力似乎收缩了，因为它们在节点层面与个人、企业、组织都是平等的，但是原来那种"后威斯特伐利亚"和"去威斯特伐利亚"的思想明显是一厢情愿，因为国家从来也没有收缩自己的权力，也不愿收缩自己的权力。放眼全球，我们看到哪个鼓吹个人自由的国家放弃了自己的管理了呢？而且从未来传播的先天结构看，国家是作为"先验"力量存在的。只是国家与国家之间原来长期存在的"中心—边缘"结构可能无法继续坚持了。一来国家力量结构在以一种周期性的规律进行裂变，在媒介革命到来的今天和明天，这种力量重组只会加快而不会停止。二来全息时代扁平式、多中心的传播结构也不支持"中心—边缘"关系模式，一切都指向了一种新的国际关系和新的国际体系。

从严格意义上讲，对全球传播的历史分期是以传播事件或传播属性的标准对历史重新进行了分期。而且，作为全球传播历史分期的三大象征事件，它们也足以称得上是人类历史和国际关系史的重大"事件"。在记录时代，语言的出现让人类和猿类分道扬镳，文字的出现让人类进入新的文明社会，语言和文字这两种最基本的媒介保证

---

① 查德威克. 互联网政治学：国家、公民与新传播技术［M］. 任孟山，译. 北京：华夏出版社，2010：27.
② 查德威克. 互联网政治学：国家、公民与新传播技术［M］. 任孟山，译. 北京：华夏出版社，2010：28-29.

人类能够进行最基本的交流，把集体记忆在二维或三维传播场长久地记忆、记录下来，并把它转换成人类特有的精神遗产——信史。新闻时代在金属活字印刷术诞生之后开始，适逢跨洋航海、宗教改革、资本主义、"三十年战争"等一系列重大历史事件发生（在中国视界中，印刷术、邸报和新闻带来的是政治文明、经济发达、军事强盛、技术先进等结果，具体需要再梳理）。从此真正的世界历史展开，现代国际关系揭幕，新的商业形式出现，信息传播开始从里到外推进人类社会快速进步。全息时代是人类社会加速发展的预言式总结。信息无处不在，媒介无处不在，传播无处不在。我们生活在一个"空气式信息"和"空气式媒介"的传播环境中，没有任何领域不被信息技术浸透，没有任何事物和人不受信息技术左右。AI、数字技术以及数据大模型一类层出不穷的局部性媒介技术正在颠覆传统社会结构。清醒地认识全球传播时代特征以及我们所处的历史节点，将有助我们看清方向，躲避有可能再次吞噬我们的技术黑洞、精神黑洞和历史黑洞。

第五章 传播共同体

媒介是人类文明起步的物质基础,也是形成国际体系和国际社会的物质基础。国际范围的共同体得益于交通、语言、文字、宗教等媒介,它们给人类提供了可以自由交往、交流、沟通、传播的物质手段和技术。

布赞和利特尔认为,古代和古典时代国际体系得益于互动能力的增长,而互动能力表现在物质技术和社会技术两种形式中。其中,交通和通信是物质技术,社会技术则包含语言、文字、宗教、货币、外交和移民社群等几种形式。

国际体系是一个宏大的系统,在漫长的历史长河中,媒介和传播最先助力的不是国际体系,而是能够有效交往和交流的共同体。只有当两个及以上的国际性共同体之间产生关系后,国际体系才形成。

第一节 共同体及其思想

一、共同体意识

"共同体"一词的英文是community,这个英文单词还有其他对应的汉语词:社区、社群、社团、公社等。这说明共同体和社区、社群、社团都有关系。英文community的词根是munio,来自拉丁语,本义为"公共的"。后来在英语中发展出municipal(市政的)、commune(商量、公社)、communicate(交流、传播)。共同体的德文是gemeinschaft,有伙伴、合作者、联合体和社会的含义。以上词义说明共同体具备多种属性,一是伴随性或黏合性,二是共同性,三是公共性,四是交往性。下面所论述的共同体就涉及上述属性。

根据现有文献,18世纪法国启蒙运动的代表人物让·雅克·卢梭(J.J.Rousseau)最早提出共同体一词。他在《社会契约论》一书中辨别主人与首领、奴隶与人民的关系时指出:"分散着的人们——相继地被某个个人所奴役,无论他们的人数可能有多少,我在这里就只看到一个主人和一群奴隶，我根本没有看到人民和他们的首领；那只是一种聚集，如果人们愿意这样称呼的话，而不是一种结合；这儿既没有公共幸福，也没有政治共同体。"①这是最早出现"共同体"一词的文献。卢梭所谓的共同体就是人类为了摆脱自然状态带来的障碍而主动结合成的集体。"人类不能产生新的力量，而只能是结合并运用已有的力量；所以人类便没有别的办法可以自存，除非是集合起来形成一种力量的总和才能够克服这种阻力，由一个唯一的动力把它们发动起来，并使它们共同协作。"②这种共同协作的力量的总和就是共同体。卢梭由此引出他自己提出的"社会公约"定义："我们每个人都以其自身及其全部的力量共同置于公意的最高指导之下，并且我们在共同体中接纳每一个成员作为全体不可分割的一部分。"③社会公约或社会契约从此在共同体的基础上得以形成。

卢梭并没有把共同体作为主要的研究对象进行深入剖析，也没有专门给共同体下定义。这项任务留给了一个世纪后的德国人斐迪南·滕尼斯。滕尼斯的大作《共同体与社会》既是德国社会学的奠基之作，也是西方学者中最早以"共同体"为主题的学术著作。他在这一著作中给"共同体"一词做了一个并非标准定义式的解释："人的意志在很多方面都处于相互关系之中；任何这种关系都是一种相互的作用，只要这种作用是由一方面所为或者所给的，而另一方面是遭受到或者感觉到的……通过这种积极的关系而形成族群，只要被理解为统一地对内和对外发挥作用的人或物，它就叫作一种结合。关系本身即结合，或者被理解为现实的和有机的生命——这就是共同体的本质，或者被理解为思想的和机械的形态——这就是社会的概念。"④与其说这段话是对共同体的解释，不如说是关于社会一词的定义。不过这种把社会与共同体画上等号的解释，倒是方便人们简洁明了地理解共同体一词。当然，滕尼斯也并没有把共同体和社会混为一谈，他强调"共同体是古老的，社会是新的"⑤，"共同体是持久的和真正的共同生活，社会只不过是一种暂时的和表面的共同生活。因此，共同体本身应该被理解为一种生机勃勃的有机体，而社会应该被理解为一种机械的聚合和人工制品。"⑥这等于说把共同体和社会看成人类历史的两大阶段。先有共同体，最初级的共同体是家庭；后有社会，最高级的社会是国家。从家庭到社会再到国家，共同体不断地发生着裂变。"血缘共同体作为行为的统一体发展为和分离为地缘共同体，地缘共同体直接表现为居住在一起，而地缘共同体又发展为精神共同体，作为在相同的方向上和意义上的纯粹

---

① 卢梭.社会契约论［M］.何兆武，译.北京：商务印书馆，2003：17.
② 卢梭.社会契约论［M］.何兆武，译.北京：商务印书馆，2003：18.
③ 卢梭.社会契约论［M］.何兆武，译.北京：商务印书馆，2003：19.
④ 滕尼斯.共同体与社会：纯粹社会学的基本概念［M］.林荣远，译.北京：北京大学出版社，2010：43.
⑤ 滕尼斯.共同体与社会：纯粹社会学的基本概念［M］.林荣远，译.北京：北京大学出版社，2010：44.
⑥ 滕尼斯.共同体与社会：纯粹社会学的基本概念［M］.林荣远，译.北京：北京大学出版社，2010：45.

的相互作用和支配。"①

马克思对共同体的分析集中在早期社会。他特别重视共同体与语言的关系，因为共同体意味着大家有共同的东西，而共同体成员一开始除语言之外几乎没有共同的东西。"语言本身是一定共同体的产物，同样从另一方面说，语言本身就是这个共同体的存在，而且是它的不言而喻的存在。"②正是因为有共同的语言，一部分人就组成了民族，共同体有了新的表现形式，语言的共同体最后发展成了民族的共同体。列宁赞同马克思关于语言与共同体之间关系的思想，他说，"民族不是文化共同体，不是命运共同体，而是语言共同体。"③列宁特别强调"民族不是文化共同体"，同时还使用了"命运共同体"一词。斯大林继承马克思和列宁的思想，但又坚持自己在某些方面的独特判断，对语言共同体和民族共同体做了更深入的阐释。在《马克思主义和民族问题》一文中，斯大林指出，"民族首先是一个共同体，是由人们组成的确定的共同体……民族不是种族的共同体，也不是部落的共同体，而是历史上形成的人们的共同体……民族不是偶然的、昙花一现的混合物，而是人们组成的稳定的共同体……民族的共同体和国家的共同体有什么区别呢？其中一个区别是民族的共同体非有共同的语言不可，国家却不一定要有共同的语言。"④但是，单有语言还不能必然形成民族，还得要有其他共同的属性，所以，斯大林后来又断言，"民族是人们在历史上形成的一个有共同语言、共同地域、共同经济生活以及表现在共同文化上的共同心理素质的稳定的共同体。"⑤在《民族问题和列宁主义》一文中，斯大林把他关于民族的定义做了进一步的完善："民族是人们在历史上形成的有共同语言、共同地域、共同经济生活以及表现于共同的民族文化特点上的共同心理素质这四个基本特征的稳定的共同体。"⑥

语言共同体和民族共同体只是众多共同体中的两种形式。"共同体"一词有着更深刻的哲学、心理学、社会学的含义和本质。

共同体是一种集体意识或意志，既是关于主体间性的意识或意志，也是个人的生命体现和必然选择。胡塞尔延续笛卡尔、康德等人关于主体问题的研究，提出了"主体间性"概念。"自我与他人处于不断的意向交流中，意向交流是自我与他人的唯一联结方式。正是通过这种方式，自我与他我构成了单子共同体，个别的主体性构成了主

---

① 滕尼斯.共同体与社会：纯粹社会学的基本概念［M］.林荣远，译.北京：北京大学出版社，2010：53.
② 中共中央马克思恩格斯列宁斯大林著作编译局.马克思恩格斯文集：第8卷［M］.北京：人民出版社，2009：140.
③ 列宁.列宁全集：第二十四卷［M］.中共中央马克思恩格斯列宁斯大林著作编译局，编译.北京：人民出版社，1990：292-293.
④ 斯大林.斯大林全集：第二卷［M］.北京：人民出版社，1953：291-292.
⑤ 斯大林.斯大林全集：第二卷［M］.北京：人民出版社，1953：294.
⑥ 斯大林.斯大林全集：第十一卷［M］.北京：人民出版社，1955：286.

体间性。"① 胡塞尔把共同体缩小到了个体单位，似乎也不无道理。不过，这只是从思维或精神角度理解共同体现象，要想深入理解这一现象的本质，还得把实践作为另外一个角度，对其进行思辨。哈贝马斯做出了补充："作为实践的自我，他是在交往行为的实施过程中表现自己的。在交往行为中，交往者必须认识到自己同其他人的区别，总是要得到其他人的承认。因此，维护各自固有的同一性的基础，不是自身的相同性，而是主体间都承认的自我相同性。"② 美国哲学家约翰·杜威（John Dewey）则把思维与实践结合起来去理解"意义"与"媒介""联系"的关系。杜威把事物分为"手段的事物"和"作为终结（目的）的事物"，事物只有在它本来的状态和作为对象被认识之后的状态"沟通"以后才有意义，"因而也就有了代表、记号和含意"。语言作为"人类交际的自然功能"反作用于自然，赋予有关联的事物与对象以意义。语言由最初的"手段的事物"变成了"作为终结的事物"，人类通过语言来认识自然的意义。在此过程中，沟通非常重要，它体现为至少两个人之间的交互作用。意义本身表明人们就某个意义达成了一致，具有了共同的东西，"每一个意义都是共同的或普遍的。它是在言者、听者以及言语所涉的事物之间共同的一个东西。"③ 这里面的人类的交互作用或"交相作用"被杜威等同于"结社"，这应该是介于胡塞尔的"单子共同体"和更大的族群、氏族乃至社会之间的第二层"人际共同体"。需要强调一点，杜威在1929年创作出版的《经验与自然》一书中使用了"沟通"一词，英文就是communication，这说明杜威是最早使用"传播"（communication）一词的人之一。难怪西方传播学界把杜威尊为对传播学做出重大贡献的杰出学者之一。其实，除了"传播"一词，杜威还在这本著作中使用了"媒介"一词，因此也是最早使用媒介这一概念的人之一。他在两种意义上使用了"媒介"的概念。第一种是日常生活中所理解的中介、手段、方法等；第二种就是传播工具。他强调事物之所以有意义，是因为事物成为交谈、"沟通"（传播）的对象，而这个过程是在媒介中完成的。"（事物）在一种新的媒介中，通过一种代表它的东西而呈现出来，因而可以在许多空间和时间上相隔很远的事物之中发生作用……在有相互沟通的地方，事物就得到了意义，因而也就有了代表、代理、记号和含意。"④ 在这里，杜威特别解释了语言这种"工具的工具"（意即"媒介的媒介"）在事物从对象向意义转变过程中的作用。他所谓的"结社"就是建立在语言基础之上的"交相作用"。

---

① 马晓辉.从"自我的对象化"到"共同此在"——海德格尔对胡塞尔主体间性思想的发展[J].聊城大学学报，2009（6）：13.
② 哈贝马斯.重建历史唯物主义[M].郭官义，译.北京：社会科学文献出版社，2000：17.
③ 杜威.经验与自然[M].傅统先，译.南京：江苏教育出版社，2005：121.
④ 杜威.经验与自然[M].傅统先，译.南京：江苏教育出版社，2005：108.

滕尼斯则从人的生物性和思维性分析了人的意志。他把人的意志分为本质意志和选择意志。本质意志是人的天然产物，包含着思维，就像大脑有细胞，细胞必然开展思维活动。选择意志则正好相反，它是思维的产物，是大脑有意识的选择。由此可见，二者是完全不同的，但是二者又有共同之处，那就是它们都离不开人的大脑和思维，都和语言等媒介以及由此展开的传播活动密不可分。在滕尼斯看来，意志是一种"心灵的生命"，"心灵的生命的一般表现是讲话：向他人传授自己的感受、愿望和各种各样可能的知识、经验或者在沉默的思维中告知自己。"①滕尼斯无意中指出了两种传播形式：人际传播和人内传播。此外，他强调意志需要一种代表，而最好的代表就是语言。一般来讲，语言可以是狭义的言语，也可以是广义的话语体系。作为意志的代表，语言包含所有的话语体系，有时会是一种语言逻辑。意志与语言之间的关系在滕尼斯的论述下变得十分清晰："纯粹的意志虽然也会以别的方式变为很显然，但是只有它变为一句话和以此来表示时，才是真正看得见、摸得着的。给了话而不是给了物。对于接受者来说，只要当话和物的结合是一种必然的结合，也就是说，得到物对他来说是肯定无疑时，话才有物的价值。话不具有作为'抵押'的价值，因为它既不能被享用，本身也不能作为物出售。然而，它像是在思想上交付了的物本身一样。"②滕尼斯的"话与物"类似于福柯（Michel Foucault）的"词与物"。共同体进入社会阶段之后，又分为三种高低有序的生活，一是"大城市的生活"，人们竭尽全力地确立惯例；二是"民族的生活"，人们用谋算确立政治；三是"世界主义的生活"，人们以整个悟性确立公众舆论。思维、意志、媒介一直在共同体中发挥着纽带、桥梁作用。

　　思维是如此重要，以至于本尼迪克特·安德森（Benedict Anderson）直接把共同体看作想象的产物，这体现在他关于民族观念的形成上。安德森开篇之处就直言，"我主张对民族做如下的界定：它是一种想象的政治共同体——它是被想象为本质上有限的，同时也享有主权的共同体。"③安德森从四个方面解释为什么民族是想象的共同体。第一方面，他认为即使是最小的民族的成员也不可能认识他们大多数同胞，然而他们却能以相互联结的意象活在每一个成员心中。这是受到了其他人的启发，有人认为一个共同体（群体）内部为数众多的一群人自认为形成了一个民族的时候，一个民族就存在了。第二方面，民族被想象为有限的共同体。即使是最大的民族，也有边界，因为没有一个民族会把自己等同于全人类。第三方面，民族被想象拥有主权。民族这个概念诞生之时欧洲正在发生重大的政治革命、军事冲突、思想启蒙，君主权、国家权、人民权都在从神权的压迫之下解放出来，主权既被授予国家，也被授予民族、人民。但

---

① 滕尼斯.共同体与社会：纯粹社会学的基本概念［M］.林荣远，译.北京：北京大学出版社，2010：128.
② 滕尼斯.共同体与社会：纯粹社会学的基本概念［M］.林荣远，译.北京：北京大学出版社，2010：83.
③ 安德森.想象的共同体：民族主义的起源与散布［M］.吴叡人，译.上海：上海人民出版社，2016：6.

这种主权的授予是被想象出来的，实际它可能只属于君主或君主国。第四方面，民族被想象为一个共同体。尽管民族内部存在不平等和剥削，但人们寄望于民族内部能够是平等的、友爱的，然而人们最后却为了这种有限的想象而屠杀或赴死。①

安德森关于民族是想象的产物可以概括为两条线索。第一条线索是空间的"平行性"。安德森反复强调一点——民族成员之间因为距离的原因，每一个成员并不能做到认识成员的大多数，但是"他们相互联结的意象却活在每一位成员心中"②。这种被想象出来的关联又衍生自"印刷资本主义"以来的报纸所提供的两个间接的相关根源。第一个根源是报纸上的日期，读者通过报纸能够知晓万里之外的消息，即使消息中的对象在第二天以后的"小说式报纸"中消失殆尽，但它实际还在那个"同质的、空洞的时间"中静静地前进，随时等待在下一个情节中出现。民族成员就像那报纸中的对象一样，虽然没有出现，但是在"同质的、空洞的时间"中"强健地向前奔驰"。第二个根源是报纸作为书和工业商品的形式，因为有市场而批量生产，同类的人们通过每天的报纸在相同的时间内"同时消费"，这实际是同时展开的想象。第二条线索是历史时间的"同时性"。每一个民族都热衷于追根溯源，树立自己民族的历史悠久性和政治正当性，这样一来，后辈就通过想象和前辈建立起历时性的关联。如何建立这种关联呢？要靠文字记述消灭民族意识的健忘，来实现前辈和后辈的联系。

从安德森的阐释中可以看出，媒介在民族意识的形成扩散过程中扮演了重要的角色，他用大量的笔墨分析、论证了语言、文字和印刷术这些媒介对民族共同体得以形成的支持。最后，媒介和思想一起造就了民族："资本主义、印刷科技与人类语言宿命的多样性这三者的重合，使得一个新形式的想象的共同体成为可能，而自其基本形态观之，这种新的共同体实已为现代民族的登场预先搭好了舞台。"③

回顾历史，没有共同体就没有社会，也就没有文明，没有国家，没有历史。人类必然要进入共同体状态。根据不同的背景、环境和目的，共同体表现为不同类型的共同体，比如语言共同体、地缘共同体、民族共同体、政治共同体、宗教共同体、命运共同体，当然也有国际共同体和传播共同体以及媒介共同体。按照杜威的自然逻辑，我们得出一个结论：共同体是人类发展的自然结果，也是征服自然的手段，最终还要变成一种终极的目的。在征服自然的过程中，我们应该树立一种共同体意识，借用沃勒斯坦的话，"只有当群体具有自我意识，即拥有共同语言和共同世界观的时候，他们才变得更加团结，并因此更有政治作为"④。

---

① 安德森. 想象的共同体：民族主义的起源与散布[M]. 吴叡人, 译. 上海：上海人民出版社, 2016: 6-7.
② 安德森. 想象的共同体：民族主义的起源与散布[M]. 吴叡人, 译. 上海：上海人民出版社, 2016: 6.
③ 安德森. 想象的共同体：民族主义的起源与散布[M]. 吴叡人, 译. 上海：上海人民出版社, 2016: 45.
④ 沃勒斯坦. 现代世界体系：第一卷[M]. 郭方, 刘新成, 张文刚, 译. 北京：社会科学文献出版社, 2013: 4.

二、民族主义

民族作为社会共同体之一,其历史悠久,可上溯到氏族社会时期的族群关系。人类在氏族社会时期和部落联盟时期以血缘为纽带建立起自己的共同体,这形成了最初的社会关系。古汉语中有"宗族""亲族""九族""家族"等词,表现了人类的血缘关系,这种血缘意识不仅在氏族社会有,今天仍然有,可见对血缘的忠诚有多牢固。族群规模越来越大,就会超越血缘关系,以地缘关系建立起更大的共同体,并且以语言、习惯、宗教等规范为纽带强化地缘族群关系,最后形成民族和国家。与此相应的概念还有"权族""强族""异族"等。在"族"意识之下,对内表示亲密关系时强调"血浓于水",对外强调势不两立时会宣称"非我族类,其心必异"。中国南北朝时期正式出现"民族"一词,初具现代民族的含义。

> 佛起于戎,岂非戎俗素恶邪?道出于华,岂非华风本善邪?今华风既变,恶同戎狄,佛来破之,良有已矣。佛道实贵,故戒业可遵;戎俗实贱,故言貌可弃。今诸华士女,民族弗革,而露首偏踞,滥用夷礼,云于翦落之徒,全是胡人,国有旧风,法不可变。①

此后在唐、宋、清几代的典籍中"民族"一词多次出现。这一事实充分说明,中国人关于民族的思想早已有之,至少比西方早了1 300多年。

马克思关于早期族群共同体的论述实际上涵盖了血缘、地缘两个时期的状况:"自然形成的部落共同体,或者也可以说群体——血缘、语言、习惯等的共同性,是人类占有他们生活的客观条件,占有那种再生产自身和使自身对象化的活动(牧人、猎人、农人等的活动)的客观条件的第一个前提。"②血缘是属于最早期共同体的特征,语言是属于超越血缘以后的共同体特征。把两种特征概括描述就是赋予了前国家共同体以共同的特征。斯大林正是在此基础上定义民族概念。

西方学者在"民族"概念出现的时间问题上意见不一致。有的认为在古罗马时期就出现了,指的是比罗马人地位低的一群有着共同出生地的外国人。有的认为是中世纪时出现的,拉丁文词源为natio,表示"出生、出身"。有的认为英语的"民族"是在16世纪时出现,与"人民"同义。列尔森断言,"民族"一词最早开始使用是在1750年前

---

① 萧子显.南齐书:第三册[M].北京:中华书局,2011:934.
② 中共中央马克思恩格斯列宁斯大林著作编译局.马克思恩格斯文集:第8卷[M].北京:人民出版社,2009:123-124.

后，1789年法国大革命开始之际已经成为关键性政治词汇之一。[1]但1823年出版的《马礼逊华英字典》第二集中"民"部并没有出现"民族"一词。霍布斯鲍姆在可查到的《西班牙皇家学院辞典》中发现，民族（nation）这个词1884年才出现，意谓"辖设中央政府且享有最高政权的国家或政体"，或"该国所辖的领土及子民，两相结合成一整体。"[2]可见，发源于西方的民族概念连同它与国家概念同义都是年代很近的事，"民族国家"一词出现于19世纪80年代的学术理论。有一个论据，那就是恩格斯的文章《论封建制的瓦解和民族国家的产生》。这篇文章创作于1884年，1935年作为遗稿以俄文发表于《无产阶级革命》杂志第6期。恩格斯在该文中从封建制度的瓦解入笔，指出15世纪开始市民社会崛起，封建贵族没落，市民作为新生力量成为一个独立的阶级，市民阶级使得贸易更加成为主导社会的生活方式，新的民族开始出现，它们一样需要摆脱被压迫的地位，这样一来就和农民、市民结成同盟。早期民族的地域性十分明显，主要是用语言划分的，法国和德国的边界始终有着很深的语言边界特征。最后有着明显的阶级性和国家性特征的"民族"就从旧式"民族"（Nationalitäten）中独立出来了。到这里，恩格斯明确使用了和汉语"民族国家"完全对应的词"nationale Staaten"："日益明显自觉地建立民族国家的趋向，是中世纪进步的最重要的杠杆之一。"[3]

民族主义的起源有很多种说法。有的认为起源于17世纪"三十年战争"之后，有的认为诞生于1789年法国革命和随后的拿破仑战争，还有的认为它形成的标志是1776年北美独立战争。列宁对西欧资产阶级民主革命的始末做出了自己的判断。他指出，"在西欧大陆上，资产阶级民主革命时代所包括的是一段相当确定的时期，大约是从1789年起，到1871年（作者注：普法战争结束，德国统一）止。这个时代恰恰是民族运动和民族国家建立的时代。这个时代结束后，西欧便形成了资产阶级国家的体系，而且通常是些单一民族的国家的体系。"[4]在这里，资产阶级民主革命所对应的历史事件和民族主义所对应的历史事件是一回事，因此，也就是说，按照列宁的判断，民族主义是从1789年法国大革命开始，到1871年普法战争后法国失败、德国统一暂告一段落。有人考证发现，"民族主义（nationalism）一词1844年出现于社会文本中，其基本含义是：对一个民族的忠诚和奉献，特别是指一种特定的民族意识，即认为自己的民族比其他民族优越，特别强调促进和提高本民族文化和本民族利益，以对抗其他民族的文化和利益。"[5]如果"民族"概念是19世纪晚近出现的话，那么"民族主义"一词只会比"民

---

[1] 列尔森.欧洲民族思想变迁：一部文化史[M].骆海辉，周明圣，译.上海：上海三联书店，2013：74.
[2] 霍布斯鲍姆.民族与民族主义[M].李金梅，译.上海：上海人民出版社，2006：14.
[3] 中共中央马克思恩格斯列宁斯大林著作编译局.马克思恩格斯全集：第二十一卷[M].北京：人民出版社，1965：452.
[4] 列宁选集：第二卷[M].北京：人民出版社，1960：517.
[5] 徐迅.民族主义[M].北京：中国社会科学出版社，1998：40.

族"出现得晚，而不是相反。当然，理论总是比现实来得慢，理论的"慢"不能否定现实的真实性。在现实中，现代国家（即主权国家或一般所谓的民族国家）建立在现代民族基础之上，但民族不会必然地转变为国家，国家也不是天然的"民族国家"，从民族到国家的转变过程中，民族主义扮演了润滑剂或发动机的作用。简而言之，民族主义是民族意识的放大，或者是用思想、概念、符号、标记等表现出来的民族意识。民族主义有两类存在形式，一类是哲学性的，天然存在于国家构成要素中，就是说几乎每一个现代国家都有自己的民族主义，没有民族主义就不会构建起来一个现代国家。这种民族主义是客观民族主义、温和民族主义。另一类是运动型的，要么希望获得政治独立，要么用来在国际社会上表达对其他国家和民族的极端不满。这类民族主义往往被称为极端民族主义。无论如何细分，民族主义作为一种整体的政治力量和政治因素，从威斯特伐利亚和会以来一直在国际关系和国家变迁中扮演着极其重要的角色。

马克思和恩格斯没有使用过"民族主义"概念，但是用过"资本主义民族""民族的民主主义"等类似概念，也有大量关于民族主义的思想，体现在关于民族思想的论述中。这间接说明"民族主义"这个概念在1895年恩格斯去世前或者没有出现，或者没有普及。20世纪初，民族主义已经成为一种定型的思潮，其概念也逐渐普及。1907年，考茨基发表小册子《民族主义和国际主义》。列宁在《论民族自决权》一文中也提到了"民族主义"概念。不过，列宁是把民族主义看作附庸性质或某种特征的，因此他使用了"民族主义资产阶级""资产阶级民族主义""大俄罗斯民族主义"等概念。当然，列宁很清楚"民族主义"概念的时代性，当他说"民族主义资产阶级"和"资产阶级民族主义"概念时，他是把民族主义看作比封建主义先进的事物，而当他提到"大俄罗斯民族主义"时，他把民族主义看作"大俄罗斯"压迫阶级和压迫其他民族的帮凶。但最终他反对一切民族主义，他认为无产阶级应该捍卫民族平等和民族自决，更要着眼于工人阶级斗争目标，"把各民族无产阶级之间的联合看得高于一切，提得高于一切"。[①]

关于民族和民族主义的时间顺序问题，从词源上看，肯定是先有民族，后有民族主义。从历史上看，却未必如此。霍布斯鲍姆等人就不同意民族早于民族主义的观点，他们认为民族意识早于事实上的民族，也就是说正是因为有了民族意识，人们才因语言、习惯、宗教等原因聚集成一个共同体。这样的共同体就是民族。事实上，不仅民族是共同体，民族主义也是共同体，或者说民族主义既建立在某种共同体之上，也会促成某种共同体的形成。民族主义是18—19世纪的产物，它从一开始就具有一种在历史、文化、传统之下建立或拆分一个整体的含义。列尔森将19世纪的民族主义归纳为

---

① 中共中央马克思恩格斯列宁斯大林著作编译局.列宁选集：第二卷［M］.北京：人民出版社，1960：523.

"寻求民族（文化历史的研究术语）和国家之间一致性的理想"①。在这个认识基础上，他提醒民族主义有三个方面的基本表现。第一，就"古老国家"而言，国家内部的民族分裂被认为是难以消除的裂痕，具有削弱国家实力的潜在危险。国家对此可能做出的反应是实施中央集权化的策略，在文化上建立起国家霸权，从而将所有国民统一起来。第二，就分布在不同国家的文化种群而言，最迫切的需要是统一，将失散的民族统一起来，组建一个共同的国家。第三，就多民族的国家或帝国而言，文化差异和民族不同是重要的社会因素之一，可能导致政治上的不满情绪，而国家也无力将其众多的少数民族统一起来。这可能滋生民族自治的要求，而这样的要求温和一点是宗教主义，极端的就是分裂主义。他把这三种表现分别概括为"集权型的民族主义""统一型的民族主义"和"分裂型的民族主义"。②列尔森所提醒的这些情况并不仅仅是民族主义在19世纪的表现，也是20世纪和21世纪国际社会普遍面临的挑战。这些问题解决得好，能成为国家发展的合力；解决不好，将制造国内国际动荡。

无论是民族共同体，还是民族主义共同体，都具备自己的传播系统，而且首先必须是依靠传播媒介和传播系统才能构建起来。早期民族共同体或民族主义问题所涉及的媒介主要是指语言，这里所谓的语言不是与文字相区别的言语，而是包含了言语、文字在内的大语言系统。当然，语言本来就是人类最早的能够充分交流的媒介，再加上18—19世纪很多欧洲国家或民族只有言语没有文字，或者说媒介还不丰富，语言就被研究民族和民族主义、民族国家的人作为媒介的代表了。在这一点上，马克思主义者坚信语言和民族有着决定性的关系。马克思本人强调，"语言本身是一定共同体的产物，同样从另一方面说，语言本身就是这个共同体的存在，而且是他的不言而喻的存在。"③列宁认为，"民族不是文化共同体，不是命运共同体，而是语言共同体。"④斯大林则分析道，"民族的共同体和国家的共同体有什么区别呢？其中一个区别是民族的共同体非有共同的语言不可，国家却不一定要有共同的语言。"⑤

当然，马克思主义并没有认为语言是民族共同体唯一的条件。道理很简单，使用相同的语言会形成语言共同体和民族共同体，但是这并不意味着它自然而然地等同于民族共同体。最明显的案例是许多国家都把英语规定为官方语言，或者说世界多地通用英语，我们能因此而认为使用英语的人都是同一个民族吗？显然不是！不仅英联邦成员不是统一的民族，英语世界关系最紧密的"五眼联盟"也不认同彼此同属一个

---

① 列尔森.欧洲民族思想变迁：一部文化史[M].骆海辉，周明圣，译.上海：上海三联书店，2013：137.
② 列尔森.欧洲民族思想变迁：一部文化史[M].骆海辉，周明圣，译.上海：上海三联书店，2013：137.
③ 中共中央马克思恩格斯列宁斯大林著作编译局.马克思恩格斯文集：第8卷[M].北京：人民出版社，2009：140.
④ 列宁全集：第二十四卷[M].北京：人民出版社，1990：292-293.
⑤ 斯大林全集：第二卷[M].北京：人民出版社，1953：292.

民族。

在文字出现以前,人们只能通过口语进行交流,寻求一致。不过,口语的重要性在文字出现之后丝毫没有降低。文字毕竟是一种精英媒介,只有少数人才能掌握,大多数人只能继续使用口语进行交流。要知道,"欧洲在18到20世纪之间,经历了各地方言逐渐演化成书写文字的过程。"①虽然这不是指的所有的欧洲国家,但是这种状况肯定和大多数欧洲国家的情况是吻合的,因为那个时候很多国家根本不能称为国家,仍然作为民族处在几大帝国的统治之下。其实,这个时间点与欧洲民族主义出现的时间点是基本一致的。这说明包括口语在内的语言在民族和民族主义的形成过程中确实扮演了十分重要的角色。我们都知道国家的出现和文字有着同频共振的关系,但是作为比国家出现还晚的现代民族和民族主义的意识和概念却"选择"了比文字古老得多的口语媒介。这确实也是一件匪夷所思的事情。如果一定要解释清楚的话,那只能说精英不代表大多数人,而民族必然是一种事关大多数人的意识,它必然选择一种最大众化的媒介作为武器。

在民族主义问题上对语言的强调产生了"语言民族主义"。"所谓的语言民族主义(philological nationalism),意即强调民族语言的纯粹性(不能跟其他语言交杂使用)。"②18世纪特别是法国大革命以及拿破仑战争中"为祖国而战"等口号激发了欧洲民族意识的觉醒,同时也把民族主义纳入了国家系统,即民族主义成为欧洲国家统治者争夺领土、资源和势力范围的依据。霍布斯鲍姆称,即使在爆发法国大革命的1789年,会说法语的人尚不超过全国总人口的50%,举国上下也只有12%到13%的人能说标准无误的法语,偏远地区只有少数人会在日常生活中使用法语,在北部和南部,几乎没有人说法语。然而就是这样的状况下,最后把法国凝聚起来的恰恰是法语。意大利也如此。尽管在意大利建国之时只有2.5%的人在日常生活中经常使用意大利文,然而,"对意大利的统一而言,意大利文也同样功不可没:它将意大利半岛上的知识分子连成一线,在读者与作家之间形成网络。"③和法国、意大利相比,德国因为《威斯特伐利亚和约》的规定而四分五裂,在宗教方面甚至有的信奉新教,有的信奉天主教。然而德国人的日耳曼意识又是如此牢固,以致它们能在后来几次土崩瓦解的情况下凝聚起来,原因无他,是德语。以致它后来在与法国、丹麦等国发生领土纠纷时坚决反对以地理标志为划分边界的依据。鉴于这种现象,1842年《两个世界杂志》(*Revue des Deux Mondes*)就指出:"真正的自然疆界,并不是靠山川来决定的,而是靠语言、风俗

---

① 霍布斯鲍姆.民族与民族主义[M].李金梅,译.上海:上海人民出版社,2006:52.
② 霍布斯鲍姆.民族与民族主义[M].李金梅,译.上海:上海人民出版社,2006:54.
③ 霍布斯鲍姆.民族与民族主义[M].李金梅,译.上海:上海人民出版社,2006:58.

习惯、民族记忆等因素来决定,因为这些因素才是民族的区别标准。"① 除法国、意大利和德国这些大国之外,欧洲许多较小的民族如阿尔巴尼亚、塞尔维亚、巴斯克、威尔士等也都以语言为发力点,寻求民族解放,有的借助两次世界大战实现了目标。它们从众多的方言、口语中选择了一种语言作为标准化的民族语言,以与民族国家相呼应,让民族、民族国家、民族主义这些本来模糊的意识变成一种可以丈量和统计的事物。

近代的语言不再是排斥文字的言语,而是扩大为包含文字在内的广义的语言。如果从文字层面看,媒介和民族主义最直接的关系还得回到威斯特伐利亚体系。尽管民族主义和民族国家一直到拿破仑战争前后才成型,但是把威斯特伐利亚理论范式作为其源头之一是没问题的,除非三十年战争、威斯特伐利亚和约这些历史文件根本没有出现过。我们要强调的是,"三十年战争"、民族主义都能够发生在那个年代这样的事实无法与媒介撇清关系。这里的媒介主要指更广泛意义上的语言,特别是指文字语言以及其背后的媒介技术——被欧洲史学家们"挖掘"出来的古登堡所发明的金属活字印刷术。伊丽莎白·爱森斯坦对这一印刷术和民族主义之间的因果联系持非常积极的态度。她认为,"研究王朝或民族主义的巩固时,我们不妨将更多的篇幅给予印刷术。印刷术抑制了语言的偏离,丰富了通俗语并使之标准化,为欧洲主要语言的进一步纯洁化和典范化铺平了道路。各地随意铸造的字形很大程度上决定了民族神话的精细化,使多语种王朝国家内的某些语言群体收益"②,乃至促成了民族主义。

民族主义不仅来自媒介,还来自传播,来自一种可以称作"自传播"的社会交往活动,这种自传播有一种通俗的叫法:想象。我们在安德森《想象的共同体:民族主义的起源与散布》一书中已经充分地领略了他关于现象和想象共同体等概念的分析。不过,想象还有一层含义,就是它的本义,即指涉民族时确确实实通过"想象"进行构造。历史上被德国人沾沾自喜的日耳曼人就是这样的"民族"。韦尔斯批判这种"民族"是"颠倒了的人种学"和"歪曲了的历史学"。他同时揭露今天世界各国的人们津津乐道的"盎格鲁-撒克逊人"也是捏造的"民族":"这(指德国人用斯拉夫、克尔特和条顿三族混合成了新的日耳曼人)被英国作家们所效仿,他们开始抬出一个新的人种学上的发明——'盎格鲁-撒克逊人'这一惊人的合成品被当作人类登峰造极的代表,它是希腊人和罗马人、埃及人、亚述人、犹太人、蒙古人以及诸如此类的它的白种人光辉的微贱先行者积累起来的最高荣誉和报酬。"③ 如果这些"想象"只是停留

---

① 霍布斯鲍姆.民族与民族主义[M].李金梅,译.上海:上海人民出版社,2006:94.
② 爱森斯坦.作为变革动因的印刷机:早期近代欧洲的传播与文化变革[M].何道宽,译.北京:北京大学出版社,2010:69.
③ 赫伯特·乔治·韦尔斯.世界史纲——生物和人类的简明史:上[M].吴文藻,冰心,费孝通,等译.上海:华东师范大学出版社,2019:804.

在想象层面的话也无妨，最多造成舆论紧张，问题是这样的"想象"往往会激化这些"想象的民族"与别的现实的民族之间的矛盾，至少会引起后者的不安和愤怒。"关于日耳曼人优越性的无稽传说大大加深了波森的波兰人和洛林的法国人的恼怒……荒谬的关于盎格鲁-撒克逊人优越性的传说……在爱尔兰增加了对英国人统治的恼怒。"①事实上，在今天，类似的传说正在变成现实，由"盎格鲁-撒克逊共同体"形成的"昂撒同盟"和"五眼联盟"往往被批为在全球范围内引起新的不安和动荡的根源。

民族主义共同体要么建立在民族共同体之上，要么形成民族共同体。但是，不管是民族主义共同体，还是民族共同体，它们都一定程度地建立在媒介（一般是指语言）基础之上。这一点从各种关于民族的定义中一目了然。

霍布斯鲍姆特别强调，民族并不仅仅是领土国家或民族情操的产物，还是科技与经济发展的结果。他用语言、文字、印刷术和教育等媒介因素解释了他所谓的"科技与经济发展"："标准化的民族语言（standard national language），无论是口语或书写文字，若不借助印刷术的发明、识字率的普及，还有公立教育的广设，将不可能出现。"②而没有民族语言，也就不会有民族的自我认同和他者认知。

19世纪掀起的民族主义运动到20世纪初达到了巅峰。在1918年第一次世界大战结束的巴黎和会上，美国总统伍德罗·威尔逊（Woodrow Wilson）提出了治理"天下"的"十四点计划"。其中有一种思想贯穿于"计划"中，那就是"民族自决"——奥匈各族自治、奥斯曼帝国各民族自决、比利时和波兰等国独立。出于"反帝"和反殖民的目的，新生的社会主义国家苏联也倡议民族自决。列宁在《论民族自决权》等文章中多次阐述了自己关于民族自决的思想。不可否认，这些思想在今天看来已经和现实不甚符合了，它只能作为一种理论共同体存在于昨天的记录中，而不适合作为现实共同体被机械地、盲目地奉为经典。

今天，一种更具煽动性、"科学性"的观点正在悄悄地侵蚀着民族主义的根基，那就是基于分子人类学的基因学说。这种理论认为今天统治地球的人类属于智人属种，起源于400万—200万年前的非洲，拥有一个共同祖先"露茜奶奶"。10万—5万年前左右，智人在发明语言的同时走出非洲，战胜欧亚大陆的尼安德特人、丹尼索瓦人等古人种，开始在全球繁衍。这样一来，中东和欧洲的雅利安人种成为最先进入文明社会的人群，然后随着智人不断向远东、大洋洲和美洲的扩张，这些地区也先后进入了文明社会。与之相反的还有两种理论，一种认为智人在地球上多点开花，亚欧大陆两端的人群的进化几乎是同时的；另一种认为最早的智人在东亚腹地即中国东部、东南

---

① 赫伯特·乔治·韦尔斯.世界史纲——生物和人类的简明史：上［M］.吴文藻，冰心，费孝通，等译.上海：华东师范大学出版社，2019：804.
② 霍布斯鲍姆.民族与民族主义［M］.李金梅，译.上海：上海人民出版社，2006：9.

部等地出现,随后蔓延到全球各地。后者以一系列的考古证据、历史记载等资料加以证明,且认为只有这样才能证明黑格尔的世界历史起源于中国的结论。以上无论哪种观点成立,有一个结论显然是一致的,那就是今天全球所有的人都属于智人,都有共同的来源。然而,这种分子人类学并没有弥合各民族、各人种之间的隔阂、嫌隙和距离,反而在某些方面,彼此更加强调自己的优越性,更加排斥他者,以致在很多地区和国家出现了愈演愈烈的种族主义。有的民族公然宣称地球上其他所有民族是他们单一民族的奴仆。有的阴谋论释放出这样的信号:个别国家或极端势力通过研发基因武器,企图改变全球人口结构。

三、全球主义

共同体有大有小,有族群的,也有民族的;有国家的,也有国际的。和民族主义相关,同时又能体现其全球性规模的意识共同体是全球主义。

全球主义其实是一种全球意识,就是把世界各国、非国家行为体等都看作一个相互依存的整体加以认识、把握,实际是对全球化现状的理论概括。国内有学者总结国际学术界关于全球主义有五种观点。第一种观点将全球主义视为市场全球主义(market globalism),认为全球主义是与新自由主义及其对应的全球化模式密切相关的思想意识,而这种思想意识上升到意识形态就是市场全球主义。第二种观点认为全球主义是一种复数的思想集群,这个思想集群的共同特点是构建区别于国家、并与之竞争的全球性规范价值与行动方略。如夏威夷大学曼弗雷德·斯蒂格(Manfred B. Steger)将全球主义定义为:将潜在的全球想象(global imaginary)转化为清晰的政治议程、计划和政策的相互竞争的诸意识形态。第三种观点认为全球主义是事物在全球维度上相互依存的一种形式和状态,具有明显的网络化和流动性特征。这种认知来自国际政治学者罗伯特·基欧汉(Robert O. Keohane)和约瑟夫·奈(Joseph S. Nye),他们对全球主义的定义是:需要有关各方付出代价的、跨国或国际相互联系的、空间广阔的网络。第四种观点将全球主义视为冲破现代性牢笼、立足于全球时代、超越民族国家,把世界作为一个整体并从全球维度思考、规范社会生活的新理念、新价值和新世界观。第五种观点带有较多政治色彩,指涉比较宽泛和更大众化的全球主义的认知,包括超越边界、商品和人员自由流动、共同标准、国际机制等。[①] 如此看来,全球主义不仅是民族主义的对立面,更是国家主义的对立面,是对国际关系的基础部分——民族、国家以及民族国家的瓦解。

---

① 蔡拓. 全球主义观照下的国家主义——全球化时代的理论与价值选择[J]. 世界经济与政治, 2020(10): 5-6.

当然，我们在开篇之处就强调过了，国家在任何时候都是不可或缺的，全球主义最后的结果不是瓦解国家，而是瓦解国家间四分五裂的状态，促进全球治理的达成。此处，我们要更多聚焦于全球主义的基石——全球化。

全球化是一个过程，是人类社会不断交汇、融合的过程。如果智人发源于某一个特定地区的理论成立的话，那么智人遍布全球就是全球化的第一浪潮。如果经得起考古和文献的证伪，那么1500年前后的大航海就是全球化的第二浪潮。完全无异议的全球化实际上开启于17世纪以来的资产阶级革命和西方殖民运动。正如《共产党宣言》所指出的，"资产阶级，由于开拓了世界市场，使一切国家的生产和消费都成为世界性的了……由于一切生产工具的迅速改进，由于交通的极其便利，把一切民族甚至最野蛮的民族都卷到文明中来了……正像它使农村从属于城市一样，它使未开化和半开化的国家从属于文明的国家，使农民的民族从属于资产阶级的民族，使东方从属于西方。"① 这里的"文明"指的是产业文明，即工业文明。正是这种现代工业把世界连成了一体。无论资产阶级和西方在这一轮殖民侵略过程中多么残酷，全球化作为一种世界历史的客观现象已然形成。

严格来讲，今天所谓的全球化就是建立在马克思和恩格斯指出的工业文明的基础之上。鉴于它只是全球化1.0时代，因此当时的全球化只体现在工业体系方面和商业体系方面，即原料、生产、销售形成统一的体系，而由于殖民体系的排他性，全球化其实是英语体系、法语体系、西班牙语体系以及俄语体系几大军事、政治和文化混合体之间的版图拼接。沃勒斯坦将其称为"现代世界体系"。但这种"现代"与吉登斯所说的"现代"有着天壤之别。只有当历史进入信息时代之后，世界各国、全球人口汇聚于统一的行为规则之下，并彼此相互依存时，真正的全球化才到来了，这是全球化的2.0时代。吉登斯给它的定义是："世界范围内的社会关系的强化，这种关系以这样一种方式将彼此相距遥远的地域连接起来，即此地所发生的事件可能是由许多英里以外的异地事件而引起，反之亦然。"②

吉登斯给2.0时代的全球化画了一个"四维图"——全球化由四个维度组成，也就是要从四个方面理解认识全球化（见图5-1）。第一维度是"世界资本主义经济"，因为世界经济权力中心在资本主义国家，跨国的资本主义经济制度、企业制度甚至维持着对政治的独立性。这其实早就被马克思和恩格斯指出。第二维度是"民族国家体系"，毕竟国际社会是由国家组成的。从民族国家开始，明确的"边境"（borders）取代了模糊的"疆界"（frontiers），国家之间相互承认，并组成共同的国际组织，一部分

---

① 中共中央马克思恩格斯列宁斯大林著作编译局. 马克思恩格斯选集：第一卷[M]. 北京：人民出版社，2012：404-405.
② 吉登斯. 现代性的后果[M]. 田禾，译. 南京：译林出版社，2011：56-57.

国家——新兴国家的权力在联合国这样的国际组织之下得到伸张。第三维度是"世界军事秩序"。吉登斯发表他这一观点时苏联还没有解体,因此他以美苏两极通过军事同盟和"军事工业化"(杰出代表是核武器)确立了当时的世界秩序。第四维度是"工业的发展"(与图中概念不完全一致),其明显特征是全球性劳动分工,也就是今天所谓的"国际分工"和"产业链"。在这个体系中,工业的类型、技术、生产的专门化和工作任务等各就其位,每个国家都在其中找到了自己的位置。①

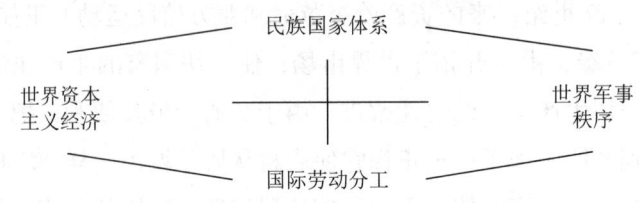

图 5-1　吉登斯的全球化四维图

吉登斯的全球化等同于"现代性"——"以前所未有的方式,把我们抛离了所有类型的社会秩序的轨道,从而形成了其(作者注:指'现代')生活形态。"②全球化给人类带来了前所未有的生活方式,吉登斯没有忘记传播与媒介在其中的作用。他指出"工业主义"和通信技术之间有一种互为因果的关系。一方面工业主义产生了一个重大的后果,就是通信技术的变革;另一方面通信技术深刻影响了全球化的方向与进程。"自从机械印刷术引入欧洲以来,通讯方面的机械化技术剧烈地影响着全球化的所有方面。"③吉登斯坚信新闻信息传播的威力,"如果不是铺天盖地而来的由'新闻'所传达的共享知识的话,现代性制度的全球性扩张本来是不可能的。"④

很显然,马克思和恩格斯笔下的工业革命为全球化提供了"交通(communication)便利",而 20 世纪开始的信息技术革命则为全球化提供了"媒介(media)便利"。社会学者吉登斯的观点证明了传播和媒介这种一体两面的事物对全球化的影响,而传播学者麦克卢汉直接从媒介角度阐释了全球化。他的贡献之一是创造了"地球村"概念,把"全球化"形象化为一个实体,也把全球浓缩为一个媒介化的实体。麦克卢汉在《古登堡星汉璀璨——印刷文明的诞生》和《理解媒介》等著作中反复强调这一思想。他对"地球村"的物理空间的感觉经历了一个从大到小的变化。在《古登堡星汉璀璨——印刷文明诞生》中,他说,"在电报和无线电发明之后,整个地球在空间上变

---

① 吉登斯. 现代性的后果 [M]. 田禾, 译. 南京:译林出版社, 2011:61-67.
② 吉登斯. 现代性的后果 [M]. 田禾, 译. 南京:译林出版社, 2011:4.
③ 吉登斯. 现代性的后果 [M]. 田禾, 译. 南京:译林出版社, 2011:67.
④ 吉登斯. 现代性的后果 [M]. 田禾, 译. 南京:译林出版社, 2011:68.

得狭小了，变成了一个大村落。自从电磁波发现之后，部落化是我们唯一的出路。"① 而在《理解媒介》中他又说："由于电力使地球缩小，我们这个地球只不过是一个小小的村落。"② 今天的人们估计连这种"部落"或"村落"的感觉都没有了，随着互联网速度的提高、具身性媒介的普及，每个人不是感觉到自己处在一个村落里，而是感觉大家都在一个高度凝缩的无距离时空中；不是感觉自己游走在地球上，而是感觉世界在自己的口袋里。

媒介和传播为全球化提供了一种"强全球化"理论。泰瑞·弗卢（Terry Flew）从正反两个方面介绍了学界关于媒介传播与全球化之间互动关系的理论。一方面，有人强调20世纪80年代以来的经济是全球化、网络化和信息化的经济，社会发展模式已经不再是工业化模式，而是信息化模式。生产力不是来自传统的社会劳动，而是来自信息技术应用。媒介在全球化进程中占据重要地位有三点原因。首先，传媒公司是众多全球化企业中的主力军，在500强企业中占有不少席位。其次，信息基础设施建设促进了信息流通和跨国商业活动，通信公司是构建全球信息基础设施的重要推手。最后，全球化媒介是人们知晓偏远地区事件的主要手段，它所提供的图像和信息对跨越国家、宗教、文化的共通认知系统的建立发挥了重要影响。在另一方面，他自己认为全球化是当今媒介行业的主导力量，意即全球化促成了全球化媒介或媒介全球化。媒介全球化固化了一些媒介体制，改变了政治经济权利结构，强化了经济与文化的相互依赖关系。对于这些理论，学术界褒贬不一。③

国际主义是全球主义的特殊形式。从国际关系学角度出发，全球主义还表现为工人运动性质的国际主义。国际主义思想是马克思主义的重要组成部分。马克思、恩格斯首创国际主义概念，以"全世界无产者，联合起来"的号召奠定了无产阶级国际主义的思想基础。列宁进一步提出"全世界无产者和被压迫民族联合起来"口号，继承和发展了马克思、恩格斯无产阶级国际主义思想。国际主义的典型代表是"国际"。"国际"（International）在英语中历来是一个形容词，但是在国际主义这里，它转变成了名词。以声援1863—1864年波兰人民起义为契机，英、法、德、意、波兰、爱尔兰等国的工人代表于1864年9月28日在伦敦圣马丁堂集会，成立了无产阶级第一个群众性国际组织——国际工人协会，简称"国际"或"国际协会"，后来又被称作"第一国际"。马克思参加了国际协会的创建，并为国际协会起草了宣言，是国际协会的实际领袖。恩格斯参加了后期工作。在国际协会成立宣言中，马克思给工人阶级鼓劲，"工人的一个成功因素就是他们的人数；但是只有当工人通过组织而联合起来并获得知识的指导时，

---

① 麦克卢汉.古登堡星汉璀璨——印刷文明的诞生［M］.杨晨光，译.北京：北京理工大学出版社，2014：336.
② 麦克卢汉.理解媒介：论人的延伸［M］.何道宽，译.南京：译林出版社，2011：5.
③ 弗卢.理解全球媒介［M］.李欣，译.杭州：浙江大学出版社，2018：55-57，71-75.

人数才能起举足轻重的作用。"①马克思指出成立国际协会的宗旨之一是要让工人阶级"洞悉国际政治的秘密，监督本国政府的外交活动，在必要时就用能用的一切办法反抗它；在不可能防止这种活动时就团结起来揭露它，努力做到使私人关系间应该遵循的那种简单的道德和正义的准则，成为各民族之间的关系中的至高无上的准则。为这样一种对外政策而进行的斗争，是争取工人阶级解放的总斗争的一部分。"②马克思把世界范围的工人看作一个整体，把支持所有国家的工人阶级斗争看作是国际协会的对外政策。国际协会第一次把全球范围内的工人组织起来，从而使一场政治运动从组织上成为国际运动。第一国际于1876年宣布解散。第二国际是各国社会民主党和社会主义工人团体的国际联合组织，于1889年成立，早期正式名称为"国际社会党代表大会"。在"第二国际"的斗争下，"五一"国际劳动节和"三八"国际妇女节相继被确立为劳动者的节日。"第二国际"还推动把欧仁·鲍迪埃（Eugène Edine Pottier）和皮埃尔·狄盖特（Pierre De Geyter）创作的《国际歌》确立为"全世界无产阶级的歌"。第一次世界大战爆发后，随着各国社会民主党支持本国政府"保卫祖国"的战争行为，第二国际随之不复存在，被列宁批判为"第二国际的破产"③。1919年3月，为了和社会民主党"国际"划清界限，在列宁的倡议下，"共产国际"在莫斯科宣告成立，后来被称为"第三国际"。在1920年召开的共产国际"二大"上，列宁首次使用了"国际共产主义运动"的概念。到1922年11月共产国际举行列宁在世的最后一次代表大会即"四大"时，已有58个国家的66个政党和组织出席大会。共产国际及各国共产党人普遍认为，无论在名称和概念上还是在内容上，"共产主义""科学社会主义""马克思列宁主义"都已经完全区别于"民主社会主义"或"社会民主主义"。④国际主义在思想、理论、组织等各个方面都一度成为一种时代潮流，而不仅仅是一种政治运动或文化流派。

纵观马克思、恩格斯和列宁有关国际主义思想的论述，有的学者总结："无产阶级国际主义就是各国无产阶级为了在全世界消灭一切压迫和剥削制度，实现共产主义社会而彼此加强团结并联合一切劳动群众共同战斗的思想……它不是任何别的性质的联合，而是国际无产阶级解放斗争的联合；不仅反对一切阶级压迫，而且反对任何形式的民族压迫；不只解放一个国家的民族和人民，而是解放全世界所有民族和人民。"⑤20世纪90年代开始，社会主义运动进入低潮，国际主义概念也随之退出国际关系、国

---

① 中共中央马克思恩格斯列宁斯大林著作编译局.马克思恩格斯选集：第三卷［M］.北京：人民出版社，2012：10.
② 中共中央马克思恩格斯列宁斯大林著作编译局.马克思恩格斯选集：第三卷［M］.北京：人民出版社，2012：11.
③ 列宁选集：第二卷［M］.北京：人民出版社，1960：614-665.
④ 林建华.第一国际、第二国际、第三国际的历史贡献新论［J］.中国浦东干部学院学报，2017（4）：59-73.
⑤ 李爱华.马克思主义国际关系理论专题研究［M］.北京：人民出版社，2013：155.

际政治等话语体系。但是，国际主义精神并没有退出中国共产党的政治理念，只不过在不同的时代有了不同的表达，诸如全世界人民大团结、和谐世界、人类命运共同体等。

在东方国际主义之外，还有一种西方国际主义。美国批判学者迈克尔·哈特（Michael Hart）和意大利马克思主义学者安东尼奥·奈格里（Antonio Negri）直截了当地为国际主义打造了新的定义："国际主义表述出一个积极的大众主体的意志，这个主体意识到资本主义剥削的一件核心工具正是民族国家，而民众则不断被征集起来，去打各种毫无意义的战争。简而言之，民族国家这一政治形式中的矛盾既无法被消化吸收，亦无法被升华，只能被摧毁。国际团结实际上就是一项摧毁民族国家、建立全球化社会的工程。"①哈特和奈格里延续了一部分东方国际主义的精神，但在更大程度上或更多时候，他们的西方国际主义只是一种外交政策和学术流派。美国学者沃尔特·米德（Walter R. Mead）认为，美国对外政策有四种传统，即汉密尔顿的现实主义传统、威尔逊的国际主义传统、杰斐逊的孤立主义传统和杰克逊的民族主义传统。很明显，美国的国际主义其实就是突破过往的孤立主义，采取积极介入国际事务的对外政策。它所追求的目标不一定是国际社会共同的目标，但绝对是最符合美国利益的外向型政策目标。另一个美国学者亨利·诺（Henry R. Nau）在米德理论基础上将美国对外政策概括为三种类型：孤立主义或民族主义、现实主义、国际主义。②这种理论特别把国际主义区分为自由国际主义与保守国际主义。自由国际主义和保守国际主义的不同，在于各自强调的向国外传播美国及西方式自由时所采取方式的不同。"自由国际主义（者）主张通过国际机构传播自由，保守国际主义（者）则希望建立一个由独立的、有竞争力的民主共和国组成的世界，这样的世界组织更加松散，权力更加分散。"③除此之外，这两种国际主义还在武力和外交谁为主、谁为辅的问题上存在争议。自由国际主义通过外交降低武力的必要性，保守国际主义通过武力发挥外交作用；自由国际主义主张外交优先、控制和削减军备，保守国际主义则认为，威胁主要来自内部制度的性质，外交固然重要，但无法从根本上解决国家间的分歧。④欧美历史上都曾有过很强烈的国际民族主义情绪，这也是一种西方式国际主义。但20世纪以来的美国不存在那样的民族主义土壤，它要的不是像其他国家一样去改变不利局面，而是如何维护自己的

---

① 哈特，奈格里. 帝国：全球化的政治秩序［M］. 杨建国，等译. 南京：江苏人民出版社，2003：55.
② 杨卫东. 美国对外政策传统的第四种解读：评亨利·诺的《保守国际主义》［J］. 美国研究，2014（5）：112-121.
③ NAU. Conservative Internationalism: Armed Diplomacy under jefferson, Polk, Truman, and Reagan［M］. Princeton：Princeton University Press，2015：23.
④ NAU. Conservative Internationalism: Armed Diplomacy under Jefferson, Polk, Truman, and Reagan［M］. Princeton：Princeton University Press，2015：24-29.

优势地位和既得利益。因此，美国的国际主义难免被人指责为国际霸权主义、国际单边主义和国际利己主义。

其实西方国际主义远没有这么简单，也不单单等同于美国的对外政策理念。追根溯源，西方国际主义来源于康德等人关于和平理念与和平联盟的思想。康德不仅是一位哲学家，也是一位国际学大师。他的《永久和平论》立足于1795年法国与普鲁士所缔结的《巴塞尔和平条约》，对国与国之间的永久和平的先决条件、保障条件等做了不算深入的分析。他认为永久和平的先决条件之一是要在国家与国家之间成立"和平联盟"或者"世界共和国"。"一个强大而开明的民族可以建成一个共和国，那么这就为别的国家提供了一个联盟结合的中心点，使得它们可以与之联合，而且遵照国际权利的观念来保障各个国家的自由状态。"①康德的最高目标是成立"多民族的国家"，这个多民族国家不是指通常意义上的一个国家之内包括若干民族的多民族国家，而是指世界所有民族合并为一个全人类的国家。但是很多国家不愿意这样，所以康德退而求其次，希望成立一个和平联盟或国家联盟。"取代世界共和国这一积极观念的，就只能是一种防止战争的、持久的并且不断扩大的联盟的消极代替品，用它来扼制人类的害怕权利与敌对倾向的潮流。"②一战前后，康德的联盟思想深入人心。意大利人马志尼（Giuseppe Mazzini）、法国作家雨果（Victor Hugo）等都支持欧洲各民族一旦获得主权后就应该团结在"欧洲联合国家"旗帜下。结果，按照美国第28任总统威尔逊的"十四点计划"，真正体现国家共同体的国际联盟成立了，尽管没有多久就寿终正寝，但是它却为国际社会的共同体建设开始了一条未来之路。国际联盟的成立、君权国家的灭亡以及国际关系研究的开启成为凡尔赛体系不多但却耀眼的火花。

第二节 语言国际

语言是交流的工具。语言让人和动物产生"隔离"。恩格斯在《自然辩证法》中说，"手脚的分化，直立行走，最后终于确定下来，于是人和猿区别开来，奠定了分音节的语言的发展和人脑巨大发展的基础，这种发展使人和猿之间的鸿沟从此不可逾越了。"③18世纪法国哲学家、历史学家孔多塞也认为"发音的语言"是人类迈向文明的重要一步，是人类与自己的野蛮状态以及和其他动物"最显著的差异，甚而是唯一的

---

① 康德.永久和平论[M].何兆武,译.上海：上海世纪出版集团,2005：22.
② 康德.永久和平论[M].何兆武,译.上海：上海世纪出版集团,2005：24.
③ 中共中央马克思恩格斯列宁斯大林著作编译局.马克思恩格斯选集：第三卷[M].北京：人民文学出版社,2012：858-859.

差异",因为"它(指发音的语言)以某些更广泛的道德观念和一种微弱的社会秩序的开端而使人类有别于像自己一样生活在经常持久的社会之中的其他动物。"① 在孔多塞看来,语言直接导致道德观念和社会秩序的产生。类似的结论在后来学者们的著述中比比皆是。

所谓"成也萧何,败也萧何"。语言是交流的工具,但语言也是文化隔绝的原因。民族的形成建立在统一语言基础之上,但民族之间的区分则是因为语言的不同。因为语言的不同、不通,导致民族之间的隔绝成为全球化之前时代的常态。基督教把这种状态改编成《圣经》神话,用巴别塔故事加以解释。历史学家们早已注意到这一现象。汤因比一语中的:"语言这种东西的存在本来是作为人们相互交际的工具,可是一直到今天它在人类史上所起的社会效果,大体上却是分裂人类,而不是把他们团结在一起;因为语言的种类繁多,形式各异,纵使流行最广的语言,也还是限于人类的一部分,而言语不通往往是确定一个'外国人'的标志。"② 这样的标准即使是用在今天也屡试不爽。甚至今天的国际社会更像是一个语言国际,国际社会用不同的语言划分成了若干语言单位。在国际上使用范围最大的英语所组成的"国际"看起来更像是一个"语言帝国"。汤因比认为这种语言帝国和语言国际恰恰是在文明的解体过程中形成的。"一种语言之所以能够取得这种胜利而驾乎它的竞争者之上,通常都是由于占有社会的优势,在社会解体的时期成了为某一社会集团服务的工具,而这个集团或者在军事上或者在商业上非常有势力。"③ 这就是说西方语言帝国的形成建立在东方和其他地区文明衰落基础上。"西班牙语帝国"建立的代价是美洲印第安文明的毁灭,而"英语帝国"和"法语帝国"建立的结果是世界上其他文明的毁灭和"西班牙语帝国""荷兰语帝国"等一众语言帝国的退场。研究发现,英语直到 20 世纪初也并未完全普及。清华大学一所建于 20 世纪初的建筑门楣上写有 bvild 一词,而非 build。这并不是孤例,香港某些学校建筑物上也有这样的单词。这就应验了汤因比的观点,英语及其英语帝国的崛起建立在中华文明衰落的基础之上。其中丰富的含义,不言而喻。

"任何文化或文明的主要因素都是语言和宗教。如果一种普遍的文明正在出现,那就应当出现一种普遍语言和普遍宗教的趋势。"④ 我们暂且不谈宗教,实际的情况是,宗教归根到底也是一种语言催眠术。最早的巫术、多神教就是某些能言善辩的人的成就,没有语言或近似语言的发声,无法给信众施魔法,也无法证明巫师或法师的过人之处。一神教诞生的时候,语言已经成为这一地区范围内成熟的媒介,宗教成为可以言说的

---

① 孔多塞.人类精神进步史表纲要[M].何兆武,等译.北京:北京大学出版社,2013:6.
② 汤因比.历史研究:中[M].曹未风,等译.上海:上海人民出版社,1997:284.
③ 汤因比.历史研究:中[M].曹未风,等译.上海:上海人民出版社,1997:286.
④ 亨廷顿.文明的冲突与世界秩序的重建[M].周琪,等译.北京:新华出版社,2010:38.

神秘教义，那些通过声音传播出来的教义，牢牢地控制了单一的感官——听力，继而控制了中枢神经。有了文字以后，语言转换了形式，以书写的方式调动了人的视力，并且把集体的仪式转变为个人的信念。语言以神圣的力量掌握了人们的认知，建构起了宗教文明。至于其他文明要素，诸如知识、制度、文化、技术、精神等，莫不是建立在语言的基础之上。语言——包括发声语言和书写语言——是文明的起点，而当语言的重要性被提上议事日程之后，它必然也会变成文明的阶段性终点——语言的胜利意味着某种文明的胜利。"历史上，语言在世界上的分布反映了世界权力的分配。使用最广泛的语言——英语、汉语普通话、西班牙语、法语、阿拉伯语和俄语，都是或曾是帝国的语言，这些帝国曾积极促进其他民族使用它们的语言。权力分配的变化产生了语言使用的变化。"①

一、语言联盟

有人认为，欧洲历史上的几种语言都是从"土话"发展成为官方语言的，这个过程与某种语言所活跃的国家和地区的共同体意识和组织结构不断强化相一致。②这说明一种语言的产生与流行往往是族群发展的自然结果，反过来又促进一盘散沙的族群走向有共同体意识的民族。而官方语言往往是国家意志的表现，是国家"人为"的结果。一种语言之所以能够成为官方语言，是因为国家需要通过统一的语言巩固共同体意识和组织。当官方语言足够成熟、流行、牢固之后，它又会充当国家开疆拓土的急先锋——通过结成有形的或无形的语言联盟，达到拓展领土、殖民地和势力范围的目的。在这方面，欧洲历史最具典型性。

拉丁语本来是一个拉丁部落的方言，按照斯宾格勒的说法，最初的适用范围不超过1 000平方英里（2589.99平方千米），后来借用腓尼基字母形成了自己的书面文字，成为罗马帝国的国家语言，因罗马皈依天主教，遂成为教会语言，统治欧洲官方语言几个世纪。根据学者的研究，拉丁语历史有着一个更清晰的脉络。③拉丁语最初是罗马帝国拉提姆（Latium）地区方言，是20多种意大利方言中的一种，并不是罗马唯一的语言，甚至不是罗马城唯一的语言，却是罗马统治者和罗马精英的首要语言。罗马并不像近代的帝国主义那样采取一种"语言帝国主义"④——强制推行拉丁语言。尽管

---

① 亨廷顿.文明的冲突与世界秩序的重建[M].周琪，刘绯，张立平，等译.北京：新华出版社，2010：41-42.
② 董并生.虚构的古希腊文明[M].太原：山西人民出版社，2015：345-348.
③ 雷昂哈特.拉丁语的故事：一种世界语言的历史[M].黄文前，孙晓迪，程雨凡，译.太原：山西人民出版社，2021.
④ 雷昂哈特.拉丁语的故事：一种世界语言的历史[M].黄文前，孙晓迪，程雨凡，译.太原：山西人民出版社，2021：46.

如此，因为是罗马统治者所推崇的语言，所以就在罗马地界上形成了"拉丁语联盟城市"①。早期的拉丁语并没有书写形式，人们通常将希腊语当作世界语言进行交流。大约公元前 80 年到公元元年，拉丁文学进入繁盛期，一大批演说家、政治家、哲学家、修辞学理论家、诗人如雨后春笋般出现，很多人的名字都为后人所熟悉：西塞罗、恺撒、李维、卢克莱修、维吉尔、贺拉斯、塞涅卡、塔西佗等。随后三个世纪内，拉丁语陷于停滞。公元 284 年戴克里先继任罗马皇帝后采取改革制度，随着帝国权力不断分散，拉丁语也传播到了罗马各地区，成为世界语言。476 年西罗马灭亡后，拉丁语在中世纪成为教会语言，也成为学校、官方的"非民众语言"。1648 年的《威斯特伐利亚和约》文本就是用拉丁文。与此同时，在各民族国家的"民众语言"成为各自的官方语言之后，拉丁语的神圣地位受到了冲击。1806 年，神圣罗马帝国的最后一任皇帝弗朗茨二世在拿破仑的逼迫下退位，拉丁语也失去了欧洲工作语言地位。今天，拉丁语成了古文献的同义词，成了一种"死"文字。人们只有在查找文献或词根、词源的时候才会想起它。回首过去，"欧洲是一个封闭的交流空间，它与其他交流空间相区别，恰恰是因为拉丁语是所有欧洲国家的通用语言。"② 不过，人们对拉丁语也存在很多质疑，比如拉丁语究竟是什么时候出现的？为什么没有直接的古拉丁语文献？西方学术界自己就承认拉丁语文本大都出自近代，连同那些来自中世纪抄本的古罗马文本一概如此，近代文本这一说法的可信度究竟有多少？德国学者雷昂哈特（Jürgen Leonhardt）认为这些并不重要，重要的是，"欧洲民众语言史的每一种阐释都要求拉丁语是一个已知的存在"③，否则这些"民众语言"将迷失它们的祖源。

关于法语，雷昂哈特认为约 1350 年起，古法语被中世纪法语取代，后者已经接近现代法语。而列尔森认为法语来自十字军东征，是一种"乡村口头语"，17 世纪开始纯净运动，1646 年出版了第一本用纯正语言写成的书，此后法兰西学院不断促进法语的规范、精练、纯净。1792 年，在法国大革命爆发 3 年之后，法兰西共和国成立了。共和国的领袖们决心要彻底铲除封建势力，用语言统一法兰西民族，让法兰西真正做到宪法所规定的"法兰西是统一的、不可分割的共和国"。1794 年一份向国民公会提交的报告显示，法国 83 个行政区只有 15 个区使用标准法语；全国共有 30 种方言；2 800 万法国人口中只有 300 万人在日常生活中有用标准法语的习惯；600 万人不

---

① 雷昂哈特. 拉丁语的故事：一种世界语言的历史 [M]. 黄文前，孙晓迪，程雨凡，译. 太原：山西人民出版社，2021：48.
② 雷昂哈特. 拉丁语的故事：一种世界语言的历史 [M]. 黄文前，孙晓迪，程雨凡，译. 太原：山西人民出版社，2021：130.
③ 雷昂哈特. 拉丁语的故事：一种世界语言的历史 [M]. 黄文前，孙晓迪，程雨凡，译. 太原：山西人民出版社，2021：130.

懂法语，还有600万人讲法语有困难。① 共和国的精神领袖亨利·格雷古瓦（Henri Grégoire）神父认为法国语言的"多样性"不是什么优点，恰恰代表了一种落后，这样的语言"多样性"是古代封建割据造成的。如果这么多的方言继续存在下去，就难以彻底清除封建王朝的色彩。格雷古瓦由此提议国家中央集权的全部机制都应该统一到语言改革工作上来。

在奠定了法语的国内统一官方语言地位后，法国人开始向国外推广法语，扩大法国在海外的势力范围。1878年，法国地理学家奥尼斯姆·邵可侣（Onésime Reclus）编撰新词francophoniez（法语区），以超越殖民和帝国主义带来的分歧，把讲法语的地区聚集在一起。1883年，法语联盟（Alliance Française）即"法国殖民地和国外法语传播协会"成立，协会目标是把法语作为一种消除威胁法国工业和商业危机的手段，同时要传播法语。18世纪和19世纪期间，法语差一点成为欧洲大陆的"通用语言"，就连奥地利、俄罗斯这样强大的国家都一度把法语作为向外国政府和自己的代理人国家发送快件的官方语言。按照马特拉的意见，如果说英语的传播是英国实力的自然延伸的话，法语的传播完全是一个"人造事实"。②

德语也有多种"起源说"。其中之一认为德语分为高地德语和新高地德语等种类，14世纪以后中古高地德语文学终结，早期新高地德语开始发展。最晚在16世纪时，新高地德语被确立为书写语言，马丁·路德的《圣经》译本成为德语第一个规范文本。另一种观点认为德语最早是日耳曼这个游牧民族的"粗话"，15、16世纪，造纸术和印刷术被欧洲相继掌握后，德语开始印在纸上。18世纪前的德国人其实并不懂哲学，但它们力争建立日耳曼民族与"古希腊"的关系，为此出现了"印欧－日耳曼语系"等专业概念，经过不懈努力，终于使德国摘得"哲学王国"的王冠。此后，德国涌现了近现代以来一批又一批的哲学家。德语"从一种游牧民族的'粗话'发展到左右世界学术的'历史哲学'语言。"③

实际上，德语的崛起和德意志民族的崛起同步。18世纪末19世纪初，为了从拿破仑的"暴政"下获得解放，德国人掀起了反法运动，他们的武器首先是语言。德国文化批评家恩斯特·莫里兹·阿恩特（Ernst Moritz Arndt）创作了一首歌曲，歌名是《德意志的祖国在哪里》里面有这么几句歌词：

　　远至任何地方，
　　只要有德语为上帝颂扬，

---

① 列尔森.欧洲民族思想变迁：一部文化史[M].骆海辉，周明圣，译.上海：上海三联书店，2013：140.
② 马特拉.全球传播的起源[M].朱振明，译.北京：清华大学出版社，2015：213-217.
③ 董并生.虚构的古希腊文明[M].太原：山西人民出版社，2015：347.

就是德意志的边疆！

勇敢的德国人啊，就可以将其称为家乡！①

歌词直言不讳地把语言等同于国家领土，阿恩特在法兰克福议会上收到雷鸣般的掌声。在德国人看来，德语的范围等同于日耳曼语系，除各种德语方言之外，还包括古代的哥特语、盎格鲁-撒克逊语、冰岛语、弗里斯兰语和佛兰德斯语等。因此，仅从西部看，阿恩特梦想的德国边界包括了从敦刻尔克穿过阿登高地，一直延伸至比利时、荷兰和卢森堡，以及阿尔萨斯-洛林地区。②这些地区后来也确实成为第一次世界大战和第二次世界大战期间德国争夺的目标。

英语的故事有多种。一种说法认为5—6世纪时，生活在荷兰北部、德国西北部和丹麦南部海岸的日耳曼部落一部分成员使用着一种语言，当他们抵达不列颠时，最早的英语就开始了。英语属于语言学家们所称的西日耳曼群体语言的一部分，这就是为什么英语和其他一些语言听起来很相似、为什么当地的人动辄掌握几门外语的原因。这种"古英语"为现代英语提供了主要的语法结构和核心词汇。随着北欧人、诺曼人的不断入侵以及皈依基督教，英语先后吸收了挪威语、法语和拉丁语因素。另一种说法认为英语本来是英格兰的土话，是一种"俗话"，后来经过改造，通过后期文学等形式的净化，才正式成为民族语言，又称为多民族复合后的国家语言，最后跟随殖民主义的步伐走向世界。不过，最早的英语文字出现于何时到今天为止仍然是一个谜。有人研究发现最早的英文词典出现于19世纪，一些皈依基督教的中国人为英文字母、词语的成熟做出了贡献，英语大量吸收或借鉴了拉丁语、法语和汉语的词汇和发音。

今天，以英语为第一语言的人达到3.5亿，另外估计还有10亿人在学习英语。英语已经成为当今世界上使用国家和地区最多的语言，在联合国，英语是第一工作语言。借助英语，美国、英国、加拿大、澳大利亚和新西兰组成了"五眼联盟"。这个组织虽然是一个排外的政治组织，但它最直观的表现是5个成员国都是英语国家，也是英语打底的"盎格鲁-撒克逊人"共同体。在英国和美国两大世界性霸权国家的历史角色交接过程中，英语帮助它们实现了平稳过渡。正如英国人马克斯·布尔（Marcus Bull）所言，"英语这超乎寻常的扩展以及多元化，有多种复杂的原因，但都不同程度地关乎大英帝国，继而是美国的世界性权利的增长。"③

除拉丁语、法语、德语和英语之外，其他欧洲语言都有自己的"语言联盟"，或者以语言结成新的民族，或者用语言规定自己的势力范围。不过需要明白的一点是，欧

---

① 列尔森.欧洲民族思想变迁：一部文化史［M］.骆海辉，周明圣，译.上海：上海三联书店，2013：189.
② 列尔森.欧洲民族思想变迁：一部文化史［M］.骆海辉，周明圣，译.上海：上海三联书店，2013：190.
③ 布尔.回眸中世纪［M］.林翠云，葛舒旸，译.石家庄：河北教育出版社，2016：153.

洲的各种语言从方言到官方语言,从发声语言到书写语言,更多的不是自然的结果,而是人为的结果。特别是在近代,欧洲各国各民族都把语言看作凝聚族群的黏合剂,这可能正是因为它们历史上没有统一的语言,而文字又出现得很晚导致的结果。有人认为欧洲文艺复兴就是一种语言化的运动。"所谓欧洲文艺复兴其实也是语言的多元化过程,意大利语、法语、德语、英语等都是世俗化语言。"[①]在文艺复兴之前,以上诸语言并没有被广泛使用,至少在自己的文化圈内没有形成书面文字。

近代以后,西方各殖民国家用语言、文字和印刷术建立了自己的"殖民地共同体"。安德森用现代民族主义解释了这一问题。安德森认为以美国1776年独立运动为标志的美洲民族主义要早于1789年法国革命开启的欧洲民族主义。他随之提出一个问题,为什么这种"欧裔海外移民共同体"会这么早就发展出他们的民族概念?安德森经过一番分析,最后确定"经济利益、自由主义或者启蒙运动这三个因素都没有提出一个新的意识的架构",意思是从这三方面得不出正确的结论,最终扮演决定性的历史角色的是"朝圣的欧裔海外移民官员与地方上的欧裔海外移民印刷业者"[②]。所谓"朝圣的欧裔海外移民官员",是指美洲或其他大洲的殖民者以欧洲专制君主国为自己的母国,并且对其保持一种朝圣心态。殖民地与母国因为有共同的文化、语言,因此才会有强烈的认同感,它们共同结成"殖民地共同体"。而所谓"地方上的欧裔海外移民印刷业者"是指美洲等殖民地对母国的朝圣心态的加强要等到印刷术传入美洲等殖民地以后才能完成。"大范围的认同与特殊主义的地方意识交互出现"[③],就形成了美洲、亚洲、非洲等各地奇特的"殖民地共同体"——以语言为纽带的"语缘共同体"(比如世界范围内的盎格鲁-撒克逊共同体或英联邦共同体、美洲大陆的西班牙语共同体、非洲地区的法语共同体)和以国家为单位的民族共同体。

二、汉语文化圈

迄今为止,能够精准确定年代的最早的汉字是甲骨文。19世纪末河南安阳一带陆续发现许多契刻着字符的龟甲兽骨被当作"龙骨"卖到药店,研磨成粉末供病人服用。有药商和古董商初步判断此物有一定价值,遂广为收集。"龙骨"恰巧被清末著名金石学家、收藏家和书法家王懿荣获得,他和好友《老残游记》的作者刘鹗鉴定后认为是"殷人刀笔文字"。1903年,刘鹗挑选1058片甲骨,拓印出版《铁云藏龟》,成为中外第一部甲骨文著作。从1913年开始,罗振玉从搜集到的2万片甲骨中精选部分,编

---

① 董并生. 虚构的古希腊文明[M]. 太原:山西人民出版社,2015:349.
② 安德森. 想象的共同体:民族主义的起源与散步[M]. 吴叡人,译. 上海:上海人民出版社,2016:62.
③ 安德森. 想象的共同体:民族主义的起源与散步[M]. 吴叡人,译. 上海:上海人民出版社,2016:60.

印出版《殷墟书契考释》和《殷墟书契待问篇》。1928年，当时的"中央研究院"成立考古组，正式开始殷墟考古，先后发现24 900多片甲骨。自此，殷墟甲骨文进入历史视野，甲骨学诞生，商朝历史不仅有文字记载，而且也有了文字考古证明。许多甲骨后来通过盗掘、走私、买卖流散到世界各地。据统计，截至20世纪90年代，包括中国在内，世界各地总共收藏154 900多片甲骨，甲骨文拓本共计有275项，216 200多片。①

甲骨文一般刻于龟甲、牛骨、猪骨、鹿骨和虎骨之上，也有少量人头骨。经著名甲骨文学者胡厚宣和胡振宇父子计算，所用龟1万个左右，牛5 000至6 000头。甲骨文被考证主要用于占卜场合，这与《礼记·表记》中关于殷人敬鬼神的记述完全一致："殷人尊神，率民以事神，先鬼而后礼。"② 也有一部分内容用于记事。甲骨文写刻于商朝后半期，跨越盘庚迁殷至纣辛亡国之间盘庚、小辛、小乙、武丁、祖庚、祖甲、廪辛、康丁、武乙、文丁、帝乙和帝辛8世12王273年，换算成公历是公元前1300左右至公元前1046年。③

甲骨文的发现完全证实了此前史书中有关殷商历史的记载，也证明了殷商历史是信史，世界各国不得不承认。其实按照黑格尔的标准，只要是有文字记载的历史就是信史，殷商与甲骨文之间的互证提醒我们，也许"信史"的标准确实应该提高一个档次，即除了古文字记载外必须要有明确无误的考古证据，而中国历史就是这样反复互证的。甲骨文之所以被称为最早的汉字，是因为它完全能用今天的汉字解读出来，反过来说，今天的汉字是从甲骨文演变而来的。正如大多数中国人所知晓的那样，汉字经历了甲骨文、金文、小篆、隶书和楷书等几个阶段的字体演化，这在世界文字史上是独一无二的。除汉字之外，世界上没有一种文字能经历几千年演化而被直接继承下来。所谓苏美尔的楔形文字，古埃及的象形文字和哈拉帕、摩亨佐达罗的"印章文字"，在今天都是历史上的"死"文字，即使存在过，也早已被遗忘在历史的长河中，而其他民族或国家的文字出现的时间就更晚了。根据西方近现代史记载，1798年拿破仑率领大军远征埃及，同时极有预见性地带了150多位科学家、学者和艺术家一同前往。第二年，一名法国士兵在尼罗河口附近的罗塞塔村挖防御工事时发现了一块石碑，上有希腊文、古埃及文和另一种古老文字。石碑后被获胜的英军带回英国，陈列在大不列颠博物馆。20多年后，法国人让-弗朗索瓦·商博良（Jean François Champollion）破译了罗塞塔碑上的文字内容，为古埃及国王托勒密五世登基的诏书，古埃及象形文字由此被破解。无独有偶，楔形文字的破译也拜同时出现的三种文字所赐。1835年，

---

① 李琳之.晚夏殷商八百年：大历史视野下的早中国时代[M].北京：研究出版社，2022：244.
② 郑玄.宋本礼记·表记：第四册[M].北京：国家图书馆出版社，2017：80.
③ 胡厚宣，胡振宇.殷商史[M].上海：上海人民出版社，2003：354-357.

一位名叫罗林森的英国军官在伊朗贝希斯敦村悬崖峭壁上发现一幅雕刻画，画的下方铭刻着三种语言字体：埃兰语、巴比伦语和古波斯语。罗林森经过12年的苦心钻研，终于通过古波斯语破解了铭文内容，证明其为公元前519年波斯王大流士平定九个叛王的丰功伟绩。罗林森同时打开了通往楔形文字的大门。

与苏美尔楔形文字和古埃及象形文字的破译相比，甲骨文的破译完全是另外一种事实逻辑。因为和今天的汉字一脉相承、传承有序、变化有道，甲骨文才存在被破译的可能。尽管如此，到目前为止也还有很多甲骨文没有破解出来，由此可见古文字和古代字符的破译并不是一件容易的事。那种单纯通过长时间的研究或临时性的顿悟就能破解一种毫不相关的古文字的行为，根本不符合事实逻辑，因而其真实性、科学性、合理性、可信性都值得怀疑。

时间当然可以换空间，但是这建立在真实性基础之上。甲骨文的辨识、破译经过一个艰辛而漫长的过程之后有了很大的突破。1913年开始，罗振玉编印出版《殷墟书契考释》和《殷墟书契待问篇》时，被认识和考证的甲骨文有485字，不可识之字有1 003字。1934年，孙海波编《甲骨文编》时，可认识和考证的甲骨文增加到1 006字，不可识之字增加到1 112字，共计2 118字。20年内可识之字从485增加到1 006字，共增加521字，尚且有1112字不可识。到21世纪初，被发现的甲骨文增加到约3 500字，约2 000字暂且不可识，判断主要为地名和祭祀用词。[1]

甲骨文已经是非常成熟的文字，不仅有单字，还有连续的句子和长文，特别是记事的文字最长达到148字。这种字句并存的现象充分说明文字是从单字节的象形文字发展而来的。另外，如此成熟的文字说明甲骨文不是一夜之间从天而降的，一定是在此之前经历了一个漫长的演变、进化过程，后来陆续在各地发现的各种契刻符号透露了这一变化过程，如前面提到山西临汾陶寺遗址中出土两个高度近似文字的刻符，河南舞阳贾湖遗址出土的许多刻符，在河南郑州二里头遗址也出土的50余种刻符，在安徽蚌埠双墩遗址出土的630多个刻符。在新石器时期的中国大地上出现如此大范围地使用刻符的习惯，说明当时这些遗址之上的城邑、族群或古国不仅各自独立地构建起了自己的契刻符号共同体或原始文字共同体以及各自独立的传播系统，而且它们彼此之间也相互学习、借鉴、影响和交流，形成了更大范围的文化圈，这是中国最早的语言文化圈。

贾湖刻符、双墩刻符、陶寺刻符等，都非常明显地展现出汉字的某些特征，在结构、形象、载体等方面都不免让人觉得与殷商甲骨文之间有着不同程度的联系，甚至可以肯定它们就是甲骨文的前身。但这些刻符只是单独的字符，且与甲骨文在字符形

---

[1] 胡厚宣，胡振宇.殷商史［M］.上海：上海人民出版社，2003：360.

状上也有差别，所以暂时还不能识别其具体的能指和所指。即便如此，基本可以肯定这些刻符是某种抽象的传播符号，甚至是当时当地人群的标准传播符号。它们远不像古埃及象形文字那样，表现出各种动物、物体、动作的观相（斯宾格勒语），以至于看上去是那样的浅显、具象和幼稚；它们也不像苏美尔楔形文字那样在结构上根本没有早期文字所应该具有的象形特征，反而其抽象程度严重脱离了具象和抽象之间本应有的关联。贾湖刻符、双墩刻符、陶寺刻符和二里头刻符既有初级象形文字的观相特征，也有高级文字的抽象特征。这是象形文字作为传播符号所具备的二元特征。

甲骨文也好，刻符也罢，它们都是当时当地的传播媒介，它们连同空间上的城邑（城邦或城市），为当时当地的人们提供了一次加强联系继而形成具有本族群特点的文化圈子的契机，以便让他们在此基础上结成更紧密的语言共同体和城邑共同体，最后走向民族和国家。事实上，继续回溯，在没有刻符而只有非书写语言的时代，人们已经通过口语结成了程度不同、范围不等的生活圈子。那些只发现城邑而没有发现文字或刻符的遗址之上的文明一定拥有最基本的语言交流媒介，否则他们就不会聚合成为氏族部落或城邑古国。他们最核心的生活圈和文化圈是有血缘关系的，再次一级的圈子是有血缘加地缘关系的，最外围的则是有地缘关系的。这证明语言这种推动力量，本身就具备组织、构建圈层关系的功能，只不过语言也分国语与方言。社会圈层的扩大意味着彼此之间有一种相互接受的共同的发音系统。在中国，这种语言被称为"雅言"。有人说"雅"即"夏"，如果这一理论成立，一则说明中国历史上的夏朝肯定存在过，二则说明统一的发音在夏朝这样遥远的古国时代就已经存在了。

公元前221年，秦朝消灭六国，统一中国。秦国偏居西北，为何能统一中国？这个问题没有统一的答案。清末学者王国维认为秦发源于周故地，继承了周的文化、天下理念等，得到了周的"真传"。秦国文字从籀文到大篆、小篆，和周帝国的文字一脉相承，而其他诸侯国家的文字却并非如此。这种理论不无道理。秦始皇统一中国后干了一件惊天动地的事——制定法律，规定"书同文、车同轨"，继续发挥文字的威力。在此之前，六国各自都有自己的文字，这不利于彼此之间的交流传播。李斯创立小篆，并将秦国文字统一为全国性文字之后，以这种文字为黏合剂的共同体范围迅速扩大，从此也在2 000多年的跨度内把大一统思想牢牢嵌入中国人的灵魂深处。有人说，中国几千年分分合合，但最终总是要走向统一，这得益于汉字和汉语的统一性，因为"汉字的表意性抑制了方言无限制的发展和文化共同体的瓦解"[①]。而欧洲之所以从整体的王国走向分裂，特别是"三十年战争"后彻底走向单一民族国家化，是因为他们坚守各自的语言和文字。可见语言和文字不仅能把分散的地区整合成为一体，也能把一体化

---

① 汉字五千年［M］.北京：新星出版社，2009：65.

的共同体拆分成为若干独立的共同体。

汉代开始，中国的影响已经辐射到五服的最外圈层——荒服。除百越、西域等地区直接并入汉朝版图之外，朝鲜、日本与中原王朝的关系也逐渐加强，纷纷加入中原王朝的朝贡体系。在日本发现的"汉倭奴国"印章见证了用文字所维系的古代中日关系历史。而朝鲜则自公元前后开始采用汉字作为国家文字，与中原王朝形成东亚早期最牢固的"外交关系"。越南则和中原王朝若即若离，分分合合，保持着五服中比较近的关系。隋唐以来，中国的语言文化圈进一步扩大和增强，朝鲜半岛和越南自不必说，日本通过遣隋史、遣唐使，全盘接受中华文化，借用汉字创立了日文假名。汉字有力地加强了中国与朝鲜、越南和日本等国之间的文化互动和外交往来。尽管后来朝鲜和越南相继发明了自己的文字，但其背后的汉字基因无法抹除，直到今天，这些国家的文字传播系统中仍不乏汉字因素或汉语因素。

按照现代流行的语言系统理论，汉语属于汉藏语系，这意味着汉族和藏族以及其他西南地区、中南半岛的人都有相近的语言结构和发声机理。关于日语、朝鲜语等的归属，有的说属于阿尔泰语系，有的说属于南岛语系。如果属于南岛语系的话，其源自中国大陆东南地区必然无疑。这从一个侧面解释了为何这些语种和中国东南地区方言发音相似。其实，无论是阿尔泰语系，还是南岛语系，它们又都和汉藏语系同源。2021年11月《自然》杂志发文证实亚洲近百种语言发源于中国东北地区的研究结论，有力地宣示了语言和地域、人种之间的强关系。因此，一个地区在起源上只有一种语言，而同一种语言必然孕育出同一个文化共同体。

第三节 交通和邮政

交通、邮政在今天已经成为独立的行业和部门，但是它们的传播性质并没有改变。而在古代，交通、邮政完全就是国家传播系统、国际交流系统的重要表现。麦克卢汉等媒介环境学者对交通给予了一定程度的重视，但是对邮政却没有独辟章节专门进行论述，甚至鲜有提及。

交通共同体是一切共同体的基本表现形式。交通到达哪里，共同体边界就到达哪里；共同体有多大，交通就有多远。尽管像安德森所说的那样，民族的地理空间疏离最后通过想象获得补偿，只要想象在，民族也会在。但是真正一体化的民族、国家以及其他人类共同体都需要通过交通才能建立起来，这是真正意义上的共同体。在语言时代和文字时代，有了交通，就有了跨距离、跨人群、跨文化的信息传播。而当信息传播技术和媒介从语言时代和文字时代进入电力时代、互联网时代、数字时代和智能时代以后，交通作为关系网络的作用就相对降低了，人们有了让"媒介共同体"在特定时期、特定环境、特定需求下代替"交通共同体"的能力。不过，在更多的情况下，交通和邮政不分你我。

交通和邮政是国家治理的重要组成部分，在维持国际体系、国际关系以及开展外部交往的过程中，二者都不可或缺。交通和邮政的传播属性与国家治理属性、国际体系构建功能经常处于交叉融汇状态，无法准确地区分。

一、交通

汤因比在其著作《历史研究》的"帝国组织的可利用性"一节首先介绍的是"交通系统"，其次才是殖民地、首都、官方语言文字、法律、历法、度量衡、货币等内容。汤因比自己解释，"交通系统之所以列在第一位，是因为它是统一国家赖以生存的首要组织。它不仅是统一国家在其领土上的军事指挥的工具，而且也是政治控制的工具。"[①] 他从两个方面理解交通对于国家的价值，一是军事价值，二是政治价值。所谓军事价值是指国家能够很方便地从一地调度军队到另一地，还可以通过交通要道快速地传递军事情报。军队的灵活快速调动和军事情报的快速传递决定军事行动的胜利。因此从古代开始，各个国家就非常重视交通建设，更不用说那些需要大范围地、经常性地调动军队的帝国。所谓政治价值，主要是指国家通过四通八达的交通网络加强与地方的联系，建立上传下达的信息传播渠道，使统治者做到对国情、政情和军情等形势的及时掌握。按照布赞和利特尔的理论，交通是每一个历史时期、每一种国际体系得以形成互动能力的标志。这样一来，交通就超越国家，形成了更大单位和范围的国际社会。交通的政治价值也就得到了更大的体现。

道路上最早的媒介是"脚力"（legpower），[②] 即人们通过步行从一地到达另一地。古希腊传说中的马拉松故事很能说明问题。希波战争中，雅典一方战胜波斯帝国后，命令一名士兵把战报从交战地马拉松送回雅典。这个士兵步行奔跑了36.2公里回到雅典，刚通报完捷报就倒地不起。为了纪念这场胜利和这位送信士兵，后人设计了一项马拉松长跑竞赛项目。相信这种"脚力"式媒介不是雅典人的专利，在其他代步工具也相对落后的时代，步行是首要的选择。中国古代邮驿制度中就有靠腿送信的专门人员，称为"步递"，以区别"马递"等其他邮递方式。当然，在有马匹等动物的地方，脚力活就交给了马、驴、牛、狗等动物了。不要小看这些动物，冷兵器时代的武

---

① 汤因比.历史研究：下［M］.曹未风，等译.上海：上海人民出版社，1997：25.
② Legpower 一 词 见 HOWARD H FREDERCH. Global Communication International Relations［M］. California：Wadsworth Publishing Company，1993：21.

器装备之一就是马匹，骑兵的效率肯定高于步兵。牛、驴虽然行动迟缓，但它们有极强的耐力，同样胜过人力。成吉思汗就是乘坐牛车带领着他的骑兵们席卷亚欧大陆的。轮子发明以后，有了车辆，再加上马匹的拉动，马拉战车就彻底改变了战场形势。不过，因为马车对道路的要求很高，所以道路的规格就得提高。"只要存在对轮子的压力和来自轮子的压力，就必须修建道路去顺应轮子的需要。"① 西方历史著述普遍认为苏美尔人和古埃及人都已经建设起强大的交通网络，作为强大的地中海帝国的罗马和作为西亚帝国的波斯也都有自己发达的交通网络。但是它们关于这方面的实物其实寥寥无几，倒是看起来文明程度并不高的印加帝国等南美洲古代文明却留下了这方面的实物遗迹。印加帝国存在于15、16世纪，它有着发达的交通系统，四条干线从首都库斯科出发，连接起东西南北四个行政区，全长23 000公里，其规模似乎过于庞大。我们把视线重新转移回欧洲。在很多人眼里没有实物并不能否认古代西方国家拥有道路和交通的事实，因为既然国家已经成立，那么交通就必然存在。"罗马帝国，君主政体或共和政体，如果不打仗、不建立军团或骑兵队，不建设铺砌马路或土路，就无法向自己提供一个普林尼（罗马作家，留下大量书信），一个塞维涅夫人或是一个伏尔泰。没有这些集体装配，就没有写信人的天才。"② 德布雷的意思是交通、军事为人们提供了文学创作的素材，但实际上，如果没有罗马如此丰富的"历史素材"，罗马历史本身将不复存在。

　　古代中国关于交通及其与军事的关系有着丰富的历史记录，也有大量历史遗迹作为实物可供鉴赏。夏、商时期，甚至更早，中国就已开荒拓路。夏朝和商朝几度迁都，如果没有道路，频繁迁都似乎并不可行。而且它们作为成熟的国家这一事实，也证明了它们会开拓自己的道路交通。根据《周语》《周制》等记载，周朝交通管理已经非常成熟。道路会定期进行修理，泽潦会定期去陂障，川上会根据需要建造桥梁，道路旁要植树作为行走标记。路上还要设馆舍，让国家的宾客和平民歇脚住宿。为此朝廷还设置司空，负责管理路政。③ 交通已经成为国家治理的一项重要内容。对于道路，古代中国人有着细致深入的认知。《周礼》记载，"凡治野：夫间有遂，遂上有径；十夫有沟，沟上有畛；百夫有洫，洫上有涂；千夫有浍，浍上有道；万夫有川，川上有路，以达于畿。"④《诗经》中也有大量有关交通的诗句：

　　　　周道如砥，其直如矢；君子所履，小人所视。(《小雅·大东》)
　　　　四骊济济，垂辔濔濔。鲁道有荡，齐子岂弟。(《国风·载驱》)

---

① 麦克卢汉.理解媒介：论人的延伸[M].何道宽，译.南京：译林出版社，2011：115.
② 德布雷.普通媒介学教程[M].陈卫星，王杨，译.北京：清华大学出版社，2014：275-276.
③ 白寿彝.中国交通史[M].长沙：岳麓书社，2011：22.
④ 周礼·地官司徒第二·遂人[M].吴友仁，等注译.郑州：中州古籍出版社，2010：150-151.

> 我车既攻，我马既同。四牡庞庞，驾言徂东。(《小雅·车攻》)

战国时期，由于连年战争，互相防范，各诸侯国在各地修筑了不少关塞堡垒，各国间的道路也宽窄不一，交通往来受到严重影响。秦始皇统一中国后，下令拆除这些关塞堡垒，并从公元前220年起，陆续修建了以咸阳为中心的三条驰道：一条向东直通过去的燕、齐地区；一条向南直达吴、楚地区；还有一条是为了加强对匈奴的防御而修筑，从咸阳直达九原的直道，全长1 800余里，后人称其为"秦直道"。直到今天，这条直道仍然伸展在三秦大地。秦王朝新政规定驰道宽50步，车轨宽6尺；道旁每隔三丈栽树一株；中间为皇帝御道，用明显标志显示，一般人不得行走。秦朝还在今云南、贵州地区修建"五尺道"，在今湖南、江西、广东、广西之间修筑攀越五岭的新道。最终形成了以咸阳为中心、四通八达的交通网络，把全国各地联系在一起，便利了官民的交通往来，促进了社会经济发展。

汉代建设以长安为中心的道路网，特别是发展了驿道运输，开辟了丝绸之路。汉朝对世界的贡献是第一次以国家力量打通了中国与中亚、南亚、西亚之间的道路，使其成为东西方贸易往来、外交往来、信息交流的重要"交通媒介"。

隋代凿通京杭大运河，为南北交通提供了一条通达的水路，弥补了南北货运交通的不足。

唐代时国内有15条道，以长安为中心，所有干线道路均通往各道府所在地，干线与支线相连，四通八达。域外交通有七条道：安东道、渤海道、云中道、回鹘道、西域道、天竺道、海夷道，大大丰富了"丝绸之路"的方向和线路。由于唐帝国威震四方，物产丰富，道路又通顺，各国纷纷派使臣、商队前来与大唐开展外交往来和商业贸易。

宋代改"道"为"路"，以汴京为中心，开辟了连接东西南北四个方向的路线：东经曹州至山东、江苏、浙江、福建各地；西至长安、甘肃、四川；往北渡河至大名府、真定府、燕山府、太原府等地；南方取道蔡州可抵达寿春府、康洪州、岳州、潭州和广州。宋朝继承了唐朝在"海夷道"方向上的成就，以泉州等港口为基地，继续扩大与东南亚、南亚和中东地区的贸易往来。

元代道路网以大都为中心，通向中书省直辖的山东、山西、河北三地区共29路的首府所在地，再由上述交通要冲，通向全国11行省首府所在地以及西北、西南边远地区。《元史》记载，"元有天下，薄海内外，人迹所及，皆置邮传，使驿往来，如行国中。"[①] 法国学者说，"蒙古人西征，将以前闭塞之路途，完全洞开，将各民族集聚一处。西征最大结果，即使全体民族，使之互换迁徙。不独堂皇命使东西往来如织，其不知

---

① 德山.元代交通史[M].呼和浩特：远方出版社，1995：11.

名之商贾教士，以及随从军队者，尚不知凡几。"① 水路方面，元代最大的港口泉州与波斯湾形成了主要航线。泉州成为当时世界上贸易额最大的两个港口之一，从事海外贸易的戎克船达到 1.5 万艘，航线遍及东南亚、波斯湾、东非等地。汪大渊在元朝末期两度航行至印度洋，写下了《岛夷志略》，记录了东南亚、锡兰、印度东西岸、波斯湾、阿拉伯半岛、非洲东海岸等地区共计 98 个地名。

明代交通以南京、北京为中心，形成全国的道路交通体系。以南京为中心有 8 条干线道路，以北京为中心有 7 条干线道路，这 15 条干线通向全国 13 个布政司。明代新修了西南、东北等少数民族地区道路。明代在交通方面，郑和七次下西洋做出杰出贡献。郑和船队七下西洋，打通了中国经东南亚、南亚和波斯湾到达非洲的航线，把中国的威名传播到了非洲甚至更远的地方。史学界有一种声音认为郑和船队最远抵达了北美，早于哥伦布发现美洲，也早于麦哲伦完成环球航行。这方面最有力的证据是原传为意大利来华传教士利玛窦创作的《坤舆万国全图》近来被证实和利玛窦无关，完全是中国人绘制的。如果没有人完成环球航行的话，根本不可能有人绘制完成这么一幅对那个年代来说比较准确的世界地图。而能完成这一壮举的人，最大可能是郑和及其船队成员。

清代版图急速扩张，除干线之外，道路遍及各府、州、县，形成以北京为中心的道路网。各地之间和城乡之间道路也四通八达。由于清代晚期国门被西方列强撞开，西方的铁路技术开始进入中国，光绪三年（1877 年）清朝开始修建铁路，陆续修筑 4 000 多公里铁路。一方面弥补了马路或公路的不足，另一方面大大提高了交通速度和效率。②

西方国家到近代以后开始领先世界，不仅公路、铁路、航海等交通技术领先于世界其他国家，对交通的军事价值、政治价值的理解都超越了东方国家和其他。他们首先意识到交通可以改进军事态势。1803 年世界上首条马拉式公共铁路在英国伦敦开通，不久，首台蒸汽铁路机车在英国诞生。40 年后这项技术受到了欧陆强国普鲁士的重视。1815 年维也纳格局以法国的失败而告终，但是这并没有促成德国的统一。普鲁士为此耿耿于怀，决定发展军事，积极备战，希望完成德意志最后的统一。铁路技术诞生后不久，普鲁士军方就开始关注这一新的交通技术。一个叫卡尔·波尼茨（Karl Pönitz）的普鲁士军官出版了自己的专著《军事行动中的铁路及其用途》，建议在与法国和俄国接壤的领土上覆盖铁路网，以便提供一条快速行动的"军事行动线路"。到 1846 年，普鲁士已经能够利用铁路在一次性运输中将 12 000 名战士和战马、火炮、弹药等辎重

---

① 白寿彝. 中国交通史 [M]. 长沙：岳麓书社，2011：153.
② 白寿彝. 中国交通史 [M]. 长沙：岳麓书社，2011.

运送到波兰的克拉科夫。随着铁路运力的提高，1859 年需要 35—42 天才能完成集结军队的任务，到 1870 年只需要 19 天。运动速度成了决定战争胜败的关键因素。1871 年，普法战争结束，法国战败，普鲁士挟战争余威统一德国。1899 年，德国决定以"通信部队"的名义整合自己所有的铁路、电报和空中传输服务，其管理权交付给一个师级将军。①

整个 19 世纪是欧美各国大力发展铁路的时代，也是欧美各国开始把包括公路、铁路、水路在内的交通所能发挥的作用推到极致的时代。交通不仅直接服务于军事，还服务于政治和经济。现代交通成为工业化的重要标志，也成为现代文明的标志。交通打破了城市和乡村的界限，人们可以驾驶或乘坐车辆自由地穿梭在城乡之间的道路上。交通还让"中央权威将其作用扩展到遥远的边缘地区"②，巩固了国家内部的"中心边缘"结构。交通不再只是提供通行的媒介，还是让人们通向各个"诗的远方"——休闲娱乐的基础设施。交通既打破又联通了国与国的边界，使得国际关系成为一种可以用步伐、车轮、螺旋桨丈量的人类社会现象。交通更是直接成为国家经济增长的动力、判断标准、生命线。直到今天，中国的许多农村还有醒目的标语：要致富先修路。在近代西方的崛起过程中，交通充当着极其重要的角色。在今天东方大国的社会发展中，高速、高铁、航运作为新型的交通手段也在扮演着"火车头"角色。

英语"communication"一词既有交通的含义，又有传播的含义，足见交通和传播是一体的。所以当我们谈论交通的时候，我们其实已经进入了传播领域。这也是汤因比所谓交通系统的政治价值的延伸。

德布雷在 20 世纪 90 年代提醒人们，"媒介学面前有一个巨大的任务还没怎么被研究，即连接传递革命史和运输革命史"。但实际上，麦克卢汉等人早已注意到了交通运输这种媒介。按照麦克卢汉"一切技术都是肉体和神经系统增加力量和速度的延伸"③的理论，道路、水运、空运等作为人的四肢、感官的延伸，最后必然要和媒介合流。在他看来，传输、交换是货物运输和信息运输的隐喻，甚至隐喻（metaphor）本身就是由变化（meta）和传送（pherein）两部分构成的，一切都充满了交往、传送和传播的意味。

就像麦克卢汉所指出的那样，在电力出现之前，道路和书面词语或文字紧密相连，因为所有的书信都得通过道路送往其他地方。在电力出现之后，道路不仅继续和"书面语词"紧密相连（信件、书报传播的途径），也和突出听觉和视觉的各种音频、视频信息内容紧密相连——人们在汽车上收听广播，在飞机、轮船以及汽车上观赏电视节

---

① 马特拉.全球传播的起源［M］.朱振明，译.北京：清华大学出版社，2015：230-234.
② 麦克卢汉.理解媒介：论人的延伸［M］.何道宽，译.南京：译林出版社，2011：117.
③ 麦克卢汉.理解媒介：论人的延伸［M］.何道宽，译.南京：译林出版社，2011：111.

目，在道路上闷头使用移动媒介。在互联网、数字技术、智能媒体以及最先进的元宇宙媒介时代，交通设施所体现的只是一个特定的空间，根本不存在任何传统意义上交通对媒介的固定要求，人们可以把任何交通设施与任何媒介进行对接。麦克卢汉曾预见，"在电报和铁路之间、电话和汽车之间、广播和飞机之间、电视和空间火箭之间有一个实际的连带性，有一个年代上和文化上的联系。"① 在新的媒介时代，麦克卢汉对媒介的部分理解已经"失灵"：不是说那些交通工具和媒介工具不能连带或联系，而是说连带和联系不再是一对一的、固定的，是完全打破了原有的组合关系的，实现了两大系统之间全面的交叉和融合。

二、邮政

邮政是世界上最古老的跨距离信息传播的组织行为和国家体制。邮政不是个体行为，而是国家行为。这意味着邮政是人类进入国家形态以后的产物。直到今天，邮政仍然是重要的跨距离信息传播方式——虽然它的最主要功能已经转变为物品传递，而非信息传递。

邮政与交通息息相关。汤因比在论述统一国家的交通系统时直接就跳到了邮政话题。"在历史上迄今所知道的大多数统一国家内，运输方法曾表现为帝国邮政的形式，而'邮差'大多也是警察。在公元前第三个千年纪时期，公共邮政制度似乎曾是苏末②和阿卡德帝国政府组织的一部分。在这以后的两千年，我们在同一地区看到阿凯米尼德帝国把这个制度提到更高的组织水平和更有效能的水平。阿凯米尼德的政策，即利用帝国交通系统来维持中央政府控制各省的政策，后来又出现于罗马帝国和阿拉伯哈里发的行政组织中。"③

苏美尔拥有世界上最早的邮政系统是西方历史学的权威叙事框架之一。这一叙事框架还可以进一步细化。公元前 3800 年巴比伦的萨尔贡国王建立了世界上第一个邮政系统，并指定名叫乌尔都的官员领导这一邮政系统。乌尔都训练了一批邮差，给每个邮差一份地图，上面标明了底格里斯河和幼发拉底河两岸的各种道路、小径，信件就刻在众所周知的泥板上。路上一旦遭到打劫，邮差会放飞信鸽，发出求救信号。问题是，苏美尔人为何不直接使用信鸽投递信件？如果苏美尔人只有泥版式媒介载体的话，

---

① 德布雷.普通媒介学教程[M].陈卫星，王杨，译.北京：清华大学出版社，2014：273.
② 应为"苏美尔"。这表明 20 世纪 90 年代中国学界对苏美尔还很陌生。在西方，斯宾格勒 1918 年出版的《西方的没落》中并未提到苏美尔；伊尼斯 1950 年出版的《帝国与传播》中两河流域的帝国统称是"巴比伦"，而非"苏美尔"。这表明直到 20 世纪中期，用"苏美尔"称呼整个两河流域文明还没有形成共识。
③ 汤因比.历史研究：下[M].曹未风，等译.上海：上海人民出版社，1997：25.

那信鸽传递什么？

波斯帝国是对波斯人历史上建立的王朝的泛称，名称来自公元前600年希腊人对这一地区的称谓。直到1935年，欧洲人一直使用波斯来称呼这个地区和位于这一地区的古代君主制国家。波斯的邮政系统是国王塞琉斯的一项成就。按照希罗多德的记载，波斯修建了从萨迪斯到苏萨的交通要道，全长2 500公里，沿途设置了111个驿站。健壮的信使徒步而行，日夜兼程，不惧寒暑，往来于邮递道路上，波斯创建了后来美国使用的邮政模式。当然，作为波斯的对手，雅典也有同样的邮政系统，马拉松信使的故事能够"作证"。

古罗马的邮政系统更是必不可少的。古罗马模仿波斯建立了自己更加快速有效的邮政系统，用于调动军队、旅行、贸易和信息传播。纸莎草、羊皮纸和蜡版被用于通讯。沿途的驿站规模更大，数量更多，每个驿站配备40套马匹和马夫。信使以每天75公里的速度准时收集和送达信件。信件以官方的正式信件为主，附带一些商业和市民的信件。按照麦克卢汉的观点，古罗马的道路系统之所以发达，是因为古罗马需要大量的莎草纸，当莎草纸贸易量下降并退出历史舞台后，古罗马的道路也不再繁华。但是，弗里德里希（Howard H. Frederich）等人的观点正好相反，当古罗马崩溃之后，西欧的邮政系统在历史上消失。跨距离信息传播的任务就很有可能落在了朝圣者、传道者、士兵、商人和马戏团的肩上。信息传播重新回到了"脚力"时代，当口耳相传的信息从传播者到达受传者那里后，信息也变成了神话和传说。①

对比以上古文明，作为一种独立的、自成一体的、未曾断裂的国家文明和国际体系，古代中国的邮政系统是世界文明史上的标本之一，甚至可能是唯一可信的标本。

古代中国邮政系统和交通系统交叉设置，互为倚重，制度明确，历史悠久，且每一时代都有大量文字记录留存，后来不同时期的人们还屡屡发现前人留下的实物遗迹。邮政和交通的最大体现形式其实是驿站，在语言文字时代，驿站服务于"书面语词"的传送。从中国古代邮驿名称的变化，我们还可以看出古代中国邮政系统的变迁。周代称"邮"；秦代仍称"邮"；汉代改称"驿"；唐宋时期既称"驿"，也称"馆驿"；元代邮驿分离，"邮"称"急递铺"，"驿"称"站赤"，站赤又分陆站与水站；明代较复杂，分为"会同馆""水马驿""急递铺""递运所"；清代邮驿或称"驿"，或称"站"，或称"塘"，或称"台"，或称"所"，或称"铺"。②

具体来讲，驿站的作用是转运军事物资、传递军令军情，邮传的目的是快速传达

---

① FREDERCH. Global Communication International Relations [M]. California: Wadsworth Publishing Company, 1993: 22-23.
② 白寿彝. 中国交通史 [M]. 长沙：岳麓书社，2011.

消息。"子曰，德之流行，速于置邮而传命。"① 周朝时期已经建立了发达的信息传播系统，并用文字记录下来：

> 凡田野之道，十里有庐，庐有饮食；三十里有宿，宿有路室，路室有委；五十里有市，市有候馆，候馆有积。②
>
> （司险）掌九州之图，以周知其山林、川泽之阻，而达其道路。设国之五沟五涂，而树之林，以为阻固，皆有守禁，而达其道路。国有故，则藩塞阻路而止行者，以其属守之，唯有节者达之。③

春秋战国时期邮传制度进一步成熟，在一定距离内设置"邮"或"传舍"，传递消息，为此预备了遽（用车）、驿（用马）、徒（徒步）多种传递手段。

秦汉邮驿分为亭、邮、驿、传。亭有"停"的意思，是供旅客住宿的地方。大约十里一亭，设亭长。据《汉书·百官公卿表》记载，西汉时全国设置29 635个亭。邮是传书的机关，也可供停宿，五里一邮。驿和邮相似，也是传递消息的机关，三十里一驿。不同之处是，邮有专人负责传递信息，驿则只提供交通工具——马。传是官方传递系统，用车传递信息，车只供政府官吏或特许之人乘坐。根据传的内容、传者的官衔等不同，传分为置传、驰传、乘传和轺传四种传法。

在唐朝，"凡三十里有驿，驿有长。举天下四方之所达，为驿千六百三十九。阻险无水草镇戍者，视路要隙置官马。水驿有舟。"④

元朝因幅员辽阔、交通发达，通过北方的草原以及丝绸之路、南部的海上航线，与中东和欧洲建立牢固的联系。西方几大汗国都为蒙古人治下，为东西方交往提供了便利。元朝驿站改称"站赤"。"元制站赤者，驿传之译名也。盖以通达边情，布宣号令，古人所谓置邮而传命，未有重于此者焉。"⑤

明代邮驿制度与元代略同，设有会同馆、水马驿、急递铺、递运所。用驿须符信，传递文书也须盖有印信。

清代邮驿制度设驿、站、塘、台、所、铺。各省腹地所设为驿，军报所设为站，甘肃和嘉峪关口外所设为塘，西北所设为台，递运官物者为所，专走递公文者为铺。塘分为军塘和营塘，军塘负责出入嘉峪关军站文报，营塘负责寻常文报。清朝末年设立邮政局，驿站事务归邮传部管理。1914年驿站裁撤，邮驿制度成为历史。⑥

---

① 孟子·公孙丑上［M］.方勇，译注.北京：商务印书馆，2017：48.
② 周礼·地官司徒第二·遗人［M］.吴友仁，等注译.郑州：中州古籍出版社，2010：133.
③ 周礼·夏官司马第四·司险［M］.吴友仁，等注译.郑州：中州古籍出版社，2010：268.
④ 欧阳修，宋祁.新唐书·唐书卷四十六·百官一：第四册［M］.北京：中华书局，2011：1198.
⑤ 宋濂，等.元史·志·兵四：第九册［M］.北京：中华书局，2011：2583.
⑥ 以上内容无特别注解，皆参阅白寿彝.中国交通史［M］.长沙：岳麓书社，2011.

西方国家从君权国家时期开始设置近代邮政制度。法国于1464年建立了皇家邮政，私人可以在获得许可并缴纳一定的费用后使用邮政服务。神圣罗马帝国的皇帝马克西米利安一世开发了规模庞大的邮政网络，将哈布斯堡王朝心脏地带和遍布欧洲各地的城市联系起来。1490年任命塔克西家族的人出任邮政总长。英国亨利八世在统治早期建立了皇家邮政，为皇家和少数贵族服务，信使速度太慢，用马匹或马车传送，道路也不平坦通畅，速度是每小时10英里（16.1千米），从伦敦到爱丁堡要走60小时。一体化的公共邮政通信网络直到17、18世纪才逐渐出现。随着铁路的发展，邮政传送信件的时间得以大幅度缩减。各国相继出台《邮政法》，开展、保护、支持国家性质的邮政业务。邮政从业人员也大幅增加。1828年，美国有74家邮局，同样英国有17家，法国有4家。邮局数量既与人口数量有关，也与新闻行业有关。1832年，美国的报纸占所有邮寄品重量的95%。[①]可见，在铁路主导交通的时代，邮政业务基本属于新闻传播行业的一部分。邮政兴，则新闻业兴；新闻业兴，则邮政兴。

但是，近年来，随着互联网和数字媒体的应用和普及，随着书写信件和纸质媒介的退潮，邮政基本和交通脱钩。人们很少通过书写信件联系，电子邮箱、手机及社交媒体可以让天各一方的人时时刻刻保持在线即时联系。甚至过去盛行的汇款业务也被电子转账、手机转账等方式所取代。与此同时，邮政也正在和新闻业脱钩。在纸媒时代，报纸、杂志等媒介要通过邮政系统的邮寄方式传送到读者或受众手中，而今天，人们在电脑、手机上通过手机报、社交媒体等媒介一览天下，根本用不着每天翘首以盼，等着报刊的到来。许多纸媒已经退出历史舞台，只有很少的一部分因互联网匮乏、政府支持、受众习惯、行业特点（如学术刊物）等勉强坚守着传统的阵地。邮政更多的业务转向了商业快递，这也催生了一个新的行业——快递，许多专业快递公司如雨后春笋般出现。从交通和信息传播的关系看，交通也逐渐与新闻业脱钩。过去，报纸、杂志、信件要通过公路、铁路和航空运输进行传送，现在纸媒的统治地位让位于互联网和数字技术支持的社交媒体、自媒体、智能媒体，作为纸媒的媒介，道路、航运和空运等传统交通方式的主要功能之一——信息传播彻底让位于旅行、货运等。互联网改变了一切，互联网越发达或普及程度越高的国家，以上现象越明显。而这方面中国已经遥遥领先。

[①] 克劳利，等.传播的历史：技术、文化和社会[M].董璐，等译.北京：北京大学出版社，2018：111-112.斯丹迪奇.社交媒体简史：从莎草纸到互联网[M].北京：中信出版社，2019：210.

第四节 宗教共同体

"宗教"一词据说是佛教用语,后来推广开来,其含义超越了佛教。"宗"是主观的、个人的信念;是指宗派、宗门。"教"是说教、教义。关于宗教的定义和理解五花八门,美国学者包尔丹(Daniel L. Pals)在其著作《宗教的七种理论》介绍了7种有代表性的理论,其实,除此之外还有很多种理论和解释。关于英文 religion 的来源及其拉丁词源的解读则很混乱,有的说是 religare,有的说是 religio,但基本词义大体一致,表示"捆""约束""义务"等。它的更原始的拉丁词根则可上溯至 lig,意为"采集、诵读"。希腊词根是 lexi,意为"词、话"。不知道这是后世赋予的意义,还是这些词本身就有的意义。总之,religion 一词作为法语出现,又演变为英语之后,应包含以上所有意义。关于 religion 一词的出现时间也有多种说法,有的说是 16 世纪,有的说是 17 世纪,而作为它现代的"宗教"意义则开启于 19 世纪。这可能是西方的"religion"和东方的"宗教"正式碰面的时候。《马礼逊英华字典》中 religion 的解释是:"教"和"教门",具体分解为中国的三教——儒释道、天主教、西洋教。

一、宗教与传播

詹姆斯·凯瑞把传播分为"传递观传播"和"仪式观传播"两种形式。在描述"仪式观传播"时他说,"如果说传递观中的'传播'一词的原型是出于控制的目的而在地理空间扩展信息,那么在仪式观中'传播'一词的原型则是一种以团体或共同的身份把人们召集在一起的神圣典礼。"① 由此,传播和宗教就有了一种根深蒂固的结构性关系。他认为这种类型的传播直接"源自这样的一种宗教观——它并不看重布道、说教和教诲的作用,为的是强调祷告者、圣歌及典礼的重要性。"② 这是传播的"最高境界"。事实上,从精神交往的角度讲,宗教确实就是一种传播,是早期人类对意念的分享、精神的共享、思想的建构。到了今天,宗教更多发挥的功能是对身份的认同、集体的归属,是一种精神性仪式活动。

当然,宗教也是一种共同体。安德森的《想象的共同体》一书的第二章有一节的标题就是"宗教共同体"。他认为宗教和民族一样,也是想象的共同体,而且可以超

---

① 凯瑞. 作为文化的传播 [M]. 丁未,译. 北京:中国人民大学出版社,2019:18.
② 凯瑞. 作为文化的传播 [M]. 丁未,译. 北京:中国人民大学出版社,2019:18.

越民族而无限扩大，所以他用了"伟大的宗教的想象共同体"和"广大无限的共同体"等概念来形容宗教共同体的"想象化"和无限性。在他看来，宗教之所以能成为共同体，首先是因为其建立在语言和书写文字的基础上。他用基督教、伊斯兰教和儒教（中国）举例说明这种关系。"关于基督教世界、伊斯兰教世界甚至中国的想象——虽然我们今天把中国（the middle kingdom）想成'中华'（Chinese）之国，但过去她并不是把自己想象成'中华'，而是'位居中央'（central）之国——之所以可能，主要还是经由某种神圣的语言与书写文字的媒介。"①

严格来讲，儒教算不上是宗教，因为它没有组织和强制性要求。中国文化就更不能和宗教画等号。所以说安德森关于中国的"举例说明"是错误的，结论就算看起来似是而非，也是歪打正着。他应该用基督教、伊斯兰教和佛教来举例说明这种关系。

宗教是思想的产物，是宗教创立者自传播的结果。没有对现实、自我处境、百思不解的问题的反思、顿悟，就不会有宗教。当然也有的宗教是借鉴、抄袭别的宗教而来，或者用其他宗教思想混合而成。有的则是为了政治的需要而创立。这种政治需要可能是从民族心理出发，可能是从统治者的需要出发。汤因比说这是一种"幻想的宗教"。当然，汤因比"幻想的宗教"中的"幻想"和安德森的"想象共同体"中的"想象"不是一回事，但是也一样触及了思想，只不过它触及的仅仅是思想的表层——一群人在精神调色板上与自我达成的对某种人际关系的认同。宗教真正的思想性是被费尔巴哈（Ludwig A. Feuerbach）和恩格斯揭示出来的。在《路德维希·费尔巴哈和德国古典哲学的终结》中，恩格斯转述了费尔巴哈著作《基督教的本质》中的观点，费尔巴哈指出"基督教的神只是人的虚幻的反映、映像。但是，这个神本身是长期的抽象过程的产物，是以前的许多部落神和民族神集中起来的精华。与此相应，被反映为这个神的人也不是一个现实的人，而同样是许多现实的人的精华，是抽象的人，因而本身又是一个思想上的形象。"②恩格斯认同费尔巴哈关于"宗教是思想"的唯物主义宗教思想，并进一步得出结论，认为"宗教是在最原始的时代从人们关于他们自身的自然和周围的外部自然的错误的、最原始的观念中产生的"③。恩格斯总结宗教是一种观念，这等于说宗教就是思想。在《反杜林论》中，恩格斯再一次阐释了这一观点。"一切宗教都不过是支配着人们日常生活的外部力量在人们头脑中的幻想的反映，在这种反映中，人间的力量采取了超人间的力量的形式。"④这里，恩格斯笔下的"幻想"和费尔巴哈所说的"映像"都指的是客观世界与人的思想之间达成的关系，而不是像汤因比笔

---

① 安德森. 想象的共同体：民族主义的起源与散步［M］. 吴叡人，译. 上海：上海人民出版社，2016：12.
② 马克思，恩格斯. 马克思恩格斯选集：第四卷［M］. 北京：人民出版社，2012：242.
③ 马克思，恩格斯. 马克思恩格斯选集：第四卷［M］. 北京：人民出版社，2012：260-261.
④ 马克思，恩格斯. 马克思恩格斯选集：第三卷［M］. 北京：人民出版社，2012：703.

下的那一类人的所作所为——人的思想可以简单地建立在别人思想之上。

不管是想象的产物，还是生产关系的产物，宗教共同体都会建立在"某种神圣的语言与书写文字的媒介"（安德森语）基础之上。没有共同的语言，人们就无法交流，无法形成有凝聚力的集体，无法形成生活共同体，更无法形成宗教共同体。现代三大宗教最大的共同点是要传教或布道。一种观念和思想只在小范围的人与人之间进行传播，而不经过主动的、大规模的传播，是成不了宗教的，最多是一种无足轻重的个人想法。德布雷曾自问自答："'精神'以什么条件起作用？条件就是为精神配备一个传递装置。"① 在宗教领域，教会就是这样的"传递装置"和媒介，教父们就是传播者，接受传教的人是受众，教义是传播的内容。每一种宗教整体上就形成了一个全方位的传播系统和传播生态。

语言自不必说，因为语言不仅是宗教共同体的基础，也是生活共同体、民族共同体、思想共同体、知识共同体、经济共同体和政治共同体等共同体的基础。在德布雷看来，基督教体现了口头语言对书面语言的胜利。"耶稣的布道不分析，也不辩证化；既没有推理，也没有办法。他对简单的人讲简单的故事，通过符号和寓言来讲述，教徒们自己以及福音传教士们也都沉浸在语言的口语性之中。"② 佛教对语言持一种既热爱又警觉的态度。一方面，佛教徒们要通过日复一日的诵经保持和佛祖在精神上的同在，还要达到自我心灵的一尘不染。另一方面，佛教又反复强调"沉默是金"，苦思冥想。为了修行，佛家借鉴儒家"非礼勿视，非礼勿听，非礼勿言，非礼勿动"的思想，提出"不听、不看、不说、不想"的训诫。伊斯兰教要求对神的崇拜要念出来，信徒们只有通过诵念才能领会神谕。传说穆罕默德在睡梦中遇到天使，天使命令他"跟我念"！在经过多次拒绝和心理斗争之后，穆罕默德终于在梦中不知不觉念了起来。"神的神谕第一次以阿拉伯的语言说出来，而这部圣书最后被称作《古兰经》（*Qur'an*），也就是复诵神谕的意思。"③ 可见，无论哪种宗教，都离不开语言，或者说都要搞明白和语言的关系。

宗教教义从语言的诵读转变为书写的经典文本不是宗教自然发展的结果，而是媒介发展的结果，是宗教与媒介的主动对接。现有的信息提醒我们，三大宗教诞生之初，其发源地有没有可供使用的现成文字是一件十分值得检视的事情。至少我们知道公元5世纪中国僧人法显到达天竺求法时，佛教教义基本上是口口相传，没有经本。这一点清楚地记录在《佛国记》④中。无论如何，一种宗教能够长久地传承下来，离开文字和书写文本是办不到的。佛教被解释为婆罗门教的沙门派别之一，据说吠陀文明

---

① 德布雷.普通媒介学教程［M］.陈卫星，王杨，译.北京：清华大学出版社，2014：141.
② 德布雷.普通媒介学教程［M］.陈卫星，王杨，译.北京：清华大学出版社，2014：145.
③ 阿姆斯特朗.神的历史［M］.蔡昌雄，译.海口：海南出版社，2013：161.
④ 佛国记［M］.吴玉贵，译.北京：东方出版社，2018：234，269，296.

已经存在了两千年。那么吠陀和哈拉帕、摩亨佐达罗之间有何关系？吠陀的文字从何而来？这都是一笔糊涂账。在麦克尼尔（William H. McNeill）看来，现在的印度古代历史叙事极不可信。他认为，"公元前500年之前的印度历史含混不清。考古学的发现中有许多缺环，直至新近，对当时的文字资料的学术研究仍局限于文献学的狭窄领域。《吠陀》（Vedas）及相关文献中的赞美词和有关宗教仪式的经文几乎不涉及历史学家所关注的问题……早期印度历史在纪年方面的普遍缺失是历史研究的最大障碍……吠陀文献是口述而成的，靠先生和弟子的死记硬背代代相传……《梨俱吠陀》在语言文字上几乎整齐划一。没有什么语言学标准可以用来鉴别早期和晚期的作品。"① 印度历史上有两大史诗，印度人一直以此作为了解印度古代史的范本。这和有些西方人把神话文本《荷马史诗》作为历史依据一样。既然《梨俱吠陀》不可信，那另一史诗文本还可信吗？麦克尼尔无情地指出，"我们无法辨别或许为史诗提供了描述原形的具体事件。《摩诃婆罗多》的文本在以现在形式固定下来之前经历了长期演变，这使其完全不足以当作真实的历史记载。"② 由中国中央电视台制作播出的纪录片《玄奘之路》明确指出，在玄奘到达之前，印度的历史一片黑暗，印度境内境外都没有关于印度的任何文字记载。当时虽然已经有梵文，也有一种经过处理的用作文字载体的贝多罗树叶，③ 但梵文大多只是用于佛经的抄录，在其他领域很少被使用。这也能解释以下事实，即南亚可能文明史很漫长，但"信使"缺失。玄奘返回大唐之后应唐太宗李世民要求创作了《大唐西域记》。1 000年后，这部著作和《佛国记》等中国文献被翻译到西方，西方人按图索骥，开始了印度考古，历史深处的古代印度才逐渐"显现"出来。玄奘也因此成为西方人和印度人十分尊崇的对象。

基督教与文字的先后关系似乎也是一大谜题，一探讨就会出现悖论。如果基督教在先，文字在后，那上帝为什么不考虑在创世时一并创造文字？如果文字在先，基督教在后，那同样证明上帝不是万能的。如果基督教和文字同时诞生，那世界史中被考证的更古老的苏美尔文明和埃及文明的真实性就不攻自破，因为人们会问，为何同时代的事物不用苏美尔楔形文字或古埃及象形文字书写，而偏偏要用犹太文字书写？如果《圣经》是用犹太文字书写的，那为何考古发现最古老的是苏美尔文字和埃及文字，而不是犹太文字？所以，在基督教历史中，教义与文字的关系是很模糊的，但它们又从一开始就确定了同盟关系。今天的读者们看到的情景是，一个名为以斯拉的抄写员返回耶路撒冷。"他爬上木台，眺望成群的人们，将书卷展开给他们看。他们马上俯首

---

① 麦克尼尔. 西方的兴起：人类共同体史［M］. 孙岳，陈志坚，于展，等译. 北京：中信出版集团，2017：179.
② 麦克尼尔. 西方的兴起：人类共同体史［M］. 孙岳，陈志坚，于展，等译. 北京：中信出版集团，2017：180.
③ 古代南亚和东南亚地区的人们通过铁笔、刀、针等工具把文字刻在加工过的贝多罗树叶上，形成的经文被称作"贝叶经"。当年玄奘从南亚运回中国的经书就是这种贝叶经。

在地……他只是手持书卷,站在那里。这是第一次,人们崇拜他们以文本形式显现的神。"① 历史必须以这样的场景展开,因为,"这是一个为了将文本放在一个文化的中心而精心谋划过的行动。"② 伊斯兰教的教义和文字的关系亦如此。正如前面所讲述的,神谕是以阿拉伯语念出来的,而随着"跟着我念"那一声发出,神谕就已经以神圣经典文本的形式展现。如果说多神教时期还以神话传说作为媒介的话,一神教时期神谕只允许以在场语言和经典文本形式进行传播。如果你要领会神和神谕,文字和概念是无法避免的,"由于是提供我们心智使用的唯一工具,任何朝神有意识的趋近,都必须借助它们。虽然概念永远不能把心智带领到目的地,却能指出正确的方向。"③

宗教之所以被称作宗教共同体,除了因为它们有一种想象的集体之外,还在物理上存在各自相对独立的"生存空间"——"从摩洛哥到菲律宾苏禄群岛的地区,构成了伊斯兰教共同体;从巴拉圭到日本,尽在基督教世界的范围之内;而佛教信仰圈,则涵盖了南起斯里兰卡北至朝鲜半岛的广大地域。"④ 安德森的宗教地理板块划分得并不准确,但是实际上确实存在三大宗教的"势力范围"和"宗教领土"。宗教领土并不是天然形成的,和宗教本身一样,是传播的结果。最后,宗教扎根在哪里,哪里就是宗教的地盘或领土。也就是说,宗教的时空共同体在宗教传播过程中自然形成了。

二、佛教与中国

佛教在西方历史叙事框架中是一种边缘化的文化。一方面,佛教是他者文化,不符合"西方中心"思维。另一方面,佛教所形成的地理的宗教共同体距离西方相对较远,西方历史学者们未必非常了解、熟悉佛教历史和教义。然而,作为世界现代三大宗教之一的佛教却深刻地塑造了东亚地区的历史、文化,乃至在东亚形成一个相对独立的宗教共同体。最关键是,因为中国历史的无可置疑性,佛教与中国主导下的东亚国际体系的结合过程以及随后形成的宗教共同体乃是最可信的宗教历史范本之一。

据说,公元前 563 年左右,乔达摩·悉达多在迦毗罗卫城(今尼泊尔的蓝毗尼)出生。他在 29 岁时离家出走,寻找解脱人生痛苦的方法。35 岁时,他在一棵菩提树下苦思冥想,顿悟人生,创立佛教,并开始在全国各地传教说法。他被佛教徒尊称为释迦牟尼(Sakyamuni),意为"释迦族的圣贤";也被称为佛陀(Buddha),意为觉悟者。佛教还被解释为是对婆罗门教的反抗,间接证实了婆罗门教(即印度教)的历史

---

① 普克纳. 文字的力量 [M]. 陈芳代, 译. 北京: 中信出版集团股份有限公司, 2019: 87.
② 普克纳. 文字的力量 [M]. 陈芳代, 译. 北京: 中信出版集团股份有限公司, 2019: 93.
③ 史密斯. 人的宗教 [M]. 刘安云, 译. 海口: 海南出版社, 2013: 60.
④ 安德森. 想象的共同体:民族主义的起源与散步 [M]. 吴叡人, 译. 上海: 上海人民出版社, 2016: 11.

比佛教历史还悠久。但这种说法是否可信，仍需被考证。也许，佛教是印度历史的一部分，这种认识本身可能就是世界历史的又一大误区。

公元前275年阿育王继位孔雀王朝国王。他对佛教采取保护政策，并且派遣僧人到印度全境和世界各地传播佛教教义。阿育王命人把他的传教过程镌刻在名为《摩崖法敕》的一系列石碑上，这些石碑上的内容于19世纪时被西人破解。根据《摩崖法敕》，阿育王派出的使者曾到达了希腊王安条克所住之处（指塞琉古国，今小亚细亚西岸、西亚和中亚的一部分）、托勒密（埃及）、安提柯（马其顿）、马伽斯（指西林尼国，今利比亚北部昔兰尼加）、亚历山大四王所住之处（指伊庇鲁斯国，今希腊西北）、朱拉王国（印度南端小国）、潘地亚王国（印度南端小国）和锡兰（斯里兰卡），总计八处，取得丰硕成果。① 如果这一历史属实，那么就说明佛教有力地把南亚次大陆和中亚、西亚、埃及和古希腊等地联系成为一个佛教共同体，至少佛教文化已经在这一范围内影响到了部分人群。从国际关系的角度看，在这一地区形成了一个由佛教文化主导的南亚、中亚、西亚、东南欧和北非的国际体系。此后，佛教兵分两路，一路以斯里兰卡为基地，向东南亚传播，到达缅甸和马来半岛，称为南传佛教；另一路以克什米尔、白沙瓦为基地，向北传播，到达大月氏、康居、大夏、安息，称为北传佛教。

公元1世纪，佛教经大月氏进入中国。由于大月氏占领的这一地区之前被称为犍陀罗，一说此地文化受到了希腊化影响，一说此地直接被希腊移民占领统治，所以犍陀罗风格的文化被看作希腊化文化。佛教到达这里也受其影响，其佛像都呈犍陀罗特征。但是，就像麦克尼尔对印度史提出质疑一样，也有人对犍陀罗希腊化一说提出质疑。在没有本地文献的情况下，这些质疑和他们所质疑的对象都需要更多的考古结果来证实或证伪。不管怎么说，佛教在这一时期经罽宾、葱岭进入中国后部分成为信史。所谓部分成为信史是说佛教在这一时期进入中国是事实，但佛教如何进入中国、进入中国第一站是哪、由谁传进中国等历史事件，在历史纪录上存在模糊之处。成书于东魏的《洛阳伽蓝记》记载佛法第一站传到了中国于阗（和田），传教的是比丘毗卢旃（即毗卢折那），玄奘的《大唐西域记》称他是来自迦湿弥罗的阿罗汉。根据宋代裴松之给晋代陈寿所撰《三国志》注疏中引用的已经失传的古文献《魏略·西戎传》的记载：

> 天竺又有神人，名沙律。昔汉哀帝元寿元年，博士弟子景庐受大月氏王使伊存口受浮屠经曰复立者其人也。浮屠所载临蒲塞、桑门、伯闻、疏问、白疏间、比丘、晨门，皆弟子号也。浮屠所载与中国老子经相出入，盖以为老子西出关，过西域之天竺，教胡。②

---

① 杜继文.佛教史[M].南京：江苏人民出版社，2006：43.
② 三国志[M].陈寿撰，裴松之，注.北京：中华书局，2006：512.

这是中国典籍中最早的关于佛教事件的记录，可知，汉哀帝元寿元年，即公元前 2 年应该是佛教正式进入中国的时间。但佛教界则普遍把汉明帝夜梦金人、遣使求法作为佛教传入中国的开始，时为公元 28 年。

佛教的创始人绝对没有想到，当佛教传播到东方的时候，它才成为世界性的宗教，因为这里有一个国际体系——朝贡体系，这个体系拥有数以亿计的信众基数"关怀"。事实证明，这里是佛教的福地。经汉、晋、唐、宋几代经营，佛教在东方已经彻底在地化，变成一种东方宗教。当然，佛教也给当地的文化、政治、科技带来了意想不到的结果。佛教从北线进入中亚、中国后，衍生出一种文化，那就是佛教石刻，由此一路开创出巴米扬大佛、克尔克孜石窟、敦煌莫高窟、麦积山石窟、云冈石窟、龙门石窟、大足石刻、乐山大佛等一系列的宗教艺术作品。这些石刻不同于意大利罗马的石刻。罗马的石刻是为了"记录"历史事件，而东方的石刻是为了膜拜神灵。但它们有一个共同点，那就是它们都把历史以"图像志"或"偶像志"（iconography）的方式"传递"给一代又一代的后人，各自完成了对历史的时间偏向传播——表现为一种可以永久保存的媒介。

和"偶像志"类似，为了更有效地传播佛经和各种佛教故事，教徒和信众们在敦煌莫高窟几百个洞窟中把佛经故事用绘画的形式表现出来。这一传法形式被称为"经变"。从此，经变成为佛教传播很常见的方法，许多寺庙、佛堂都继承了这一做法，为后世留下了大量珍贵的文化瑰宝。在经年累月的沉寂之后，它们转变成为文物，通过另外一条时间隧道的传播路径向外释放历史的信息。经变不独为佛教所有，基督教也善于使用这种传法。教堂各种大大小小的墙壁、天花板、窗玻璃上，都充满了基督教的"经变"气息。现在无法说清佛教和基督教谁最先采用了"经变"的手法，或者说究竟是谁影响了谁？这些问题留待未来的历史学者和考古学者们做深入研究。

作为一种在南亚次大陆首创而又并非主流的宗教，佛教的传承和传播必须依靠一种稳固地纵向传播的文字。佛教之幸在于它与中华文化碰面了，它的发扬光大得益于与汉字的结合。"在中国，佛教找到了纸张这个有效的传播媒介，也遇到了对书写知识的倚重。"[①] 从法显到昙无竭，[②] 再到玄奘以及后来者，一代又一代的"东土"僧人前赴后继地前往"西天"求法取经，在"西天求法运动"的集体行动中，把那些仅仅停留在口头的教义和少部分用梵文抄录下来的经书翻译成汉文，保存了佛教教义，也向更大的空间传播了佛教。

由于佛教采取一种豁达的态度面向大众，不向大众强行推广，而是由大众自行选

---

① 伊尼斯.帝国与传播[M].北京：中国传媒大学出版社，2013：156.
② 昙无竭是十六国时期北燕幽州黄龙（今辽宁朝阳）僧人，公元 420 年召集 25 名僧人一同前往西天取经，早于玄奘 200 多年到达了古代印度地区，后从海路回到中国。

择，因此佛教的经典文本并不局限于一种，而是提供了多种可供选择的经典文本。特别是这些典籍基本都是由众多佛教徒集体创作的。最典型的文本采用律藏、经藏、论藏等共 28 种经文进行编纂。今天，北传佛教经典除在中亚发现个别梵文残片之外，几乎所有内容都保留在汉文译籍中。① 在这方面仍然要感谢法显和玄奘等中国僧人为此付出心血。法显花费 14 年左右的时间，给汉地带回《摩诃僧祇众律》等戒律，和其他僧人合作将其翻译成汉本，只可惜大部分都已湮没无迹。玄奘在"西游" 17 年后于 645 年回到长安，664 年去世。前后 19 年时间内，他带领众弟子翻译了他从犍陀罗、那烂陀等地带回来的经卷，最后一共翻译出 75 部 1 300 多卷汉本，合计 1 300 多万字。这些工作都是前无古人的庞大文字工程。

汉字是一种非常成熟和高效的文字，因此，佛教进入中国以后很快就展开了大众传播和大众化进程。教徒们以抄经方式锤炼自己的心性，处理和时间的关系，并表达对佛祖和佛教教义的虔敬。但是手抄过程只能满足抄经者的需要，一旦和大众联系起来，手抄佛经的弊病便显露无遗。人们看到此处的文字肯定会觉得非常熟悉，这是因为西方历史在阐述基督教宗教改革的时候也是这样判断的。但是，手抄佛经是实实在在地存在于古代中国的现象。东晋十六国时期，在前凉等西域政权所辖之地，抄写佛经是非常流行的功业，由此诞生了被称为"经生"的书法艺术民间传承人。他们的作品大都散佚了，但也有极少数躲过了战火焚毁和岁月摧残，保存到了今天。甘肃省博物馆收藏的《法句经》抄写于前凉升平十二年（368 年），是国内目前珍藏的最早的佛经写本（见图 5-2）。上海博物馆收藏的《佛说维摩诘所说经》抄写于后凉麟嘉五年（393 年）六月九日，日期清清楚楚，更重要的是还注明了经生的名字：王相高。全本 6 800 余字，保存完好。

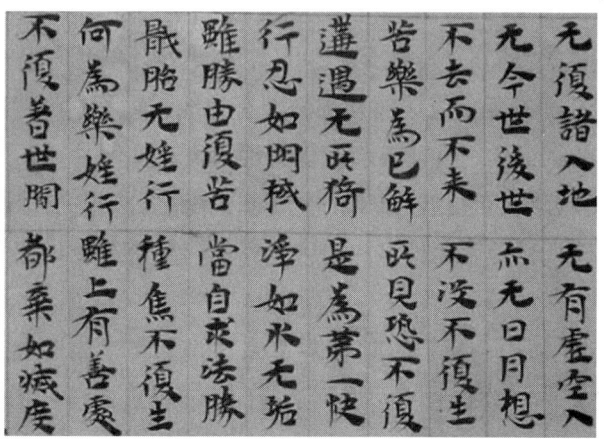

图 5-2 咸安三年书于凉州姑臧的《法句经》局部

---

① 杜继文. 佛教史[M]. 南京：江苏人民出版社，2006：48.

当佛经内容急剧增加且面对的受众和信徒日益增多时，手抄佛经的复制方式所面临的问题显而易见。590年，木版印刷诞生了。一块刻有文字的木版可以重复地拓印同一页文字内容，只要模板不坏，或上面的文字仍然清晰可见，这块木版的使命就不会结束。木版的复制时间远比手抄佛经的时间要短得多。原来一个人可能需要投入半年到一年才能完成的任务，现在交给木版印刷，只需要几分钟时间。木版印刷甚至做到了人手一部经典。唐朝时期雕版印刷技术出现，把印刷术往前推进了一步。现存最早的雕版印刷品是发现于敦煌藏经洞的《金刚经》，其落款为唐咸通九年（公元868年）。这比953年冯道主持刻印的儒家经典《九经》还要早近一个世纪。冯道的《九经》是印刷术和中国本土经典文本的最早结合，为儒家思想的传播做出了重大贡献。11世纪北宋的毕昇继续改进印刷术，他先后发明了泥（陶）活字印刷术和木活字印刷术两种活字印刷术，最后选择了前者。活字印刷一下子就改进了过去那种机械僵化的印刷模式，并被迅速投入使用。1965年在浙江温州发现的北宋年间的《佛说观无量寿佛经》表明印刷和佛教一刻也没有分离。佛教催生了印刷，印刷传播了佛教。宗教和印刷在东方得到了最深刻的结合和体现。很明显，没有这些技术创新和传播历史的积淀，就不会有后来15世纪的"古登堡星河璀璨"，也不会有印刷和基督教的联系，更不会有宗教运动的发生，资本主义会不会诞生也是一大疑问。由此，历史又会向哪个方向发展呢？

正如前面引述的亨廷顿的话，"任何文化或文明的主要因素都是语言和宗教。如果一种普遍的文明正在出现，那就应当有出现一种普遍语言和普遍宗教的趋势。"① 东亚地区的语言共同体、宗教共同体和"朝贡体系"在地理空间上基本是一致的，佛教的传播实际上是沿着汉语传播的线路展开的，而佛教、汉语又是紧随政治、经济因素扩散到各地的。这在朝鲜、日本、越南这几个国家的文明发展史上看得很清楚。所以亨廷顿很有底气地断言："人类历史上的各主要文明在很大程度上基本等同于世界上的各伟大宗教。"② 东亚的汉语圈和佛教圈有力地强化了本已存在的东亚"朝贡体系"的国际关系，乃至形成一种能够与其他文明展开"文明冲突"的力量。在亨廷顿看来，当语言、宗教分裂的时候，原来的文明圈也随之分裂。所以，他把日本作为一种单独的文明看待，大概是因为日本和中国、朝鲜、越南等文化主体之间的差异更大一些。

"道成肉身"（the word made flesh），看起来这是基督教的教义，但实际上这表达了一种世界性的观念。在基督教中，"道"是指词语。没有词语，某个事物就不会成为

---

① 亨廷顿. 文明的冲突与世界秩序的重建 [M]. 周琪，刘绯，张立平，等译. 北京：新华出版社，2010：38.
② 亨廷顿. 文明的冲突与世界秩序的重建 [M]. 周琪，刘绯，张立平，等译. 北京：新华出版社，2010：21.

自身。词语规定了事物的意义、属性。但是，这种思想在更加古老的中国道家文化中被表达得更为彻底，道是一切，"道生一，一生二，二生三，三生万物"。道甚至只可意会不可言传，所谓"道可道，非常道；名可名，非常名"，一切都来自不可言明的神秘规律，但这种规律却又是可以被人的思想捕捉到的。这可能是所有宗教和思想都能参透，但却难以逾越的高山，这座高山就是人类自己。

第六章　帝国与传播

按照全书的结构,这一章的最佳标题其实应该是"传播与帝国",但是媒介环境学派的先驱之一、加拿大传播学者哈罗德·伊尼斯用他的专著《帝国与传播》把这两个概念组合成一种尽人皆知的关系,这里不妨延续这一顺序关系。

在传统历史学叙事框架中帝国是国家演化过程中的一种重要形态。关于这一点,我们不妨回顾一下第三章的内容。查尔斯·蒂利认为国家"这一术语包括城邦国家、帝国、民主国家和许多其他形式的政府,但是不包括部落、宗族(lineage)、公司和教会。"[①] 布赞和利特尔认为人类社会从"前国际体系"进入"古代和古典国际体系"后,国际体系的主要行为体也从"采猎群"转变为更加稳定的"城邦""帝国""蛮族"。在这里,帝国是和城邦、蛮族同时期的国家形态,只不过相对于城邦和蛮族而言是实力更加强大的"农业帝国"和"游牧帝国"。许多中国学者也持同样的观点,当然他们的观点主要来自对中国古代史的研究,特别是来自从先秦到秦汉的国家演进历史。苏秉琦提出了"古国-方国-帝国"框架;裴安平认为国家起源经过了古城、古国、方国、帝国四大阶段;王震中提出了"邦国-王国-帝国"说。20世纪初日本的中国历史学者宫崎市定等人也提出了"城市国家-领土国家-帝国"或者类似的模式。可以看出来,一般所说的帝国指的是一种早期国家形态。因此,它也往往被看作现代国际体系的前身。所以有人得出结论,"帝国是人类几千年文明史上最为重要的组织形式之一,也是当今世界的'来源',因为世界上几乎所有国家都曾经与新老帝国有直接或间接的关系,都是从帝国'脱胎'而来。"[②] 有的中国学者也因此认为"从'帝国'向'民族国家'的转变"[③] 意味着现代国际关系的开始。

不管处于国家发展过程中的哪个阶段,帝国在某个历史阶段是占统治地位的国家。按照西方历史话语,帝国充满了世界史,帝国也主宰着世界史的内容。在近代,世界上曾经出现过帝国主义现象,这似乎也与帝国有着密不可分的关系。而在今天,一些

---

① 蒂利.强制、资本和欧洲国家(公元990-1992年)[M].魏洪钟,译.上海:上海人民出版社,2021:2.
② 刘德斌.国际关系研究的历史路径[M].北京:社会科学文献出版社,2022:105.
③ 刘德斌.国际关系研究的历史路径[M].北京:社会科学文献出版社,2022:106.

霸权国家甚至沾沾自喜地把自己称作帝国，或把帝国的霸权模式看作国家的追求目标。如此看来，谈论世界历史和当代国际政治无法绕开帝国话题。特别是当我们聚焦于传播与国际的关系的时候，帝国更是一种独特的存在，伊尼斯的大作已经"先入为主"地确立了这样一种研究范式。无论我们对帝国主义采取什么样的态度，我们最好能客观对待帝国这个概念以及它背后的政治、经济、传播等内容。

第一节　伊尼斯思想

"帝国与传播"既是一种概念，也是一种思想。说它是概念，是因为它和"传播的偏向"一样成为伊尼斯的招牌，人们一提起这两个概念，就能想到伊尼斯。说它是思想，是因为它的含义有别于"传播的偏向"，也和大多数关于国家传播的思想不相同。

一、伊尼斯的阐释

在介绍伊尼斯"帝国传播"思想之前，需要先简单介绍他的"传播偏向"理论。伊尼斯赞同其他人的观点，认为时间和空间是我们认识世界的基本框架，而任何事物都是时间和空间的产物，因此我们在认识这些事物的时候也就需要时间和空间这样的思维框架。媒介由此进入了时间和空间的思维框架。由于媒介彼此之间是有差别的，所以根据它们各自的特征，人们很自然地会发现，"某种媒介可能更加适合知识在时间上的纵向传播，而不适合在空间中的横向传播，尤其是该媒介笨重而耐久、不适合运输的时候；它也可能更加适合知识在空间中的横向传播，而不适合在时间上的纵向传播，尤其是该媒介轻巧而便于运输的时候。"[①] 黏土和石头上的文字因为黏土和石头能够更长久地保存，但却笨重不易运输，因此更加适合知识在时间上的纵向传播，即可以传递和传承很长的岁月。莎草纸和软笔非常轻巧，便于运输，但却不易长久地保存，特别不易穿越漫长岁月，因此更加适合知识在空间上的横向传播。这种在时间和空间上显示出来的不同的"倚重"，伊尼斯称其为媒介的"时间偏向"和"空间偏向"。伊尼斯为什么如此重视时间偏向和空间偏向呢？初步推测有两种可能。一是受到了其他人的影响。这个对他产生影响的人很可能是早于伊尼斯半个世纪的德国历史学家奥斯瓦尔德·斯宾格勒。伊尼斯在1951年提出"传播的偏向"观点，但早在1918年，斯宾格勒在《西方的没落》中就已经得出了近似的结论："印刷的书籍是时间无限的象征，

---

① 伊尼斯.传播的偏向[M].何道宽，译.北京：中国人民大学出版社，2003：27.

报纸则是空间无限的象征。"①两人的表述有一定的差异，但是斯宾格勒谈论了书籍和报纸这两种媒介的时空性是无可怀疑的。当传播、媒介等概念尚且没有成为学术热词的时候，斯宾格勒就已经意识到了具体媒介的时空属性，这不能不让人佩服他思想之敏锐。而斯宾格勒思想和伊尼斯思想在时间上的先后顺序又很难不让人把它们建构到一个因果关系的框架中来。另一种可能就是伊尼斯自己发现了媒介的时空性。在他看来，媒介的时间偏向和空间偏向直接和文明、政治等有着密不可分的关系。时间性媒介决定一个政权能否长治久安，空间性媒介则决定一个有雄心抱负的国家的疆域范围大小。当然，最好的结果是达成时间和空间的平衡。正如他说的那样，"时间观念和空间观念维持恰当的平衡。我们不仅关心对广袤空间的控制能力，而且关心对长久时间的控制能力。我们对文明的评价，要看它发生影响的地域大小和时间长短。传播媒介的性质往往在文明中产生一种偏向，这种偏向或有利于时间观念，或有利于空间观念。"②在《帝国与传播》中，这一理论照样成立，一点也不背离，只需要把伊尼斯最后一段话中的"文明"二字改为"帝国"。

从逻辑、结构、内容、案例等诸方面看，《帝国与传播》一书相当大篇幅的内容其实就是《传播的偏向》的"帝国化"，即从帝国的角度重新回顾媒介的历史，或者从帝国的角度解释传播的两种偏向，因此也可以把《帝国与传播》看作传播的"帝国偏向"。

关于帝国的含义和类型，在译介媒介环境学著作和思想方面做出重要贡献的中国学者何道宽解释伊尼斯笔下的帝国有两个意思，一是作为政体的大型国家，二是泛指大型的政治组织。③这意味着帝国的第一特征是"大"，但"大"究竟是指规模，还是历史影响，何道宽和伊尼斯并没有给出答案，当然其他的历史学家也没有给出答案。其实在伊尼斯看来，只要是有名有姓的国家型"政治组织"都可以被看作"帝国"。根据何道宽统计，《帝国与传播》一书共提到30多个"帝国"，既有较大的帝国如埃及、苏美尔、亚述、波斯、希腊、马其顿、拜占庭，也有"微不足道"的帝国如萨桑、希克索斯、米诺斯、迈锡尼；既有传统的帝国如巴比伦、雅典、斯巴达、阿拉伯、罗马，也有现代的帝国如不列颠、法兰西、沙俄、美国。当然也少不了一脉相承的中国，但伊尼斯把中国相关内容压缩进关于纸张和印刷术的论述当中，严重忽略和低估了中国在传播史和媒介史上的地位。而鉴于萨桑、希克索斯、米诺斯和迈锡尼等成其为国家实体的可能性是如此之小，伊尼斯笔下的帝国实在有失大国形象。

伊尼斯把这些帝国又分为政治帝国和宗教帝国两大类型。"政治性帝国倚重空间的

---

① 斯宾格勒.西方的没落：第二卷,世界历史的透视[M].吴琼,译.上海：上海三联书店,2006：387.
② 伊尼斯.传播的偏向[M].何道宽,译.北京：中国人民大学出版社,2003：53.
③ 伊尼斯.帝国与传播[M].何道宽,译.北京：中国传媒大学出版社,2013：11.

控制，大肆扩张，攻城略地。宗教性帝国倚重时间的传承，比较能够经受改朝换代的折腾和帝王更替的沧桑。"① 政治性帝国如罗马帝国，宗教性帝国如基督教的神圣罗马帝国。但是，伊尼斯认为表现出任何一种偏向的帝国都不是理想的帝国。罗马帝国因为过于重视领土扩张，分散了中央权力，当莎草纸供不应求时，帝国也就走到了尽头。神圣罗马帝国专注于时间的延续，它虽得以经历无数的世俗帝国的沉浮，但在羊皮纸的耐久性中失去了自己的权威和疆域。理想的帝国应该如拜占庭帝国。"拜占庭帝国的发展靠的是两种组织的折中，这两种组织反映了两种媒介的偏向。莎草纸有助于帝国官僚体制的发展，这一体制与辽阔的国土相关。羊皮纸有助于教会阶层制度的发展，这一制度与时间相关。拜占庭帝国长期不灭，这与它的另一种成功的折中有关系。在这种折中里，既有靠石刻文字的君主制成分，又有靠泥板文字的宗教成分。"② 伊尼斯的另一个理想帝国是希腊"帝国"。它既解决了时间问题，也解决了空间问题。"希腊人的口头传统强大，字母表灵活。这使他们能够抵御东方帝国的倾向，不至于走上绝对权威的君主制和神权政治。"③ 然而，伊尼斯却自己制造了一个不大不小的"希腊陷阱"或"伊尼斯陷阱"。尽管他认为古希腊是理想的帝国，可是这个理想帝国的国祚并不长久——按照历史教科书，古希腊公元前800年进入奴隶社会，公元前146年被罗马帝国征服。按照伊尼斯的理论，古希腊这个帝国的媒介偏向是相对平衡的，而它国运结束的原因是这种平衡被打破了——形成平衡结构的媒介域中，一种媒介超越了另一种媒介，即口语战胜了文字。这是一种匪夷所思的解释。难道文字不比纯粹的口语先进吗？伊尼斯和很多西方历史学家持共同的态度，他们更赞美口语传播的力量。"口头传统的力量，隐含着一种适合它自身所需结构的创造力。"④ 既然口语对于希腊如此重要，那文字就是反动的力量。所以，历史上苏格拉底会反对文字，古希腊的人们大多数都对文字不感兴趣。文字的出现成了一种灾难。"文字的广泛传播加深了城邦之间的鸿沟，促进了希腊文明的瓦解。"⑤ 乃至伊尼斯盛赞，"希腊文明丰富的口头传统成就卓著，这成为西方文化的基础"⑥。世人都感到困惑，对口语的赞扬究竟是源于口语的强大，还是文字的匮乏？也许，只有在这样的理论铺垫之上，才能合理解释为什么西方早期历史没有留下一丁点文献。然而，口语优于文字的解释实在让人觉得，人们给历史进化过程留下了太多未退化完毕的阑尾式冗余"器官"。

事实上，伊尼斯的"帝国论"中充斥着很多模棱两可、艰涩的表述。在论述第一

---

① 伊尼斯.帝国与传播[M].何道宽，译.北京：中国传媒大学出版社，2013：11.
② 伊尼斯.帝国与传播[M].何道宽，译.北京：中国传媒大学出版社，2013：142.
③ 伊尼斯.帝国与传播[M].何道宽，译.北京：中国传媒大学出版社，2013：108.
④ 伊尼斯.帝国与传播[M].何道宽，译.北京：中国传媒大学出版社，2013：88.
⑤ 伊尼斯.帝国与传播[M].何道宽，译.北京：中国传媒大学出版社，2013：107.
⑥ 伊尼斯.帝国与传播[M].何道宽，译.北京：中国传媒大学出版社，2013：112.

个帝国——古埃及帝国时，伊尼斯并非坚定地阐释了媒介与帝国之间的关系。

在从绝对王权向比较民主①的组织机构转移过程中，埃及文明发生了深刻的动荡。与此巧合的是另一个转移，从倚重石头向倚重莎草纸的转移……由于摆脱了石头这个沉重的媒介，思想得到轻快的特质……手写文字的数量显著增长，文字、思想与活动的世俗化就随之产生。古王朝走向新王朝的社会革命，有一个显著的标志，那就是雄辩之才如滔滔流水，世俗文学取代宗教文学……莎草纸产量增加，圣书文字简化为僧侣文字以适应快速的草书，书写和阅读量随之增加，行政管理更加有效……民主革命之后出现了文字的传播。与此同时，新的宗教兴起……从倚重石头转向倚重莎草纸，政治制度和宗教制度也发生了变化。这些变化给埃及文明构成了巨大的压力。埃及很快就在外族的入侵下崩溃……征服者采用了圣书文字和埃及的习俗。但是埃及文化很复杂，所以埃及人能够抵制并驱逐入侵的异族……赶走希克索斯人之后，莎草纸的使用迅速增加……为驱逐侵略者而必须建立的军事组织，成为埃及帝国扩张和发展的基础……在阿梅诺菲斯三世（Amenophis Ⅲ）统治下，埃及帝国达到财富和国力的顶峰。首都和帝国各都市之间建立了邮路。楔形文字取代象形文字，成为比较简易的传播媒介……莎草纸和灯芯草笔发明之后，石头大大阻碍了文字的演化……由于文字对宗教意义重大，莎草纸的供应又充足，所以埃及永远没有迈出逻辑的一步，没有抛弃笨拙的表音方法，也没有创造出一个字母表……早先的象形文字保留下来，作为简便的缩略形式；抄书人学会了大量的象形文字以后，尤其喜欢使用更加古老的象形文字。埃及人成功于表现辅音，却失败于表现元音。②

埃及帝国的崛起与发达似乎与媒介进化有关，但埃及最后的灭亡是否与媒介的衰落有关，伊尼斯没有做出回答，也无法继续用媒介解决这一历史疑案，因为征服它的罗马继续使用着莎草纸，最多是传说和转译中的文字改为表音文字，而不再是象形文字。但若把古埃及灭亡的责任推到象形文字身上，则是对象形文字的抹黑，因为在亚欧大陆的东方，有一种文明采用象形文字延续至今。

伊尼斯对早期文明之一的另一地区的论述用了"巴比伦王国"标题，这显得他在使用"帝国"一词时并不是很有信心。事实是，一般的历史著作和教科书在描述那些多如牛毛、走马灯式出现又消失的"政治组织"时，更多使用的是"文明""国家"，只有阿卡德似乎才够得上被称作帝国。伊尼斯试图重新清晰地描绘两河流域地区各"帝国"之间接续传承的路线图。在他的笔下，两河流域帝国的统称是巴比伦，而不是

---

① 作者注：在一个奴隶社会或前奴隶社会中，谈论民主就像在封建社会状态下谈论核武器一样不真实。
② 伊尼斯.帝国与传播[M].何道宽，译.北京：中国传媒大学出版社，2013：47-52.

苏美尔。另外，这一地区繁星般数量的帝国也明显晚于埃及帝国，这与大多数西方历史叙事正好相反。唯一类似的是，伊尼斯笔下的两河流域的帝国转运史一如其他历史著述中这些"帝国"之间的关系，令人眼花缭乱、头晕目眩。首先是苏美尔登场，然后是阿卡德、闪米特（人）、巴比伦、赫梯、亚述、迈锡尼、以色列、波斯，埃及也穿插其中，这使得两河流域的帝国史扩大为"西亚+中东"帝国史，进而继续扩大为地中海帝国史。正如《帝国与传播》书名一样，伊尼斯笔下，与帝国历史线索并行的另一条线索是媒介进化史。伊尼斯不厌其烦地讲解、分析了这一地区各种媒介的制作原理及其相互之间的升级迭代关系，其中最具代表性的媒介当然是泥版、楔形文字和表音文字。关于泥版，他认为，"泥版适宜长期使用，然而它笨重，不适合用作远距离的传播媒介。这个属性有利于在人口非常分散的地区长期保存……黏土的特性有利于文字的规范，有利于城市的非集中化，有利于神庙中组织的延续，有利于宗教控制。"① 至于为什么会这样，伊尼斯没有做进一步解释。关于楔形文字，他认为，"黏土这种媒介本身就要求从象形文字简化为楔形文字……象形文字不足以表现长篇的宗教文本或历史文本，于是许多符号就用来代表音节。"② 他显然把楔形文字看作比象形文字更高级的媒介，而比楔形文字更高级的当然是建立在字母表基础上的表音文字或字母文字。这种思想深刻地影响了麦克卢汉——在他的《理解媒介》等著述中，这种思想随处可见。至于媒介与帝国的关系，伊尼斯着墨并不多，但总体上仍然保持着媒介影响帝国的思维逻辑。比如他借用别人的观点强调，"楔形文字和君主政体的滥觞成为巴比伦国力上升的手段"③。他还强调，"字母表发明以后，更加有效的文字迅速传播。这对帝国的组织具有重要的意义。"④

从对各帝国的历史回顾中，我们可以看出来，伊尼斯在告诉我们一个结果：每一个帝国都有自己强大的媒介和传播体系。

一般认为，与西方有直系亲缘关系的最早期帝国是古希腊和古罗马。伊尼斯用两章对这两个"帝国"分别做了深入剖析。希腊文明⑤的媒介优势是口语，即使他们后来从腓尼基或别的地方已经引入了字母文字或别的文字，但希腊人仍然热衷于口语。这大概是希腊历史和其他文献没有保留下来的原因——这是作者和读者最容易在认识上取得一致的逻辑。与对口语的赞誉相反的是，伊尼斯认为文字的传播对希腊乃至西方文化是一种威胁。"文字的传播毁灭了一个建立在口头传统上的文明。不过，希腊文化

---

① 伊尼斯.帝国与传播[M].何道宽，译.北京：中国传媒大学出版社，2013：59.
② 伊尼斯.帝国与传播[M].何道宽，译.北京：中国传媒大学出版社，2013：58.
③ 伊尼斯.帝国与传播[M].何道宽，译.北京：中国传媒大学出版社，2013：67.
④ 伊尼斯.帝国与传播[M].何道宽，译.北京：中国传媒大学出版社，2013：69.
⑤ 作者注：伊尼斯把希腊列入了著作，但又以"文明"相称，再次体现他对"帝国"一词用法的不确定。

中反映出来的口头传统的威力,贯穿着西方的历史。当书面传统的死亡之手,构成威胁,可能会摧毁西方人的精神时,这个口头传统的威力表现得尤其明显。"① 口语和文字谁更先进无须多言,所以无论伊尼斯多么赞叹希腊口语传统的伟大,当文字出现时,传统必须改变,帝国也必将瓦解。反过来说,既然媒介和帝国之间有着根深蒂固的因果关系,那希腊的灭亡归咎于文字的出现,也就显得非常符合逻辑了。

和希腊不同,罗马自始至终被学者们授予"帝国"的荣誉。伊尼斯笔下的罗马自然也是古代帝国的化身和集大成者。而罗马的成功在于它接受了与古希腊传统格格不入的文字作为自己的主要媒介,并且利用书写文化,让自己从"共和国"转变为"帝国"——"书写的传播促进了共和体制的垮台和帝制的兴起"②。罗马还延续了更加古老的"帝国"古埃及所发明的莎草纸作为罗马文字的载体。此外,罗马还创建了无数的图书馆,开展起发达的书籍和莎草纸贸易,开创了西塞罗式的散文文学——"散文文风清新,有助于解决罗马共和国面临的问题"③。创新与传统、空间和时间、疆域与中央,各种相互对立的要素、力量集合在罗马帝国,在这里实现了完满的组合和平衡。但是,罗马帝国最后还是走向了灭亡。伊尼斯无法对媒介和传播追责,他引用名为贝内斯(Baynes)的人的话,把责任抛给了枪炮和火药。"就一定意义来说,君士坦丁堡的城墙代表东方的枪炮和火药。西罗马帝国没有枪炮和火药,所以它早就灭亡了。"④ 那么困守在君士坦丁堡城墙中的东罗马帝国单靠枪炮和火药能够代行西罗马帝国国祚绵延的使命吗?显然不能,拜占庭帝国一样必须要有强大的媒介和传播,而且要在时间和空间平衡上做得更好,其历史才能从 476 年延续到 1453 年。历史教科书告诉我们,拜占庭做到了,它让自己延续千年,而这个功劳当然归于莎草纸和羊皮纸两种不同时空偏向的媒介。

纸张从中国经阿拉伯地区传播到欧洲,既巩固了中国的"帝国"——大国、强国形象,也让伊斯兰教从阿拉伯传播到欧洲,建立起又一个横跨地中海的帝国。欧洲本来是依托羊皮纸的宗教帝国,纸张到来后,形势开始发生重大变化。"建立在羊皮纸上的知识垄断,使西方夸张时间的重要性,使它遭遇到新媒介的竞争。纸张就是这样的新媒介,它强调空间的重要性,民族主义君主制的发展就说明了这个问题。宗教组织的知识垄断倚重羊皮纸和乡间的修道院制度。政治组织的知识垄断倚重纸张,倚重都市的工业和贸易。"⑤ 在这种媒介纲领之下,欧洲的君主国开始寻求自己的主权和霸

---

① 伊尼斯. 帝国与传播[M]. 何道宽,译. 北京:中国传媒大学出版社,2013:87.
② 伊尼斯. 帝国与传播[M]. 何道宽,译. 北京:中国传媒大学出版社,2013:128.
③ 伊尼斯. 帝国与传播[M]. 何道宽,译. 北京:中国传媒大学出版社,2013:124.
④ 伊尼斯. 帝国与传播[M]. 何道宽,译. 北京:中国传媒大学出版社,2013:142.
⑤ 伊尼斯. 帝国与传播[M]. 何道宽,译. 北京:中国传媒大学出版社,2013:167-168.

权，也就不可避免地和宗教帝国——神圣罗马帝国发生冲突，最后导致近现代国际体系的出现。而纸张生产、贸易，以及依托纸张改进后的金属活字印刷术所带动的印刷业、新闻业的兴起，则推动了早期工业的萌芽，进而培养了第一批行会、资产者和工人，为资本主义革命的来临做好了准备，也刺激更多的西方国家走上殖民扩张和掠夺。西班牙帝国、法兰西帝国、不列颠帝国、俄罗斯帝国、奥匈帝国、德意志帝国、美利坚帝国纷纷登场。这些帝国已经完全异于传统意义上的"帝国"，不再仅仅是强大国家的代名词，而成为帝国主义的简化词。

现代历史上最典型的帝国当属"英帝国"和"美帝国"。伊尼斯没有在《帝国与传播》一书中给这两个大国以充分的分析，直到他在弥留之际才在《变化中的时间观念》中进行了补充。不过，在新著中，伊尼斯并没有强调媒介和传播对"英帝国"和"美帝国"的助力，而是平铺直叙地梳理了这两个近代强国各自的媒介和传播状况，包括它们各自的新闻业、报业和传播技术。伊尼斯用事实再一次说明我们已经强调过的结论，那就是，每一个强国都有自己强大的媒介和传播体系，为了国家的长盛不衰，它们总是在每一个时期都保证有一种主导媒介，或利用媒介的某一方面，构建起能够改变时代的产业。过去用传播媒介，后来用传播内容；过去强调传统媒介的延续，后来更加主动开发新的媒介技术。

二、帝国的缔造

"帝国"（empire）一词据说起源于罗马帝国或是罗马史。在西方的学术语境中，帝国是一个研究历史的政治单位，后来被等同于对一个较有影响力的国家的简单化形象塑造的用语。empire一词的拉丁词源是imperare，表示"管辖""给……发布命令"。这种解释多少有些牵强。一种管辖关系、命令行为怎么就能直接过渡到一个宏大的地理单位"帝国"，而不是君主国、王国、诸侯国？"帝国"一词起源于罗马这一说法实在是很值得怀疑。帝国与皇帝息息相关，没有皇帝就没有帝国。在汉语中，这一关系非常清晰。皇帝话语根植于中国历史上第一个大一统王朝秦朝，它的创建者嬴政自称为始皇帝。美国的中国历史学家陆威仪认为"皇帝"这个词是中国人的发明。他指出，"中国古典时代（指秦汉两朝）的第二项基本革新是发明了皇帝这个角色"[1]。皇帝这个角色和国家有一种因果关系，"没有皇帝，国家也就不可能存在"[2]。而这里的国家，特别是在指中国时，它等同于帝国。因此，这句话也可以改写为"没有皇帝，帝国也就

---

[1] 卜正民.哈佛中国史[M]//陆威仪.早期中华帝国：秦与汉.王兴亮,译.北京：中信出版集团,2016：3.
[2] 卜正民.哈佛中国史[M]//陆威仪.早期中华帝国：秦与汉.王兴亮,译.北京：中信出版集团,2016：3.

不可能存在"。这样说并不是要证明那种将古典中国称作帝国的话语的正当性，而只是为了质疑帝国起源于古罗马的观点，同时证明帝国概念的源头是中国。否则，如果帝国叙事从一开头就捕风捉影，那它的整个话语体系的可信度、合理性、正当性都将大打折扣。

非常有趣的是出版于1815—1823年的名卷的马礼逊《华英字典》中，"帝"字没有"帝国"组合词，"皇帝"被解释为中国帝王的称号。而empire一词的解释是"大清国"。这些信息告诉我们，可能一直到1823年汉语词语"帝国"还没有出现，而英语中所谓的帝国只有一个对象，那就是当时的中国——"大清国"。①

那么，现实中究竟什么样的国家才算是帝国？要想搞清这个问题，必须先搞清楚"帝国"一词的含义。打开各种学术著作，人们会惊奇地发现，有多少个作者，就有多少个帝国。对于"帝国"一词的理解，学术界、理论界没有达成共识，甚至很多人的理解大相径庭。有的把帝国理解为国家形态在历史演变过程中的一个阶段，有的认为帝国是一些特殊的国家，有的把大部分文明都称作帝国，有的则认为帝国屈指可数，有的把帝国等同于帝国主义，有的则把帝国看作一种特殊的超国家主权形态，有的对帝国避之不及，有的则为帝国而骄傲。

如前所述，蒂利、布赞和利特尔等人都把帝国看作一种国家形态，而且是国家演变史上一种普遍的形态，代表了国家发展的一个无可回避的历史阶段。

艾森斯塔德（S.N.Eisenstadt）在其15卷本的《帝国》一书中给帝国作出的定义是，"'帝国'这个词通常用来指这样一种政治体系，它地域广阔，权力相对高度集中，以皇帝个人或中央政治机构为代表的中央自成一个政治实体。"②无论人们同不同意他的观点，艾森斯塔德的这段话确实可以看作一个关于帝国的中规中矩的定义，而且似乎更加客观、中肯。

法国现代思想家亚历山大·科耶夫（Alexandre Kojève）在第二次世界大战结束之际面对东西两大阵营，对帝国有了全新的解读。他认为民族国家正在让位于跨越国家疆界的政治实体，这种政治实体就是帝国，主要体现为暂时的联盟形式。这种帝国才是真正意义上的国家，言外之意，其他非帝国国家主权不保，都是帝国的附庸。为了抗衡由苏联和英美主导的两大帝国，科耶夫呼吁组建以法国为首的"新拉丁帝国"。③

安德鲁·赫里尔（Andrew Hurrell）认为"帝国貌似尤其适用于直接强制弱国和附属国，而不必通过政治谈判、相互统一的规则或共同制度来斡旋。"④这种帝国也被他看

---

① 马礼逊.华英字典6[M].河南：大象出版社.2008（1）.
② 沃勒斯坦.现代世界体系：第一卷[M].郭方，刘新成，张文刚，译.北京：社会科学文献出版社，2013：13.
③ 科耶夫.科耶夫的新拉丁帝国[M].邱立波，译.北京：华夏出版社，2008：9-14.
④ 赫里尔.全球秩序的崩塌与重建[M].林曦，译.北京：中国人民大学出版社，2017：288.

作是"正式帝国",即通过征服、占领方式让别国成为自己的附庸国。与之相对应的另一种帝国是所说的"非正式帝国",这种帝国是一种社会关系,它放弃征服和占领方式,用声望、权威、正当性和对外经济扩张等手段让别国成为自己的附庸。在现代社会,"帝国"已经被"霸权"一词所取代。赫里尔下意识地把美国作为现代帝国的代表,用美国的行为诠释帝国的内涵。

《帝国——全球化的政治秩序》一书作者哈特和奈格里对帝国的解释和科耶夫有相似之处,但又有本质的不同。二人认为帝国有传统和现代两层含义。传统的帝国"将法律范畴同普通伦理价值糅合到一起……帝国概念被发展成一个指挥指导下的全球交响乐,一种维持社会太平、产生伦理真理的统一力量……帝国从一开始就发动起设于它的法律概念核心的伦理—政治机器。这一法律概念涉及两种倾向:一种是以建立新秩序之名而得到认可的权力观,这种权力观包容它认定的文明世界的每一寸土地,包容一个无边无际、四海如一的空间;另一种是在它的伦理基础之内涵盖了所有时间的权力观。帝国竭尽了历史时间,悬置起历史,将过去与将来统统汇集于它的伦理秩序之中。换句话说,帝国将它的秩序展现为永久的、恒定的、必需的。"① 帝国既在空间上无边无际,又在时间上延续万年。这不就是我们之前总结的从伊尼斯的"媒介偏向"所延伸出来的"帝国偏向"吗?所不同的是,这种"帝国偏向"不是指媒介中的帝国特质,而是指时空中的帝国特征,或者是帝国的时空属性。哈特和奈格里无须通过伊尼斯的媒介理论就为帝国和时空建立了直接的联系。至于现代帝国,它所强调的是现代世界秩序的"帝国范式"。"建立并确认一种超乎民族国家之上,相对摆脱民族国家主权限制的力量,这种力量要能够起到新世界秩序核心的功能,有效地向新世界秩序之上施加它的规则,必要时,向它施加强制。"② 再进一步讲,"帝国正作为一种中心出现于世界,它支撑起生产全球化之网,试图把所有权力关系都笼罩在它的世界秩序之下。可同时,它又运用强力警察功能,压制威胁到它的秩序的新野蛮人和具有反抗意识的奴隶。"③ 看到这里,哈特和奈格里笔下的新帝国的美国气息已经扑面而来。而且,全球化也不再只是经济的全球化,更是政治的全球化。他们著作的副标题的用意也彰显无遗了。

平心而论,前述帝国定义都是对现代特定国家或国家集团的特征做出的解释,而实际上,在漫长的历史长河中的大部分时间内,"帝国"只是一个中性词。而且从学术角度出发,我们本应该单纯地把帝国看作一种历史现象和历史概念。那么,作为一个中性词,帝国应该具备如下一些特征:其一是要有一个强大的政权,通过系统的治理

---

① 哈特,奈格里.帝国:全球化的政治秩序[M].杨建国,等译.南京:江苏人民出版社,2003:8.
② 哈特,奈格里.帝国:全球化的政治秩序[M].杨建国,等译.南京:江苏人民出版社,2003:12.
③ 哈特,奈格里.帝国:全球化的政治秩序[M].杨建国,等译.南京:江苏人民出版社,2003:17.

制度使得全体国人或管辖范围内的各族群体在某种文化上达成一种历时性的共识；其二是要有一定的地理疆域，而且对疆域的欲求无远弗届，一个城邦或城邦国家，面积太过狭小，无论它再怎么令人胆寒，也绝对称不上帝国，因此帝国只能是君权国家的产物；其三是要有系统的甚至是强大的传播手段和机制，以便于帝国中心和它的任何一个边缘地带建立起有力又有效的通勤联系；其四是对周边民族、国家甚至更远的地区有巨大的空间性影响，这种影响不必是武力促成的，更可能是商业贸易和文化造成的。

帝国强大的政权首先是对内而言的，没有国人的支持，或者国内民众没有在文化、习俗、传统、世界观和价值观等方面达成相对稳定的共识，君王的权威、政权的合理性、帝国的威严就难以树立起来。波斯帝国、罗马帝国、奥斯曼帝国、中国各统一王朝，莫不如此。其中，中国的历代王朝的这一特征尤其明显。基辛格在论述帝国特征和古代中国的独特性时指出："几乎所有帝国都是凭借武力建立的，然而没有一个能够靠武力延续下去。若要长久统治世界，必须化武力为义务……压迫若能让位于共识，帝国即可以得以延续。中国就是一例……1 000多年来中国得以延续至今，主要靠的是中国平民百姓和士大夫信奉的一整套价值观，而不是靠历代皇帝的镇压。"[①] 很显然，基辛格这里所说的共识就是价值观、世界观，是关于对与错、是与非、天下与自我、君主与民众、"劳力"与"劳心"、仁义与暴虐等的认识，中国社会几千年来之所以能够一脉相承、一以贯之地延绵接续，靠的就是这样的共识。事实上，中国每一个朝代或每一个王朝帝国，都是靠这样的共识完成的历时性统治。没有这样的共识，王朝建立不起来，即使建立起来了，也维持不久。世界上其他地区或国家在不同时期"出现"的帝国和中国不一样，没有历时性的延续和继承，其主要原因是在自己的疆域之内没有相对持久的共识。一些以宗教立国的帝国似乎有了一种共识，但这种"共识"因为被要求无边无际地传播，反而在帝国范围内造成一种松散的状况。这说明共识有不同的形式，有的共识有利于帝国的持久发展，有的则不利于帝国的续命。

帝国强大的形象更是对外而言的。一个国家是否达到帝国高度，往往不是自封的，而是与帝国共处的国家、组织、族群认定的。因此，一个国家的统治力对国内的民众来说也许森严恐怖，但对国外的政治势力来说却不值一提。而一个国家如果在自己所处的国际体系中威震四方，这个国家的政权自然在国内也会受到顶礼膜拜。历史上很多时候，政权的正当性取决于国家在国际体系中的角色和地位。帝国自然是国际体系中处于最核心和最高地位的、体量最大的国家。因此，"帝国并非自愿，而是应召

---

① 基辛格.论中国[M].胡利平，译.北京：中信出版社，2015：9.

唤而产生"①，这是国际体系自然的结果，也是国际体系的需要。帝国最大的特征是国土广袤，那些领土狭小的国家难堪"帝国"大任。"一个成功的帝国必须充分认识到空间问题，空间问题既是军事问题，也是政治问题。"②帝国需要相当大的物理空间，一方面可以攫取更多的物质资源，另一方面可以扩大自己的防御纵深，还可以在国际社会树立威信，以令周边地区和国家臣服于己。至于多大才是"相当大"，没有定数。这完全取决于军事控制能力，军事能力的尽头就是帝国的边界。而一旦超出军事控制能力，帝国就会面临瓦解和崩溃的危险。或者，如果军事控制能力触达另外一个帝国的势力范围，往往会引起军事紧张。这种理念在近现代导致了西方各种"亚欧大陆""海权""生存空间""现实主义"等理论的产生，为此也引发了无数次战争。

一个真正的帝国必须要有联通四方的信息传输、交通运输能力。英国国际传播学者达雅·基山·屠苏（Daya Kishan Thussu）在他的新著《国际传播》中，开篇就以"传播与帝国"为题切入有关"国际传播的历史语境"的论述。他指出，"传播一直是建立和维护远距离权力的关键。从波斯、希腊、罗马帝国到英国，有效的传播网络对于施加帝国权威以及帝国权威的基础——国际贸易与商业都是至关重要的。实际上，帝国的疆域可以作为'传播有效性的指标'（伊尼斯语）。传播网络和技术是地方分权、军事行动和贸易的关键机制。"③屠苏在军事控制能力之外为帝国设计了一种新的衡量标准，那就是传播。其实，汤因比很早就看出了传播与帝国或者媒介与帝国之间的独特关系。他曾经说过，"关于官方语言和文字，帝国缔造者所面临的问题不是批准一种既成的事实，而是要从许多竞争者之间做出一项困难的选择工作。"④这说的是帝国的缔造者在缔造帝国之时，必须选择一种权威的语言和文字。先有语言，后有文字。"帝国缔造者大多给他们的本族语言以官方语言的地位，而且如果这个语言在这以前还没有具备文字，他们就为了这个目的或者给它借来一种文字或者给它发明一种文字。也有这样的事例：帝国缔造者放弃了本族语言以支持在他们领土已经通用的另一种语言。"⑤当语言、文字都确定以后，帝国会树立一种权威思想或理念作为全社会的行为规范，继而会创作大量的精神产品，包括文学、艺术、技术、政治、军事等各个方面。在这方面，中国历史上从商周以来的所有主要"帝国"⑥都具有高度代表性，最关键是这些

---

① 哈特，奈格里.帝国：全球化的政治秩序［M］.杨建国，等译.南京：江苏人民出版社，2003：13.
② 伊尼斯.帝国与传播［M］.何道宽，译.北京：中国传媒大学出版社，2013：54.
③ 屠苏.国际传播：沿袭与流变［M］.胡春阳，等译.上海：复旦大学出版社，2022：1.
④ 汤因比.历史研究：下［M］.曹未风，等译.上海：上海人民出版社，1997：53.
⑤ 汤因比.历史研究：下［M］.曹未风，等译.上海：上海人民出版社，1997：53.
⑥ 西方在关于中国的历史叙事中习惯把中国各主要朝代称为帝国，这见诸各种历史文献中。目前中外历史学界基本都把帝国看作历史上的一种国家形态，鉴于"帝国"和"帝国主义"有着本质的区别，这里不妨沿用这一术语，以便于开展跨文化对话。

"帝国"的历史都有据可查。

在信息时代,"帝国"一词除了传统含义,在一定程度上也已经变成非实体的、虚拟化权力的代名词。哈特和奈格里在合著《帝国》中提出一种现代性帝国范式理论,指出民族国家已经衰落,新的世界秩序是"帝国秩序",而"帝国不建立权力的中心,不依赖固定的疆界和界限。它是一个无中心、无疆界的统治机器。在其开放的、扩展的边界当中,这一统治机器不断加强对整个全球领域的统合。帝国通过指挥的调节网络管理着混合的身份、富有弹性的等级制和多元的交流。"①哈特和奈格里认为新帝国通过三种手段展开控制:炸弹、金钱和无线电。他们所说的"炸弹"是指核武器,核技术限定了大多数国家的主权,凸显了帝国的绝对颠覆能力。"金钱"当然是指世界市场的建立,它的建立基于国家以及地区性市场、金融的发展。"无线电"是通信技术的具象,它是帝国控制的第三种手段。通信技术包含了管理、教育和文化等功能,比主权更重要。通讯不从属于任何主权,相反主权从属于通讯。通讯最后让主权解体。②哈特和奈格里的理论是自相矛盾的,一方面他们说帝国是超越主权国家的,另一方面他们又把帝国变身为拥有"炸弹""金钱"和"无线电"的霸权国家。所以他们最后用美国来代表这个新帝国时,也就不令人诧异了,"炸弹是一种君主权,金钱是贵族权,而无线电是民主权。在以上各种情况下,也许看上去好像这些机制的脉络被美国所控制。也许看上去好像美国是新罗马,或是一群新罗马:华盛顿(炸弹)、纽约(金钱)和洛杉矶(无线电)。"③

帝国对周边乃至国际有着巨大的影响,这种影响有的是武力促成的,但也可能是文化、政治等造成的。很多人强调武力的作用,原因是相关理论出于一种西方经验。美国汉学家罗威廉(William T. Rowe)等人在研究"清帝国"时认为,"清朝自己也参与了帝国主义的竞赛,而且在18世纪末之前非常成功。在西方,历史学者已不再将中国描写成受害者或一个特例,而是众多在大致上相同时期之欧亚大陆兴起的数个近代早期帝国之一,包括莫卧儿帝国、莫斯科罗曼诺夫王朝、奥斯曼帝国与大英帝国等。现在让我们注意的并非帝国间的差异,而是其帝国野心的共同特征:在广大范围内施行集权管理的能力、精心经营的多元族群共存与超越国族边界,以及同样重要的、侵略性的空间扩张。"④罗威廉显然犯了几个错误。首先,他混淆了"帝国"和"帝国主义"。学术意义上的帝国仅是一个历史概念,其对象是前现代国家的历史形态之一。而帝国主义是近代的产物,是西方殖民主义的结果。其次,他模糊了古代帝国与近现代

---

① 哈特,奈格里.帝国:全球化的政治秩序[M].杨建国,等译.南京:江苏人民出版社,2003:2.
② 哈特,奈格里.帝国:全球化的政治秩序[M].杨建国,等译.南京:江苏人民出版社,2003:327-329.
③ 哈特,奈格里.帝国:全球化的政治秩序[M].杨建国,等译.南京:江苏人民出版社,2003:329.
④ 罗威廉.最后的帝国:大清[M]//卜正民.哈佛中国史.李仁渊,等译.北京:中信出版集团,2016:64.

"帝国"之间的根本区别。古代帝国自不必多说，近现代西方帝国以及日本等强权国家则是在世界进入工业文明、族群和国家的空间及边界相对稳定的状态后，利用大规模杀伤性热兵器进行"侵略性空间扩张"，掠夺别国物质财富、从肉体上消灭异族的军事势力。而且，近现代的这些强权国家的"帝国"称号都是一种沾沾自喜的自我称呼，而所谓"大清帝国""莫卧儿帝国"恰恰是西方"送"给大清和莫卧儿王朝华而不实的头衔。考察这两个曾经的大国的本色，清王朝在西方面前哪儿来的侵略性？莫卧儿王朝又哪里够得上帝国的广袤和实力？此外，罗威廉似乎给"帝国"下了一个定义，但这个定义十分不准确，他基本上是按照"大英帝国"和其他强权国家的样子"照猫画虎"，而没有指明"帝国"一词的含义在历史上的变迁。我们绝不能把学术意义上的古代帝国和近现代西方式帝国看作一回事。

西方的历史话语系统喜欢用"中华帝国"一词来形容几千年的整体中国，或用它来代替几千年"中华文明"。这个词有的时候可能是批判性的，因为在有的西方学者眼里帝国是"侵略性的"；有的时候有可能是献媚式的，毕竟这种文明、这一"帝国"确实在人类文明史上独树一帜、独领风骚；还有的时候，可能是在混淆不同时代"帝国"词语含义的同时，给西方的"帝国主义"准备退路。在这里，让我们暂时抛开帝国一词的近代意义，回到它的学术性和历史性，我们就完全可以用平常心来对待它。而且，恰恰是中国历史告诉世人，世界上真的有过这样一种"帝国"——大国和强国，它不是通过军事扩张、侵略、威吓等手段获得自己的统治力、影响力，而是通过自己的文化、政治、经济、贸易、交流等方式树立自己的国际形象、提高自己的国际影响、加强自己的国际凝聚力。这个过程本身就是一个大传播过程——文化、政治、经济、贸易等都是传播的内容。而这个传播过程本身又依托各种传统的、新型的媒介展开，文字、思想等传播技术和传播内容就在其中再一次成为决定性的因素。

第二节　世界帝国与历史帝国

历史学意义上的帝国就是帝制下的大国、强国的代名词。但在现代西方的语境中，当它和帝国主义、侵略等概念画上等号时，帝国就成了邪恶主宰的隐喻；当有人用它恭维某个文明或国家时，它又展现出对某个历史上的大国的谄媚；此外，当它被历史学者或有政治抱负的人使用时，它还可能是对自己所属文化曾有过显赫一时的历史经历的某种自负与骄傲。所以，人们对帝国的态度分成了两种：西方大多数人对其爱不释手；而在非西方国家，则有人对其避之不及。

其实，帝国是一种"有弹性的单位"①。在国际关系理论中，帝国被看作一种研究单位。按照布赞和利特尔的观点，帝国和城邦以及外围的"蛮族"一起构成判断"古代和古典多重国际体系"的单位，就像现代国际关系的行为体主要是民族国家一样，在"古代和古典多重国际体系"中，国际关系的行为体是城邦、帝国和蛮族。城邦和帝国不在同一时期，帝国出现以后，城邦就被超越了。但"蛮族"作为边缘力量始终和城邦、帝国同在，而且有时也能转变为帝国，如蒙古帝国。还有人把帝国称作"一种'前现代'国际行为体"，这和布赞、利特尔的观点大同小异。但是，如果把帝国只看作"强大国家"的代名词，它就不仅仅是"前现代"的产物或者古代的产物，而是一种普遍的全历史现象。另外，即使在"前现代"或古代，帝国的称谓在很多时候只代表一种恭维，一来很多国家的"强大"无法测算，二来和很多真正强大的国家相比，像伊尼斯笔下的那些"帝国"稍纵即逝、影响有限，根本算不上什么大国和强国，甚至是不是一个成熟的国家都值得怀疑。

伊尼斯的"政治帝国"和"宗教帝国"概念只适用于欧洲历史，这种理论代入其他文明史中就显得格格不入，毕竟各个民族、文明的构成、历史是有差异的。但是，伊尼斯理论中的"偏向"观念是有一定合理性的。那就是，真正强大的国家，确实是要么具有空间偏向，要么具有时间偏向，要么二者兼具。

综合全部人类文明史的构成、历史、性质等，具有不同"偏向"的强大国家其实可以这样重新分类：具有空间偏向的，可以称其为"世界帝国"；而具有时间偏向的，则可以称其为"历史帝国"。

一、世界帝国

在布赞和利特尔看来，帝国不仅是某个时期的国际行为体，其自身也构成一种等级制的国际体系。布赞和利特尔介绍了一种帝国内部功能区分的"沃森模式"。沃森按照帝国所包含的势力范围，把帝国体系设计为帝国中心、治权、宗主权和霸权4层由近及远、由里及外的关系网，②其实也就是帝国"等级制的国际体系"。布赞和利特尔为此专门制作了一个"沃森模式"图（见图6-1），图下面的注解是：这个图"显示了一个帝国对其他单位的权力和影响是随着与帝国中心距离的增加而减弱的。它区分了霸权、宗主权和治权。霸权治下的单位名义上是独立的，但事实上它们的外交政策深受来自帝国中心权力的束缚；宗主权治下的单位承认帝国中心控制其外交政策的合

---

① 布赞，利特尔．世界历史中的国际体系：国际关系研究的再构建［M］．刘德斌，译．北京：高等教育出版社，2015：185.
② WATSON. The evolution of international society［M］．London：Routledge，1992：14-16.

法性；治权下单位国内政策的诸多方面也受帝国中心的控制。"①帝国的控制力和影响力按照帝国中心、治权、宗主权和霸权四级阶梯，不断减弱，其权力层级关系一目了然。这种结构形成了帝国自己的世界，即以自己为中心的权力、资源和影响关系网。只要这种帝国超越语言、习惯、传统、文化所"划定"的边界，那它就具有了世界属性，人们就可以视情况而称其为世界帝国了。

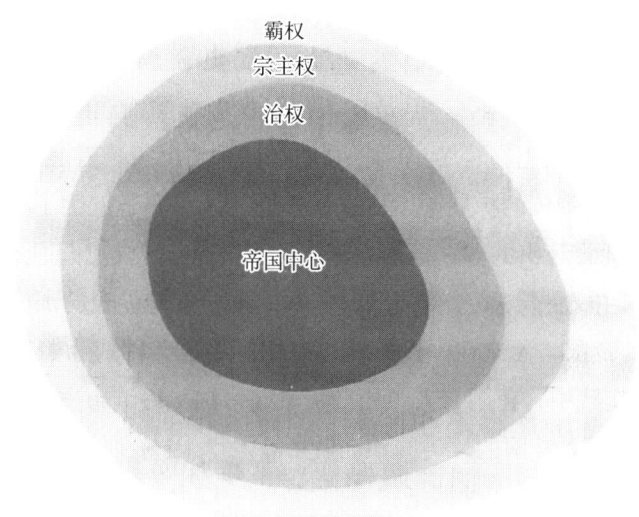

图6-1 帝国内部功能区分的沃森模式

世界的大小是相对而言的，世界帝国首先意味着帝国的世界影响。古代史上没有一个帝国能把自己的势力扩张到整个世界。在地理大发现之前，人们关于世界的认识要么只局限于自己的视野、脚力之内，要么把一切看作一个模糊的世界整体——天下。在当时人们的眼里，这基本就是世界的全部。所以，历史上，世界性帝国不等同于全球性帝国，但一定是超越建立在语言基础之上的民族，超越旧有信息传播边界，运用强力手段达成中心与边缘的权力关系，形成新的更大范围的信息传播领地。

西方历史中的罗马帝国最初是一个城邦，后来废弃共和制，实行帝制，不断向周边扩张，征服古希腊、波斯、北非、欧洲蛮族，把地中海变成自己的内海，在亚历山大时期甚至进军南亚次大陆。在摩根索看来，罗马帝国之所以成功，是因为它具有扩张欲望。"这种扩张没有理性的限制，它以自身的成功为动力，并且，如果没有一个优势力量阻止的话，它就将一直走到政治世界的边缘。"②"政治世界的边缘"，这就是罗马式帝国的欲望，也是它们触角的"边缘"。像罗马帝国这样的帝国，称其为世界帝

---

① 布赞，利特尔.世界历史中的国际体系：国际关系研究的再构建[M].刘德斌，译.北京：高等教育出版社，2015：186.
② 摩根索.国家间政治：权力斗争与和平[M].徐昕，郝望，李保平，译.北京：北京大学出版社，2006：93.

国，没有什么不妥。它们在领土扩张方面是没有"边缘"的，如果可能，它们一定会征服世界。这种理念其实后来被历代的西方人继承了，他们一直在不断实践。拿破仑一世曾经牛刀小试，结果失败了。希特勒也以"第三帝国"的名号企图实现罗马式帝国的野心，当然最后也失败了。英国作为"日不落帝国"一度成为一个名副其实的世界帝国，但现在已然是日薄西山了。它的"政治世界的边缘"正在不断收缩，甚至不惜以一种自相矛盾的政策——退出欧盟，放弃过去在欧洲实行几百年的均势外交，来维护自己的世界大国身份。而今天，美国人认为历史的重任交到了自己的手上，有的美国人就自称美国为"新帝国"。但是在帝国身份、帝国前途问题上，现实和理想却是如此矛盾。哈特和奈格里在《帝国》一书中把这种情况表现得淋漓尽致。在理论上，哈特和奈格里强调，"帝国的扩展同帝国主义扩张毫无瓜葛，同为了征服、掠夺、种族屠杀、殖民和奴役而设计出的国家机构也毫无关系。"[1] 有时候他们通过这样的言辞表现出对帝国以及帝国主义的厌恶："美国已远非它的创始者们设想的那个独特的、民主的国家，一个自由的帝国。无论在国内，还是在国际上，美国成为野蛮的帝国主义工程的直接作者。"[2] 在实践中，美国有人想用"美利坚帝国"终结历史，但是哈特和奈格里断言，"未来的帝国不是美国的，美国不在其中心"[3]。因为在他们看来，未来的帝国没有范围和中心。帝国完全是一种网络权力，"帝国的权力通过流动和体现出来的控制机制分散在网络之中"[4]。在互联网时代或深度互联网时代，美国没有机会成为帝国，或者说它的帝国时代已经结束。因为虚拟世界的"帝国"不仅覆盖一切，也取代了美国的霸权地位。

"世界帝国"之所以能让自己的"政治世界的边缘"不断扩大，并保证边缘和中心之间结构稳定，是因为像伊尼斯所说的那样，有媒介和传播体系的支持。媒介和传播保证国家的各部分在巨大的物理空间中，在政治、经济、军事、文化等行动上实现同步。事实上，国家成立的前提之一就是族群或城邦共同体掌握了某种有效开展交流、协调行动、促进合作的媒介和传播手段。而强大的国家，之所以强大，是因为它掌握了某种更强大的媒介和传播手段，或者在使用媒介，开展交流、宣传等传播活动中，能够更加熟练运用，巩固自己的核心地位。国家的空间规模和国家的传播体系规模成正比。国家越大，传播体系越发达；反之，传播体系太小、太落后，与国家的物理空间不匹配，则会迟滞信息的传播，降低国家的管理效果，乃至瓦解中心的权威和统治。"条条道路通罗马"，这不单单是说罗马的交通，也指罗马的传播体系。按照伊尼斯和

---

[1] 哈特，奈格里. 帝国：全球化的政治秩序 [M]. 杨建国，范一亭，译. 南京：江苏人民出版社，2003：168.
[2] 哈特，奈格里. 帝国：全球化的政治秩序 [M]. 杨建国，范一亭，译. 南京：江苏人民出版社，2003：177.
[3] 哈特，奈格里. 帝国：全球化的政治秩序 [M]. 杨建国，范一亭，译. 南京：江苏人民出版社，2003：363.
[4] 哈特，奈格里. 帝国：全球化的政治秩序 [M]. 杨建国，范一亭，译. 南京：江苏人民出版社，2003：363.

汤姆·斯丹迪奇（Tom Standage）等人的观点，罗马帝国拥有强大的传播体系和传播能力。罗马以武力开疆拓土，但随之而来的治理问题摆在了罗马统治者面前。"罗马人的命运经常和在罗马帝国边陲地区的贸易或战争息息相关，身处边远地区的人需要了解首都权力斗争的最新态势。对罗马统治阶级的成员来说，书信既是传播信息的重要手段，也是与其他成员确定并维持关系的方法。"① 显然，单纯靠武力是解决不了问题的。他们需要建设一个垄断知识的中心。于是罗马人就新建亚历山大城，扩建罗马城，城中修建几十座图书馆，图书馆中存入几万册到几十万册数量不等的图书。他们还需要垄断有关知识、政令的传播，于是就有了莎草纸源源不断地输入和贸易，有了对古希腊哲学、文学的继承。恺撒时期，罗马甚至出版官方报纸《日报》（Acta Diurna）和《记事报》（Acta Senatus），记录元老院的会议内容，并张贴公示。"书写的传播促进了共和体制的垮台和帝制的兴起。"② 奥古斯都下令建立了正式的邮政系统，由马、车和邮局组成。"罗马帝国四通八达的道路网和方便的海上交通使旅行更加快捷、更加安全，也使得罗马帝国内各地之间的联系达到了空前的紧密程度。"③ 罗马帝国的统治由此得到加强。西罗马476年灭亡以后，东罗马作为罗马帝国的代表又存在了近1 000年。东罗马之所以能够长盛不衰，在伊尼斯看来，除了前面提到的两种媒介偏向的优势之外，还有一个因素，那就是对于帝国的信念。"东罗马帝国长期不灭反映了一个观念的成功：掌握了帝国观念，所以它就成功。"④ 信念作为传播要素之一，再一次让传播以帝国长盛不衰的守护者的角色展现在历史舞台。问题是，西罗马难道没有帝国信念吗？为何它存在的时间远不如东罗马？希特勒不是为了帝国信念而发动战争么，为何他只坚持几年就折戟沉沙？

阿拉伯帝国和罗马帝国具有很大相似性。根据后来人们撰写的史书，阿拉伯帝国也是一个环地中海大国，或者至少是一个临地中海大国——其国土南至非洲北部，西达伊比利亚半岛和法兰西南部。阿拉伯帝国和罗马帝国一样，既是政治帝国，也是宗教帝国。而且阿拉伯帝国本身就建立在宗教基础上。622年穆罕默德成立穆斯林公社，632年后带领信徒占领麦加和麦地那等城市，号召以共同的宗教信仰代替氏族社会的血缘关系。穆罕默德之后的四大哈里发期间，由穆罕默德建立的伊斯兰政权迅速攻城略地，占领巴勒斯坦、叙利亚、伊拉克、利比亚、埃及、波斯、亚美尼亚、呼罗珊地区，越过比利牛斯山进入基督教的腹地。阿拉伯帝国随之形成。伍麦叶王朝时期，阿拉伯文被规定为官方文字，《古兰经》从记忆、传诵转入文字抄写，伊斯兰教和帝国的影响

---

① 斯丹迪奇.社交媒体简史：从莎草纸到互联网[M].林华，译.北京：中信出版社，2019：24.
② 伊尼斯.帝国与传播[M].何道宽，译.北京：中国传媒大学出版社，2013：128.
③ 斯丹迪奇.社交媒体简史：从莎草纸到互联网[M].北京：中信出版社，2019：49.
④ 伊尼斯.帝国与传播[M].何道宽，译.北京：中国传媒大学出版社，2013：142.

力因此迅速扩张。阿拔斯王朝时期，帝国不仅在全国设立交通驿站，大力建设文化中心、教育机构、学术基地，使其成为东西文化交流的中心和枢纽，还建立起严密的情报网，对各地和大众加强控制和监督。在具备文化、城市、地缘关系等要素后，阿拉伯地区摆脱过去的氏族社会，进入国家形态，而且迅速形成以自己为中心的国际体系。只不过，阿拉伯帝国与罗马帝国及其他大多数帝国不同，并不是一种经典的、有国家名称的帝国，而是一种文化帝国，近似于"中华帝国"概念，倾注了他们自己对自己或别人对他们的某种恭维和幻想。

事实证明，历史上所有强大的国家都有自己的传播系统，而且这种传播系统比别的较小或较弱国家的传播系统要强大得多，否则就与其"帝国""强国""大国"的名号殊不相称。我们耳熟能详的"四大文明古国"换句话说就是"四大古代强国"，在伊尼斯的帝国体系中，它们都占据一席之地。而它们从其他的文明古国中能脱颖而出，除了历史更悠久之外，还有一个特点，那就是都有文字这种"新"媒介。或者说，它们中有的文明的语言文字在历史不确定性下，被赋予了"媒介能力"这一文明属性：古埃及有象形文字和莎草纸、古巴比伦有楔形文字和泥版、古印度有印章和"印章文字"。近现代自诩为帝国或新帝国的英国、美国亦如此。英国最辉煌的时代当属维多利亚时代。按照尼尔·弗格森（Niall Ferguson）等人统计，"大英帝国领土面积达2 470万平方公里；到1909年，总面积增加到3 302万平方公里，占世界陆地面积的25%——是法国领土的3倍，德国领土的10倍——统治着4.44亿人口，人口也差不多占世界人口的1/4……维多利亚女王管辖着一个大陆、100座半岛、500个海角、1 000个湖泊、2 000条河流，以及1万座岛屿。"① 而按照其他统计，英国统治着世界上1/2的领土和人口。英国的强大不仅体现在领土、殖民地遍布世界各地，还体现在它第一次建立起来了以自己为核心的金融、贸易的世界经济体系，"到1914年，英国在海外资本的名义总价值达38亿英镑，占世界境外投资总资产的2/5—1/2，是法国海外投资的2倍，德国的3倍多。"② "正是通过投资，英国才扩大了它的非正式帝国领地。"③ 也就是说在英国正式占领的领土之外，英国还通过金融和贸易等手段殖民或控制着地球上其他一部分土地和人口，形成一个事实上的"帝国主义联邦"④。这部分领土不比英国采取军事强行占领的土地和人口少。从英语成为世界语言就可以看出来英国的势力范围有多大。英国人很清楚，要想统治这么广袤的土地和众多的人口，单纯靠军事是办不

---

① 弗格森.帝国[M].雨珂，译.北京：中信出版社，2012：209-210.
② 弗格森.帝国[M].雨珂，译.北京：中信出版社，2012：210.
③ 弗格森.帝国[M].雨珂，译.北京：中信出版社，2012：211.
④ 19世纪英国一部分政客和学者提出的将英国本土和北美、澳大利亚等盎格鲁-撒克逊殖民地联结为一个牢固整体以维护"大英帝国"对全球统治的思想。

到的。英国必须掌握其他的手段。从硬件方面,"电报和蒸汽船的发明使英国有可能将大英帝国的各部分连接为一个前所未有的整体。"① 从软件方面看,英国把自己的语言、制度、原则、传统、文化等都推向了海外的占领地、殖民地和经济附属地。所以说,传媒虽然不是英国开疆拓土的武器,但却是其保护"胜利果实"的工具。

在今天看来,"大英帝国"显然已经从历史的、学术的、概念的、地区性的帝国走向了现实中的、世界性的、经济劫掠型的和军事侵略式的帝国,帝国的性质在这里发生了质的变化。但是,在当时英国许多政客和文人的笔下,"大英帝国"的意识必须上升到理论高度,因此他们并不羞于用"帝国主义"自诩。英国人的这种帝国主义行为当然不能表现为军事和经济行为,因为他们知道自己所采取的军事和经济手段是野蛮的。没有一个国家和民族愿意被侵略和被征服,而英帝国恰恰是利用自己的坚船利炮打开了别的国家的国门,占领了其他国家或原住民的土地。也没有一个国家或民族愿意开展单方面损害自己利益的贸易和其他经济往来,而英帝国正是采取这种手段,掠夺了别的国家和民众的资源、财富。在早期对华贸易一直处于逆差情况下,英印政府② 开始从事非人道的鸦片贸易,从1767年前的200箱,到1800年的2 000箱,再到1837年的39 000箱,从中国掠夺了大量财富,损害了中国人的身体和精神,最后挑起鸦片战争打败清王朝,获得公开进行鸦片交易的权力。1857年,英印政府从鸦片贸易中获取了2 500万美元的收入,占它全部财政总收入的1/6。③ 英帝国当然不能以此标榜自己的帝国主义。它用的是媒介、传播以及作为它们的内容的各种文化、传统、制度和思维方式。英国人在向世界推广英语的同时,还向外推广各种帝国的制度、帝国绅士淑女文化、帝国(体育)运动如英式足球和英式橄榄球等。为了国内大众获悉帝国在海外的胜利,当然也为了获利,商人们创立了《晚报》《每日邮报》《每日镜报》等一家又一家的报社。为了塑造帝国英雄,他们创作了大量的小说、诗歌、音乐等文学艺术作品。有的作品可能只是一种"印刷媒体上的胜利":

> 因此直面他们的世界,指着他们,让他们局促不安,
> 让他们气急败坏;
> 如果他们胆敢挑衅,那么,以上帝的名义,
> 打,英国,集中他们的要害!
> (亨利《为了英国》)④

---

① 弗格森.帝国[M].雨珂,译.北京:中信出版社,2012:213.
② 英国在印度的殖民政权和东印度公司的统称,其实质是"英帝国"。
③ 数据引自中共中央马克思恩格斯列宁斯大林著作编译局.马克思恩格斯选集:第一卷[M].北京:人民出版社,2012:803-807.
④ 弗格森.帝国[M].雨珂,译.北京:中信出版社,2012:238.

无论是政府行为,还是民间行为,对英帝国主义的宣传,以及在全球范围内营造出"帝国共同体"的认同感,有力地强化、推进了英国的世界帝国地位和优势。即使是今天英国已经退缩回英伦三岛,"英帝国"的"余晖"仍然通过英语、英联邦和遍布几大洲的前殖民地国家,如美国、加拿大、澳大利亚、新西兰、印度等,影响着世界的走向。

美国是英国"帝国主义"的继承者,只不过美国不能再用英式帝国主义推行自己的帝国政策,追求自己的新帝国梦想。但是,美国仍然用软硬两种手段追求自己的全球霸权地位:一方面,美国会用军事实力威慑对手,并经常性地采用军事行动清除较弱小的对手;另一方面,美国更加注重用"软实力"影响世界,塑造自己的霸主形象。美国为此设计了一整套的战略、政策和行动指南,这其中就包括制定国际性制度、开展公共外交、输出文化。为了有效地实施这些战略和战术,美国构建起了强大的传媒体系,拥有世界上最多数量的报纸、电台、电视台,不断地研发互联网、数字设备、人工智能等各种媒介技术,一直走在传播和媒介技术的最前面。詹姆斯·凯瑞曾自问自答,如何把美国这么大一个国家连接成一体并有效运作?"答案就在文字与车轮、运输(transportation)与传递(transmission)中,也就是在印刷机与土木工程的威力中把广袤的地域和庞大的人口凝结成为一个文化整体,或者说得不好听一点,形成文化霸权(culture hegemony)。"[①] 美国是世界上最强大的国家,这是当下的现实。但美国对"帝国"的心态似乎是矛盾的。帝国作为国家形态和国际秩序的代名词,仍然在历史论述中被广泛而客观地使用,正如基辛格在其大作《大外交》中指出的那样,"在人类绝大部分的发展过程与历史演进当中,帝国一直是典型的政治形态。帝国无意在某个国际体系中运作,它期望把本身建立为一个国际体系"[②]。基辛格对帝国的定义正好用来包装"美国治下"的国际格局。因此有美国人热衷于把美国打造成为"新帝国""新罗马"也不足为奇。但是,近现代的帝国概念既然被英国等同于帝国主义,又被纳粹德国"第三帝国"和日本军国主义的"大日本帝国"污染,那美国以帝国自诩就存在修辞上的风险。鉴于此,哈特和奈格里干脆把帝国看作一种笼统而模糊的全球性关系框架:"帝国概念是一个框架,主体的多面性必须在这个框架中进行理解;它也是一个目标,是新的权力范式导向的目标。也就在此,一条实实在在的裂缝产生于各种旧的国际法理论框架和帝国法律的新现实之间。这一过程中,一切中介成分都被拨到一边,因此,国际秩序再也不能通过中间力量来建构它的合法性,这种合法性只能被最直接地把握。"[③] 帝国在这种理论框架中真正实现了它的世界性,而且也回到了黑格尔的世

[①] 凯瑞.作为文化的传播[M].丁未,译.北京:中国人民大学出版社,2019:4-5.
[②] 基辛格.大外交[M].顾淑馨,译.海口:海南出版社,1998:5.
[③] 哈特,奈格里.帝国:全球化的政治秩序[M].杨建国,范一亭,译.南京:江苏人民出版社,2003:26.

界，成为一个绝对理念式的世界帝国。在美国看来这也是可以接受的，无论如何，这种框架、事实都是被美国所主导的，它反映的自然还是美国的世界帝国理念。

世界帝国并不是一个新名词。沃勒斯坦在自己的著作中就提出了这个概念。他认为世界帝国和世界经济是两种不同的世界体系。后者不存在单一的政治体系统治所有空间，前者则"有一种单一的政治体系统治着大部分地区，但却减弱了它有效控制的程度"①。直观的感觉就是离世界帝国中心越远，其控制力越弱。这一点和沃森模式的精神是一致的。

另一种世界帝国理论是美国国际关系学现实主义流派代表人物汉斯·摩根索提出的。他认为帝国主义会导致三种目标："帝国主义的目标可以是支配政治上组织起来的全球，即世界帝国；它也可以是基本上在大陆范围内的帝国或霸权；它还可以是严格区域化的权力优势。"②摩根索的意思是帝国主义追求自己的霸权，最后的结果是其可能在全球范围内建立起自己的全球霸权，也可能在亚欧大陆上建立起世界核心地区的霸权，还可能只是在一个较小的地区内建立起地区性霸权。摩根索直接把世界帝国和帝国主义画上了等号，决定了这一用语在当代的性质。

二、历史帝国

和空间性大国不同，时间性大国或许面积有限，或许面积庞大，但它们都应该有一个共同的特点，那就是存世时间足够长。因此，不跨越几个世纪的国家难以被称为历史帝国。当然，从严格意义上讲，没有一个帝国或大国是全历史的帝国，或者能做到从古至今全盛。所以，一般意义上的历史帝国也仅指那种相对于世界性帝国而言更加偏向时间属性的帝国。纵观历史，罗马帝国时间跨度达到千年，奥斯曼帝国持续600多年，这些帝国都已经算得上是历史帝国了。但如果恢复"帝国"一词的本意，把我们关注的对象替换成"强大国家"或有着辉煌历史的"文明型国家"之后，罗马帝国、奥斯曼帝国等就都算不上是真正的历史帝国，最多算是半历史帝国或阶段性历史帝国。

只有把"帝国"一词替换成文明型大国，历史帝国一词的含义才能成立。而这样的历史帝国只有一个，那就是中国。

西方学者都喜欢把历史上的中国称作"中华帝国"，这有几层含义以及原因。一是历史上的中国确实非常强大，西方会从慕强心理出发看待中国。二是大部分人像基辛格、雅克等学者一样，用现代"民族国家"含义打量中国历史，自然地产生历史上

---

① 沃勒斯坦.现代世界体系：第一卷［M］.郭方，刘新成，张文刚，译.北京：社会科学文献出版社，2013：422.
② 摩根索.国家间政治：权力斗争与和平［M］.徐昕，郝望，李保平，译.北京：北京大学出版社，2006：93.

的中国究竟是国家，还是文明的疑惑。在这种情况下，干脆使用了"中华帝国"这个比较含混的概念。三是不排除有文字上的恭维之嫌，以哗众取宠。不过，像艾森斯塔德那样把历史中国（即历史上的中国，为了强调其整体性，不妨采用这一词语）称作"从汉代到清代的中华帝国"①的，其实就是把历史中国看作一个整体，这也是西方史学界普遍的中国历史观，这一点也反映在卜正民（Timothy Brook）等人的《哈佛中国史》等著述的框架设计中。艾森斯塔德、卜正民等人把历史中国或中国历代王朝看作一个整体，这是一种严肃而客观的历史观，虽然用"中华帝国"一词会令读者产生某些不必要的遐想，但总体上对中国历史的正常传播是无害的。

中国有人认为"帝国"一词贬义多于褒义，不适用于中国历史，实际大可不必这样认识。"帝国"一词完全可以被看作一个描述历史的中性词，用来表达一个国家或王朝的疆域辽阔、社会繁荣、威名远扬，或者直接从文化影响范围来理解其含义。基辛格在解释美国的例外主义和中国的"例外主义"时这样写道："美国的例外主义是传经布道式的，认为美国有义务向世界的每个角落传播其价值观。中国的例外主义是文化性的，中国不试图改变他国的信仰，不对海外推行本国的现行体制。但它是中央帝国的传承者，根据其他国家与中国文化和政治形态的亲疏程度将它们划分为不同层次的'进贡国'。换言之，这是一种文化上的普世观。"②这里暂且不说美国的例外主义的对错，单论基辛格关于中国的说法，他所说的"中国的例外主义"是指中国不接受西方的价值观，不试图改变他国的信仰，也不对海外推行本国的政治体制，这都是非常客观的事实和评价。基辛格认为今天的中国是历史上的"中央帝国"的传承者——暂且搁置"中央帝国"一词，没有人否认中国历史的一脉相承性——在这一点上我们要赞赏基辛格这样的学者和政治家们对历史的尊重。关键是基辛格所谓的"中央帝国"并非通过武力等手段征服四方，而是用文化和政治影响力确立自己的国际威望，并建立了东亚独特的"朝贡体系"。这样的"帝国"是一种区别于西方或别的文明所理解的"历史帝国"和"文化帝国"。它只有文化意义和历史意义，没有政治意义和现实意义。

中国的这种"帝国"形象是在与世界的联系中形成的。不过，这种联系并不是从近代西方势力进入东亚地区以后才被动开始的，早在秦汉时期，中国就与"五服"中的若干国家或地区主动建立了东方式的国际体系——朝贡体系。汉武帝时，张骞出使西域，一举打通丝绸之路，将以中国为核心的国际体系向西延伸至西亚和欧洲东部的安息、大秦。据部分历史学家研究，大秦乃罗马，如果这种推测正确，这意味着中国在公元前就与频繁出现在西方历史中的早期波斯帝国和罗马帝国建立了联系。中国与

---

① 艾森斯塔得.帝国的政治体系[M].阎步克,译.贵阳：贵州人民出版社，1992：13.
② 基辛格.论中国[M].胡利平,译.北京：中信出版社，2015：序Ⅵ.

波斯、阿拉伯、大秦等西域地区国家和民族的联系由来已久,这被记录在中国的历史文献中。这些文献还有一个作用,那就是它们间接地证明了与中国在古代有国际关系的国家或民族的历史。伏尔泰在两个世纪前就对中国的历史赞誉有加:"如果一个民族最早的编年史证明确实存在过一个强大而文明的帝国,那么这个民族一定在多少个世纪以前早就集合成一个实体。中国人就是这样一个民族,4 000多年来,每天都在写它的编年史。"[1] 伏尔泰不仅称赞中国历史的悠久,更称赞这个"文明的帝国"的历史的可信度。对中国历史的这种称赞几乎不绝于耳。基辛格也称赞"中国是独一无二的,没有哪个国家享有如此悠久的连绵不断的文明,抑或与其古老的战略和政治韬略的历史及传统如此一脉相承"[2]。中国之所以能做到绵延不绝,是因为中国传统文化的优越性及向心力、历代中国人对中华文明的归属感,以及中华文化的传播能力等。

我们不妨对中国历史再做一个关于传播史或媒介史的简短回顾。

根据考古结果,中国所处的东亚大陆早在2万—1万年前就已经进入了农业文明社会。这种文明既是产业性质的,也是媒介性质的,而不是相互割裂的。江西上饶万年仙人洞发掘出的陶罐和碳化水稻证明华夏族群有1万—2万年历史。这一考古结果被美国《考古》杂志评为"2012年世界十大考古发现"之一。2024年5月24日,中国科学家在美国《科学》杂志发文,对中国浙江上山遗址的碳化稻粒进行研究,显示水稻在中国长江流域有着连续10万年的进化史,13 000年前中国先民已经开始人工栽培水稻,证明水稻发源于中国。在中国北方,农业发展水平同样领先于世界其他地区。2021年11月,来自中国、美国、俄罗斯、英国、法国、德国、荷兰、日本、韩国和新西兰等国的人员组成的研究团队在国际著名学术期刊《自然》发表文章,宣布泛欧亚语系中90多种语言的源头都可追溯到9 000年前中国东北部辽河流域的农耕人群。这不仅证明中国北方是系列粟作的发源地,而且把产业和媒介之间最早的、确定的结合第一次呈现在世人面前。在河南舞阳贾湖遗址出土的文物、土壤、稻粒以及文物上的契刻等证明华夏先民的另一分支群体在9 000—8 500年前也已经达到了相当高的文明水平,这里成为世界上最早的家畜驯养地之一、最早的鱼类人工养殖起源地之一、最早的龟灵崇拜与卜筮起源地之一、最早的酿酒起源地之一、最早使用7声音阶管乐器的地方、最早使用与文字高度相关的契刻符号的地方,甚至可能是最早的丝织品起源地之一。而大地湾遗址、城头山遗址、良渚遗址、石峁遗址、陶寺遗址、二里头遗址等古迹的发现则证明华夏族群早在5 000年前已经确定无疑地进入了古城、古国或城邦国家时期,这是人类文明的又一重要标志。伴随这些遗址出土的还有陶器、玉器、青

---

[1] 伏尔泰.论风俗:上[M].梁守锵,译.北京:商务印书馆,1995:75.
[2] 基辛格.论中国[M].胡利平,译.北京:中信出版社,2015:XII.

铜器等各类器物和祭祀设施、成规制墓葬、粮食，以及附着其上的字符、图形等。

商朝是史书中有明确记载、考古证实、确定无疑的中国第一个王朝。考古的主要证据就是安阳殷墟出土的大量甲骨文。这证明商朝已经拥有了成熟的文字系统，也间接证明商朝已有非常高的国家治理水平。有人强调甲骨文主要用于最高统治者的宗教活动，但实际上不仅商朝王室在使用甲骨文，它所治下的诸侯也有权使用甲骨文。2003年在山东大辛庄商代遗址发掘出来的带有文字的甲骨证明，文字在商朝已经非常普及，成为国家从上到下的一种治理工具。商朝人不仅把文字用于一般的治理活动，也懂得了文字的整理、汇集和保存。3 000多年前，周公代成王训诫殷商贵族说，"惟殷先人，有册有典，殷革夏命"[①]。这足以说明商朝的文化建设已经达到了相当高的水平。商人不仅把文字刻在甲骨上，还刻在青铜礼器上。"后母戊鼎"等青铜礼器及其铭文形成了新的文字形式——金文。"商帝国"依靠强大的军事、文化、政治控制力和影响力在早期东亚大陆扮演着天下共主的霸王角色。出于对商帝国的不满，周国在文王和武王的带领下，联合其他诸侯国，一举推翻了商帝国霸权，建立了周人自己的帝国王朝。周朝继承了商朝的文字和文字载体，它们一方面继续在甲骨上刻文字，开展类似商朝的宗教祭祀活动；另一方面将青铜铭文类型的文化发扬光大，在青铜上铸刻文字，记录历史事件，倚重这种特殊媒介的时间偏向，把周人的丰功伟绩传播千秋，"子子孙孙，永葆万年"（许多青铜铭文的结尾用语）。今天，一系列的铸刻有铭文的青铜礼器散落在世界各地的博物馆里，主要集中在中国国内的各大博物馆和几个主要西方国家的大型博物馆中，最著名的有和尊、利簋、虢季子白盘、晋侯稣钟等。周王朝利用发达的传播系统，在周公旦的主持下，构建起复杂的周礼制度，奠定了几千年来一直主导中国人行为规范的儒家文化基础。周王朝还建设了四通八达的交通干线，有效控制了广袤国土上的边缘地带。由于周王朝明确规定采取仁治和礼制，而非军事控制和扩张，人们一般并不把周王朝称作帝国。但周王朝却以另一种胸怀天下的帝国姿态睥睨天下，开创了影响后世的中原式"帝国"模式。

秦国统一天下的主要抓手是统一文字。秦始皇在征服六国的过程中，意识到国家的完整和统一不能只体现在物理空间上，还要体现在制度、思想等精神性要素以及它们得以建立的媒介基础上，因此很快开始推行"书同文、车同轨"等一体化制度。在此之前，六国各自都有自己的文字系统。尽管它们都属于象形文字，而且都与商周时期的甲骨文、金文一脉相承，但是笔画、结构上的区别还是非常明显的，以致秦国也许能听懂晋国的语言，但不一定能看懂晋国的文字；楚国也许能辨认越国的大部分文字，但听不懂越国的方言。类似情况广泛存在于七国之间。即使是一国之内，文字写

---

① 尚书·多士 [M]. 王世舜，王翠叶，译注. 北京：中华书局，2012：248.

法也不统一。1965年在山西侯马出土的"侯马盟书"中,"敢"字有90多种写法,"嘉"字写法超过100种。很显然,这增加了交流或传播的难度与成本。为了加强自己的统治,秦始皇开始文字统一工程:由廷尉李斯整理六国文字,废弃与秦国文字不合者,制定了新的书写系统——小篆(不久之后,为了加快书写速度,秦人发明笔画更简便的隶书,取代了具象而繁复的小篆)。公元前223年,秦国昭告天下,宣布"书同文字","文字"作为一个合成词第一次在历史上出现。统一天下后,为了进一步统一思想,秦始皇采取所谓的"焚书坑儒",用强制手段推行法家思想。历史上,后人普遍批评秦始皇"焚书坑儒"的行为,称其为"暴政",但是广泛地承认"书同文"的政策及其效果。正是有此举措,才得以保证中国在后来的2 000多年历史中,尽管分分合合,但最终总是能走向统一。"大一统"思想从此也深深地植入中国的文化基因之中。对这一点,不仅中国人高度认同,了解中国历史的西方学者或政治家们也普遍承认。特别是当他们将中国历史和欧洲历史进行比较时,主要的话题之一就是中国的"大一统"和欧洲的碎片化。他们认为中国能保持统一是因为有统一的文字,而欧洲从一统天下的罗马帝国、查理曼帝国走向四分五裂,主要原因是欧洲没有统一的文字,或者说是废弃了拉丁文的统治地位,强化了各种地方语言和文字。

汉朝在媒介与传播事业方面的贡献体现在诸多方面。其一是文字的隶书化在汉代最终完成,从此,"汉字"成为中国文字的标准称谓。汉字无论怎么变体,它就像一枚金属印章一样,把中国主体民族的文化塑造成一种规范、固定、威严的统一体,对周边民族产生了强大的吸引力。许多边疆民族在占领中原地区后,主动"汉化",采用中原王朝的文字、文化、制度。北魏、元朝、清朝莫不如此。其二是大规模地利用石碑这种时间偏向的媒介,为今天的人们了解中国社会发展状况保存下来坚实的证据。石碑本来是中国上古时期社祭的产物,进入汉代,它开始被大规模使用。在军事领域,"勒石纪功"的记录、表彰战功的形式出现了。蒙古境内杭爱山上班固颂扬窦宪战胜匈奴的燕然勒石,在西藏发现的王玄策率借兵8 000击败戒日王国的碑刻,都是这方面的杰出遗产。其三是东汉官员蔡伦在前人基础上改进发明了纸张。相较于以前的竹简、木牍,纸变得更轻,更易于携带、涂改,成本更低,一次性生产数量更大,传播活动变得比以前更大众化。按照伊尼斯的理论,传播的空间偏向得到加强,有力地支持了帝国对遥远边疆的控制。从这个角度讲,汉朝在当时和后代具有的影响,与汉字有着密不可分的关系。在英语中,paper一词源于papyrus("纸莎草"或"莎草纸"),按照西方历史叙事,纸莎草是产于埃及尼罗河地区的一种植物,埃及人用它作为文字的载体,乃至后来的古希腊、古罗马都把它作为文字的载体,直到后来被羊皮纸取代。但是,根据这两种纸的材质,我们可想而知它们要么不容易保存,要么不便于长途携带,要么不能大规模生产,因此它们不仅缺乏时间偏向,在空间偏向上的能力也是非常不足的。据说公元751年大唐帝国与阿拉伯帝国在中亚怛罗斯的战役失败后，有大量造纸工人被俘走，造纸术开始传至中东，之后又传至欧洲，这为15世纪古登堡等人"发明"金属活字印刷术做好了准备。中国的造纸术彻底改变了整个世界的文字传播模式。其四是张骞出使西域后，一条由官方经营、管理的丝绸之路正式在中原王朝和西域、中亚、西亚乃至欧洲建立起来。这条丝绸之路不仅是商业之路，也是文化传播之路，一方面中国吸收了西部各国和各民族的文化，另一方面中国的文化也传至西部各国和各民族。从此一个可见的国际传播体系建立起来了。

唐朝是中国历史上最辉煌的时期，国土面积广袤，经济高度发达，军事实力强大，国际影响力超群，被西方史学家称为"世界性帝国"①。唐朝延续了周朝以来的朝贡制度，并且把这一制度发扬光大，与周边很多国家、民族和城邦建立起定期的朝贡关系。为了开展朝贡往来和商业往来，也为了灵活调配国家军队，唐朝建设了四通八达的交通线路，还开通了海上贸易线路。这些交通路线，既是人员、货物运输通道，也是信息往来的通道，保障朝廷能够快速获得周边和境外信息，周边和境外信息也能及时送达朝廷。唐朝文化深刻地影响着周边大大小小的国家，它们甚至主动地融入中华文化，或有人来中国经商、定居，或派人到唐朝学习先进文化、技术和知识。美国学者陆威仪认为，"东亚文化圈"就此形成了。东亚文化圈最大的特点是使用中文。"非字母书写体系曾经帮助第一个中华帝国统一了语言互相不通的民族，同样，中国文字成为中国人、日本人、朝鲜人可以阅读和理解相同文本的通用语言，即便他们以根本不同的方式发音。更为重要的是，由于中文字符携带着固定的语义元素，引进书写体系的同时也带来了特定的词汇以及相关的概念。由此共享的书写体系推动了某些核心概念或价值观在东亚圈的传播。"②唐朝把散文、诗歌等中国文学推向了一个全新的高度，特别是在诗歌方面，其伟业前无古人、后无来者。中国本就是一个诗性国度，从上古开始，中国人就善于用诗歌记录历史、传播信息、表达感情、张扬个性，在不同的朝代开创了不同的诗歌形式。上古有号子，商周有风雅颂，战国有楚辞，汉代有乐府，魏晋有骈体，大唐则以律诗和绝句出众。唐朝上至朝堂，下至乡野，吟诵诗文成为社会普遍现象，涌现出无数冠绝天下的诗人，李白、杜甫、白居易、王维、杜牧、李商隐，等等，数不胜数，一个个响亮的名字流传千古。唐朝时期，佛教文化进一步普及，而为了配合这一趋势，雕版印刷术出现了。20世纪在中国、朝鲜和日本相继发现的多本佛教典籍证明了这一历史事实。晚唐和五代时期，印刷术的使用超出了宗教范畴，占星、解梦、风水、道术、字典等方面的文字书写和复制都用上了印刷术。10世纪时，道教

---

① 陆威仪. 世界性的帝国：唐朝. [M] // 卜正民. 哈佛中国史. 张晓东, 等译. 北京：中信出版集团, 2016.
② 陆威仪. 世界性的帝国：唐朝. [M] // 卜正民. 哈佛中国史. 张晓东, 等译. 北京：中信出版集团, 2016: 140.

经典、儒家经典、诗文著作等都采用了印刷术。长安、洛阳、开封、成都、南京、杭州纷纷开展印刷业务，印刷产业随之出现。①

宋朝960年建立，1127年国都开封被金军攻破，国灭，史称北宋。同年，南逃群臣拥立赵构重建朝廷，史称南宋。1279年，崖门海战失败后，南宋灭亡。宋朝两次建国，两次灭亡，前后立国共319年。宋朝是一个中外史学界公认比较弱的朝代，习惯把中国各朝代称为"XX帝国"的《哈佛中国史》宋代卷的题目是平平无奇的《儒家统治的时代：宋的转型》，全书对宋朝绝口不提"帝国"二字。然而，宋朝虽然军事力量衰弱，但它是中国文化高度发达的时期——北宋徽钦二宗是宋朝三百年政废经盛、武弱文强的集中代表。首先，宋朝经济十分发达，耕地面积大幅增加，自耕农人数相应增加，生产工具和交通运输更加先进，金属冶炼技术和能力不断提高。有人统计，到1070年，宋朝铜产量达到12 982吨，远远超过了1800年全球铜产量。② 开封城被西方媒体誉为那个年代世界上最繁华的城市之一。宋人还发明了人类史上最早的纸币——交子，这是国家财政金融高度发达的标志。此外，在文化方面，宋朝开启了中国历史新气象：在学术方面，儒学得到振兴，涌现出朱熹、周敦颐、张载、程颢、程颐等一大批思想家；在教育方面，科举制度被继承发扬，文人地位提高，"士大夫"阶层出现；在文学方面，宋代文人让"词"成为流行的文学体裁，涌现出欧阳修、苏轼、辛弃疾等无数杰出的词人。从纯粹的媒介学和传播学角度讲，宋朝对人类历史的贡献莫过于11世纪40年代毕昇发明活字印刷术。尽管早在秦汉时期中国人就掌握了刻印技术，在隋唐时期已经用雕版技术大批量印刷书籍和其他文本，但毕昇的活字印刷术承前启后，为后来金属时代和工业时代印刷业的崛起奠定了坚实的基础。它的历史意义远在朝鲜国王设置"铸字所"并用金属印刷术开展经史子集印刷事业、古登堡"发明"金属活字印刷术之上。

元明两朝被西方学者称为"挣扎的帝国"③。这种用语暗含着当时的中国面临来自西方殖民者的挑战，即将被西方殖民者征服，并将被迫纳入西方的国际体系。但是，事实上元明两朝的国际形势是大不相同的，不可同日而语。即使把明朝称为"挣扎的帝国"，也凸显了部分西方人在中西对比时言过其实的傲慢。元朝是蒙古族建立的王朝，当时，蒙古人不仅征服了整个东亚大陆地区，而且也占领了整个中亚、南亚、西亚和东欧，同时建立起元帝国、金帐汗国、窝阔台汗国和伊利汗国几个国家政权。这

---

① 陆威仪.世界性的帝国：唐朝[M]//卜正民.哈佛中国史.张晓东，等译.北京：中信出版集团，2016：215-216.
② 库恩.儒家统治的时代：宋的转型[M]//卜正民.哈佛中国史.李文锋，译.北京：中信出版集团，2016：226.
③ 卜正民.挣扎的帝国：元与明[M]//卜正民.哈佛中国史.潘玮琳，译.北京：中信出版集团，2016.

些国家彼此之间虽然相对独立，但几大汗国都要尊元朝为大汗（即宗主国）。蒙古兵临城下，整个欧洲瑟瑟发抖，但也彻底打通了亚欧大陆往来的通衢，正因如此，意大利人马可·波罗才能畅行于欧洲与亚洲之间，并且目睹了中国的强盛。"马可·波罗对中国的一切都感到惊奇。中国的宫殿是世界上最好的，统治者是世界上最有钱的。中国河流上的船只比基督教国家所有河流上的船只还要多，运载着比欧洲人所能想象的还要多的食物，这些食物精致得几乎令人无法相信。"①这样的局面，怎么能说元朝是"挣扎的帝国"？明朝取代元朝后，改变内外政策，不再像元朝那样以武力威吓四方，而是加强国内建设和对外商贸、朝贡联系。明朝在农业、手工业、商业、城市、交通、教育、学术、艺术、信息传播等方面都达到世界领先的水平。意大利耶稣会士利玛窦称，"人民生活所需的一切用品和食物都能在帝国疆界内大量生产"②，美国学者墨菲（Murphey Rhoads）称赞明朝"国内贸易和面积与很多欧洲国家相当，各省之间的贸易量比国际贸易更大，足以供应世界上最大的市场。税收现在越来越多地给国内山川带来滋养，也给它的统治者带来荣光……新的农作物从西班牙控制的南美洲通过与菲律宾的贸易渠道进入中国，其中最重要的是玉米、甘薯、马铃薯和花生。所有这些引进的农作物进一步提高了农业总产量……中国的船只与世界其他地方加在一起的一样多"③。明代中国的物质财富达到了当时的世界巅峰，精神产品也首屈一指，文学作品、戏剧、音乐、舞蹈、服装、木偶、民谣、巡回说书等文化形式丰富多彩，水平高超。学术方面，很多技术手册和理论著作陆续出版，出现了很多思想流派。特别是朝廷对文字记录的重视程度史无前例。根据史书记录，明成祖朱棣组织两千余名学者编纂《永乐大典》，汇集当时中国社会上的各类主要文献近8 000种，正文22 937卷、目录60卷，分装成11 095册，全部约370 000 000字，成为600年内全球最大规模的百科全书。令人遗憾的是《永乐大典》后来在战火中大部分遗失不见，只保存、回收了极少数内容。明代另外一件由朝廷推动的重大活动是郑和七次下西洋。郑和七下西洋，既促进了中外贸易交往，也促进了中外文化交流；既把中国的文化推广介绍到海外，也把海外的文化介绍回中国，是一次"沉浸式"、现场感十足的国际传播。

清朝时期西方国家已经进入东亚，两种国际体系发生正面冲突，中国面临历史上最大的挑战和危机，这个王朝因此被西方学者称作"最后的中华帝国"④。即便如此，中国仍在近代史上倔强地散发出它最后的光芒。清朝的国土面积远非明朝能比，从空间上展现出一个"帝国"的体量。有人测算，清朝早期的领土面积比明朝增加了一倍多。

---

① 莫里斯.西方将主宰多久[M].钱峰，译.北京：中信出版社，2014：247.
② 墨菲.亚洲史[M].黄磷，译.海口：海南出版社，三亚：三环出版社，2004：292.
③ 墨菲.亚洲史[M].黄磷，译.海口：海南出版社，三亚：三环出版社，2004：292，293，296.
④ 罗威廉.最后的帝国：大清[M]//卜正民.哈佛中国史.李仁渊，等译.北京：中信出版集团，2016.

康熙、雍正和乾隆三代皇帝先后平定苗疆、西藏、准噶尔和回部等叛乱之后，云南、西藏和新疆等地区相继恢复秩序。清朝在西南疆、西疆的控制权直抵缅甸、尼泊尔、葱岭、巴尔喀什湖、唐努乌梁海和西伯利亚。北方和东北按照《尼布楚条约》等条约规定，边界勘定至贝加尔湖、外兴安岭、库页岛一带，南面直达南海。有人认为这"奠定了近代中国的版图，达到了几千年历史上从未达到的辉煌业绩"①。最重要的是，在西方殖民势力即将对中国发动全面侵略之时，清朝用军事、外交等手段基本"划定"了中国的地缘空间，对中国的边疆起到了很大的保护作用。清朝作为"最后的古代帝国"，面对西方侵略式帝国，在近现代历史的帷幕展开之时，多多少少保留了一丝尊严。清朝在早期和中期的强盛除了体现在帝国领土广袤之外，也继续体现在国家经济实力强大、文化艺术繁荣、传播系统发达等方面。1840 年之前，中国的经济实力都是世界上最强的。美国学者彭慕兰（Kenneth Pomeranz）在其《大分流》一书中通过否定 19 世纪欧洲全面超越东方的观点，间接、隐晦地承认了中国 1800 年前后的繁荣。而德国学者贡德·弗兰克（Andre Gunder Frank）在《白银资本》中对中国的强盛直言不讳："1800 年中国人口达到 3.15 亿以上，远超欧洲；广州及周边城市人口达到 150 万，相当于整个欧洲城市人口总和；中国的生产和出口在世界经济中具有领先地位；中国垄断世界市场上的陶瓷、丝绸、茶叶；中国是白银净进口国；中国的货币财政体制是以中国为中心的世界经济和全球贸易的推动力。"② 可以说，中国独特的朝贡体系到近代以后已经不再是所谓封闭的、排外的、腐朽的国际政治体系，而是一个以中国为中心的、开放的、活跃的国际商贸体系。在文化方面，清朝的理学、经学、金石学、文学等都呈现出繁荣景象。继明朝罗贯中、施耐庵等人创作出《三国演义》、《水浒传》、《西游记》、《金瓶梅》、"三言"、"二拍"之后，清朝初年，《聊斋志异》《儒林外史》《红楼梦》等著作横空出世，中国古典小说水平达到巅峰。艺术领域，绘画、书法呈现出时代特征，昆剧和国粹京剧也先后形成。清朝最大的文化工程是编纂《四库全书》。乾隆皇帝仿照明成祖朱棣编制《永乐大典》的举措，于 1772 年下旨，在全国征集书籍，进行规模宏大的修书工作。1787 年，历经 15 年，《四库全书》全部编纂完成。该项工程从全国收书 13 000 种，很多为善本、孤本，最后收入《四库全书》的有 3 500 种。由于雕版印刷成本较高，且编书目的不为传播，专为保存，故采取人工誊写缮录方式。全书 60 亿字，最后由 3 800 多人缮写完成。清朝满族统治者全面吸收、继承中原文化，使华夏文明以一种完整的传播体系得以继续绵延，传递给后来者。当然，清朝政府也有不少破坏中华文明发展的行为，比如压制掌握先进科技知识的汉人，实行"文

---

① 戴逸.乾隆帝及其时代［M］.北京：中国人民大学出版社，1992：192.
② 弗兰克.白银资本［M］.刘北成，译.成都：四川人民出版社，2017：108-116.

字狱",任用西方人担任钦天监等重要领域负责人,导致大量科技信息外泄。有人认为这是西方崛起的原因之一。结合世界史时间点来看,1500年世界体系形成、17世纪西方众多大事件相继发生,正好与明朝走向衰亡、清朝夺取政权的时间点相吻合。或许这不是一种巧合,这个问题非常值得研究。

从商朝这个最早"帝国"开始,到清朝这个"最后的帝国",中国历朝历代之所以能够摆脱"历史周期"的现象而屹立于东方,是因为文字扮演了重要的角色。汉字和汉文化不仅牢牢地维护了中原地区的大一统秩序,也把中原王朝与周边"五服"之内的近邻牢牢地联结成为一个国际体系。朝鲜、越南和日本,或者直接使用汉字,采用儒家礼制;或者根据汉字创制自己的新文字,在原来儒家礼制基础上做出改革和创新。朝鲜半岛在1443年之前,一直把汉字作为国家文字。这一年的12月,世宗大王李祹正式颁布《训民正音》,推行新的朝鲜文字。当时朝鲜群臣一片反对之声,但最高统治者一意孤行推行新文字,决心之大,朝野震惊。朝鲜为何要放弃使用汉字,而推行一种全新的文字?后世有学者分析,当时朝鲜处于最强盛时期,政治平稳,经济发达,学术繁荣,所以统治者就有了创制文字的冲动。这种解释很牵强,实际的原因是,古代统治者都把文字看作一个国家或族群具有独立性、合法性和正当性的标志,因此,但凡独立或相对独立,再或者与中央王朝有离心倾向的王国、族群,都想拥有自己的文字。这就不难解释为何有许多弱小国家或民族都会有自己的文字。欧洲如此,亚洲也如此。只是因为汉字和汉文化的影响力、向心力太强大,中国得以延续几千年,并深刻影响周边,形成一种与欧美地区完全不同的国际体系。这也是周边国家或其他"外族"尊称中原王朝为"天朝"的原因。交通和传播一样是衡量帝国与否的重要标准。"一个幅员广袤的帝国必须面对的潜在问题是如何不变成一盘散沙,因为过于星散的人口分布往往阻隔了有效的通信。对于自秦以来的中华帝国而言,如何建立起一个纵横境内的水陆交通网络,既能便于驿卒、官员、军队、邮差经济又迅速地移动,又能方便平民百姓的出行,是个不小的挑战。"①虽然挑战不小,但是每一个时期的"中华帝国"都在此方面建树不小。

第三节 从资本主义到帝国主义

帝国和帝国主义看起来源出一处,但二者只有一种语义逻辑关系,而没有事实关系。帝国主义的真正源头不在帝国,而在资本主义。正如列宁所指出的,"帝国主义是

---

① 卜正民.挣扎的帝国:元与明[M]//卜正民.哈佛中国史.潘玮琳,译.北京:中信出版集团,2016:28-29.

资本主义的最高阶段"①，或者是"资本主义的特殊阶段"②"资本主义的垄断阶段"③。所以，讨论帝国主义得从资本主义说起。

一、资本主义

法国历史学家费尔南·布罗代尔（Fernand Braudel）曾对资本、资本家和资本主义几个概念有过较为深入的溯源分析。他经过研究发现（作者注：并没有明确交代详细出处），"资本"一词源于后期拉丁语 caput，意为"头部"，12—13 世纪在意大利出现，有"资金""存货""款项""生息本金"等含义，总的意思可能是"贷款人冒有风险"。1606 年这个词被收入法国人编的《法语宝鉴》。后来由马克思赋予该词明确的排他性含义。"资本家"一词大概产生于 17 世纪中叶，最早可见于 1633 年的《荷兰信使报》。1699 年法国联合省三级会议制定的新税则中使用了该词。18 世纪该词在法国已被广泛使用，确指富人。"资本主义"最早见于 1753 年的法国《百科全书》，意指"富人的地位"。但布罗代尔对其提出异议，他引用 1848 年革命领袖之一的法国历史学家路易·勃朗（Louis Blanc）的观点：一些人在排斥另一些人的情况下占有资本；又引用了著名的无政府主义者蒲鲁东的定义：资本主义是一种经济和社会制度，根据这种制度，作为收入来源的资本一般说来不属于通过自己劳动使资本发挥效用的人。他还补充在此十年之后、1867 年前马克思尚未使用过资本主义一词。④ 这是一个有趣的发现。确实，在马克思于 1867 年发表《资本论》之前，他大量使用的是资产阶级、资产阶级社会、资产阶级国家等词。《资本论》开宗明义："资本主义生产方式占统治地位的社会的财富，表现为'庞大的商品堆积'，单个的商品表现为这种财富的元素形式。"⑤1868 年恩格斯在为《民主周报》所作的《卡尔·马克思〈资本论〉第一卷书评》中也开始采用"资本主义生产方式"和"资本主义社会制度"等词。

根据 1755 年出版的《约翰逊词典》，"capital"一词解释为"头部""极刑""首要""大写字母""影响生活的因素""主要城市"等，没有直接和资本挂钩。1822 年出版的《马礼逊华英字典》中，"capital"一词有"死罪""本钱""京城""首字母"等含义，没有"资本"或"资本家"的解释，更没有"capitalism"等词语。

言归正传，资本主义和资产阶级是一体两面的孪生物，无论用哪一个词，实际的

---

① 列宁. 列宁选集：第二卷［M］. 北京：人民出版社，1960：730.
② 列宁. 列宁选集：第二卷［M］. 北京：人民出版社，1960：807.
③ 列宁. 列宁选集：第二卷［M］. 北京：人民出版社，1960：808.
④ 布罗代尔. 十五至十八世纪的物质文明、经济和资本主义：第二卷上册［M］. 顾良，施康强，译. 北京：商务印书馆，2018：263-270.
⑤ 马克思. 资本论：第一卷［M］. 北京：人民出版社，2004：47.

对象是统一的。因此，即使是用资产阶级等概念，也能说明资本主义的历史。马克思和恩格斯早在1845年的《德意志意识形态》中就指出城市的出现使得居民划分为两大阶级，城市和乡村的分离导致了资本和地产的分离，分工的进一步扩大使商人这一特殊阶级出现，随后跨地区的贸易出现，对交通也提出了新的要求。不断裂变的分工形成了工厂手工业，然后封建侍从取消，封建制度逐步瓦解，欧洲各国展开激烈的竞争，工人和雇主的关系被工人和资本家之间的金钱关系代替。随着通往美洲和亚洲的航线被"发现"，欧洲资产阶级找到了新的市场，世界市场形成，加速了活动资本的积累，大资产阶级形成。① 资本主义的形成表现为一个漫长的历史过程。在1848年的《共产党宣言》中，马克思和恩格斯再次回顾了这一进程，并指出"现代资产阶级本身是一个经历了长期发展过程的产物，是生产方式和交换方式经历了一系列变革的产物"②。进入资本主义社会阶段后，"各民族的精神产品成了公共的财产。民族的片面性和局限性日益成为不可能，于是许多民族的和地方的文学（原文注释：德文指包含科学、艺术、哲学和政治等方面的著作）形成了一种世界的文学"③。在《资本论》中，马克思从资本主义生产过程、资本积累、资本关系的生产和再生产、剩余价值、资本主义占有规律、工业资本家产生、对外侵略式原始积累、世界市场等若干方面，阐释了资本主义生产时代的到来和资本主义私有制的最终形成。

　　许多西方学者也对资本主义的起源进行过深入的研究。马克斯·韦伯1905年出版的《新教伦理与资本主义精神》是人们津津乐道的著作。韦伯认为贪欲式的资本主义自古以来在世界各地都有，但是有节制的、理性的资本主义只有在西方才能产生。他把"有节制的资产阶级的资本主义"上升到世界文化史的高度，认为资本主义如何起源是世界文化史的核心问题。通读全书，人们很难精准地、明晰地得到答案；不过透过字里行间，还是可以总结出大致的答案。韦伯告诉人们，资本主义的起源要从资本主义的精神中去寻找，而这种精神主要来自基督教加尔文宗、清教等新教，那就是理性主义和天职观。理性主义只出自西方，体现在方方面面，如"理性的经济生活""理性的技术""理性化的科学研究""理性化的军事训练""理性化的法律和行政机关"和"理性化的神秘冥想"等，也就是说理性的西方才能产生理性的资本主义。天职观是基督教的一种新观念，就是把履行世俗事务的责任看作个人道德活动所能采取的最高形式，言外之意是作为教徒，个人虽然秉持禁欲主义，但是要积极地投身于世俗事务，

---

① 马克思，恩格斯.马克思恩格斯选集：第一卷［M］.中共中央马克思恩格斯列宁斯大林著作编译局，编译.北京：人民出版社，2012：184-190.
② 马克思，恩格斯.马克思恩格斯选集：第一卷［M］.中共中央马克思恩格斯列宁斯大林著作编译局，编译.北京：人民出版社，2012：402.
③ 马克思，恩格斯.马克思恩格斯选集：第一卷［M］.中共中央马克思恩格斯列宁斯大林著作编译局，编译.北京：人民出版社，2012：404.

因为这是上帝认可的每个人的天职，这是一种灵魂的救赎。表现在经济活动中，就是一方面反对任意享用财富，对消费进行限制，另一方面则摆脱追逐财富的心理羁绊。资产阶级经济伦理在这样的矛盾之中发展成熟，资本主义也就水到渠成了。① 韦伯没有从生产方式和交换方式中去寻找资本主义的秘密，而是独辟蹊径，开辟了一条宗教、理性和精神的路径。但是鉴于晦涩的语言、无法克服的矛盾和匮乏的证据，他的理论很难让人认可。其实，马克思和恩格斯也分析过宗教在资本主义起源中的作用，相较于韦伯，他们的观点更加确凿无疑，而且一目了然。"当路德的宗教改革在德国已经蜕化并把德国引向灭亡的时候，加尔文的宗教改革却成了日内瓦、荷兰和苏格兰共和党人的旗帜，使荷兰摆脱了西班牙和德意志帝国的统治，并为英国发生的资产阶级革命的第二幕提供了意识形态的外衣。"②

理查德·托尼（R. H. Tawney）受韦伯启发，也对宗教与资本主义的起源进行了一番探讨，出版了《宗教与资本主义的兴起》，具体内容不必赘述。埃伦·米克辛斯·伍德（Ellen Meiksins Wood）的《资本主义的起源：一种更长远的视角》（再译时改为《资本主义的起源：学术史视域下的长篇综述》）介绍了学界若干不同的关于资本主义起源的观点，有的认为是商业化模式，有的认为是城镇和贸易，有的认为是农业资本主义，有的认为是帝国主义式对外掠夺，不一而足。她本人倾向于农业，即源自地主、佃户和农民三者间关系，而且资本主义最早出现在英国，因此这些关系表现为英国式的。英国学者詹姆斯·富尔彻（James Fulcher）将此上溯到1066年的诺曼征服，他说，"真正的原因是诺曼征服的后续影响最终形成了一个特定的社会环境。相比欧洲其他国家，这一环境更适合成熟的资本主义体制出现"③。而从更大的范围看，为什么资本主义出现在欧洲，而不是中国等其他文明国家，富尔彻回答，"在欧洲社会中，缺乏一个单一的、协调一致的、占据绝对主导地位的精英阶层……在这些情况下，经济活动成了获取、积累并保有财富的更具吸引力的手段。市场交易的经济机制、资本积累和雇佣劳动逐渐取代了官僚体制和封建制度下积累财富的手段。欧洲社会独一无二的结构特征为资本主义机制的产生和繁荣提供了条件"④。伊曼纽尔·沃勒斯坦把资本主义称作"现代世界体系"，把16世纪的"资本主义农业"看作"欧洲世界经济"的起源，最终的出路是"创建一个资本主义的世界体系，一个占据剩余产品的新形式"⑤。真正决定性

---

① 韦伯. 新教伦理与资本主义［M］. 马奇炎，陈婧，译. 北京：北京大学出版社，2012.
② 马克思，恩格斯. 马克思恩格斯选集：第三卷［M］. 中共中央马克思恩格斯列宁斯大林著作编译局，编译. 北京：人民出版社，2012：262-263.
③ 富尔彻. 资本主义［M］. 张罗，等译. 2013：25-26.
④ 富尔彻. 资本主义［M］. 张罗，等译. 2013：36-37.
⑤ 沃勒斯坦. 现代世界体系：第二卷［M］. 郭方，刘新成，张文刚，等译. 北京：社会科学文献出版社，2013：31.

的因素是18—19世纪发生在英国的工业革命——表现为一系列的技术突破,以及法国大革命。沃勒斯坦把这两个革命看作大致相同的一个时期,这些革命"是一场反对封建秩序和控制它的贵族阶层的革命……是向以资产阶级为代表的那些人控制的资本主义社会新秩序转变的关键阶段"①。

大部分人把资本主义等同于工业资本主义,因此习惯从农业、商业、贸易、城市、分工、技术革命或工业革命等因素中去总结资本主义的动力。也有一部分人看到了精神层面的力量,因此希望从宗教、精神、理性和市民意识找到与众不同的结论。然而,从技术和工业出发的人只是停留于挖掘历史教科书中人们耳熟能详的珍妮纺织机、瓦特蒸汽机,而没有能够挖掘出来更多的样品。进入精神世界的人们则鲜少把目光投向人的社会交往活动的隐蔽之处。那么,在资本主义的形成过程中,媒介在技术和工业中占据多少比重,传播活动有没有扮演一个重要的角色?

事实上,马克思、恩格斯和前述其他先贤和学者们都不同程度地触及了上面的有关问题,或者从他们的论述中可以推断出我们所寻找的答案。马克思认为,"14世纪和15世纪,在地中海沿岸的某些城市已经稀疏地出现了资本主义生产的最初萌芽,但是资本主义时代是从16世纪才开始的"②。14—15世纪意大利地区正处于城邦国家时期,意大利人通过地区贸易和海外贸易首先掌握了获取财富的密码。而为了及时了解海外情况,有人发明了"格塞塔"新闻纸,这被称作近代新闻业的滥觞。而且他们还通过出售新闻纸获利将最早期的新闻信息供给商业化、行业化,无疑也使其成为萌芽状态的资本主义生产的一环。15世纪还有一个重大的事件是西方史料中记载的德国人古登堡或者科斯特发明了金属活字印刷术。与这个时间点一致的是马丁·路德等人发起了宗教改革运动。路德的《九十五条论纲》以及《圣经》从手抄改为机印,一下子改变了基督教的传播方式。如果说宗教在资本主义形成过程中发挥了决定性作用的话,那这个作用中的很大一部分功劳显然要记在印刷术名下。在麦克卢汉看来,"印刷术是古典时代手工艺中第一个实现机械化的,并轻易地带动了所有工艺走向机械化"③。他还引用伊尼斯的话,"没有印刷术,市场和价格体系就不会存在"④。印刷术一下子把欧洲封建社会远远地甩到了历史的身后。"封建体制是基于口头文化和中央集权的自给型系统。而视觉的(作者注:指文字)定量手段(作者注:指印刷术)将这种结构转化为巨大的、国家主义的、重商思想的、中央自主的(作者注:指君权获得自主)体制。在这

---

① 沃勒斯坦.现代世界体系:第三卷[M].郭方,刘新成,张文刚,等译.北京:社会科学文献出版社,2013:22.
② 马克思.资本论:第一卷[M].北京:人民出版社,2004:823.
③ 麦克卢汉.古登堡星汉璀璨——印刷文明的诞生[M].杨晨光,译.北京:北京理工大学出版社,2014:113.
④ 麦克卢汉.古登堡星汉璀璨——印刷文明的诞生[M].杨晨光,译.北京:北京理工大学出版社,2014:120.

个过程中，印刷发挥了巨大的推动作用。"①他进一步强调，"印刷术这种人的延伸产生了民族主义、工业主义、庞大的市场、识字和教育的普及"②。麦克卢汉没有直言印刷术与资本主义的关系，但这一点可以很轻松地从他以上言论中推导出来。总之，欧洲金属活字印刷术发明（或引入）并投入使用，对欧洲的经济、政治都造成了深刻的影响。当印刷工厂无法在德国获得更大的生存空间而大规模地向荷兰等地转移后，这些欧洲的"后起之秀"们反而开始走在了时代的前列。伊尼斯说，"印刷术的引进，用纸量的增加和造纸业的发展，使德国城市的地位得到加强，使德国、荷兰、英国与罗马教廷决裂"。③伊尼斯这里关于印刷术的结论和前述马克思、恩格斯的话形成了一种相互对照。马克思和恩格斯曾说宗教改革成了日内瓦、荷兰和苏格兰的旗帜，使荷兰摆脱了罗马教廷的统治，并为英国资产阶级革命做了准备。而伊尼斯强调的是印刷术对荷兰、英国等国革命的推动。追根溯源，印刷术、宗教改革各自都成为欧洲资本主义的滥觞之一。

近年来，中外有一种声音越来越强，即认为西方近代崛起得益于"中学西渐"——从明代开始西方引入中国大量著述、文献，这些著述和文献中包含科学、技术、文化、制度、文字等方面的内容。再结合伏尔泰等人说过欧洲在 17 世纪之前是"文化沙漠"，那么"中学西渐"就很可能是事实。而如果这一历史事实存在的话，那么中国向欧洲的文化类信息输出和传播作为欧洲或西方崛起的综合因素之一，其在西方资本主义的产生过程中的作用，就不能被忽略。

事实证明，资本主义不是某种因素单一造成的结果，而是若干种因素共同作用的结果。在文化层面，除了信息传播方式变化、宗教改革等因素，还有其他因素也在隐蔽之处推动着历史的脚步。14—15 世纪资本主义之所以在地中海萌芽，是因为这些地区不管是进步还是落后，正处于城邦国家时期。从国家发展形态史来看，城邦国家似乎是比较原始的国家形态，代表了一种落后，但是，它和已经进入君权时期的国家相比是落后的，而对于没有前邦史的自己而言，这绝对是一种优势。因为它不需要经历漫长的古国时期，背负沉重的不断探索和纠错的历史负担。即使意大利各城邦继承的是罗马帝国的遗产，那它也是继承了一种同质性的文化——特别是城邦体制，这成为它们"轻装上阵"的历史基础。城邦或城市作为芒福德笔下的容器式媒介，容纳了一切最先进的行业，并为产业变革准备了必要条件；容纳了世上最有智慧的人群，创造了系列化、分门别类的知识和技术；产生了马克思和恩格斯笔下不可或缺的革命主体——工人阶级；也产生了桑巴特所谓的资产阶级的两种精神——企业精神和市民精神；为社会贡献了最先进的媒介和利用媒介的主体，既利于人们开展"传递观"式传

---

① 麦克卢汉.古登堡星汉璀璨——印刷文明的诞生［M］.杨晨光，译.北京：北京理工大学出版社，2014：263.
② 麦克卢汉.理解媒介［M］.何道宽，译.南京：凤凰出版传媒集团，译林出版社，2011：199.
③ 伊尼斯.传播的偏向［M］.何道宽，译.北京：中国人民大学出版社，2003：117.

播，也让一切社会活动聚拢在詹姆斯·凯瑞的仪式观传播场域之中或者哈贝马斯的"公共领域"之中。这样，所有资本主义所需要的精神、理性、思想就都在城市中缓慢地酝酿而成，让经历圈地运动、行业分工、技术变革、海外贸易、殖民扩张的国家的资本主义的产生顺理成章。

如果把17世纪英国的工业资本主义看作资本主义的正式形成，那它与同时期发生的各种事件之间就有着脱不了的干系。1618—1648年，欧洲"三十年战争"爆发，战后第一个国际关系体系"威斯特伐利亚体系"形成，民族国家、主权理念、国家利益等概念迅速成为当时欧洲的"政治正确"意识。难道它们和1640年爆发的英国资产阶级革命以及随后开始的资本主义运动没有关系吗？至少它们肯定是接受了共同的历史养分。本尼迪克特·安德森坚持这样一种观点（他的观点一半自己总结，一半引用别人观点）："作为一种早期资本主义企业的形态，书籍出版业充分地感受到资本主义对于市场那永不止息的追求。早期的印刷商在全欧各地建立分店：以此方式，一个无视于国界的、名副其实的出版商'国际'就被创造出来了。"① 媒介不仅推动了资本主义的兴起和发展，其本身也是资本主义企业的一部分，不仅促成了民族这种想象的共同体，也构建起了自己的"国际体系"。安德森是在1500年的"印刷资本主义"现象基础上得出此结论的，他认为随着时间的流逝，这种特征更加明显，当然这已经从印刷资本主义和商业资本主义过渡到许多人认为的真正意义上的资本主义——工业资本主义了。

德国学者于尔根·科卡（Jürgen Kocka）分析资本主义之所以能够在英国较快发展，原因在于当地独特的社会特征和文化特征。在16—17世纪的英国，商业活动和社交活动高度融合。那时伦敦有400到500家咖啡馆，人们在这里吃喝、聊天、谈论生意、交流信息，一大批协会和俱乐部如雨后春笋般涌现，为人们提供了新式的社交场合。各类报纸、书籍的普及和识字率的提高携手并进，知识分子再一次开始崭露头角，为18—19世纪的启蒙运动和科技变革做积极准备。② 报纸、新闻、咖啡馆、俱乐部、公众舆论等一起打破了宗法的、私人的空间，最后形成了资产阶级公共领域。公共领域（public sphere）一词出于哈贝马斯的杰作，它既属于资产阶级或资本主义，又属于新闻传播活动。说它属于资产阶级，是因为封建社会只有私人领域，所以公共领域其实是"资产阶级公共领域"的简称。说它属于新闻传播，是因为"资产阶级公共领域对其功能的自我理解具体表现为'公众舆论'（作者注：哈贝马斯著作中公众舆论与公共舆论、大众舆论几个概念可互换）"③。哈贝马斯开篇就直言，"公共领域说到底就是公众舆论领域"，而传播公众舆论的不外乎就是那些耳熟能详的媒介，从一开始，公众舆

---

① 安德森. 想象的共同体：民族主义的起源与散布［M］. 吴叡人，译. 上海：上海人民出版社，2016：38.
② 科卡. 资本主义简史［M］. 徐庆，译. 上海：文汇出版社，2017：91-93.
③ 哈贝马斯. 公共领域的结构转型［M］. 曹卫东，等译. 上海：学林出版社，1999：107.

论与舆论工具出版物之间就无法分开。①

在马克思看来，资本主义曾经在历史上扮演过积极的角色，但最终变质为造成剥削和不平等的根源，成为历史前进的障碍，必将被更先进的社会制度所取代。而在大多数西方学者眼里，资本主义不仅相对于封建主义是进步的制度，而且相对于其他思想和制度都是超越性的。这也是为什么福山（Francis Fukuyama）会说资本主义是历史的终结的原因。不管怎么样，事实是，资本主义成熟时期恰恰是它建立起完整的世界经济体系的时期，而这个过程和它向殖民主义的转变是同步的。

殖民主义并非纯粹的军事行为，其中同样可以看到传播、媒介的身影。在英国学者达雅·屠苏看来，殖民主义与传播之间有着深刻的现实关联。英国在得到蒸汽机、铁船、电报、海图、格林尼治子午线等技术和工具（其实还有指南针、火药）的支持后，迅速统治国际海洋航道，在全世界建立起自己的强大殖民系统。其他的西方列强也步其后尘，一个殖民主义的国际也就建立起来了。殖民主义激发国际商业利润大幅增长，为西方的工业革命奠定了坚实的基础，与此同时，西方主导的传播也启动了。其直接原因是为了获得有关国际贸易和经济的可靠数据和国内外的各种新闻，以维持和加强对殖民地的统治；间接原因是殖民主义国家的人们的国际意识增强了，这需要国际传播的支持，这样一来就促成了国际传播的开展。单以邮政系统为例，1840年，英国人安东尼·特罗洛普（Anthony Trollope）发起邮政改革，提议无论远近，采用单一票价邮票。1874年，英国、法国、德国、奥匈、意大利、俄国、埃及、土耳其等22国在瑞士伯尔尼召开大会，签署第一个国际性邮政公约《伯尔尼条约》，成立邮政总联盟。1878年在巴黎召开第二届代表大会时，《伯尔尼条约》改名为《万国邮政公约》，"邮政总联盟"改名为"万国邮政联盟"。这一体系的建立，加速了国际贸易的发展和其他国际往来关系，巩固了西方各殖民主义体系。②

殖民体系为殖民帝国建立了一个整体的国际体系。宗主国内部的传播业发展直接牵动着殖民地的传播业、经济、政治的走向。伊尼斯在《帝国与传播》中用大段略显含糊的话说明了体现在不列颠帝国身上的这种关系。

> 大不列颠的发展对殖民地产生深刻的影响。对新闻自由的压制也对殖民地产生深刻的影响。大不列颠文学活动的扩张，曾经是政治压制的宣泄渠道，可是它却压倒了殖民地的文学，迫使殖民地集中于发展报纸，让文学进入报纸的副刊。荷兰和英格兰的书籍源源不断地流入殖民地。在出版议会实录方面，在与邮局的关系方面，印刷商都处在支配地位。这导致了报纸的发展。殖民地的报纸主要是

---

① 哈贝马斯.公共领域的结构转型[M].曹卫东，等译.上海：学林出版社，1999：111.
② 屠苏.国际传播：沿袭与流变[M].胡春阳，等译.上海：复旦大学出版社，2022：3.

依靠英格兰报纸上的文章。沃尔浦尔首相控制报纸，之前英格兰报界的争论，又在殖民地重新进行。反对限制的斗争在殖民地更加深入人心。一个原因是革命的精英移民去美洲，以躲避迫害。曾格（作者注：纽约印刷商、新闻记者）曾经被控告叛逆而受审，1735年陪审团却宣告他无罪。印刷商关心政府赞助，常常采用鼓动的办法，数量众多的殖民地挫败了政府统一监管的企图。富兰克林这样的印刷商，从一个殖民地迁移到另一个殖民地。1765年，大不列颠企图强加印花税，触发了美洲殖民地舆论的不满，引起民众坚决的抵抗。"印刷商受政府影响时，通常也站在自由的一边。他们对利润的关心也毫不逊色。印花税首先就公开侵犯他们的自由，其次又威胁他们的利润，所以激起他们团结一致的抵抗。"（David Ramsay, *History of the American Revolution*）革命爆发前夕，纸张的生产增长到相当大的规模，殖民地还可以生产自己的印刷机和铅字。报纸成为"经济布局的机器上的一个零件"。革命成功了（Philip Davidson, *Propaganda and the American Revolution*）。保障出版自由的《人权法案》通过了。这都反映了报纸的力量。

革命之后，报纸多半紧密挂靠政党，关心如何影响公共舆论。由此产生的怨恨使芬诺（联邦党人、《美国新闻报》创办者）在1799年写下这样的一段话："美国报纸是最下贱、最虚伪、最奴性、最腐败的报纸——其编辑是最愚昧、最贪婪、最粗鄙的机器人，这个机器人用锈迹斑斑的铁丝做成，这种铁丝是肮脏的商业贪婪。"对报纸进行压制的尝试，使亚当斯在竞选连任中失败，联邦党人遭受重创。"印刷商永远不会让我们享受完美的安宁，永远不会让我们万众一心。"（杰斐逊语）印刷术的非均衡发展产生扭曲的结果，这是英帝国瓦解的原因之一。以权力为基础的议会在法律上的至上地位和持久的罗马法成分，自然要产生分裂。印刷术非均衡发展的结果，又强化了这种分裂。英格兰的制度不能适应殖民地的新环境，所以英国失去了西半球的殖民地，大英帝国在东半球也处境不妙。①

英国和美国的早期关系只是一种非典型的殖民主义关系，更多的宗主国和殖民地的关系才是具有普遍意义的殖民主义。不过，殖民主义一直不是一个独立的研究议题，它总是和帝国主义挂钩的。虽然殖民主义和帝国主义之间的界限很模糊，但时间上总是有先后的，列宁说自从美西战争（1898年）和英布战争（1899年）之后帝国主义逐渐成为时代特征了，这说明帝国主义是和殖民主义国家之间大规模的战争有关的。而詹姆斯·凯瑞则认为它和媒介有关："'帝国'和'帝国主义'两个词出现于1870年并非偶然，因为当时刚刚架设了横跨大西洋的海底电缆。虽然殖民地可以用印刷、通信和航海连接起来，但正如美国的经历所显示的，这种连接在跨越如此遥远的距离后变

---

① 伊尼斯. 帝国与传播 [M]. 何道宽, 译. 北京：中国传媒大学出版社, 2013：194-196.

得非常脆弱。而且，在殖民过程中，边缘变得和中央一样强大。跨大西洋海底电缆出现之前，英国殖民政策究竟在伦敦制定还是由当地殖民统治者自作主张常常是件举棋不定的事，因为不仅联系不上，而且不受控制。正是海底电缆和电报（当然它有海军力量做后盾），才将殖民主义转变为帝国主义。所谓的帝国主义是这样一个系统：帝国的中央不仅能对边缘地区作出反应，而且可以授令边缘地区。"①

二、帝国主义

列宁说，"帝国主义是资本主义的最高阶段"，这并不意味着资本主义能直接跨入帝国主义。正如前文所述，资本主义对外扩张开始后首先表现出来的是殖民主义，当殖民主义达到疯狂竞争和冲突阶段时，或者说当资本主义发展到"最高阶段"时，它才如列宁所说的那样，上升到了帝国主义阶段。

"帝国主义"一词是什么时候出现的，到现在也没有定论。凯瑞认为是 1870 年出现的。沃勒斯坦认为"帝国主义"一词似乎是 19 世纪中叶首先以英文形式出现的。《牛津英语辞典》最早是把它作为贬义词加以介绍的，表示"帝国的政府体制；尤其指专制的或暴虐的皇帝统治"②。该辞典还罗列了 1858 年至 1870 年的 5 种历史惯用法，这说明在 1858 年这个词已经出现了。卡尔·考茨基在 1915 年说帝国主义（imperialism）"这个词是从拉丁文来的，它表示同一个世界帝国或是凯撒（作者注：同'恺撒'）帝国（imperium）联系在一起的政治意图"③。他推测这个词最初是在拿破仑第一帝国时期的法国出现的，用它来表示帝国的政策。于是他给帝国主义下了一个定义："帝国主义是高度发展的工业资本主义的产物，帝国主义就是每个工业资本主义民族力图征服和吞并愈来愈多的农业区域，而不管那里居住的是什么民族。"④这个定义的背景是不能把任何扩张本国领土的意图都看作帝国主义，否则帝国主义就像有文字记载的历史一样古老。⑤考茨基对帝国主义的定义揭示了三个实质：一是帝国主义与资本主义有关；二是帝国主义具有侵略性；三是帝国主义经常欺负弱者。考茨基关于帝国主义理论最典型的特征是他的"超帝国主义"概念。他认为金融资本通过世界大战追求增加利润的行为风险太大，"而相反，过渡到超帝国主义，过渡到所有国家的金融资本家的国际卡特尔化，倒会更为有利"⑥。这个"超帝国主义"实际上就是他在《帝国主义》小册子中

---

① 凯瑞.作为文化的传播［M］.丁未，译.北京：中国人民大学出版社，2019：189.
② 苏国勋，刘小枫.社会理论的政治分化［M］.上海：上海三联书店，华东师范大学出版社，2005：188.
③ 考茨基.帝国主义［M］.北京：生活·读书·新知三联书店，1964：24.
④ 考茨基.帝国主义［M］.北京：生活·读书·新知三联书店，1964：2.
⑤ 考茨基.帝国主义［M］.北京：生活·读书·新知三联书店，1964：3.
⑥ 考茨基.唯物主义历史观：第四分册［M］.上海：上海人民出版社，1964：166.

提到的"帝国主义者的国际",即"每一个大国的帝国主义者都认为自己不得不同一个或几个其他大国的帝国主义者达成协议,同他们结成同盟"①。后来的事实部分证实了考茨基的判断。特别是从资本主义世界体系看,从帝国主义联合向发展中国家、第三世界施压的事实看,"超帝国主义"一词所言非虚。它真的给帝国主义带去了红利,而给发展中国家和第三世界国家带来了弊端。比考茨基更早提及帝国主义的是英国人约翰·阿特金森·霍布森(John Atkison Hobson),他在1902年出版的《帝国主义研究》(作者注:国内译版为《帝国主义》)一书中,把帝国主义分为积极的和消极的、理智的和疯狂的、合法的和侵略性的几种不同类型,并提出了"新帝国主义"的概念,以区别于旧式的"理智型帝国主义"和殖民主义。但他自始至终没有给帝国主义下一个准确的定义,而只是零散地总结了帝国主义的几大特征:领土扩张、白种人侵略"低等种族"、和平和经济发展的敌人、反对民主政治、加剧列强之间的战争危险等。澳大利亚学者穆雷·努南(Murray Noonan)称他为"帝国主义理论之父"②,并高度评价他的贡献,认为他开启了对帝国主义经济、政治和道德等构成内容的分析,为后来的思想家提供了参照基准,成为最早辨识出19世纪后半叶资本主义新发展变化的学者之一。③

列宁反对考茨基和约·阿·霍布森对帝国主义的判断,认为他们"掩饰帝国主义矛盾的深刻性和帝国主义产生革命危机的必然性"④。1916年春天,列宁在苏黎世创作了《帝国主义是资本主义的最高阶段》,其标题已经很明显地道出了列宁对帝国主义的定义。这个定义也可以置换为:帝国主义是资本主义的垄断阶段;或者更全面一些:帝国主义是发展到垄断组织和金融资本的统治已经确立,资本输出具有特别重大的意义,国际托拉斯开始分割世界,最大的资本主义国家已把世界全部领土分割完毕这一阶段的资本主义。⑤这个定义包含了五个基本特征:(1)生产和资本集中发展到很高的程度,以致产生了在经济生活中起决定作用的垄断组织;(2)银行资本和工业资本已经融合起来,在这个"金融资本"的基础上形成了金融寡头;(3)与商品输出不同的资本输出有了特别重要的意义;(4)瓜分世界的资本家国际垄断同盟已经形成;(5)最大资本主义列强已把世界的领土分割完毕。⑥

沃勒斯坦一股脑地把霍布森和列宁看作一种思想范式。他总结"霍布森-列宁范

---

① 考茨基.帝国主义[M].北京:生活·读书·新知三联书店,1964:51.
② 努南.马克思主义的帝国主义批判理论史[M].李永虎,毕祖曜,译.北京:人民出版社,2022:18.
③ 努南.马克思主义的帝国主义批判理论史[M].李永虎,毕祖曜,译.北京:人民出版社,2022:27.
④ 列宁.列宁选集:第二卷[M].中共中央马克思恩格斯列宁斯大林著作编译局,编译.北京:人民出版社,1960:735.
⑤ 列宁.列宁选集:第二卷[M].中共中央马克思恩格斯列宁斯大林著作编译局,编译.北京:人民出版社,1960:808.
⑥ 列宁.列宁选集:第二卷[M].中共中央马克思恩格斯列宁斯大林著作编译局,编译.北京:人民出版社,1960:808.

式"有三个主题。第一个主题是"国家利益在帝国内有着对立的阶级的定义";第二个主题是"帝国主义是垄断资本的阶级利益的表现,是19世纪末的新现象";第三个主题是"帝国主义与帝国工人阶级的真正利益是矛盾的"。沃勒斯坦反对把帝国主义看作资本主义的一个阶段,提出了自己的"帝国主义与发展"范式或"帝国主义与资本主义"范式。他认为"帝国主义并非资本主义的一个阶段。它仅仅涉及那些从资本主义基本矛盾之一派生出来的强国对弱国的活动:比任何特定国家的结构都具有更大范围的经济分工的存在"①。

学者们在帝国主义问题上大致表现出三种不同的立场。一种立场是对帝国主义进行坚决的批判,代表人物当然是列宁和马克思主义者以及新马克思主义者,后者包括持依附理论、反欧洲中心主义理论等各路学者。还有一种立场是折中主义或调和主义,认为帝国主义既是反动力量,又是一种不可避免或理所当然的结果,或者认为帝国主义仅仅是一种资本主义的政策,代表人物有霍布森、希法亭(Hilferding Rudolf)、考茨基等人。最后一种立场对帝国主义表现出亲近和赞许,代表人物有列宁著作中提到的库诺夫,他称,"帝国主义是现代资本主义,资本主义的发展是不可避免的和进步的,所以帝国主义也是进步的"②,列宁驳斥他这是"跪在帝国主义面前歌功颂德"③。没有学者像尼尔·弗格森(Niall Ferguson)那样赤裸裸地赞美英帝国主义的。"大英帝国在其存在的大部分历史时期,都是作为一个主动的力量,在世界近1/4的疆域中强制推行自由贸易、法治、投资保护和相对廉洁的政府……帝国的建立改善了全球的福利——换句话说,帝国的出现是人类的福音……但是,迄今为止一个不可否认的事实就是,历史上没有一个国家或组织在促进商品、资本和劳动力的自由流动方面比19—20世纪的大英帝国做得更出色,也没有任何一个国家和组织比大英帝国更热衷于向全世界强行推广西方的法律、秩序和统治模式。"④弗格森虽然没有用帝国主义概念,但是他笔下的帝国就是帝国主义,两个词在这里完全可以互换,这能从他的字里行间很清楚地看出来。

帝国主义一般被看作一种军事行为和经济行为,美西战争、英布战争和日俄战争等无数事实证明了这一点。现实主义国际关系学大师汉斯·摩根索直截了当地指出,"最古老也是最残酷的帝国主义形式是军事征服"⑤。同时他又指出,"经济帝国主义是取得和保持对别国控制的一种不引人注目的、间接的但却相当有效的方法"⑥。有类似认识

---

① 苏国勋、刘小枫.社会理论的政治分化[M].上海:上海三联书店,华东师范大学出版社,2005:197.
② 列宁.列宁选集:第二卷[M].北京:人民出版社,1960:812.
③ 列宁.列宁选集:第二卷[M].北京:人民出版社,1960:812.
④ 弗格森.帝国[M].雨珂,译.北京:中信出版社,2012:XVI.
⑤ 摩根索.国家间政治:权力斗争与和平[M].徐昕,郝望,李保平,译.北京:北京大学出版社,2006:96.
⑥ 摩根索.国家间政治:权力斗争与和平[M].徐昕,郝望,李保平,译.北京:北京大学出版社,2006:97.

的人很多，英国历史学家韦尔斯更进一步地指出，帝国主义"本质上是一种夸大狂的民族国家主义，是一种由于繁荣而变成侵略性的民族国家主义；它经常在军人和官僚等级中，在有事业心和贪得无厌的社会阶层中，和在新金融界即大商家中，找到它最坚强的支持"①。从韦尔斯的话中，我们可以得出一个新的结论：帝国主义不仅是一种军事行为和经济行为，也是一种政治行为、一种意识形态。摩根索在《国家间政治》的"帝国主义的意识形态"一节中指出，"帝国主义政策永远需要意识形态，因为与现有政策相比，帝国主义永远有需要证明的负担。它必须证明，它寻求推翻的现状是应当被推翻的，在许多人心目中现存事物所具有的道义正当性，应当让位于一种要求新的权力分配的更高的道德原则"②。他批驳帝国主义的意识形态不会服从现存的国际法，因为，"国际法的静态特性使国际法成为现状在意识形态上的天然盟友，而帝国主义由于其动态性特征则需要动态的意识形态"③。这意思是，国际法一旦固定下来以后不能随意改变，但帝国主义的欲求是不断变化的，因此它们经常打破国际法的限制而为所欲为。摩根索引用的事例是纳粹德国违反《凡尔赛条约》的情况，但是，今天的国际社会有着更直白、更现实的个例。新的帝国主义已经取代了历史的帝国主义。

戴维·哈维（David Harvey）把美国看作最典型的"新帝国主义"④。他的著作《新帝国主义》基本以美国为个案展开讨论。"一战"和"二战"中美国成为最大的赢家，特别是"二战"后，美国和苏联将世界一分为二，共同制定国际关系的规则。冷战后，国际关系变成美国主导的单极格局。美国地位、实力、权力、影响无可比拟，但似乎人们看到的并不是一个主持正义、宽容待人、合作共赢的超级大国，而是一个一如既往奉行旧式帝国主义政策和意识形态的强权国家。甚至美国人自己也为自己的"新帝国"身份而沾沾自喜。展现在报纸新闻中的、电视屏幕上的是：美国继续在全球争夺经济资源、利润；美国通过中东同盟控制石油输出，通过打造"芯片联盟"等合作机制控制高端技术研发、供应；美国将国内法凌驾于国际规则之上，控制世界贸易主导权。所有这一切都以战争为后盾。美国新派学者伊恩·莫里斯把美国直接称为"地球最后的、最好的希望：美利坚帝国"⑤。因为他坚信，在"美利坚帝国"的主导下，"战争会让这个星球变得更和平、更繁荣"⑥。而戴维·哈维用阿瑞吉（G. Arrighi）的"领土逻辑"和"资本主义逻辑"二重逻辑分析法分析美国霸权的形成，指出政治与资本之间的差别，"拥

---

① 韦尔斯.世界史纲——生物和人类的简明史：上［M］.吴文藻，冰心，费孝通，等译.上海：华东师范大学出版社，2019：813.
② 摩根索.国家间政治：权力斗争与和平［M］.徐昕，郝望，李保平，译.北京：北京大学出版社，2006：128.
③ 摩根索.国家间政治：权力斗争与和平［M］.徐昕，郝望，李保平，译.北京：北京大学出版社，2006：128.
④ 哈维.新帝国主义［M］.付克新，吴默间，译.北京：中国人民大学出版社，2019.
⑤ 莫里斯.战争：从海盗到机器人，文明的冲突和演变［M］.栾力夫，译.北京：中信出版集团，2015：279.
⑥ 莫里斯.战争：从海盗到机器人，文明的冲突和演变［M］.栾力夫，译.北京：中信出版集团，2015：334.

有货币资本的资本家希望把它投入那些可以生产利润的地方，通常寻求积累更多的资本。政客和政治家则通常寻求保持或扩大他们国家相较于其他国家的权力差异。资本家追求的是个人利益（虽然经常受到法律的约束），除了他们最密切的社会圈子，不需要对其他任何人负责；政治家则寻求集体利益，受国家政治和军事局势的约束，在某种意义上要对全体公民负责，或更为经常地是对一个精英集团、一个阶级、一个家族或某个社会团体负责"[1]。美国的霸权是多元霸权，体现在政治、军事、经济、贸易、科技等诸多方面，而这些多元霸权汇总到一起又表现为一种高维政治的意识形态属性，并最终成为射击的标靶。哈维、乔姆斯基等人用最强烈的词汇批驳美国的新帝国主义，指责其为"国家恐怖主义"和"流氓国家"。20世纪70年代因为美苏争霸、资本主义国家内部的阶级分化等，西方学术界认为"帝国主义"一词语焉不详，令这一概念逐渐退出辩论靶心。在新旧世纪交替之际，"帝国主义"一词又回来了，但是西方学界认为这个词仍然侧重于资本主义逻辑，而欠缺适当的国家和国际体系理论，一个最典型的现象是，"对国家的工具主义解读无力对当前美国呈现出的非传统帝国格局予以很好的说明"[2]，故主张"只有在将国家理论纳入后才能形成一个成熟的当代帝国主义理论"[3]，言外之意是要将帝国主义问题放到国际关系、国际政治的理论框架之下开展讨论。

显然，失去政治属性的帝国主义理论不是一种严肃的、完整的理论，只有将其上升到政治学的维度，才能得出其本质。这项工作显然是一项庞大的工程，此处不再作为特殊议题加以论述。不过，我们倒是可以从政治学角度把列宁关于帝国主义的五种特征适当扩容、调整、更新。帝国主义具有以下五种特征：（1）帝国主义是资本主义的延续，是资本主义的必然结果；（2）帝国主义在世界经济领域形成垄断，通过先发优势和随意改变规则、话语权继续主宰世界；（3）帝国主义始终具有军事侵略性，它们以大欺小、恃强凌弱、党同伐异，以帝国主义同盟对抗世界；（4）帝国主义国家继承瓜分天下的传统，顽固推行地缘政治，对"非我族类"实行遏制、围剿；（5）帝国主义国家之间也因为单边主义和极端利己主义展开争夺。作为一种动态的历史现象，这些特征在未来还会有变化，特别是涉及具体某一个领域时，它还会发生转型。

最大的可能发生在文化领域，而且一系列的现实和理论已经证明，帝国主义同时也是一种文化行为。在斯宾格勒眼里，帝国主义是中性词。他认为应当把帝国主义看作正在消逝的文化的典型象征，所以"帝国主义是不折不扣的文明"[4]。斯宾格勒关于文化、文明、帝国和帝国主义的理解异于常人，他之所以这么判断，源于他的两个观点：

---

[1] 哈维.新帝国主义[M].付克新，吴默间，译.北京：中国人民大学出版社，2019：17.
[2] 努南.马克思主义的帝国主义批判理论史[M].李永虎，毕祖曜，译.北京：人民出版社，2022：225.
[3] 努南.马克思主义的帝国主义批判理论史[M].李永虎，毕祖曜，译.北京：人民出版社，2022：225.
[4] 斯宾格勒.西方的没落：第一卷，形式与现实[M].吴琼，译.上海：上海三联书店，2006：36.

第一，凡是有过扩张的帝国都是帝国主义；第二，文明仅是一种文化晚期或走向僵化以后盖棺定论的象征。前一点已经被证明是错误的了，因为帝国在历史上的大部分时间是个学术概念，是相对于氏族、王国而言的一种国家形态。考茨基也曾指出，不能把历史上的帝国扩张都看作帝国主义，否则帝国主义的历史就太悠久了，这与人们所谈论的和资本主义有着根深蒂固关系的帝国主义完全不是一回事。第二点更是一个与事实不符的结论。在他出版《西方的没落》的20世纪初，帝国主义不是正在消逝，而是大行其道。不过，斯宾格勒把帝国主义和文化联系起来，把帝国主义看作一种文化，为我们理解帝国主义打开了思路。

在安德森的《想象的共同体》中，有一章标题为"官方民族主义和帝国主义"。翻开这部分内容，却发现他实际上对帝国主义什么也没有说。既然"印刷资本主义"可以召唤出民族这种想象共同体，同样也可以召唤出帝国主义的想象共同体。帝国主义既是一种行为，也是一种意识，而作为意识，它就需要通过语言、文字等媒介不断地强化、暗示、标榜。比如尼尔·弗格森等人对"英帝国"的赞誉就形成了一种符号帝国主义，作为"新罗马"或"新第三帝国"的美国也如此。实际上，语言霸权在维系帝国主义体系方面是十分有效的。比如当今以美国为首的"超帝国主义"或"帝国联盟"——五眼联盟首先通过语言获得彼此认同，即确认彼此是一个语言的民族，其次才强调价值观和社会制度，否则就不会把法国、德国等其他西方国家排除在这个联盟之外。当语言、制度、传播体系等都被纳入考量范围以后，帝国主义才真正地具备了文化属性，才可以称得上文化帝国主义。这就是帝国主义的转型。

三、帝国主义的文化转型

帝国主义的表现维度本来就是多样化的，并不局限于政治、经济和军事维度，还有思想、文学、艺术、语言等文化维度。帝国主义和文化的结合生成了一种新的转型，那就是文化帝国主义，而随着帝国主义与文化领域内具体的文化形态的结合，转型就会发生一系列的裂变，出现各种新文化帝国主义。在传播场域内，媒介帝国主义、新闻帝国主义等较小单位的帝国主义形式就出现了。

1. 文化帝国主义

学界一般认为"文化帝国主义"一词最早的提出者是美国的赫伯特·席勒（Herbert I. Schiller）。他在1967年出版的《大众传播与美利坚帝国》中，使用了"美国的文化帝国主义"，其语境是美国的跨国公司——尤其是传播类公司在向全球范围推广消费主义的同时显著扩张,同时对同类进行攫取。①但直到1976年出版《传播和文化主导》时,他才定义了这一概念:"文化帝国主义可以描述为某个社会步入现代世界系统的过程中,在外部压力的作用下被迫接受该世界系统中的核心势力的价值的过程,并使具社会制度与这个世界系统中心的价值观和结构相适应。"②这一定义的特别之处在于它不是从文化帝国主义的主体入手,而是从它的客体出发。这样,文化帝国主义的主体消失了,过程不见了,人们看到的只是一个结果。与之相对应,文化帝国主义的帝国主义实质被模糊掉了。看起来,席勒这时对文化帝国主义的态度远不如10年前那么坚决。

摩根索从国际政治的角度分析了这一概念,他指出,"它的目的不是征服领土和控制经济生活,而是征服和控制人们的心灵,以此作为改变两国之间权力关系的手段"③。摩根索形象地把文化帝国主义称作"第五纵队",其一般扮演从属于军事和经济帝国主义的次要角色。之所以要采用这种第五纵队,是因为军事帝国主义不是万能的,也不能持久。征服者不会把自己的霸权仅仅建立在军事力量之上,更需要建立在控制被征服者的生活和心灵上。④在摩根索看来,文化帝国主义只是一种战略或政策选择而已。与席勒等人的概念相比,摩根索的文化帝国主义缺少了"灵魂",毕竟,他是一名国际政治学者,而非文化学者或传播学者。

很多西方学者(特别是美国学者)并不是很赞同这个概念,并质疑这个概念,继而采取一种解释的方式。爱德华·萨义德(Edward W. Said)以创立"东方学"而闻名,他的东方学的主旨是分析西方如何用帝国主义文化建构东方形象和东方观念。在《东方学》一书中,他指出东方学"充斥着欧洲优越性的陈词滥调,形形色色的种族主义、帝国主义,以及将'东方'视为某种理想的、不变的、抽象存在的教条观念"⑤。5年后,萨义德把写作《东方学》时形成的关于文化和帝国主义之间关系的观点汇集到一起,出版了《文化与帝国主义》。萨义德的视野不再集中于以英法为主的欧洲,而是放眼于更大的地理范围,把美国也包含进来。但萨义德并没有使用"文化帝国主义"概念,而是用了"文化与帝国主义"和"帝国主义文化"等。不过,这些用语与文化帝国主义概念在实质上是一致的。例如他用下面这一大段话来阐释帝国主义文化的含义:"帝国主义和殖民主义都不是简单的积累和获得的行为,它们都为强烈的意识形态所支持和驱使。这些意识形态的观念包括:某些领土和人民要求和需要被统治;还需

---

① 席勒.大众传播与美利坚帝国[M].刘晓红,译.上海:上海世纪出版集团,2006:11-14.
② SCHILLER H I. Communication and cultural domination [M]. New York: White Plains, 1976: 9.
③ 摩根索.国家间政治:权力斗争与和平[M].徐昕,郝望,李保平,译.北京:北京大学出版社,2006:98.
④ 摩根索.国家间政治:权力斗争与和平[M].徐昕,郝望,李保平,译.北京:北京大学出版社,2006:98-100.
⑤ 萨义德.东方学[M].王宇根,译.北京:生活·读书·新知三联书店,2007:11.

要有与统治相关的知识形式：传统的 19 世纪帝国主义文化中存在着大量诸如'劣等'或'臣属'种族、'臣民''依赖''扩张'和'权威'之类的字词和概念。"[1] 在书中另一处，他又写道，"帝国主义作为具有重要文化内容的历史经验，其内容既庞大又繁杂"[2]。很显然用这些话语解释文化帝国主义概念也不失准确性。

与席勒、萨义德齐名的是英国学者约翰·汤林森（John Tomlinson）。他的著作名称直接采用了"文化帝国主义"。汤林森没有给文化帝国主义下定义，但他对文化帝国主义的研究更加系统和严密。这主要体现在他总结出的谈论文化帝国主义的四种途径。第一个途径是作为"媒介帝国主义"的话语。汤林森之所以开门见山地把媒介帝国主义作为理解文化帝国主义的入口，是因为绝大多数关于文化帝国主义的文字都把媒介当作问题的核心，媒介占据了无与伦比的地位。另外媒介主义是谈论文化帝国主义的一种特别方式，大凡和文化有关的政治议题都包含了媒介帝国主义的因素。另一个原因是具体的媒介比宽泛的文化更容易被理解，也为各种认识之间的直接对话提供了适宜的语境。汤林森提醒，探讨媒介与其他文化面向的关系远比把媒介看作文化的核心更重要。第二个途径是作为民族国家的话语。一般提到文化帝国主义时，都意味着某种本土文化受到了外来侵略，本土和本地同义，一般是指民族或民族国家。第三个途径是作为批判全球资本主义的话语。从马克思主义的观点出发，特别是从列宁主义的观点出发，帝国主义是从经济角度被赋予内涵的。"资本主义文化的扩散等同于消费主义文化的张扬；这样的一种文化，将使得所有的文化体验卷进商品化的漩涡。"[3] 第四种途径是作为现代性的批判。现代性的主线是全球发展过程中的文化扩张，它表现为特定的生活方式、资本主义生产和消费行为、都市化、大众传播现象，"技术—科学—理性"式意识形态、民族国家体系等。资本主义是现代性的映射，对资本主义的批判就是对现代性的批判。汤林森用很大篇幅分析了"媒介帝国主义"，一下子让人感觉文化帝国主义已经迅速发生了变形。但实际上是因为文化帝国主义无时无刻不以媒介的形式展现出来，所以他不得不在很多时候用媒介帝国主义来解释文化帝国主义。然而，汤林森真正的态度是对"媒介帝国主义"这个概念不认可。他通过列举费杰士（Fred Fejes）、席勒、马特拉、安（Ien Ang）和霍尔（Stuart Hall）等人的观点，对媒介与文化的关系进行了一番"经验性研究"，即考量观众的反应，发现"并没有任何媒介能够对于它们触及的文化产生直接而操纵性的效果"[4]，所以，帝国主义媒介也罢，媒介帝国主义也罢，都值得学者怀疑，像霍尔那样把媒介看作文化的核心太过夸张。他最后总

---

[1] 萨义德. 文化与帝国主义 [M]. 李琨，译. 北京：生活·读书·新知三联书店，2016：10.
[2] 萨义德. 文化与帝国主义 [M]. 李琨，译. 北京：生活·读书·新知三联书店，2016：82.
[3] 汤林森. 文化帝国主义 [M]. 冯建三，译. 上海：上海人民出版社，1999：53.
[4] 汤林森. 文化帝国主义 [M]. 冯建三，译. 上海：上海人民出版社，1999：112.

结,"评估'帝国主义者的'媒介对于另一种文化所产生的诸般效果,最好不要只狭隘地从媒介帝国主义这样的观点来看,因为这个观点全然以媒介机构及媒介文本作为分析对象并不适当。更为适当的做法,很可能必须将文化帝国主义的现象当作一个远较宽阔的文化变迁过程,其间媒介只是众多运作要素的一种"①。汤林森的结论给人以几方面的启示。首先是经过他的"经验性研究",文化帝国主义以及媒介帝国主义一下子就被消解掉了,因为从观众(受众)的角度看,确实"一千个人眼里有一千个哈姆雷特",每个人的感受、反应、判断都是不一样的,一个总体性、一致性的文化帝国主义或媒介帝国主义理论是站不住脚的。其次,关于媒介是不是文化的核心问题以及关于媒介的"魔弹论"争执已经远远超出了传播学范围,成为一个政治学和社会学问题,这反而证明了传播问题、媒介问题的超学科意义和价值。最后,文化帝国主义问题既是一个传播学问题,也是一个政治学、历史学和文化学问题,确实需要放到一个更大的时空和视野下加以研判,而这再次证明了我们这本著作的研究框架的合理性。

除席勒、萨义德和汤林森之外,还有很多学者研究文化帝国主义。《论文化帝国主义》一书汇集了在2002年一次研讨会上提交的19篇尚未发表的论文,其总的主题是"记录和文化权力在社会控制方面与军队和警察一样具有决定性作用"②,而每一篇文章又都从不同角度论述了文化帝国主义这一议题,各有千秋。文化帝国主义有着多种表现形式,书中出现了很多文化帝国主义的转型,诸如媒介帝国主义、数字资本主义、语言帝国主义和生态帝国主义等。媒介是最典型的文化表征,因此用媒介帝国主义替代文化帝国主义也并无不可,这种思想实际继承于席勒和汤林森。在一些人的笔下,全球化被看作文化帝国主义的主题之一,它总是采取西方国家的新自由主义政治和经济战略强加于人的形式,让大量的西方媒体涌入,采纳西方关于人权和治理的概念,加强西方在语言、科学、教育、宗教、艺术、信仰等方面的优势,形成后殖民时代的特征。这表明哈耶克(Friedrich A. von Hayek)的新自由主义与文化帝国主义有着不可分割的关系,而对后殖民主义的研究又能从萨义德等人延续到现代文化帝国主义的研究。在很多人看来,现代文化帝国主义的化身是美国。席勒的判断到现在也成立。席勒曾指出,"美国维持其全球地位的主要支柱就是军队和文化……在美国资本主义拓展国内外市场的过程中,它不断地改进和使用说服手段和大规模销售的技巧来达到这一目的……世界到处充斥着美国制造的影像与信息。美国的流行文化已经迷住了世界各国的青年……每日传输大量数据的全球电子网络适时出现,这已经增强了美国媒介帝国的力量"③。席勒特别强调美国为了维护其世界霸主地位,联合其西方阵营在文化、信

---

① 汤林森. 文化帝国主义[M]. 冯建三, 译. 上海:上海人民出版社, 1999:125.
② 哈姆,斯曼戴奇. 论文化帝国主义:文化统治的政治经济学[M]. 曹新宇, 译. 北京:商务印书馆, 2020:33.
③ 席勒. 大众传播与美利坚帝国[M]. 刘晓红, 译. 上海:上海世纪出版集团, 2006:35, 37, 39.

息等领域对国际社会展开了积极强势的进攻。"在媒介——信息领域,美国反对第三世界的活动同样强硬和残酷……西方国家公共舆论的目标就是用西方人的观点与联合国教科文组织——一个公开讨论传播与文化问题的国际论坛——相对抗……对联合国教科文组织的攻击可以广义地理解为相当于对个别第三世界国家因实施的政策没有征得美国政府的同意而招来的侵略。"① 席勒的声音直到 21 世纪在西方学界仍然不绝于耳。伯尔尼德·哈姆（Bernd Hamm）对美国文化帝国主义的批判丝毫不逊色于席勒。他认为美国的问题是把自己置于国际社会和国际法之上,完全不尊重其他国家的自决权,不尊重其他文化。世界在美国的文化帝国主义之外没有选择余地。

总之,就像哈姆所言,"文化帝国主义已经发展成为最广泛、最复杂、最真实的'意识工业'"②。而这种意识是以一种"乔治·奥威尔方式",受到了设定好的大规模生产过程的影响,并且主要被某些势力用来作为与对手展开政治的、意识形态的较量的掩护。文化帝国主义虽然作为"政治帝国主义和经济帝国主义的副产品"③出现,但最后它又成为包罗政治、经济、制度、意识形态、生活习惯等各种具体内容的媒介"熔炉"。这种整体的意识和霸权会像有人所说的那样顺其自然或理所当然地被传导到被动一方。当压力过于明显被感受到,或者当被动一方觉醒之后,对立也就产生了。20世纪 60 年代,西方国家内部发生了反战、反权威、文化革命的风暴,形成了对文化帝国主义的内部反压力。而 70 年代,在联合国教科文组织等场合开启的改变旧秩序、建立新秩序的斗争则成为反对文化帝国主义的外部力量。这场斗争一开始是从经济领域开始的,后来蔓延到文化领域——这个逻辑符合帝国主义本身发展的逻辑。在联合国等国际场合展开的文化斗争运动一开始就聚焦于传播媒介,只不过使用了"信息新秩序""传播新秩序""新闻新秩序"一类的概念,让文化帝国主义生发出更多的内涵。无论如何,文化帝国主义的批判性质是明确无误的,就像马特拉所言,无论是用文化帝国主义,还是用信息帝国主义、传播帝国主义、媒介帝国主义或新闻帝国主义的术语,它们都具有"列宁主义式的'帝国主义'理论的否定性内涵"④。

2. 媒介帝国主义

即使不能把媒介看作文化的核心,媒介也是文化的重要组成部分,甚至是文化的主要载体,也是文化的重要表征。没有媒介就没有文化,媒介本身就是一种文化。这是本书贯彻始终的立场。因此,媒介帝国主义作为文化帝国主义的转型,就像帝国主

---

① 席勒.大众传播与美利坚帝国[M].刘晓红,译.上海:上海世纪出版集团,2006:21-23.
② 哈姆,斯曼戴奇.论文化帝国主义:文化统治的政治经济学[M].曹新宇,译.北京:商务印书馆,2020:51.
③ 哈姆,斯曼戴奇.论文化帝国主义:文化统治的政治经济学[M].曹新宇,译.北京:商务印书馆,2020:52.
④ 马特拉.世界传播与文化霸权:思想与战略的历史[M].陈卫星,译.北京:中央编译出版社,2001:190.

义是资本主义的转型一样,是不可避免的结果。

汤林森虽然认为应该从媒介、民族国家、全球资本主义、现代性四个途径去认识文化帝国主义,并强调了"媒介帝国主义"概念,但是,他不是用"媒介帝国主义"概念去证明文化帝国主义概念的合理性,恰恰相反,他是用证明文化帝国主义概念的不合理性否认了媒介帝国主义概念的合理性。无论是文化帝国主义,还是媒介帝国主义,在汤林森那里都是存疑的。汤林森的立场并不是那么坚决,尽管他不认为媒介是文化帝国主义的实质问题,但他并不反对媒介问题是一个"更为深层结构之文化过程的指标"①,所以,媒介虽然不是文化的核心,但是媒介与生活经验之间的关系是不能被拆开独自分析的。这意味着,即使是作为"中介",媒介也无处不在、无时不在。媒介是生活和经验不可分割的一部分,当然也是帝国主义的一部分,这才应该是媒介帝国主义的存在逻辑。

和汤林森相比,大多数人肯定媒介在文化中的核心位置。美国学者奥利弗·博伊德·巴雷特(Boyd-Barret)对媒介帝国主义的研究比汤林森还要早,汤林森在著作中介绍、引用过巴雷特的观点。据巴雷特介绍,他自己从20世纪70年代就开始研究媒介帝国主义问题,21世纪初正式出版专著《媒介帝国主义》。为了避免歧义和争执,巴雷特首先把媒介帝国主义看作一个研究领域,然后研究媒介和帝国主义的关系,以及帝国主义概念的实质。他指出帝国主义和媒介有三种形式的关联:"其一,帝国主义进程在多重意义上通过媒介来执行、推进、转化,或者被媒介破坏与抵抗。其二,媒介自身、媒介生产与传播的意义、政治经济进程,使其成为帝国在建设与维护中的必需品,它们身上拥有帝国主义遗留的残余。其三,没有考虑到边界或没有更具包容性报道框架的媒介行为被认为是在维护帝国主义。"②巴雷特很深刻地指出认识帝国主义应该从认识媒介与帝国主义的关系入手,使二者的关系一目了然,也使得帝国主义概念一目了然,更让人们认识到,"媒介帝国主义及其衍生表达,都必须超越媒介市场这样的小问题,对接那些支持、反对或联系帝国主义和帝国主义侵略行为和代理人的大问题"③。说彻底了,媒介帝国主义仍然是一种帝国主义,它符合现代帝国主义的性质:"帝国主义经常性目标包括领土诉求,但更常见的是,涉入有关国家安全的话语,通过背后操纵话语或借助这种话语,在国际关系中形成政治压力,获取原材料和进入各种市场,这些市场包括从发行债券到武器供应的有利条款。"④

从传播学的角度看,媒介帝国主义话语一定会涉及媒介这种"硬件"和传播这种

---

① 汤林森.文化帝国主义[M].冯建三,译.上海:上海人民出版社,1999:114.
② 巴雷特.媒介帝国主义[M].任孟山,译.北京:中国传媒大学出版社,2021:1.
③ 巴雷特.媒介帝国主义[M].任孟山,译.北京:中国传媒大学出版社,2021:9.
④ 巴雷特.媒介帝国主义[M].任孟山,译.北京:中国传媒大学出版社,2021:6.

"软件"。巴雷特似乎隐约地意识到了这个问题,但并不明显。他说,"我们必须关注生产与传播以内容消费为核心的技术、行政和商业机构,包括生产、传播和接收内容的设备(硬件)与整合内容的操作系统(软件)。硬件与软件的关系天然地具有某种象征意义:硬件塑造和设定了软件的基调和实质,而软件给硬件设计提供了灵感"[①]。我们在前面就阐述过,如果没有强大的媒介技术设备和强大的传播系统,帝国将无所作为。在现代传播时代,媒介帝国主义亦是如此。那些真正能够在全球范围内实行帝国主义政策和行为的霸权国家往往也是传播实力强大的国家。它们挟工业革命和技术革命余威,获得媒介技术和产品方面的领先地位,又凭借帝国主义时代所获得的政治、经济、文化等优势,建立起在传播领域从制度、秩序到话语、文本的优势。19世纪以来,英国和美国相继成为这方面的霸主,特别是在今天,美国在媒介和传播领域的帝国主义权威,从横向和纵向看,都无出其右。美国是这个"研究领域"绕不开的话题。

汤林森还提出一个"文本—观众"的结构问题。他觉得强调传播内容的社会背景,可以让人们的注意力从单纯的"文本—观众"结构转移至更加宽广的架构问题。但实际上,他的"文本—观众"结构会很自然地让我们把注意力集中到传播内容和传播效果问题上,回到传播学本体。任何传播必须考虑受众的反应,也就是必须考虑传播的效果。席勒之所以从被压迫者角度解释文化帝国主义的内涵,其原因可能就在这里。在以往的研究中,媒介帝国主义将注意力投放在媒介所有权对他国的压力,很少对媒介内容尤其是新闻内容对他国的压力进行专门阐释。由于传播的主要内容之一是新闻,所以从"软件"出发,媒介帝国主义必然会再一次发生转型。事实上,发达国家凭借自己在新闻传播整体上的强势和霸权,在新闻报道内容、形式等方面已经形成了新的帝国主义形式,我们姑且称之为"新闻帝国主义"。可以说,新闻帝国主义和媒介帝国主义共同构成了"一枚硬币的两面"。

3. 新闻帝国主义

有人说新闻帝国主义的提出最早可追溯到原芬兰总统乌尔霍·卡勒瓦·吉科宁(Urho Kaleva Kekkonen),理由是他认为以美国为代表的发达资本主义国家在国际新闻与传播领域占据了垄断地位并采取扩张政策。其主要特征是:利用强大的、现代化的大众传播媒介和通信手段垄断国际新闻传播;利用强大的经济基础和先进技术设施生产硬件(技术媒介)和软件(节目或产品)出口,占领世界市场,并推销和宣扬本国的生活方式、价值观念,进而实现其文化渗透和侵略。[②] 经过调查,我们发现

---

① 巴雷特.媒介帝国主义[M].任孟山,译.北京:中国传媒大学出版社,2021:4.
② 刘建明.宣传舆论学大辞典[M].北京:经济日报出版社,1993:198.

吉科宁当时使用的是传播帝国主义（communication imperialism），而非新闻帝国主义（journalism imperialism）。所以，"新闻帝国主义"一词并不是吉科宁发明的，而且，分析其话语，其所指也不是新闻主义，而是媒介帝国主义或传播帝国主义。

那么，什么是新闻帝国主义呢？新闻帝国主义这一概念所指对象应该是新闻文本及其所包含的意义，它和其他几种帝国主义形成一种对应关系，而不是对等关系。帝国主义是一种整体的价值体系和行为方式，文化帝国主义聚焦帝国主义在文化领域内的表现，媒介帝国主义是信息传播领域中媒介技术设备等硬实力的力量倾斜，而新闻帝国主义则是信息传播领域中新闻报道所体现出来的帝国主义意识。

作为一个批判性、否定性的概念，结合西方新闻报道实践，新闻帝国主义一般可以概括为这样一种国际新闻报道行为，即一国的媒体依托其在国际新闻领域的生产规模、技术设备和历史经验等优势，在国际新闻报道中奉行意识形态挂帅思维、冲突报道原则和双重标准，联合其他国家媒体形成舆论联盟，不加掩饰、无所顾忌地推广其价值观，并配合自己国家和政府，对自己阵营之外的国家特别是对被视为对手的国家、民族、文明、宗教进行舆论打压、抹黑、歪曲，以极端、非理性的方式形成自己的话语主导权和舆论掌控权。其中，这里所指的媒体不仅包括传统意义上的报纸、广播和电视，也包含在互联网时代诞生的社交媒体。

众所周知，在国际新闻报道领域，始终存在着力量的不对等和话语权的不对等。这种不对等引发了20世纪发展中国家与西方发达国家之间关于世界新闻传播新秩序或世界信息新秩序的斗争。半个多世纪后，这场争论最后销声匿迹了，但是争论的主体和对象、实质内容以及争论本身都没有消失。当今时代的世界新闻传播秩序之争抛开了传播设备、技术和手段等硬实力的对抗，更多地聚焦于传播内容、理念和价值观等软实力的较量。在这场较量中，美国及其西方一如既往地处于优势地位，它们依托传播硬实力和政治、经济、军事等全方位的实力，对被视作对手的国家展开强势传播。发展中国家或受到压制的国家难免产生帝国主义卷土重来的感觉。从这个角度来说，新闻帝国主义不是什么突然现身的新事物，而是一种历史的延续，它有着深厚的历史土壤。或者说，它只是文化帝国主义的变身，和媒介帝国主义构成完整的传播帝国主义体系。

在今天，新闻传播特别是国际新闻报道更加注意采用特殊的报道话术、技巧，而非报道事件本身。现实生活中，话术一般应用于服务行业，是一种帮助工作人员提升销售额、增强职场竞争力的沟通表达艺术。但在新闻传播领域，话术的使用有着更为特殊的内涵。"话术，简言之就是说话的技巧，具体到新闻传播中，就是指新闻语言使用的相关技巧，通过该技巧使新闻受众进入一种境界，从内心产生接收该新闻信息的欲望，这是一种利用语言进行的深层次的沟通。"① 一般来讲，通过语言建构事实或历史是需要通过某种话术完成的，任何有意义的语言都不是名词、动词、形容词等各种属性词语的数理逻辑组合，而是这些属性词语通过特定的语法、修辞建构的形式逻辑或辩证逻辑。在长期的语言实践中，话术成为语言表达一方必然选择的话语逻辑和话语结构，它们直接对应某种事实和历史。新闻报道也如此，特定的新闻报道话术对应某种特定的新闻事实。然而，话术只是一种新闻报道的语言表象，其背后所表达的含义和目的才是新闻报道的真正意义和指向。

"新闻帝国主义话术"主要有这样几种形式。第一种是冲突报道话术。冲突是现代国际关系的基本形式之一，也是西方国际关系理论中现实主义流派的核心概念，更是美国政治强硬派、保守派的看家本领。从多尔蒂（James E. Dougherty）等人的定义就可以看出"冲突"一词的实质："冲突一词通常指的是这样一种情形——某一自我认同的人群（不论是部落群体、种族群体、具有相同语言的群体、具有相同文化的群体、宗教群体、社会经济群体、政治群体还是其他群体）有意识地反对一个或几个其他自我认同的人群，原因是他们追求的目标相互抵触或看上去相互抵触。"② 以冲突为解决手段的现实主义思想一直主导着美国的外交政策，也左右着整个西方社会对非西方社会的态度。受此影响，在国际报道中，"坏新闻才是好新闻"也成为西方主流媒体的理念之一。著名的美国记者兼学者斯蒂芬·赫斯（Stephen Hess）就指出，美国的新闻报道最显著的特点是极为关注暴力冲突，电视新闻尤甚。赫斯统计了1988年至1992年电视网新闻题材的报道，结果显示，32.8%是战争冲突类，13.7%是人权类，加上2.3%的车祸/灾难类和2.4%的犯罪类，一半以上的电视国际新闻都和暴力冲突有关。暴力冲突事件的报道通常占据了电视新闻的大部分时间。③ 新闻媒体关注暴力冲突事件本是新闻报道的规律之一，但是在美国及其他西方国家，很多时候这类报道是为了配合政府的"冲突外交政策"。和冲突性报道相对应的是建设性报道。但是因传统、政治等因素，西方媒体的国际报道鲜见建设性报道，这反而进一步突出了其冲突性报道特征。

新闻帝国主义的第二种话术是"新闻专业主义"。现代新闻业诞生于欧美，在其历史发展过程中，新闻媒体常常强调自身的独立、客观和真实，这被称为"新闻专业主义"。但在近年来的国际报道中，西方媒体在观点、立场、报道内容和口径等方面的独立性日渐弱化。西方媒体要么和政府保持一致，或者受制于某些极端政治势力或背后"金主"，要么将被政府、政治势力或资本看作大逆不道，为此将接受各种谴责、限制和打压。不管媒体的话语是主动迎合政府，还是被政府所要求，西方媒体在新闻专业

---

① 黄杰. 浅谈影响新闻话术的语境因素[J]. 视听, 2015（7）：125.
② 普法尔茨格拉夫. 争论中的国际关系理论[M]. 阎学通，陈寒溪，译. 北京：世界知识出版社，2013：200.
③ 赫斯. 国际新闻与驻外记者[M]. 陈沛芹，吴国秀，译. 北京：中国时代经济出版社，2010：17-22.

主义的掩护下，对公众完成了信息主导、控制和诱导。

新闻帝国主义的第三种话术是"政治正确"。美国及其他西方国家的媒体在进行国际新闻报道之前有一个预设的前提，那就是一切报道要以维护西方利益（主要是美国利益）和西方价值观为出发点。这种情况在以前不太明显，但现在情况有所变化，明确和坚持政治正确已经成为西方媒体的第一原则。2023年10月，巴勒斯坦和以色列冲突再一次爆发。在此期间，美国和欧盟等西方国家一边倒地支持以色列，西方媒体不敢报道巴勒斯坦遭受轰炸、围困等消息。Facebook更是下令关停了所有支持巴勒斯坦的账号，Tiktok则接到欧盟要求，禁止传播支持巴勒斯坦的视频。为了限制Tiktok对巴以冲突的报道，美国政府甚至立法收购Tiktok的所有权。新闻报道存在价值取舍和价值判断，也就是说报道者、报道内容难免都要有立场，这一点毋庸置疑。但是在国际新闻报道中片面强调政治正确，并以此打压客观、理性地传播真实消息的媒体，动辄上纲上线，泛意识形态化、泛政治化或政治扩大化，以价值取舍决定话语边界，这与西方所倡导的新闻报道的客观性、独立性、可信性完全背离。

从根源上讲，新闻帝国主义的产生能够溯源到帝国主义、霸权主义和西方中心主义思想。首先它是帝国主义的变种或转型，是文化帝国主义在传播、媒介和新闻方面的体现。迪士尼、美国在线—时代华纳、索尼、新闻集团等几大媒体集团几乎垄断了全球传媒市场，其中新闻集团在全球范围发行175种不同的报纸，包括英国的《泰晤士报》《太阳报》、澳大利亚的《澳大利亚人报》、美国的《华尔街日报》《纽约邮报》等。新闻集团还拥有美国的FOX电视网以及英国天空电视台、亚洲STAR卫视等的大量股份，在全球拥有8 500多万卫星电视用户。如果把互联网新媒体也计入国际新闻报道总指标，亚马逊、谷歌、苹果、META、X等集团任何一家媒体的财富都可以轻松碾压世界上的其他公司。这些事实足以证明新闻帝国主义的垄断性。从进攻性和侵略性方面看，西方媒体自始至终展现出一种对战争的热情、期待。历史上有很多战争是媒体挑动的，或是积极配合鼓动形成的。这种对战争的激情恰恰是新闻帝国主义的特征。其次，新闻帝国主义的另一种根源是霸权主义。霸权主义"指在国际关系中一国凭借其军事实力对他国强行干涉、控制和统治的行为，也指凌驾于他国之上的要求与愿望……泛指不尊重他国主权和独立、倚仗军事实力推行强权政策，干涉、控制别国、将自己意志强加于人的要求和行为……世界霸权主义谋求对全世界的垄断统治……世界霸权是帝国主义政策的主要内容"①。霸权主义由来已久，最早开始于欧洲，后来成为西方内部的一种常态，在资本主义时代走出欧洲和美洲，成为世界性的现象。霸权主义总是采取强迫方式，牺牲其他国家的利益，维护极少数国家的利益。霸权主义和殖

---

① 李学文，杨闯，周卫平. 国际政治百科[M]. 北京：北京燕山出版社，1994：443-444.

民主义、帝国主义有着千丝万缕的关系，它们在一定时期就是同义语。

其实，美国及其西方盟友并不讳言霸权，在它们的词典中，霸权就是"领导、支配、优势，特别指联盟中一国对其他国家的支配"[①]。金德尔伯格（Charles P. Kindleberger）和罗伯特·吉尔平（Robert Gilpin）等人甚至提出"霸权稳定论"，强调"霸权体系是一种稳定系统内秩序的永恒系统，霸权国的实力为系统的稳定提供了保证，并且为弱小国家提供了安全和财产保护"[②]。美国喜欢用战争、战争威胁或战争边缘手段打击对手，有时则挑起代理人战争，坐收渔翁之利。美国也会很熟练地使用舆论、宣传等手段，通过软实力威吓其他国家，在别的国家制造动乱，从而达到维护美国霸权的目的。无论是帝国主义，还是霸权主义，最后都可以上溯到西方中心主义。萨义德所指出的西方固有的"东方主义"思维，沃勒斯坦的"中心—边缘"理论和依附理论，无不是针对西方中心主义的。这种思想和立场作为哈姆所谓的"意识工业"，早已根深蒂固地存在于西方的文化、精神之中，广泛体现于各种新闻、文学、艺术等文本和话语之中。

---

① 倪世雄. 当代西方国际关系理论［M］. 上海：复旦大学出版社，2001：292.
② 倪世雄. 当代西方国际关系理论［M］. 上海：复旦大学出版社，2001：292.

第七章 传播与国际

经过前文的阐释、分析、探讨，传播与国际之间有着根深蒂固的关系这应该是毋庸置疑的结论了。不过，传播和国际的关系看起来仍然是飘忽不定的，我们看到的只是一些模糊不清的观相。这是因为我们没有对传播与国际的关系进行横向解构，或者说没有对传播与国际的各个领域的关系进行解构，再或者说，没有对传播的各种具体形式与国际的各个领域之间的复杂关系做横向解构，以至于没有能够清晰地体现这种关系的点和线。这种关系的点和线就存在于传播和国际的内部。那么，我们就应该回答，传播的各种具体形式在哪些领域与国际产生联系，或者说，传播与国际的关系提炼出来之后能够体现在哪些平行领域。这其实是一个关于传播与国际的结构性关系问题。一方面，传播与国际有着一种出自原点的联系，这本身就是一种纵向结构关系。另一方面，传播与国际的关系体现在人类社会的各大领域中，如在文化、政治、经济、军事等领域，我们都能感觉到传播的各种形式以及媒介与国际的各个领域之间错综复杂的关系。

结构和结构主义是一种很重要的西方学术思想。英国现代社会学家安东尼·吉登斯曾对前人关于结构概念的论述进行过很全面的梳理，并指出结构是社会体系的重要特征，"是社会系统再生产过程中反复使用到的规则和资源"[①]，"通过持续不断的社会再生产而在时间和空间中被模式化"[②]。完整的表达就是，结构是事物内部整体与部分之间的一种较为恒定的、暂且屏蔽掉时空变化可能的关系，事物既可以表现为整体和系统，又可以化约为部分和结构组合。"一个社会系统因此是一个'结构化的总体'。"[③] 为了准确、具体地描述传播与国际内部各领域之间较为稳定的关系，我们有必要对传播与国际这个"总体性结构"中的各部分之间的关系展开探究。当然，结构并不意味着关

---

① 吉登斯.社会理论的核心问题：社会分析中的行动、结构与矛盾[M].郭忠华，徐法寅，译.上海：上海译文出版社，2015：71.
② 吉登斯.社会理论的核心问题：社会分析中的行动、结构与矛盾[M].郭忠华，徐法寅，译.上海：上海译文出版社，2015：72.
③ 吉登斯.社会理论的核心问题：社会分析中的行动、结构与矛盾[M].郭忠华，徐法寅，译.上海：上海译文出版社，2015：72.

系的恒定不变，特别是"社会结构"，它反映了部分与整体、个体与群体之间互动关系在"时间中的延续"。这也符合美国哲学家约翰·杜威的思想。杜威认为结构只是一种"较缓慢的和较有规则的有节奏的事情"，是相对于表现为"较迅速和不规则的事情"的过程而言的。结构不是僵化的，甚至不是内在的，"结构乃是手段的恒常性，用来达到某种结果的事物所具有的恒常性"[①]。在这里，文化、政治、经济、军事等几大领域都可以被看作一种了解传播与国际关系的恒常性手段。

第一节 传播与文化

一、文化属性

之所以把文化排到最前面，是因为在很多人看来，传播就是一种文化。就像有的学者所说的，大众媒介（也称为"大众传播"）是大众文化的一种形式，"在任何国家的文化中都是不可或缺的组成部分"[②]。大众传播或大众媒介与大众文化的关系如此，传播与文化的关系也如此。我们耳熟能详的语言、文字、音乐、舞蹈、影视等那些被我们看作媒介和媒介载体或媒介技术的事物都同时被我们看作文化的一部分。而从这些媒介和传播过程所延伸开来的事物也被看作文化，比如斯宾格勒所说的行动和意见、宗教和国家、艺术和科学、民族和城市、经济形式和社会形式、法律、习俗、性格、面部轮廓、服饰等。美国学者克利福德·格尔茨（Clifford Geertz）更倾向于后者。他建议，"最好不要把文化看成一个具体行为模式——习俗、惯例、传统、习惯——的复合体，直到现在大体上都是这样看待文化的，而要看成一个总管行为的控制机制——计划、处方、规则、指令（计算机工程师将其称为'程序'）"[③]。不管是习俗、惯例、传统、习惯，还是计划、处方、规则、指令和程序，有谁能离得开媒介？它们必须表现为文字、图像、表格等各种形式的文本，有时候需要通过语言交流达成共识，并使其成为自己生活的一部分。它们或者要用"传递式传播"交换信息，或者需要通过"仪式观传播"把彼此组织起来，再或者我们根本上就生活在一种"生活观传播"的生态环境中。从历史传承来看，我们还生活在一种"历史观传播"的时空环境中。即使如此认识，传播文化和传播的关系仍然不会简单明了，有的时候，传播与文化完全融为一体，比如当我们说"口语文化""书写文化""印刷文化""网络文化"的时候，我

---

① 杜威.经验与自然[M].傅统先，译.南京：江苏教育出版社，2005：48.
② 奥根.传播与文化[M]//伽摩利珀.全球传播.尹宏毅，译.北京：清华大学出版社，2003：178.
③ 格尔茨.文化的解释[M].韩莉，译.南京：译林出版社，2014：57.

们究竟是在关注一种媒介，还是在关注一种文化？显然，二者兼有，或者，它们已经合二为一。

传播与文化的关系确实很复杂，原因是文化概念本身很复杂，既有书面的文化，还有行为的文化；既有个体性文化，更有社会性文化；既有狭义的文化，也有广义的文化。传播学英国文化研究学派大师雷蒙·威廉斯在其《文化分析》一文中开宗明义指出文化有三种定义。"首先是'理想的'文化定义，根据这个定义，就某些绝对或普遍价值而言，文化是人类完善的一种状态或过程。"[1]威廉斯的意思是文化就是人类达到完善的一种状态。在《漫长的革命》一书中，他干脆把文化定义为："文化是全部的生活方式。"[2]这和斯宾格勒、格尔茨等人的思想一致。斯宾格勒把文化作为区分现实、心灵与世界的标准，也把它等同于人类的生存观念，正是因为有了生存观念，文化就出现了，世界历史也就开始了。格尔茨则把人类和文化看作一组互为因果的关系体：没有人类就没有文化，同样，没有文化也没有人类。[3]威廉斯的第二种文化定义是"文献式"定义，"根据这个定义，文化是知性和想象作品的整体，这些作品以不同的方式详细地记录了人类的思想和经验"[4]。从这里开始，传播学文化分析学派成型了，"借助这种批判活动，思想和体验的性质、语言的细节，以及它们活动的形式和惯例，都得以描写和评价"[5]。威廉斯的第三种文化定义是社会定义。"根据这个定义，文化是对一种特殊生活方式的描述，这种描述不仅表现艺术和学问中的某些价值和意义，而且也表现制度和日常行为中的某些意义和价值。"[6]第三种定义明显包含了前两种定义，因此实际也表现了文化定义的狭义与广义之分。

在中国话语体系中，广义的文化是指社会历史实践过程中所创造的物质财富和精神财富的总和。狭义的文化是指社会的意识形态，以及与之相适应的制度和组织机构。[7]广义的文化实际上等同于文明。尽管其共享culture一词，但文化和文明之间还是有区别的，甚至各自的所指是不同的。斯宾格勒就认为"文明是文化的必然命运"[8]，意思是，文化是生长期的社会状态和历史，而一旦进入文明，社会和历史也就进入了

---

[1] 威廉斯.文化分析［M］//罗钢，刘象愚.文化研究读本.赵国新，译.北京：中国社会科学出版社，2000：127.
[2] 霍尔.文化研究1983：一部理论史［M］.周敏，程孟利，译.北京：商务印书馆，2021：57.
[3] 格尔茨.文化的解释［M］.韩莉，译.南京：译林出版社，2014：62.
[4] 威廉斯.文化分析［M］//罗钢，刘象愚.文化研究读本.赵国新，译.北京：中国社会科学出版社，2000：127.
[5] 威廉斯.文化分析［M］//罗钢，刘象愚.文化研究读本.赵国新，译.北京：中国社会科学出版社，2000：127.
[6] 威廉斯.文化分析［M］//罗钢，刘象愚.文化研究读本.赵国新，译.北京：中国社会科学出版社，2000：127.
[7] 辞海［M］.上海：上海辞书出版社，1980：1533.
[8] 斯宾格勒.西方的没落：第一卷，形式与现实［M］.吴琼，译.上海：上海三联书店，2006：30.

僵化期和无可挽回的终结期。所以，即使文化和文明有共同的所指，它们也处于不同的历史阶段。至于狭义的定义，其"意识形态"自然指向语言、文字、文学、艺术、制度、规则等各种表现为人类精神创造的能力和产物。

杜威为了弄清文化的边界，曾引用一位叫泰勒（Tylor）的学者关于文化的定义：文化是那种复杂的整体，它包括知识、信仰、艺术、道德、习俗以及任何其他作为社会成员之一的人所获得的能力。[①] 杜威对这一定义中的"复杂的整体"做了进一步解释。"它是一个错综复杂的、变化多端的整体。它分化为宗教、魔术、法律、美术和工艺、科学、哲学、语言、家庭关系和政治关系等。"[②] 可见，广义的文化包罗万象，包含一切和人有关的物质产物和精神产物。语言等媒介以及由此展开的一切传播活动尽属文化，或者说它们都具有文化的属性。

一般给文化的定义都是广义的。联合国教科文组织《世界文化多样性宣言》中对文化的定义是：应当把文化看作某一社会或社会群体所具有的一整套独特的精神、物质、智力和情感特征，除了艺术和文学，它还包括生活方式、聚居方式、价值体系、传统和信仰。[③] 这个定义基本具有了关于广义文化的所有要素，包括传播要素。

詹姆斯·凯瑞的著作名称《作为文化的传播》已经部分点破了传播与文化之间的关系。不过这本著作最大的亮点之一是弥合了雷蒙·威廉斯和斯图尔特·霍尔等人在传播与文化观念之间的裂痕。凯瑞回顾威廉斯等人设置研究机构一事时指出，威廉斯等人没有使用"传播学"，而是使用了"文化研究"，从此伯明翰学派的研究视野就打破了传播这个特定的领域，而放眼于一个"总体生活方式"。但是，凯瑞认为文化还得聚焦于特定的形式和领域，"文化是特定的人在对艺术、宗教等的体验中所发现的意义与重要性，研究文化就是在这些形式中寻找秩序，赤裸裸地显示它们的主张与意义，系统地阐述趋于同一目的的多重形式之间的关系：提供可理解的经验及这些经验所产生的影响"[④]。因此，"被称为文化研究的东西也可以被称为传播研究，因为在这一情形下我们研究的是经验如何得到理解，然后又如何被散播和颂扬"[⑤]。文化表现为具体的交往经验和经验交往，文化也需要把经验传播出去，这样文化和传播在凯瑞这里就完成了功能上的融合。

文化与传播的关系从源头上体现为它们与人类历史进程的步调一致。生物学研究结果和考古事实证明，人类如果不能从劳动中产生意识和语言，就不可能像恩格斯说

[①] 杜威. 经验与自然[M]. 傅统先，译. 南京：江苏教育出版社，2005：28.
[②] 杜威. 经验与自然[M]. 傅统先，译. 南京：江苏教育出版社，2005：28.
[③] 资料来源：https://uis.unesco.org/sites/default/files/documents/unesco-framework-for-cultural-statistics-2009-ch.pdf：18。
[④] 凯瑞. 作为文化的传播[M]. 丁未，译. 北京：中国人民大学出版社，2019：41.
[⑤] 凯瑞. 作为文化的传播[M]. 丁未，译. 北京：中国人民大学出版社，2019：41.

的那样和猿类分道扬镳，也就不会建立起一种完全与动物有别的社会。在人类社会里，人类不仅拥有意识、语言这些媒介化的文化，而且在此基础上不断丰富形成了集体的知识、习惯、制度，使人类社会不断向着更高的文明前进——文化形式持续增加、知识体系不断丰富。正是从这样的一种理解出发，斯宾格勒、威廉斯和格尔茨等人把人类历史和文化看作一个不可分割的整体，或者把它们解释成你就是我、我就是你的关系。格尔茨甚至用还原主义的逻辑，从行为科学、生物人类学等角度，对人的"心智"进行了文化学解释。在他看来，人类在前智人时代的许多行为如打磨工具、采摘、狩猎等都具有文化属性，这是一种附属于人的属性。这种属性又促使人不断地进化自己的各种器官和中枢神经，并产生更多的意识、知识去填补那个天然存在的、不断扩大的"信息鸿沟"，最后达到适应环境的目的。人的生物进化和文化进化是完全同步的过程。当人类认识到文化能持续地给自己带来好处以后，文化就成为一种生活方式。文化作为一种概念、模式和行为准则开始发挥更大的作用。"当文化被看作控制行为的一套符号装置，看作超越肉体的信息资源时，在人的天生的变化能力和人的实际的逐步变化之间，文化提供了联结……文化模式是历史地创立的有意义的系统，据此我们将形式、秩序、意义、方向赋予我们的生活。"①吉登斯等人更加直接，他们直接定义文化是生活方式，"包括知识、习俗、规范、法律和信仰等，它是特定社会或社会群体的特征"②。文化相对于自然，"意味着对人的思想和观念的'培育'"③。

  从媒介环境学视角看，媒介是人的延伸，这意味着两点。第一点，人是媒介的起点，没有人就无所谓媒介，因此媒介要适用于人，适用于人的进化。人是元媒介，自身有一个对进化的天然要求，就是要让人自己能够应付外部环境对人的感官造成的各种压力。因此，人在进化，媒介也在进化，二者的进化同步。这种进化过程既是生物进化，也是人类历史的开始，即文化历史的开始。第二点，人不断对媒介提出要求，以适应自己的文化历史进程。知识社会、文化社会形成之后，出现信息大爆炸，人类需要适当的媒介或媒介技术承载不断增加的信息，有效处理信息的行为开启了国家的制度化建设，上传下达、数据统计、交往计量、情感表达，各种各样的诉求促成了一个庞大的传播系统。社会形态表现为一个巨大的文化实体。这里的文化当然不是"小资情调"式的诗词歌赋、亭台楼阁、莺歌燕舞，它囊括人类社会的一切被人所利用、所创造、所发明的事物。有物质的，也有精神的；有有形的，也有无形的；有集体的，也有个体的。而在这个文化体系中，传播扮演着一个基础性、全面性的角色。传播包括媒介载体、媒介技术、传播主客体、传播内容、传播过程，它们都无处不在，就像

---

① 格尔茨.文化的解释[M].韩莉,译.南京：译林出版社,2014：65.
② 吉登斯,萨顿.社会学基本概念[M].王修晓,译.北京：北京大学出版社,2023：203.
③ 吉登斯,萨顿.社会学基本概念[M].王修晓,译.北京：北京大学出版社,2023：203.

社会的网络和网络中的节点,为社会的搭建,特别是为文化社会的搭建,预备了必不可少的基础材料、设计蓝图、建设框架,剩下的工作只是填充。人类做好了"向生活的文化模式的过渡"①。

在超越生物进化阶段之后,文化、传播继续与人类的社会生活紧密结合。霍尔在分析威廉斯关于文化定义的时候,也指出了威廉斯文化定义中的社会属性,那就是社会共同体其实是一种文化共同体。"人们之所以认同某些共同体,是因为他们的经历为这个共同体里的成员所共享,而且他们也互相认同对这些经历的理解和定义。他们如何共享呢?通过成员之间的互动交流。于是,不同的交流途径——最广义上的语言和媒介,并不局限于狭义上的信息传播——提供了多种方式,让共同体、文化或社会内部的人能够交流和提升共享的意义,由此他们为自己的经历给出一个集体性的、社会化的定义。"②正是有了城市、文字这些更高级的传播环境和媒介,人类的"想象的共同体"才超越血缘关系,延伸到地缘关系、"媒缘"关系和"文缘"关系,进入国家文明时期,然后又建立起来更大的"天下"和国际体系。

从传播的角度出发,如果是狭义的传播,则传播是文化的内涵之一;而如果是广义的传播,则文化是传播的内容。任何文化既是认同的产物,也是传播的产物。文化不经过传播,最多是个体的经验,是一种小范围的习俗、惯例,只有经过传播,扩散到更大的地理空间,才能成为一种民族性文化,最后成为全人类的文化集合体。这只是空间偏向的文化传播。从时间偏向看,经过一代又一代人的传承,一个民族、一个国家、一种文明的文化才具备了独特性和辨识度。文化的整体性和个体性在共时性和历时性中得以体现。

中国人对文化有着一种超越性的掌握和认识。中华大地很早就进入文化社会。按照格尔茨的理论,中国古人掌握制作石器、取火、制陶等技术以及开展狩猎采摘的时期丝毫不晚于地球上其他地区的古人类,甚至更早,这意味着中国古人很早就进入工具文化或技术文化时期。这一事实已经被遍布中国各地的属于各个不同时期的古人类生活遗迹所证明。200万年前河北泥河湾人已经会制作简单的石器,并开展狩猎活动。170万年前的云南元谋人掌握了制造工具、使用火、狩猎野生动物等技术。20万年前后的陕西大荔人进入今天人类直接的祖先智人时代。他们的身体特征、脑容量等明显进化到了一种更高的适应环境的文化状态,石器制作技术也获得进一步提高。2021年四川资阳濛溪河一处7万—5万年前的旧石器遗址因洪水冲刷而被偶然发现。遗址中出土了很多打制石器、刻有记号的动物化石,还有众多的植物果实和种子遗存,这为

---

① 格尔茨.文化的解释[M].韩莉,译.南京:译林出版社,2014:59.
② 霍尔.文化研究1983:一部理论史[M].周敏,程孟利,译.北京:商务印书馆,2021:55-56.

人类早期的狩猎和采集生活提供了最直接的证据。经过漫长的进化、演变，中国古人的技术文化在1万年前后进入新石器时期，这个时期之新不仅体现在技术上，即人工创造陶器，还体现在食物获取上，即开始种植农作物、饲养动物、制作衣物、酿酒。考古证明，北方人在9 000年前后开始掌握黍作技术，中原人和南方人在同时期或更早时期懂得了稻作原理。生产技术文明直接带动了信息传播能力的提高。[①] 研究表明，9 000年前后生活在辽河一带的古人发明了最早的语言，这种语言成为亚欧大陆语言的鼻祖。17世纪时，英国有个神职人员约翰·韦伯（John Webb）写过一篇长文，题目是"中华帝国语言是世界初民语言"，指出在"大洪水"之前中国人就掌握了语言，中华语言是世界上最早的语言，也是当时世界上通用的语言。这个结论和今天的语言考古结果完全吻合。

按照技术路径，媒介史的第二个时期是文字时期，或者按照德布雷的标准，在语言占据主导地位的"逻各斯域"之后，书写域来临了，而书写域最直接的标志是文字。迄今为止被认定为"四大文明古国"地区的共有特征是城邑和文字，这当然来源于一种强调文字的标准，但是文字之所以被作为判定文明的标准，一是因为稀有，二是因为撇开文字没有另一种事物能把一种文明和另外的文明明确地区分开来。在"四大文明古国"的文字中，中国文字独一无二。首先它能被证实，有安阳殷墟中的甲骨文这样的考古实物。其次它是人们所有的四种文明中唯一保留下来并连续被使用的文字。最后，因为没有中断使用，今天的人们能够根据文字的变化规律破译最早期的甲骨文。其他三个古文明的文字要么根本无法破解，要么早已终止使用，所以其真实性被怀疑。一些证据和实物证明了中华文字的绝世独立。因此，在该文字基础上建立起来的中国国家历史也就变得无可置疑。城市、文字和国家等媒介和传播容器代表中华文化成为一种可以用作参考、鉴别、旁证别的文化和文明的活标本，并成为保障中华文明源远流长的核心力量。

中国人对文化有很高的敏感性。这首先体现在古文中对"文""文化""文明"等词语的使用。在单字时代，"文"既代表文字，又代表文化和文明，还代表一种更高的精神状态。《易经·乾卦》说"见龙在田，天下文明"，既把农业和文化联系起来，也把文化奉为一种最高的世界秩序。《易经·贲卦》中又说，"刚柔交错，天文也。文明以止，人文也。观乎天文，以察时变；观乎人文，以化成天下"[②]。无论是在天界，还是在人间，它们的最高境界就是"文"。《文心雕龙》第一篇《原道》的第一句就写道：

[①] 资料来源：一是河南贾湖遗址博物馆的介绍，二是《自然》杂志曾刊发过文章，证明泛亚欧大陆语言起源于9 000年前最早进入粟作文明的辽河人。
[②] 周易［M］.杨天才，等译注.北京：中华书局，2011：207.

"文之为德也大矣，与天地并生者。"①意为"文"作为伟大的品德、属性和形式，它和天地共生存。此后，虽然文的含义不断变化，但它的正向、褒扬的意义贯彻始终。这个和语言、文字有关。中国人历来把语言、文字看作神圣的事物，并在最大限度上开发它们的利用空间。中国在远古时代就制定了"左言右事"的规矩，一来开启了信史记录，二来充分地把语言和文字进行了连接。中国文化从远古时代开始就一直走在世界的前列，主要原因之一就是中国拥有自己的像语言和文字这样先进、强大的传播媒介和传播系统。

施拉姆等人认为传播有沟通交流、文化娱乐、教化育人、监督环境等几大功能，其实可以反过来理解，也就是说，沟通交流、文化娱乐、教化育人等都是一种特殊的传播类型，因此，我们既可以说传播是文化，也可以说文化是传播。这与凯瑞的"文化研究即传播研究"的表述非常相似，其底层逻辑也完全一致。

二、互动关系

传播与文化的互动性体现在几方面。首先，文化构成传播的主要内容。国际传播或全球传播的内容不外乎政治、经济、军事和文化几大领域的信息，其中，文化信息应该是内容最为庞杂、繁多的一类。新闻报道也许聚焦于政治事务、军事冲突和经济贸易动态，但文化类软新闻也是新闻报道的重要内容，而且在新闻特征减弱的社交媒体和自媒体上，文化信息是基本占据主导地位的传播内容。民间交流、国际教育、影视放映、动漫游戏等作为大众文化的主流，已经成为今天全球传播的主要范式。②在这方面，美国堪为学习和模仿的对象。威廉·迪安（William Dean）把美国的"精神文化"（即大众文化）总结为爵士乐、橄榄球和电影三种典型形式。因为这三种文化分别反映了美国的"即兴创作""暴力""英雄崇拜"精神。但实际上这三种文化并不能全部反映美国的大众精神。加拿大人马修·弗雷泽（Matthew Fraser）则从电影、流行乐、电视和快餐四方面阐释了美国大众文化的全球统治力。这四种文化形式应该对应的是美国文化中的"获得胜利""成为主导者""掌控信息""引领时尚""迅速盈利""制度优越"等精神。但是，仔细梳理，这些结论显然还是不能包括美国大众文化的精神内核。不过，无论如何，有一个结论是无可置疑的，那就是美国在推广自己的文化方面不遗余力，并把这些文化推广作为自己全球传播战略的一部分。

大国的文化传播有着清晰的战略目的和目标，这样一来传播与文化的互动关系就

---

① 刘勰. 文心雕龙 [M]. 王志彬，译注. 北京：中华书局，2012：3.
② 孙英春. 大众文化：全球传播的范式 [M]. 北京：中国传媒大学出版社，2005.

体现出它的另外一面，那就是，文化领域成为国际传播或全球传播冲突斗争的重要场域。这个领域的冲突已经受到国际关系理论的重视。约瑟夫·奈（Joseph Nye）为此于20世纪90年代专门提出一个新的概念：软实力。按照奈在其著作《注定领导世界：美国权力性质的变迁》中的解释，"政治领袖和哲学家们早已明白制定议程和确定辩论框架所带来的力量。确定议程偏向的能力往往与文化、意识形态和制度等无形的权力资源有关。与通常同军事和经济实力等有形资源相关的强硬的指挥力量相比，这一维度可被视为软实力"[1]。"软实力资源包括文化吸引力、意识形态和国际机构。"[2] 进入新世纪后，奈在新著《软实力》一书中对软实力一词做了更清晰、直白的阐释："何谓软实力？它是一种依靠吸引，而非通过威逼或利诱的手段来达到目标的能力。这种吸引力源于一个国家的文化，政治理念和政策。"[3] 奈认为软实力有三个来源：文化、政治价值观和外交政策。后两者是典型的政治因素，暂且不表。而文化则主要表现为一个国家的传统、习俗、时尚、语言、美食以及各种文化产品。仍然以美国为例，美国对外推广的文化就是各种西式节日、英语、好莱坞电影、电视节目、流行音乐、体育节目、时装、快餐食品以及生活方式。美国文化在其所到之处都受到不同程度的欢迎，其原因一方面是美国文化作为一种新文化，能给人们带来感官的刺激，这符合媒介与感官高度契合的生物学原理和媒介环境学原理；另一方面是美国在文化对外推广、传播方面有一套成熟的机制，这直接来源于第一次世界大战和第二次世界大战期间美国政府和军方开展的有关传播效果的研究。后来的一切国际传播都继承、延续了传播学北美经验主义学派的研究成果。至于文化推广的内容以及过程中所用的载体，其传播属性和媒介属性自不必多言。"强大的文化和传媒产业（在美国）已经培养全世界的观众形成了一种特定的传媒认知模式。他们认可音乐剧的规范，盼望看到情景喜剧的结局，通过新闻理解精英阶层提供的信息，同时他们还接受与那些熟悉的形式有关的新的娱乐和信息形式。"[4] 大部分国家和美国以及其他西方国家文化形成了依附关系。

美国及其西方盟国一边倒的优势给其他国家形成极大的压力，如此一来必然造成反弹。这样就构成文化与传播互动的第二个方面，那就是20世纪70年代前后在国际范围内开展的建立世界信息新秩序斗争和几乎是同时期在西方出现的对"文化帝国主义"的批判之间形成一种呼应。第二次世界大战结束后，世界各地去殖民化运动和民族独立运动风起云涌，新兴国家和后进国家对自身的发展也提出了要求。1961年，联

---

[1] NYE J. Bound to lead：the changing nature of American power [M]. New York：Basic Books，1990：32.
[2] NYE J. Bound to lead：the changing nature of American power [M]. New York：Basic Books，1990：188.
[3] 奈. 软实力：权力，从硬实力到软实力 [M]. 马娟娟，译. 北京：中信出版社，2013：前言 XII.
[4] 哈姆，斯曼戴奇. 论文化帝国主义：文化统治的政治经济学 [M]. 曹新宇，张樊英，译. 北京：商务印书馆，2020：139.

合国大会通过《发展的十年》决议,把缩小国家之间发展不平衡程度作为未来奋斗目标。"发展"成为热门话题。1962年,威尔伯·施拉姆出版《大众传播与社会发展》一书,确立了传播与发展理论,同时也催生了"发展传播学"研究方向。发展传播学秉持这样一种理念:"如果没有发展项目的发起者和对象之间,以及接收群体之间在社会和文化层面持续的传播对话,发展项目不可能引起社会的变革。"[①] 发展已经成为一种全球意识。但是发展却面临着一个现实的障碍,那就是西方国家对现成秩序的僵化守护。双方的矛盾从此彰显无遗,而且矛盾全方位地展开。1961年,不结盟运动国家第1次峰会在南斯拉夫首都贝尔格莱德举行,从此在东西方阵营的政治对垒之外,正式出现南北方之间关于经济社会发展的对垒。1973年,不结盟运动国家第4次峰会在阿尔及利亚举行,开始拟定国际经济新秩序的框架。1976年,不结盟运动国家先后在突尼斯和新德里召开会议,提出建立世界信息传播新秩序的想法。新德里的《信息领域去殖民化宣言草案》明确了当时的国际传播格局和这种格局与经济社会的世界格局之间的关系:

(1) 当前全球信息流通存在严重的不足与不平衡。信息传播工具集中于少数几个国家。绝大多数国家被迫消极地接收来自中心国家的信息。

(2) 这种现状延续了殖民主义时期的依附与主导关系。人们应该知道什么?通过什么方式知道?对这些问题的判断权与决策权掌握在少数人的手里。

(3) 当前的信息发送实力主要掌握在少数发达国家的少数通讯社手中。世界上其他地方的人们不得不通过这些通讯社来理解对方甚至自身。

(4) 政治领域与经济领域的依附性是殖民主义的遗产。信息领域的依附性也是如此。这反过来又限制了发展中国家的政治与经济进步。

(5) 信息传播工具掌握在少数国家的少数人手中。在这种条件下,信息自由只是这些人按照自己的方式进行宣传的自由,从而剥夺了其他国家其他人的权利。

(6) 不结盟运动国家尤其是这种现状的受害者。在集体与个体层面,他们追求世界和平正义,追求建立平等的国际经济秩序的努力要么被国际新闻媒介低调处理,要么被误读。他们的团结精神被破坏,他们追求政治经济独立与国家稳定的努力被任意诋毁。[②]

很明显,"国际经济新秩序和国际信息新秩序是一对孪生姐妹"[③]。而几乎在同时,西方社会内部也出现了对西方霸权的批判。一系列关于"东方学""中心—边缘理论""依附理论"和文化帝国主义理论相继出场。最早的相关理论聚焦于经济和文化领

---

① 瑟韦斯,玛丽考.发展传播学[M].陈先红,译.武汉:武汉大学出版社,2014:4.
② 徐培喜.全球传播政策:从传统媒介到互联网[M].北京:清华大学出版社,2018:16-17.
③ 徐培喜.全球传播政策:从传统媒介到互联网[M].北京:清华大学出版社,2018:15.

域，特别是文化领域。随着批判的深入，文化帝国主义批判衍生出对"媒介帝国主义"和"传播帝国主义"的批判。文化与传播再次实现密切互动，并最终合二为一。帝国主义也以一种融合后的新面目出现：传媒—文化帝国主义。①

文化与传播的第三种互动体现在一种新兴产业——文化产业上。文化产业是大众文化的产物，也是现代工业的产物。当文化可以采用工业批量生产、复制，并能够被当作商品而交易和创造财富以后，文化产业也就出现了。"文化产业"一词在英语中写作 culture industry，因此有时也被翻译为"文化工业"。在很多人看来也许"文化工业"比"文化产业"更能体现文化的现代特征。但是发明这个词的西奥多·阿多诺解释"工业"一词并不表示生产，而是表示大众文化产品的"标准化"。当这个词最早出现于法兰克福学派代表人物霍克海默（Max Horkheimer）和阿多诺合著的《启蒙辩证法》中时，它所要表达的不是文化的进步、工业的文明和时代的辉煌，恰恰相反，它是在批判某种变化。霍克海默和阿多诺认为文化工业意味着工业把文化变成一种预设好结果的、整齐划一的、注重细节的产品，消费者也因此被图式化。文化的独特性、拒不妥协性都消失了。"在音乐中，单纯的和声效果消除了对整体形式的意识；在绘画中，对各种色彩的强调削弱了构图的效果；在小说中，心理描写变得比小说框架更重要。"②"整个文化工业把人类塑造成能够在每个产品中都可以进行不断再生产的类型。"③结果，文化"被带进了行政领域，具有了图式化、索引和分类的含义……文化工业没有得到升华；相反，它所带来的是压抑"④。

无论人们对文化产业是批判，还是颂扬，今天，它已经成为一个风靡全球的新型产业，也成为一种新型知识体系。世界各国都将文化产业看作一个能够带来新的动能的支柱性产业，都对其投入了巨大的财力、人力和物力，也都对其寄予了厚望。联合国教科文组织 2009 年按照"生产、提供文化产品和文化服务"的原则把文化领域（即文化产业）分为以下几类：

◆ 文化和自然遗产；
◆ 表演和庆祝活动；
◆ 视觉艺术和手工艺；
◆ 书籍和报刊；

---

① 哈姆，斯曼戴奇.论文化帝国主义：文化统治的政治经济学［M］.曹新宇，等译.北京：商务印书馆，2020：137.
② 霍克海默，阿多诺.启蒙辩证法：哲学片段［M］.渠敬东，曹卫东，译.上海：上海人民出版社，2020：127.
③ 霍克海默，阿多诺.启蒙辩证法：哲学片段［M］.渠敬东，曹卫东，译.上海：上海人民出版社，2020：129.
④ 霍克海默，阿多诺.启蒙辩证法：哲学片段［M］.渠敬东，曹卫东，译.上海：上海人民出版社，2020：133，142.

- 音像和交互媒体；
- 设计和创意服务；
- 非物质文化遗产；
- 教育和培训；
- 装备和辅助材料。①

其他国家也纷纷编制自己的文化产业目录。中国国家统计局参照联合国教科文组织的分类法，于2012年编制了《文化及相关产业分类》，2018年对其进行了修订，将原来的10个大类修订为9个，中类由50个修订为43个，小类由120个修订为146个，范围包括两大方面：（1）以文化为核心内容，为直接满足人们的精神需要进行的创作、制造、传播、展示等文化产品（包括货物和服务）的生产活动。具体包括新闻信息服务、内容创作生产、创意设计服务、文化传播渠道、文化投资运营和文化娱乐休闲服务等活动。（2）为实现文化产品的生产活动所需的文化辅助生产和中介服务、文化装备生产和文化消费终端生产（包括制造和销售）等活动。②从这些类目中可以清晰地看出来，新闻传播作为一种业态，全部属于文化产业，此外还有很多类别也都和新闻、传播、信息等高度相关。从传播的角度看，文化产业本身就是一种传播体系，既包含传递观传播，也包含仪式观传播，还包括生活观传播——文化本身就是一种生活方式，传播也是一种生活方式。

三、媒介化生活

媒介化生活来自"生活方式"和"媒介化"两个概念。

生活方式一词有狭义和广义之分。狭义的生活方式"是除生产劳动、政治活动和意识形态以外的人们的活动形式的总和，是指人们享用物质的、精神的和劳动的消费品，使用个人支配的自由时间以及进行日常生活活动的一般方式"③。广义的生活方式等同于"生存方式"，包含了除一般的个体生活方式之外所有的物质的、精神的、组织的、政治的、生产的、社会的活动形式，是人类存在方式的总和。社会和文化这样宏大的概念只有在人类生存状态基础上才能完全成立。

关于生产方式和生活方式还有一些与众不同的解读。美国学者马克·波斯特（Mark Poster）认为人类社会已经从工业社会过渡到信息社会。工业社会的存在状态是生产方

---

① 资料来源：https://uis.unesco.org/sites/default/files/documents/unesco-framework-for-cultural-statistics-2009-en_0.pdf.
② 资料来源：国家统计局. http://www.stats.gov.cn/.
③ 胡申生. 传播社会学导论[M]. 上海：上海大学出版社，2002：157.

式，强调传统的劳动形式，按照马克思主义理论，在这种生产方式之下形成的劳动关系、阶级斗争成为历史的决定力量。进入信息社会以后，"工人/主体的劳动已不再是工业资本主义时期典型意义上的劳动，劳动已不再是一种体力行为"①，工人变得更有技术性和灵活性，劳资双方的界限变得模糊，科学成为生产的中心，科学话语变成一种主要的生产力，因此必须发现一种新的认知方式。波斯特认同后结构主义和解构主义的理论，认为应该用"信息方式"代替"生产方式"，并从话语、文本中去寻找答案。他说，"我所提出的信息方式，将一种语境偶发性引入了解构主义霸权的策略。换言之，通过电子媒介语言的描写，社会世界被文本化为一种有利于后结构主义阅读策略的形式"②。这看似关于政治的话语，实际是关于文化的，是关于人的历史进程的整体性论述。无论波斯特提出信息方式概念的目的是什么，也无论他的观点正确与否，至少他的一部分感觉是敏锐的、合理的。那就是，世界确实变了，人类的生产方式变了，原来的生产关系之中的主体间矛盾也发生了变化，这一切都是信息、媒介、传播带来的——这种媒介化变革在整体上改变着人类文化从里到外的性质、形式、关系、结构。

"媒介化"是近些年来比较热门的概念，它和人类的"生活方式"直接关联。丹麦学者施蒂格·夏瓦（Stig Hjarvard）对媒介化作了较深入的研究，他对媒介化的定义是，"媒介化指涉一个更长期的过程，即不断增长的媒介影响所带来的社会及文化机制与互动模式的改变"③。他把媒介化分为"直接媒介化"和"间接媒介化"两种形式。前者指"先前的非媒介化活动转换为媒介化形式的情形，亦即，通过某种媒介互动而完成的活动"④，后者指"某个特定的活动在其形式、内容、组织或语境方面越来越多地受到媒介符号或机制的影响"⑤。很明显，前者是指如何利用媒介完成活动，后者是指不知不觉地受到某种媒介的影响。但是看起来他并没有意识到"媒介化"一词应该被更深刻地理解，甚至他把媒介化只看作从20世纪末期才开始的与城市化、全球化、现代化同步的一个进程。这种理解显然是有很大欠缺的，因为我们知道人类从进入国家阶段开始就一直在媒介化，只不过不同时期的媒介不同。有的媒介不一定那么直截了当，有的媒介我们可能根本没有意识到它的存在。媒介不仅是历史的重要动力，也是历史"元进程"（metaprocesses）的体现。"元进程"这个词是德国当代学者弗里德里克·克罗茨（Friedrich Krotz）创造的，他认为人们在分析人类历史进程时缺乏一个总概念，"进程"一词是时段化的，不能准确涵盖全部历史过程，应该把历史的全部过程称为

---

① 波斯特. 信息方式：后结构主义与社会语境［M］. 范静哗，译. 北京：商务印书馆，2014：183-184.
② 波斯特. 信息方式：后结构主义与社会语境［M］. 范静哗，译. 北京：商务印书馆，2014：200.
③ 夏瓦. 文化与社会的媒介化［M］. 刘君，译. 上海：复旦大学出版社，2018：23.
④ 夏瓦. 文化与社会的媒介化［M］. 刘君，译. 上海：复旦大学出版社，2018：23.
⑤ 夏瓦. 文化与社会的媒介化［M］. 刘君，译. 上海：复旦大学出版社，2018：24.

"元进程"。他认为"媒介化"就是一个元进程,至少在研究传播和媒介时,这两个词的意义是一致的。媒介改变了人际关系与行为,也因此改变了社会与文化。这既是一个媒介化的过程,也是历史的元进程。① 克罗茨的观点一下子点醒了我们,人类历史是一个"元进程",历史可以高度提炼为一个统一的表现文化特征的进程,而这个进程又自始至终地被媒介所影响,同时又无时无刻不浸润于有形和无形的各种媒介环境之中。这才是媒介化的根本含义。

第二节 传播与政治

一、互动关系

国家是政治的开始。有了国家也就有了政治。西方学术界给西方最早的国家形态"城邦国家"单词 polis 赋予"政治"含义,本意也在这里。传统观点认为国家的形成有几大直观标志:阶级、城邑、文字,其中的城邑和文字都是传播媒介,或者至少是具有鲜明传播属性的事物。这说明上升到国家文明层次的传播与生俱来的自带政治属性。有人反对文字是衡量国家与否的标准,但是不可否认的是,一个国家如果要有效地进行管理,必须拥有一种强有力的媒介以及建立在其基础上的传播系统,否则国家号令无法传达,人们无法有效交往,思想无法交流,经验、收成、财富无法记录,国家也就无法开展管理。因此,即使没有文字,也应该有口语或别的记事方式。西方学者非常强调口语的力量。伊尼斯称赞,"希腊文化中反映出来的口头传统的威力,贯穿西方的历史。当书面传统的死亡之手构成威胁,可能会摧毁西方人的精神时,这个口头传统的威力表现得尤其明显"②。德布雷把印刷术发明以前的西方媒介史称作"逻各斯域",虽然他解释这个概念只是强调"人类精神",但实际上它意味着"书写域"之前漫长的无文字历史,人们只能通过口语交流,所以他不得不赞成"历史只能在讲述中存在"所发散出来的"语言改造力量"。③ 对于无文字时期的"希腊黑暗时代"的政治,英国学者埃里克·哈弗洛克(Eric Havelock)依靠"推理、直觉甚至想象重建",并假设了这样一种情景:"口头保存交流信息在三个层次上或三个领域里运行。(1)有一个当下的法律和政治交易领域,指令的发布会积累成先例,在这里,统治阶级承担着口

---

① KROTZ F. FRIEDRICH. The meta-process of mediatization as a conceptual frame [J]. Global media and communication, 2007(3): 256-259.
② 伊尼斯. 帝国与传播 [M]. 何道宽, 译. 北京: 中国传媒大学出版社, 2013: 87.
③ 德布雷. 普通媒介学教程 [M]. 陈卫星, 译. 北京: 清华大学出版社, 2014: 57.

头制定法规的必要责任;(2)继续重讲部落历史,重述先人故事,讲他们如何成为现代人的楷模;这个历史任务是吟游诗人的特殊领域;(3)最后是通过吟诵不断地给年轻人灌输故事和先例,对他们的要求是接受记忆的训练去聆听和重述。"① 如果哈弗洛克的理论假设成立,那么伊尼斯、德布雷等人关于西方无文字历史的解释就显得很合理了。同样,中国历史上的良渚文明、石峁文明、陶寺文明、城头山文明等,无论是作为古城时期,还是作为古国时期,其国家形态也就无可置疑了。

法国有个谚语,"话语飞离,文字留下"②。文字国家形成之后,国家拥有了一种能够长久保存信息的工具——文字。文字最早的功能有两个。一个是记事,也就是把已经发生的事记录下来当作集体记忆。中国人在上古时期已经有了这种意识,开创了"左言右事"的制度,让专人把君主的一言一行记录下来,以备回查、执行、追责。所以大部分君主们为了不在史官笔头留下污点,总是谨言慎行。太史们也秉持忠实于事实的精神记录他们所经历的一切。齐国历史上曾发生这样一件事。齐庄公荒淫无度,被大臣崔杼击杀。太史秉笔直书"崔杼弑庄公"。崔杼要求太史将这一事件改写为庄公暴病而亡。太史不从。崔杼连杀三位太史,第四位太史仍不从,崔杼只得作罢。可见"左言右事"制度在国家治理中占据多么重要的位置,也可见中国历史上的史官们记史的严谨程度,更可见中国历史是非常可信的。西方人提出了"信史"一说,这样的历史其作用不单单是为了记录本身,更大的功能在于参与国家治理,即用历史记录规范君王、臣僚的行为。按照西方叙事框架,最早的苏美尔泥版上的楔形文字主要是用于计算、神庙记账、私人间签署经济契约,这也可以被看作一种记事,其目的应该是帮助自己有效地管理物资、处理人际关系。很明显,这种功能的国家治理属性比起中国早期文字要逊色很多。早期文字的第二种功能是祭祀,这种功能可能比其他功能更加直接。这一点可以从安阳殷墟发掘出来的甲骨文中得到印证。殷墟迄今发现的10多万片甲骨中,基本都是关于商王室占卜记录,因此甲骨文也被称为"契文"和"甲骨卜辞"。那么为什么说这种文字具有政治属性呢?那是因为在商周甚至更早时期,祭祀是一项非常重要的国家大事,所谓"国之大事,唯祀与戎","祀"是一种国家礼制,也是君王管理国家的重要手段。国家有重大行动,或在规定时间点,都会举行占卜活动,问筮于天,告慰于祖。文字充当一种通天达地的媒介。精通文字并掌握使用文字的秘密和权力的只有一少部分人,甚至可能只有极个别人,这些人有可能是掌握政治权力的君王自己,也可能是掌握神权的专业人士。总之,在那个时期,文字不是一种大众化的媒介,而只是隶属于统治者、发挥特殊用途的符号。从符号论的角度看,我们也

---

① 哈弗洛克. 柏拉图导论[M]. 何道宽,译. 北京:中国大百科全书出版社,2023:80.
② 德布雷. 普通媒介学教程[M]. 陈卫星,译. 北京:清华大学出版社,2014:291.

就可以理解为何在贾湖遗址、双墩遗址、陶寺遗址、半坡遗址等古迹中都发现了或多或少"刻符"的现象。很多历史学家和考古学家试图破译这些刻符，这可能在很大程度上是一种徒劳之举。因为这些作为甲骨文前身的刻符的出现并不一定要具备文字的能指和所指意义，它们只是一些占卜者用来联系神灵的符号。当然，尽管文字的前身不具有能指和所指意义，但它们作为符号已经开始发挥其政治功能——确立了占卜者的政治核心地位，也确立了这些符号的神秘政治属性。

神秘性始终是政治的重要属性之一。中国历史上最典型的神秘政治模式是"谶纬"。谶纬是中国古代谶书和纬书的合称。现代汉语词典将"谶"解释为秦汉间巫师、方士编造的预示吉凶的隐语。有人解释广义上的"谶"是指一切符命占验之书，狭义上则专指《河图》《洛书》。[①]"纬"指汉代神学迷信附会儒家经义的一类书。"纬，围也，反复围绕，以成经也"[②]，"纬"被认为是"经之支流，衍及旁义"[③]，说明其与儒家经学有着阐释、依傍的紧密关系。历史上有过很多"谶纬事件"。公元前209年，陈胜、吴广起义之前决定先占卜，占卜师暗示他们要利用鬼神之说来进行政治动员，于是在布帛上写下"陈胜王"三字并置于鱼腹中，随后吴广又跑到树林间的小庙，假装狐狸嗥叫："大楚兴，陈胜王。"此后周边士卒一传十、十传百，个个都认为陈胜将成为新一任君王，于是心甘情愿跟随陈胜、吴广揭竿而起。这是典型的利用谶纬之说为自己挑战统治者权威而寻找理由的事例。历史上，几乎每一次政变和起义，举事者都会寻求理论上的支持。而所说的理论不外乎一种神秘的说辞。这些说辞要么以童谣、歌词广为传诵，要么以文字、图像等形式展示于世人，皆因其有传播性和隐蔽性。类似的事例被记录于各个时期的典籍之中。除中国外，外国历史文献中也有大量的神秘政治现象。《荷马史诗》无论其真伪，都以神话形式阐释了很多政治理念。这引出了神话与政治的关系问题。神话本身就是一种媒介，而它一般用于解释某个民族的创世记和正当性。古罗马神话讲述罗慕路斯和雷慕斯被母狼保护、喂养成人，最终创立罗马。如此一来就建构起了罗马的源头，也建构起了罗马的狼性文化。这些文化催生了现代西方的隐喻学。尽管西方学者把隐喻这个概念以及隐喻学知识体系的源头再次回溯到古希腊，但假托古人的痕迹还是非常明显的。按照他们"记录"下来的亚里士多德的定义，"隐喻是'借用的词来转义另一个词'……使用隐喻的最基本目的是以相似性为基础，借用A（喻体）的意涵和结构进行比拟或类比，以期更准确地理解B（本体）"。隐喻给西方人提供了一种神秘文化，那就是用词语制造政治神秘主义，或者在身陷某种语义危机时给自己找到脱身之计。[④]

---

① 贾立霞. 谶书和纬书的产生[J]. 管子学刊，2003（1）：76.
② 刘熙. 释名[M]. 北京：中华书局，2016：91.
③ 永瑢. 四库全书总目[M]. 北京：中华书局，1965：47.
④ 布鲁门贝格. 隐喻学范式[M]. 李贯峰，译. 上海：东方出版中心. 2023：7-8.

国家治理无法离开传播和媒介。传播系统是国家治理系统的重要组成部分。无论在古代还是当代都如此。国家传播系统除了利用一般意义上的信息媒介建立的传播组织、开展的传播活动，还需要具备各种"媒介的媒介"，也就是容纳、承载媒介的基础设施和完成信息位移的全部系统，这涉及交通、邮政、电信等领域。中国在古代已经建立起大大小小的交通干道和枢纽，与之配套的是成熟的邮驿制度。今天我们看到高速公路每隔50—100公里会设置一个服务区，这种制度和模式其实在中国古代就已经被发明了。正如本书第五章引用过的《周礼》："凡国野之道，十里有庐，庐有饮食；三十里有宿，宿有路室，路室有委。五十里有市，市有候馆，候馆有积。"民国时期著名的中国交通史研究者白寿彝先生研究发现这种置邮和传舍制度完全是为了发挥政治和军事作用，是为了迅速传达信息。①

信息公开和信息传报制度最迟在汉代已经建立，唐朝时有了正式的"报纸"——进奏院状，宋代发展成为邸报，一直延续到清代。邸报的目的就是及时向各级管理机构传报皇帝谕旨、宫廷消息、官员动态、军事活动、臣僚奏疏和农事、天象、灾害、社会等"新闻"，为的是让各级管理阶层及时获取信息，有效应对各种情况，提高治理水平。可以说，这种邸报制度的政治意识是非常强烈的，在维护当朝统治方面发挥了重大的作用。元代没有继承邸报制度，原因是元朝统治者官方语言改用蒙语，而汉族官员和以汉人为多数的社会又都使用汉语，上下无法形成统一的信息机制，各级官员之间的信息交流严重受阻，社会共识自然也难以形成。元朝仅仅维持不到百年就灭亡了，其背后是不是有此因素，也许不能排除这种可能性。如此，正好从反面说明信息传播在国家政治中的重要性。

事实证明，在现代国家的形成过程中，传播扮演过十分重要的角色。传播一直在塑造着时代和国家形态。金属活字印刷术出现后，《圣经》等宣传资料的复制效率提升，基督教宣传走向大众化，欧洲宗教革命走向深处。印刷术既带动了欧洲的产业变革，也促进了知识的推广，培养了城市居民的市民精神，建构了资本主义的公共领域。这一切为17世纪资产阶级革命的到来奠定了思想基础，准备了精神动力。"印刷资本主义"又构筑起关于民族国家（即主权国家）的"想象共同体"。随着国家意识的加强，欧洲列强之间的竞争愈发激烈，战争不断发生，欧洲国际秩序不断裂变，从威斯特伐利亚体系到维也纳体系，从维也纳体系到凡尔赛—华盛顿体系，再从凡尔赛—华盛顿体系到雅尔塔体系，国际秩序的裂变节奏不断加快。在这个过程中，传播继续展开它的本色演出。

传播对国际政治的影响体现在两方面。一方面从传播媒介说起。从历史走向来

---

① 白寿彝. 中国交通史[M]. 长沙：岳麓书社，2011：25-26.

看，媒介在不同的历史时期总会表现出新的形式。比如16世纪前后，媒介发展以印刷术为重要标志；18世纪开始，成熟的新闻行业开始主宰信息传播领域；19世纪工业革命推动了电力技术的发明；20世纪新的电子媒介广播、电视相继诞生；20世纪末到21世纪，人类社会已经相继走过互联网时代、数字时代，正在大踏步地走向人工智能时代和被解读为深度互联网的元宇宙时代。但实际上，调转方向，把媒介的变革看作原因，而把时代变化看作结果，我们能够更透彻地看清媒介与社会变革以及国际政治变化之间的因果联系。用有的学者的话说，"每一种重要传播技术，都与社会变迁息息相关"①。印刷业的出现间接地导致了资本主义的兴起，新闻业的成熟在美国等西方发达国家构建起一种多种力量相互制衡的政治格局，电报等电子媒介的发明让地球成为一个"村落"，广播和电视彻底改变了人类的生活方式——包括政治生活，互联网和数字技术正在实现万物互联和万界互联，正在形成的元宇宙媒介域则把现实世界（物质世界）和虚拟世界（精神世界）合二为一——政治形态在这种新的传播环境下即将发生新的裂变。另一方面，从传播内容、传播机制和传播过程说起。19世纪电子媒介发明以后，地球村逐渐形成，西方殖民主义者的宗主国和殖民地之间的联系也进一步加强，这直接促成了现代国际传播的出现。按照屠苏等人的理解，国际传播是电报、通讯社和广播的产物。从1835年到1851年，法国哈瓦斯社（法新社前身）（1835年）、德国沃尔夫社（1849年）和英国路透社（1851年）相继成立。欧洲三大通讯社先后于1870年和1890年签署协议，对遍布几大洲的世界新闻市场进行瓜分。1906年在柏林举行的国际无线电电报大会建立了无线电频率分配制度，主要资本主义国家获得优先权。1927年美国颁布《无线电法》，无线电行业的商业性被确立，在影响不断扩大的情况下，无线电在国际关系中的媒介角色也获得认可。同年，英国广播公司（BBC）创立，它与英国王室和英国政府之间建立了一种奇怪的"独立—依附"关系，并在随后的岁月中成为国际政治领域中一种独特的存在。国际传播的出现适逢国际关系紧张之时，也进一步恶化了帝国主义国家之间的紧张关系。"一战""二战"期间，国际传播有力地配合了各参战国在"第二战线"的竞争和冲突。在"魔弹论"的指导下，主要的世界大国把国际传播用作主要的竞争手段，直至"二战"结束后，美国在东西两大阵营之间挑起"冷战"。"国际传播理论成为新型冷战话语的一部分。"②需要点明的是，"一战"之后在学术界出现了一种奇特的默契，那就是以美国经验派为代表的传播学从社会学中独立出来，与此同时，国际关系专业也以教席形式在英国大学中得以设立。这看似没有关系的两种专业的同时出

---

① 陈世敏. 大众传播与社会变迁［M］. 台北：三民书局，1994：3.
② 屠苏. 国际传播：沿袭与流变［M］. 胡春阳，姚朵仪，译. 上海：复旦大学出版社，2022：42.

现，似乎只是一种巧合，但实际上它意味着国际政治正在以一种统治性的形象出现在世人面前，而传播则作为一种独立力量从政治中分离出来。国家传播力、国家形象、全球化、互联网政治、全球治理等一系列的主题纷纷从传播与政治的碰撞中不断裂变出来。

传播和国际政治之间的关系本质上是一种互动关系。在这种关系中，传播不是恒定不变的主导力量，很多时候国际政治也对传播产生影响、提出要求。比如，国际政治寻求在各个领域的渗透，以便通过空间性扩张，补偿其在传统领域的有限能力。几乎每一个领域都能成为国家竞争的竞技场，或者说在新的媒介域时代，竞争是全方位的，竞争无处不在。这一点从21世纪头20年美国对中国全面遏制战略可以管中窥豹。在所有的竞争领域中，围绕新的媒介域——互联网、数字技术、人工智能、芯片技术等展开的竞争异常激烈。事实上，各方都把这一领域的争夺看作决定国运的最后一搏。传播领域、媒介技术领域不知不觉地变成了国际政治最核心的战场。这一方面是国际政治无所不在而导致的，另一方面说明传播、媒介以及退隐其后的技术、思想等确实在国际竞争中占据重要的位置，而且越来越被重视。从这一点上说，媒介唯物史观、技术决定思想、恢复主体意识等无论怎样强调都不为过，因为这些思想所反映的传播与历史、社会的关系，从古至今，贯彻始终。再比如，任何一种传播媒介注定会构成自身的政治，这是政治无所不在的表现。印刷时代有"印刷资本主义"，电子媒介时代有"媒介帝国主义"，信息时代有"信息地缘政治学"[1]，互联网时代有"互联网政治学"[2]。正所谓"政治统摄传播"[3]。这句话的具体解释是，"当我们认为传播过程受制于所传播的内容，而传播的内容即'信息'的内涵是人类社会性本质的具体生成与展开的时候，传播本质中的政治要素便凸显出来"[4]。因此，传播过程"正是一个传播的内容不断地'社会化'的过程，也是一个传播在社会化过程中不断'政治化'的过程。"[5] 传播注定具有政治属性，而政治也注定统治传播领域。用美国的对外政策决策机制最能说明问题。媒体虽然以"第四权力"自居，似乎能够跳脱对外政策实施监督作用，但实际上它是整个对外政策的一环。媒体不仅不能采取孤立主义态度，还必须积极配合美国的对外政策。这种"游戏规则"是对外政策的政治性质所决定的，它同时决定了媒体的身份和归宿。

---

[1] 席勒. 信息资本主义的兴起与扩张：网络与尼克松时代［M］. 翟秀凤，译. 北京：北京大学出版社，2018.
[2] 查德威克. 互联网政治学：国家、公民与新传播技术［M］. 任孟山，译. 北京：华夏出版社，2010.
[3] 荆学民. 政治传播简明原理［M］. 北京：中国传媒大学出版社，2015：17-20.
[4] 荆学民. 政治传播简明原理［M］. 北京：中国传媒大学出版社，2015：19.
[5] 荆学民. 政治传播简明原理［M］. 北京：中国传媒大学出版社，2015：19.

二、传播与外交

从字面看,传播与外交都有交流、交往的含义,但当这二者发生接触时不能被看作一种回归和重合。因为传播是有关信息、人的互动,而外交则是国与国的互动。当然,信息传播和人际交往也会涉及外交问题,而国与国的互动也可能是有关传播的。在进一步了解二者关系之前,首先来了解一番外交的含义和历史。美国国际关系学者汉得森(Conway Henderson)对外交的解释是,"外交是各国通过正式承认的国家代表与其他国家进行沟通交流的过程"①。定义包含了两个层面的含义。一,外交是一种沟通交流;二,这种沟通交流发生在国家之间,一般要通过外交代表来进行。汉得森认为外交的价值就是"沟通和协商",通过沟通、协商,促进彼此关系,加强相互了解,解决一切争端,规避可能的冲突、矛盾和战争。当然也有其他的定义,各自侧重点不同。有人强调外交的技术性,"外交是机智处理各独立国家的政府之间的官方关系";②有人强调外交的政治属性,"外交是指一个国家或一个国家集团同外界打交道时的政治";③还有人把外交直接等同于对外政策或对外政策的执行过程。和汉得森所提到的沟通交流功能相比,拉西特(Bruce Russett)和斯塔尔(Harvey Starr)给外交规定的5种功能似乎是对"沟通与交流"的进一步阐释:(1)处理冲突;(2)解决两个或多个政府之间的问题;(3)就一系列广泛的问题上扩大、便利跨文化的信息交流;(4)就特定的问题、条约和协议谈判和讨价还价;(5)贯彻执行一国政府对另一国家的总体外交规划。④

据说,现代外交起始于15世纪的意大利各城邦国家。1455年米兰公爵被当作常驻使节派往热那亚,成为所谓的第一个常驻使节。此后派出常驻代表就成为沟通国家间关系的常规办法。著名的佛罗伦萨政治学家马基雅维利就曾作为外交使节被派驻法国等地。1626年法国重臣黎塞留首次创办外交部。拿破仑战争期间,普鲁士的俾斯麦(Otto E. L. von Bismarck)、奥地利的梅特涅(Klemens von Metternich)等权臣已经能够很娴熟地运用外交手段。1815年维也纳和会签署"关于外交代表等级的章程"⑤,把外交代表分为三级,并规定其权限,这成为欧洲历史上第一个明确的外交法律文件。随着资本主义和殖民主义向全球蔓延,西方外交作为西方政治的一部分也逐步推广到世

---

① 汉得森.国际关系:世纪之交的冲突与合作[M].金帆,译.海口:海南出版社,三环出版社,2004:187.
② 鲁毅,黄金祺,王德仁,等.外交学概论[M].北京:世界知识出版社,2004:2.
③ 陈乐民,等.西方外交思想史[M].北京:中国社会科学出版社,1995:2.
④ 拉西特,斯塔尔.世界政治[M].王玉珍,译.北京:华夏出版社,2001:135.
⑤ 国际条约集(1648-1871)[M].北京:世界知识出版社,1984:278-279.

界各地，成为一种全球性的制度和文化。

理论上讲，外交是相对于国际和国际体系而言的，因此各文明在进入古国时期和城邦国家时期时就已经展开外交活动了。中国很早就进入古国时期、城邦国家时期，春秋战国时期最先进入君权国家时期，邦国林立，诸侯混战，因此中国人很早就已经掌握各种外交技巧，并且发展出很多沿用至今的外交思想。中国由于有成熟的文字、记录传统，所以中国先人们能够把外交活动记录下来，并从中提炼经验和思想，形成一套丰富的外交技巧和理论。仅从这一点可以看出，外交其实是文明高度发展的产物，是对文字、知识、思想等精神产物高度依附的现象。任何理论都需要文字的支持，单纯依靠口语、无文字的集体记忆，是不会有什么系统思维的，更不会升华为理论。鉴于此，中华历史上的外交活动和外交思想、外交理论都是高度可信的历史，是华夏历史的重要组成部分。

根据《周礼》《春秋》《左传》等文献记载，夏商周各个朝代的天子和诸侯、诸侯与诸侯、天子及诸侯与其他文明群体之间交往时已经开始遵守某种规约。比较明确的是，周朝为此制定了一整套成熟的礼制。周朝设立了大宗伯、小宗伯、司市、司门、象胥等官职，分别掌管外事往来、外商外贸、关税和翻译等事宜。春秋时期，周王室衰微，诸侯强盛。诸侯之间为了彼此制衡，进一步规范各自外交行为，形成了礼、信、敬、义等外交规则。所谓礼，即遵守公认的外交规则和公理；信，即信守诺言，一旦作出决定就要遵守；敬，即遵守相关礼仪，尊重使节（如"两国交战，不斩来使"）；义，即使交战也强调先礼后兵。外交使节按照出使使命分为会盟之专使、聘问通好之使、通命示警之使、庆贺吊丧之使，由君主任命，代表国家处理外交。这一时期，类似国际会议的"会"和类似缔结条约的"盟"被频繁使用，《春秋》记盟105起，记会156例；《左传》记盟160起。① 最典型的会盟有"葵丘会盟""践土会盟""黄池会盟""徐州会盟"等。出土于山西侯马的"侯马盟约"证明了当年诸侯会盟外交的真实性。"侯马盟书"书写在片状玉石上，记录了晋国主公与卿大夫之间盟誓的文书内容。这一发现也印证了中国古代文献的真实性。《周礼·司盟》开篇讲"司盟掌盟载之法"，汉代郑玄在其下注解道："载，盟辞也，盟者书其辞于策，杀牲取血，坎其牲，加书于上而埋之，谓之载书。"② 一物一书，物书互证，足见中国古代外交历史之真实性。中国先人还在外交实践基础上总结出大量的外交理念和外交思想，诸如"远交近攻""合纵连横""先礼后兵""唇亡齿寒""歃血为盟""得道多助，失道寡助"等，为后世留下了宝贵的外交经验。

---

① 鲁毅，黄金祺，王德仁，等.外交学概论[M].北京：世界知识出版社，2004：19-21.
② 孙诒让.周礼正义[M].北京：中华书局出版社，1987.

外交并不意味着一团和气和相安无事，外交背后涌动着各种阴谋和对抗。"外交战线"一词说明外交领域充满了各种思想的、精神的、言论的冲突。这些冲突首先表现为语言的冲突和文字的冲突，然后才可能转变为最后通牒、绝交等外交硬行动，直至武装冲突。无缘无故、不宣而战的现象很少，当战争发生时，意味着战争双方已经在宣传上、外交上对抗多时。电子媒介诞生以后，缩小了全球范围内的空间距离，加快了信息传播的速度，为外交、国际政治提供了强有力的"媒介武器"。外交斗争扩散到舆论空间、新闻报道过程，出现了新型的"传媒外交"，再一次拓展了国际政治的领地。"传媒外交"有多种特征。首先是传播已经成为外交的重要组成部分。尽管有外交使馆和驻外使节，但是政府与政府之间的"热线"和通过媒体"隔空喊话"的机制也不可缺少。外交部门的新闻发言人制度已经成为现代政府主动、快速向外界通报外交政策、应对紧急危机的渠道。在互联网时代和社交媒体时代，媒介普及改变了传统外交的成员身份，很多个人积极参与各种国际关系活动，特别是"网友"们在各大社交平台上剧烈冲突，形成了一个新的外交舆论场。其次是传播成为国际舆论对抗的主要手段和依托。在"冷战"期间，国际广播、电视转播、报纸社论都成为开展舆论对抗、阐述对外政策的有效手段。美国政府和许多研究人员深信苏联解体、东欧剧变之所以成功，很大程度得益于美国和西方国家通过各种媒介工具持久开展的心理战、宣传战和认知战。这种认识来源于这样的信条："通过媒介能影响政治议程和舆论导向，能影响国内政治和决策过程。"① 在中苏关系紧张期间，双方通过媒体不仅进行广播攻防，还在报纸杂志上展开长期的思想交锋和理论批判。最典型的案例是"十年论战"。1953年苏共"二十大"后，中苏关系急剧恶化。1956年4月《人民日报》发表《论无产阶级专政的历史经验》社论，苏联方面也以社论方式回应。此后的十年间，双方唇枪舌剑、你来我往，围绕无产阶级、社会主义、帝国主义和修正主义等话题展开激烈的"口舌之战"②。这期间，从1963年9月到1964年7月，《人民日报》和《红旗》杂志9次发表社论，评论批驳苏共中央的公开信，史称"九评"。中苏"十年论战"已成舆论对抗的历史经典，也显示了传播媒介在外交关系中的分量。此外，传播与外交政策形成了你中有我、我中有你的相互依存关系，美国学者罗赛蒂（Jerel A.Rosati）称其为"媒介政治学"。他用美国案例说明媒介政治学有三种模式。第一，政府—新闻媒介是非常密切的共生关系。新闻事业的本质和美国社会的政治环境使新闻媒介更多地依赖于政府。同时，政府也变得越来越有求于新闻媒介。第二，政府在促成积极的新闻报道方面有许多有利条件，特别是在新一届政府初期、危机期间、政府合法性和支持

---

① 罗赛蒂.美国对外政策的政治学[M].周启鹏，等译.北京：世界知识出版社，1997：482.
② 借鉴自美国学者肯尼斯·伯克的书 *The War of Words*。中译本名称为"词语的战争"。

率处于最高峰时。第三，越南战争以后，总统及政府不能像以前那样左右和影响新闻报道了，但同时又有不同的个人、集团竞相接近和影响新闻媒介，从而影响美国的国内政治和决策过程。① 很显然，作为"冷战产物"，罗赛蒂的观点已经有些过时了，今天的美国媒体和决策者之间的关系已经悄然发生变化，它们在外交决策和外交行动方面更多的是态度一致和相互呼应。这一方面是因为政府以及决策层更加强势，它们会主动给媒体设置议程和叙事框架，"政府机构给媒体设置了框架，而媒体又将框架传达给受众"②；另一方面则是因为在"政治正确"思维习惯和新麦卡锡主义的施压下，新闻媒体主动"委身"于美国的对外政策和国际战略。说彻底了，"国家仍然是通过传播活动决定权力关系的关键角色"③。把这句话放在历史的长河中充当判断以上各种关系的标尺，都不算过分。

三、媒介化政治

传播与政治的关系不仅仅表现为传播对政治诸方面的影响，也表现为政治诸方面对传播的规制、塑造等。美国学者哈林（Daniel C. Hallin）和意大利学者曼奇尼（Paolo Mancini）在他们合著的《比较媒介研究》一书中深入探讨了媒介与政治结构的关系，指出不仅媒介为政党、政治"法团"（组织）、政府及国家提供了发挥自身功能的工具，更为重要的是政党、组织、政府和国家都在组建、拉拢、渗透媒介，即使在新闻高度"自由"的"北大西洋模式"之下，政治结构也在不断地对媒介进行规制、塑造。仅以国家为例，哈林和曼奇尼说，"国家与媒介之间的关系不仅事关管制、津贴和国家所有权。它还涉及信息流动——包括图像、符号和诠释框架。在这个领域中，不很明晰的是自由主义国家中媒介与国家的分离是否更甚于再次研究的其他两种体制（作者注：指北大西洋自由主义之外的地中海极化多元主义和北欧法团主义），尽管自由主义国家的修辞倾向于强调媒介与国家之间的对立关系，并且国家作为监管者、出资者和所有者的正式角色受到多于其他体制的限制，但是强调以下这一点是重要的：这未必意味着国家对新闻制作过程影响较小"④。这证明传播与政治之间的关系不是单向的，而是双向的，它们彼此互相影响，互相塑造。

在互联网、数字媒介、AI技术等主导的元宇宙媒介域、传播场，我们的生活世界

---

① 罗赛蒂. 美国对外政策的政治学 [M]. 周启鹏，等译. 北京：世界知识出版社，1997：487-488.
② 卡斯特. 传播力 [M]. 汤景泰，星辰，译. 北京：社会科学文献出版社，2018：138. 卡斯特框架理论即预先设置好的议程和叙事框架，包括"爱国主义框架""拯救框架""自卫框架""冲突框架""战争框架""胜利框架"等，媒体每一次的报道口径是政府预先设置好的某种框架。
③ 卡斯特. 传播力 [M]. 汤景泰，星辰，译. 北京：社会科学文献出版社，2018：213.
④ 哈林，曼奇尼. 比较媒体体制——媒介与政治的三种模式 [M]. 北京：中国人民大学出版社，2012：230.

的每一个领域都已经进入了新的场景，而每一个人也都被带到了新世界的舞台。没有中心，也没有边缘；没有高级，也没有低级；没有主动，也没有被动。这个时代的世界才是后现代主义所界定的"媒介化世界"："本体论的分野正在这个世界中崩塌，即事实与虚构、自然与文化、全球与地区、科学与艺术、科技与人文之间的差异。"① 人类存在于一个浑然不觉的巨型传播结构——堆栈巨结构（megastructure）中，（个人）用户、（媒介）界面、（虚拟）地址、（居住）城市、（数据）云端、（生存）大地共同构成一个"可编程的世界"。② 在这个结构中，人与传播，与政治，都已经浑然一体，形成新的技术主体和媒介政治。每一种媒介技术都会影响人的行为习惯，都会形成同时代人的一种技术观，这种技术观又会影响、形成人们的世界观、价值观和政治观。语言时代，人类仍处于氏族部落时期，或者刚刚进入古城、古国时期，剥削、镇压、统治都没有成为意识，人类社会是一种相对平等的社会。文字时代，国家出现，阶级分明，财富不均，媒介等国家机器掌握在极少数人手里，社会注定是一种高度垄断的社会。印刷机械时代，人们努力建设一个井然有序的社会。电子媒介时代，整个地球被浓缩为一个统一空间，国际社会形成一个完整的体系，国家之间、个人之间的依存度不断加强。原来老死不相往来的状态彻底改变成为"城门失火，殃及池鱼"的共生关系。互联网时代，人们一方面荣辱与共，另一方面又为自己的个体主义寻找无限可能——替换成丹麦学者夏瓦的话就是"媒介化刺激了基于弱社会联系的软性个人主义的发展"。③ 互联网提供了一种相互矛盾的生存环境，深度互联网状态的元宇宙所强调的虚拟现实更是把"虚拟"和"现实"两种完全相悖的景观拼接成一个整体。互联网政治远不止这一种特征，查德威克（Andrew Chadwick）在21世纪之初将其扩充为8个方面的主题：（1）去中心化；（2）参与；（3）社团；（4）全球化；（5）后工业化；（6）理性主义；（7）治理；（8）自由主义。今天，在元宇宙时代，政治的这些主题将随之改变为：多中心化、自在（天然的在场）、后人类、堆栈化、后信息化或后数字化、随性主义、参与式治理、责任意识。著名的后现代主义者（或后结构主义者）鲍德里亚（Jean Baudrillard）认为媒介构建了"超现实"（hyperreality），"它保留了传统生产的所有特征和全部话语，但它不再是任何东西，只是其缩小的折射（因此，超现实主义者固定了一种现实，其所有意义和魅力、所有表现的深度和能量都在幻觉般的相似中消失了）"④。夏瓦解释："我们对现实的认知和建构以及行为，始于媒介化（mediatization）

---

① 夏瓦.文化与社会的媒介化[M].刘君，译.上海：复旦大学出版社，2018：19.
② 亚卡托.数据时代：可编程未来的哲学指南[M].何道宽，译.北京：中国大百科全书出版社，2021：111-113.
③ 夏瓦.文化与社会的媒介化[M].刘君，译.上海：复旦大学出版社，2018：141.
④ BAUDRILLARD, J. Simulacra and simulation[M]. Michigan：University of Michigan Press，1994：25.

的表征,并由媒介引导。"①事实是直到深度互联网化的元宇宙时代,这种"超现实"才成为现实,它真正能够做到从现实出发,站在现实的大地上,保留现实,高于现实,又随时可以在现实与虚拟之间穿行。由此,不能算是"超现实",而仅仅是"去现实"。这是一种最高阶的媒介化生存,也是最高阶的媒介化政治。

和媒介化社会、媒介化生存等概念相比,夏瓦认为媒介化政治概念出现得似乎更早,瑞典媒介学者肯特·阿斯普(Kent Asp)最早提出了"政治生活媒介化"概念。瑞典另一名媒介学者斯通贝克(Jesper Strömbäck,另译为"斯托姆巴克")把政治媒介化分为四个方面。第一个方面是媒体在多大程度上构成了有关政治和社会的最重要或最主要的信息来源。第二个方面是媒体的管理问题,媒体独立于政治机构的程度。第三个方面是媒体内容受政治逻辑或媒体逻辑支配的程度。第四个方面是政治行为者受政治逻辑或媒体逻辑支配的程度。②这四个方面几乎把现代媒介(或传播)与现代政治之间可能存在的互动关系一网打尽了,从一定程度上再次证明了媒介与政治有密不可分的关系,这是我们前述古代的媒介或传播与政治关系的延续。

政治媒介化、媒介化政治和媒介政治化彼此之间可能会有一些细微的差别,但是它们都揭示了一个事实,那就是我们自始至终都生存在媒介与政治相互交织、影响的状态之中。虽然说政治开启于国家形成之时,但并不是说政治只能是国家的属性。当政治自成一体后,它就成为所有主体的属性。用另外一个术语讲就是"媒介仪式"(media rituals)。媒介仪式或传播仪式理论一般认为开始于詹姆斯·凯瑞。从凯瑞提出"仪式观传播"之后,罗滕比勒(E. W. Rothenbuhler)创作了《仪式传播》,戴扬和卡茨(D. Dayan & E. Katz)提出了"媒介事件"概念,而英国学者库尔德里(Nick Couldry)的《媒介仪式》则是相关研究的一个阶段性完结。罗滕比勒的《仪式传播》被看作仪式和传播之间的一般化研究。戴扬和卡茨的《媒介事件》是电视统治媒介领域时代的产物,他们所关注的电视镜头下的各种"媒介事件"被归纳为"竞赛""征服""加冕"三种叙事方式或"权威模式"③,这三种叙事方式都是一种仪式——事件本身以一种仪式被播出,观众又以一种仪式化的方式收看节目。最后通过多重仪式,事件本身变成了媒介事件,媒介随之被赋予权威。媒介事件因此被定义为:"我们面对的是仪式性的表演,而任何这样的表演都无法仅仅从其文本方面加以描述。仪式干扰了日常生活流程;仪式也恭恭敬敬地对待神圣的事物;仪式需要忠实观众的反应。"④库尔

---

① 夏瓦.文化与社会的媒介化[M].刘君,译.上海:复旦大学出版社,2018:19.
② STRÖMBÄCK J. Four phases of mediatization: an analysis of the mediatization of politics [J]. International journal of press-politics, 2008.
③ 戴扬,卡茨.媒介事件:历史的现场直播[M].麻争旗,译.北京:北京广播学院出版社,2000:48.
④ 戴扬,卡茨.媒介事件:历史的现场直播[M].麻争旗,译.北京:北京广播学院出版社,2000:14.

德里把有关研究对象定名为"媒介仪式"。"媒介仪式是围绕关键的、与媒介相关的类别和边界组织起来的形式化的行为,其表演表达了更广义的与媒介有关的价值,或暗示着与这种价值的联系。"[①] 如果说凯瑞的仪式观传播是文化叙事的话,戴扬和卡茨以及库尔德里的媒介事件和媒介仪式完全是一种政治叙事。特别是后者挑明了媒介仪式就是要强调媒介是通向社会中心的门,甚至就是社会中心。中心代表了符号权力。媒介是一种符号资源,它的"集中化不仅仅影响我们做什么,而且影响我们描述社会本身的能力。它影响我们对社会中不平等,包括符号资源自身的不平等分配的感知。符号权力的集中,其本身既是事实,也影响所有社会事实的表现"[②]。但是,媒介事件和媒介仪式所强调的媒介逻辑是有限的,因为他们为媒介设定了一个"阈限",也就是像定义中所说的那样,给媒介仪式设定了一个发挥隔离作用的边界和框架,在媒介中才参与仪式,在媒介外无所谓媒介仪式。阈限、边界或框架"意味着仪式活动与日常活动的某种分离"[③]。这样一来,媒介只是一种特定的传播工具而已,媒介仪式只是暂时的状态,这与"媒介化"的意蕴根本不在一个层面。媒介化所强调的是"媒介无处不在",媒介的存在"成为社会和文化实践的一个结构性条件"[④],媒介仪式是人类整体的一种存在方式——因为我们无时无刻不在某种仪式之中。媒介仪式也罢,媒介化也罢,它们应该是人类社会的"元过程""元存在",应该是"超现实"。政治领域亦如此,因此才会有政治媒介化一说。至少在政治领域里,媒介从国家开始就是一种"元存在",它主导历史进入了一个政治化的"元过程"。

政治媒介化提醒我们的是,无论环境如何变化,无论主体如何变化,政治和信息都类似于空气,我们虽然感觉不到,但我们知道它就在我们的周围——就像鱼儿可能感觉不到水,但水就在那里,鱼就在水中。

第三节 传播与经济

一、关系探源

传播从何时起具有了经济的属性?或者说经济从何时起与传播建立了联系?这得从"经济"一词说起。

---

① 库尔德里. 媒介仪式:一种批判的视角 [M]. 崔玺,译. 北京:中国人民大学出版社,2016:33.
② 库尔德里. 媒介仪式:一种批判的视角 [M]. 崔玺,译. 北京:中国人民大学出版社,2016:44.
③ 库尔德里. 媒介仪式:一种批判的视角 [M]. 崔玺,译. 北京:中国人民大学出版社,2016:36.
④ 夏瓦. 文化与社会的媒介化 [M]. 刘君,译. 上海:复旦大学出版社,2018:5.

"经济"的含义历来比较模糊。这个词最早出自《晋书·殷浩传》："足下沉积淹长，思综通练，起而明之，足以经济。"① 经济在这里有"经世济用"的含义。以后的隋、唐、宋、明、清等各代文献中都出现过这个词，分别表示治国才干、耗费少而收益多、财力物力等意义。按照西方解释，英文 economy 一词的词源出自古希腊文 οικονομία，表示"家政术"，οικος 为家庭的意思，νομος 是方法或者习惯的意思。古希腊哲学家色诺芬将其合起来表示"经济"。另外一种解释是，economy 中 eco 表示"家、居住区"，nom 表示"分配、管理"。

　　很少有人给经济下定义。今天有人说，"经济是人类有效利用资源的一个量度。换言之，经济就是人类利用自然资源和时间资源的有效性，是投资和经营决策的选择依据，是经济学研究的基础"② 但是这个定义距离人类早期的经济形态太远了，基本上不能反映人类早期的经济活动——而我们在这里首先要找到经济最早的模式。根据以上词语的来源看，早期的经济可以被看作人类物质生活资料的生产、管理、使用的过程总和。这层含义可以从 economy 的结构和古希腊词源看出来，更可以从汉语"经济"的最早含义中看出来。农业活动可以被看作最早的经济活动，随着合作的深化、智力的提升，清楚地进行交流成为迫切之需。9 000 年前中国辽河地区的古人们率先发明了语言，这可以说是经济与传播建立关系的最早案例。

　　经济的进一步发展得益于生产活动的深化。农业产品有了富余，社会有了分工，商品出现了，商品的交换、交易也出现了，经济终于成为一个独特的、有了现代经济意义的领域。而这个时期正好是国家的形成时期，特别是城邦国家的形成时期。马克思和恩格斯在《德意志意识形态》一文中深入地分析了生产、分工、城市之间的关系。他们首先指出，"一个民族的生产力发展的水平，最明显地表现于该民族分工的发展程度。任何新的生产力，只要它不是迄今已知的生产力单纯的量的扩大（例如，开垦土地），都会引起分工的进一步发展。一个民族内部的分工，首先引起工商业劳动同农业劳动的分工，从而也引起城乡的分离和城乡利益的对立"③。马克思和恩格斯认为不同阶段的分工导致了三种所有制，第一种是部落所有制，第二种是古典古代的公社所有制和国家所有制，第三种是封建的或等级的所有制。在分析第二种所有制时，马克思和恩格斯指出，"这种所有制首先是由于几个部落通过契约或征服联合为一个城市而产生的"④。可见，国家所有制、国家是从城市和城市阶段的劳动分工中产生的。而鉴于国家和文字的因果关系，又可以说，文字和城市以及这个阶段的经济形态（劳动分工）共

---

① 房玄龄，等.晋书：第七册［M］.北京：中华书局，1974：2044.
② 张根林.经济的本质［M］.北京：北京理工大学出版社，2020：64.
③ 马克思，恩格斯.马克思恩格斯选集：第一卷［M］.北京：人民出版社，2012：147-148.
④ 马克思，恩格斯.马克思恩格斯选集：第一卷［M］.北京：人民出版社，2012：148.

同催生了国家。至于说文字和城市阶段的经济形态谁先谁后，这实际上可以从文字的功能中找到答案。文字有两种功能，一种是媒介本身的延展。随着劳动、生产等经济活动不断扩大、复杂、深入，语言已经不够用了，特别是在记忆和记录方面，语言的短板暴露无遗，能够长久保存信息和能够有高度区别、辨认度和变化规律的文字就提上了议事日程。从这方面说，文字也是经济的产物。另一种功能的解释是文字最初很可能是巫术、祭祀活动的产物，这一点可以从殷墟甲骨文的内容、贾湖等地刻符与祭祀设施的关系中窥探出一二。这样的文字只掌握在极少数人的手里，这些人和人群最后成为最早掌握文字知识的统治者和精英阶层。最后因文字而形成了局部的社会分工，再后来这种分工的职业裂痕逐渐加宽加大，形成了更大规模的"劳心者"阶层。因此从这个角度说，劳动分工导致的经济形态的变化又成为文字的产物。最后可以说，文字这种传播媒介和经济在各自诞生之初就建立了一种你中有我、我中有你、相互依存、相辅相成的关系。

根据西方历史叙事框架，苏美尔人最早进入国家文明状态，不仅建立起大大小小的城邦，还发明了楔形文字和泥板。西方人因为偶然在伊朗境内发现贝希斯敦铭文，并通过对照石壁上三种文字，对其互译，破译了苏美尔古文字。这个路径和古埃及象形文字的破译过程完全一致。根据麦克尼尔《西方的兴起》等西方著作的叙述，楔形文字除了用于书面沟通，还用于城邦间贸易活动，特别是用于记载神庙仓库物品进出、私人间的经济契约。这应该是国家历史上最早的关于传播与经济结合的事例。中国最早文字甲骨文的内容除了祭祀活动，也有关于生产、交易、分配等活动的记载，这一历史和苏美尔历史比起来确实比较晚，但它却是确凿无疑的，而苏美尔的泥板和楔形文字则一直饱受质疑。从符号学角度看，早在9 000年前的贾湖遗址的先人们就发明了文字形式的、抽象类的刻符技术，虽然至今没有被破译出来，但是从结构上看，它们和甲骨文非常相似，可以看出来彼此有延续性和继承性的关系。另外，既然已经摆脱了具象的图画形式，那么作为象形结构的刻符，一定在充当着某种标记、记载、传播功能的媒介。最神奇的是，这个遗址内还发现了丝织品残片、酿酒痕迹、种植水稻和养殖家畜、鱼类的痕迹。那么，这些刻符和生产劳动之间的关系是什么？是记录的媒介？还是丰收之余的精神产品？这些事物出现在同一个时空维度的遗址中，恐怕并不是偶然的相遇。按照媒介、传播与生产水平之间的常规逻辑关系，我们有理由对它们的关系产生联想。

汉字成熟之后，迅速和经济活动结合起来了，其主要的功能就是记录各种经济活动，以便积累信息、形成规范、参照行动，做到让人对所从事行为做到心中有数、言行有据。中国人早就养成了著书立论的习惯，历朝历代留下了大量的有关经济活动的典籍，如《商君书》《盐铁论》《氾胜之书》《齐民要术》《唐律疏议》《天工开物》《农政全书》等，记录了人口、农技、商业交易、市场管理等不同历史时期的社会经济发展状况。传统典籍如《管子》《周礼》《诗经》《史记》《汉书》等著作中也有大量经济活动的记载。考古发现，中国在经济记录和经济传播方面还有很多成就。西周青铜铭文中已经有大量关于田地、牲畜、器具等名称和数量的记录，而青铜器和青铜铭文本身就是文字、艺术、思维和经济活动高度结合的集中体现。1972年人们在山东发掘出土的银雀山汉墓竹简中发现《库法》《事法》《田法》《委织》等记述了土地、市廛、库藏、赋税等制度。1975年湖北睡虎地出土的秦简包含了《田律》《仓律》《金布律》《关市律》《徭律》《工律》等18种秦朝律令，涉及农业、仓库、贸易、徭役、手工业等方面。中国有关经济活动的各种文献典籍构成中国历史记录重要的一环，从侧面证明中国历史的无可置疑性，也给世界历史研究和人类社会演变研究提供了重要的参照。

不管怎么说，这类情况出现在城市之中，凸显了城市与媒介、社会分工之间关系的重要性。几乎重大的社会分工、经济变革都出现在城市；而媒介和传播重大的变化也发生在城市。纯粹的村庄生活留下的只能是集体记忆——一种"立足现在对过去的重构"①。纯粹个人的记忆无法作为过往事件的载体，尽管人们已经掌握了语言、概念和逻辑，但是按照法国社会学者哈布瓦赫（Maurice Halbwachs）的观点，记忆必须在社会交往中完成，"正是在一个或多个群体之中，集体记忆发挥着最重要的功能"②。就是说，人们一旦进入交往，记忆就变成了集体的产物。这是记忆能够在相当长时间内成为主要传播媒介的原因。"城市不仅仅是一种地理或生态单位，同时也是一种经济单位。"③城市也不仅仅生产经济产品，还生产精神产品，它生产了"所有伟大的文化"（斯宾格勒语），包括语言以及所有的媒介和具备了国家文明属性的一整套传播系统。

西方在1500年前后即将进入资本主义社会时正处于传播即将离开"记忆/记录时代"迈入"新闻时代"的阶段，传播与经济已经完全不能分离了。一方面，资本主义的形成得益于市场和语言等共同体的统一。列宁指出，"民族性、语言统一对于完全控制国内市场和经济流转的完全自由是一个重要因素"④。列宁又指出，"在全世界，资本主义彻底战胜封建主义的时代是同民族运动联系在一起的。这种运动的经济基础就是：为了使商品生产获得完全胜利，资产阶级必须夺得国内市场，必须使操同一种语言的人所居住的地域用国家形式统一起来，同时清除阻碍这种语言发展和阻碍把这种语言用文字固定下来的一切障碍。语言是人类最重要的交际手段；语言的统一和无阻碍的发展，是实现真正自由广泛的、适应现代资本主义的商业周转的最重要条件之一，

---

① 陈文玲. 村庄的记忆、舆论与秩序［M］. 北京：北京大学出版社，2016：42.
② 哈布瓦赫. 论集体记忆［M］. 毕然，郭金华，译. 上海：上海人民出版社，2002：95.
③ 帕克. 城市［M］. 杭苏红，译. 北京：商务印书馆，2020：6.
④ 列宁. 列宁全集：第24卷［M］. 北京：人民出版社，1990：288.

是使居民自由广泛地按各个阶级组合的最重要条件之一,最后是使市场同一切大大小小的业主、卖主和买主密切联系起来的条件"①。在这里,语言是一种泛指,它包括了言语、文字和相关系统。从中可知,没有传播和媒介所提供的支持,资本主义根本无法成为现实。另一方面,资本主义和新的经济制度也在重新塑造着传播媒介。马克思说过,"随着科学的进步,基本教育、知识等,阅读、书写、计算以及商业知识和语言知识等,就会越来越迅速地、容易地、普遍地、便宜地再生产出来"②。这意味着新的经济制度带来了科技的进步,包括媒介技术的进步,同时也促进了人才教育、知识传播、信息记录、数理计算等过程的生产和再生产。传播和媒介自身也成为生产、再生产的对象,成为产品和商品,正式被赋予了经济属性。

进入新闻时代早期,信息就成为商品。地中海地区的新闻纸之所以被称作"格塞塔",是因为"新闻"被当作交易的内容。金属活字印刷术被普及到欧洲、北美之后,一个新的行业——新闻业诞生了。有一群人专门从事新闻的"生产"和销售,还有一群人在这个链条的另一端成为消费者、受众群体,整个新闻业成为一个完整的产业闭环。在这种新产业的推动下,造纸、摄影、制图、报亭、广告等各种次生业态层出不穷。信息也变得一字千金。据说,罗斯柴尔德家族通过信息传送的时间差,在伦敦交易所行情变化之前提前获得有关信息,迅速决定购入或抛出股票,从中获利。电报作为新兴的媒介也因此站稳了脚跟,同时这还坚定了人们的决心,即继续开发能够更快传递信息的媒介和媒介技术。后来出现的各种新媒介基本上都是在此心理逻辑基础上不断得到拓展的。在北美,纸张、木材等成为大宗商品,伊尼斯本来是一名经济学者,也因此转而研究媒介,一举成名。

二、传媒经济

今天,包括传播内容产品和媒介产品等在内的文化产品早已成为商品。由此还产生了一门学科:传媒(媒介)经济学。按照这一学科的创始人美国学者罗伯特·皮卡德(Robert G. Picard)的解释,传媒经济学"关注和研究的是形形色色的媒介运营者如何在各种资源非常有限的前提下,满足受众、广告商在社会咨询与娱乐等方面的需求"③。在这一学科之下,传播产品和媒介产品的商品属性都被明确下来。"因为它(们)是劳动产品,在条件合适时就能够成为商品,从而具有商品的二重性——价值和使用

---

① 列宁. 列宁选集:第二卷[M]. 北京:人民出版社,1960:508.
② 马克思,恩格斯. 马克思恩格斯全集:第四十八卷[M]. 北京:人民出版社,1985:431.
③ 卜彦芳. 传媒经济理论[M]. 北京:中国广播电视出版社,2012:1.

价值。"①新闻信息服务之所以能够被列入文化产业，是因为新闻信息服务能够创造经济价值，无论是内容，还是媒介形式，都如此。世界上主要的几大工业化国家不仅在工业、农业等传统产业方面占据领先地位，在信息产业、媒介技术产业和新闻服务行业等方面都处于世界领先地位，这种重合并不是偶然，而是因为这些产业都是构成经济领域的重要组成部分。

事实上，对于传播媒介与经济之间的商业关系或产业关系早在20世纪中叶就被人发现了——对信息和语言开展经济学考察。1965年美国经济学者马尔萨克（Jacob Marschak）继"信息经济学"之后又提出了"语言经济学"概念。信息自然有其经济价值，那么语言的经济属性从何而来？马尔萨克认为，"经济学与探求语言的优化之间有着密切关系，语言作为人类经济活动中不可缺少的工具，也具有价值、效用、费用和收益等经济特性"②。这一理论特别体现在人力资本理论和教育经济学中。随着全球化和国际化程度的加深，主动获取语言技能被看作经济优势的来源之一，此外，因为语言的重要性被突出，有的人在语言上投入更多的资金，而有的人则从中获取收益。用有关专业理论表述，"语言经济学是采用经济学的理论、方法及工具，把语言和言语行为当作普遍存在的社会和经济现象来加以研究的一个经济学分支学科。它具有研究语言本身如何形成和演变，研究不同语言及其演变如何影响人们的经济行为，语言和人们的语言行为及语言政策与人力资本、就业、工资收入分配如何相关。无论对这一学科如何定位，语言经济学至少包括两个方面：一是经济活动对语言的影响；二是语言的经济力量，即语言行为是如何影响经济活动的"③。照此看来，几乎所有的媒介都可以被赋予商品属性或经济属性。而且，它们所占比例远超人们的想象。为此，美国学者波斯特（Mark Poster）根据美国将近50%的生产总值和工资来自信息商品及信息服务的生产、加工和分配得出经济已经变成信息经济的结论。④

有的时候，传播和媒介与经济的关系需要站在文化的高度才能看得更清。我们就从文化与资本的关系稍加解释。资本本来是经济学术语，是货币背后的实质，既代表"生产要素"，也代表"社会关系"。⑤资本和剩余价值是马克思的重大发现，法国著名的社会学者布尔迪厄（Pierre Bourdieu）继承了马克思的资本理论，又发展了这一理论。在布尔迪厄这里，资本不再只是一个经济学术语，而成为衡量一切有形之物和无形之物的标准。他把资本区分为经济资本、文化资本、社会资本和象征资本4种形式，

---

① 卜彦芳.传媒经济理论[M].北京：中国广播电视出版社，2012：9.
② 黄少安，张卫国，苏剑.语言经济学导论[M].北京：商务印书馆，2017：2.
③ 黄少安，张卫国，苏剑.语言经济学导论[M].北京：商务印书馆，2017：7-8.
④ 波斯特.信息方式：后结构主义与社会语境[M].范静晔，译.北京：商务印书馆，2014：34.
⑤ 宫留记.资本：社会实践工具——布尔迪厄的资本理论[M].郑州：河南大学出版社，2010：103.

"把资本概念扩展到所有的权力形式,不管它们是物质的、文化的、社会的还是象征性的"[①]。所谓经济资本就是马克思语境中的资本,是货币、债券、土地、牲口等有形财产。而布尔迪厄理论对资本的发展则体现在文化资本、社会资本和象征(或符号)资本几个概念上。布尔迪厄把资本分析的逻辑扩展到非经济的商品和服务上,这样就给除一般意义上的货币和财产资本之外的其他有形和无形的物质、事物等都赋予了资本属性。文化资本包括"语词能力、一般的文化意识、审美偏好、关于教学体系的信息以及教育文凭等"[②]。中外学者一致认为布尔迪厄的文化资本又包含三种状态。第一种是身体化状态,表现为相对于人这个行动者的秉性、才能、习惯等,具体形式有流利的言辞、审美趣味、教养、气质、领会能力等。第二种是客体化状态,指的是物化或对象化的文化财产,表现为文化商品,如音乐、画作、图书、电脑、文物等,可以被看作直接传达意义的媒介。第三种是制度化的状态,指的是由合法化、正当化制度所确认的各种资格,如文凭和从业资格证等。[③] 这些"文化资本正在变成越来越重要的新的社会分层的基础"[④]。社会资本"指的是人际关系网络,主体是日常生活实践的每一个行动者"[⑤],也就是说,"社会资本是行动者通过社会网络或团体所属的成员之间的关系而获得的资本"[⑥]。最后,象征资本被明确是一种合法化的权力,它来自"统治/被统治"结构关系中被统治者对统治者的认可,而这种认可通过一系列的符号以及由此带来的"符号权力"和"符号暴力"得到固化。它也因此被称作"符号资本"。符号系统通过认知、交往和社会分化几种作用在意识深处建构起它的资本地位。一句话,"统治的基本模式已经从赤裸裸的暴力与体罚威胁,转向符号操纵的形式"[⑦]。在维护社会不平等方面,经济权利在发挥作用,文化权利也在发挥作用。

在布尔迪厄的语境中,传播和媒介以及传播主体都属于资本,它们或者属于文化资本,或者属于社会资本,再或者属于象征资本或符号资本。无论属于哪种资本,它们都既有政治的属性,也有文化的属性,还有经济的属性。从源头上说,资本本来就是一种经济现象,因此资本范畴中的传播、媒介、传播内容、传播主体都兼具以上各种属性。

---

① 宫留记.资本:社会实践工具——布尔迪厄的资本理论[M].郑州:河南大学出版社,2010:39.
② 斯沃茨.文化与权力:布尔迪厄的社会学[M].陶东风,译.上海:上海世纪出版集团,2012:88.
③ 宫留记.资本:社会实践工具——布尔迪厄的资本理论[M].郑州:河南大学出版社,2010:134.
④ 斯沃茨.文化与权力:布尔迪厄的社会学[M].陶东风,译.上海:上海世纪出版集团,2012:88-89.
⑤ 宫留记.资本:社会实践工具——布尔迪厄的资本理论[M].郑州:河南大学出版社,2010:146.
⑥ 宫留记.资本:社会实践工具——布尔迪厄的资本理论[M].郑州:河南大学出版社,2010:147.
⑦ 斯沃茨.文化与权力:布尔迪厄的社会学[M].陶东风,译.上海:上海世纪出版集团,2012:96.

第四节 传播与军事

一、军事题材

军事是一个独立于政治、经济、文化之外的领域。这几个领域彼此并列。《现代汉语词典》中"军事"词条的解释很简单：与军队或战争有关的事情。[①]"360百科"的解释是："有关军队和战争的事情或事务。"汉语中最早都是单字用法，"军"从一开始就是军事的含义，《孙子兵法》中有关"军"的阐述比比皆是。"军事"作为复合词最早出自三国时期蜀国军师诸葛亮之口。他在北上汉中征讨曹魏之前上奏安排诸项事宜，谈到一人说："将军向宠，性行淑均，晓畅军事，试用于昔日，先帝称之曰能，是以众议举宠以为督。"[②]这篇奏折就是著名的《出师表》。晋朝陈寿在《三国志》中写道："有军事亦祭天，杀牛观蹄以占吉凶，蹄解者为凶，合者为吉。"[③]和"军""军事"通用的词语有"兵""戎""战争"等。《孙子兵法》开篇就讲："兵者，国之大事，死生之地，存亡之道，不可不察也。"[④]这里的"兵者"就是指军事。《左传》中的"国之大事，在祀与戎"，"戎"即军事。至于战争，自不必多言。军事其实包含了有关战争和非战两种相互独立状态下的各种具体情况。战争是军事的最高对立状态，非战虽然看似没有进入战争状态，但和战争有关的非战状态其实蕴含着战争的各种因素，如军队建设、紧张关系、战备、冲突、维持和平等。英语 millitary 的词源是拉丁语 mīles，表示"士兵"或"当兵"，后来发展出"冲突"和"战事"的含义。

在国际关系理论中，军事也罢，战争也罢，都以"冲突"现身。虽然它们含义相近或一致，还是需要单独解释一下"冲突"的概念。"冲突一词通常指的是这样一种情形：某一自我认同的人群（不论是部落群体、种族群体、具有相同语言的群体、具有相同文化的群体、宗教群体、社会经济群体、政治群体还是其他群体）有意识地反对一个或几个其他自我认同的人群，原因是它们追求的目标相互抵触或看上去相互抵触。"[⑤]美国学者刘易斯·科塞尔（Lewis A. Coser）认为冲突是"争夺价值以及稀有的地位、权力和资源的斗争。敌对双方的目标是压制、伤害或消灭对方"[⑥]。可知，国际层面

---

① 中国社会科学院语言研究所词典编辑室.现代汉语词典[M].北京：商务印书馆，2016：717.
② 陈寿撰，裴松之.三国志[M].北京：中华书局，2006：548.
③ 陈寿撰，裴松之.三国志[M].北京：中华书局，2006：502.
④ 孙子兵法[M].陈曦，译注.北京：中华书局，2011：2.
⑤ 普法尔茨格拉夫.争论中的国际关系理论[M].阎学通，等译.北京：世界知识出版社，2003：200.
⑥ 普法尔茨格拉夫.争论中的国际关系理论[M].阎学通，等译.北京：世界知识出版社，2003：200.

的冲突发生在群体之间，可以由土地、人口、资源、宗教、权力等引起，冲突的形式既可能是战争手段，也可能是态势上的压制，还可能是舆论、外交方面的伤害。

在多尔蒂等人看来，人类社会的冲突是一种常态。"在社会内部和社会之间，冲突是一种普遍和永恒的重复现象。它不一定是持续的，也不一定总是剧烈的。"① 冲突是早期人类的一种生活状态，这种情况从岩画图像、神话传说、古代文献等素材中能轻易获知，类似的证据比比皆是。岩画是迄今为止历史最悠久的传播媒介实物，在亚、非、欧、美、澳各大洲都有发现，中国内蒙古阴山、江苏连云港、宁夏贺兰山、广西花山、云南澜沧江等地都发现了大量上古时期的岩画，内容有动物、生产、捕猎、舞蹈、战斗、士兵等元素。战斗场景、俘虏敌人之所以和其他元素一起经常出现在岩画中，说明部落之间的冲突、战争是家常便饭。这种文化特征更多地保留在神话传说中。苏美尔的《吉尔伽美什》讲的是乌鲁克国王吉尔伽美什带领国人战胜恶魔的故事；古希腊《荷马史诗》的背景是特洛伊战争；古罗马文学中充斥着大量的战争故事，并设计了一个战神玛尔斯；《圣经·旧约》描述的是中东各民族之间旷日持久的争斗。在中国，各民族都有自己的史诗和神话。华夏主体民族有黄帝蚩尤的战争传说，还有颂扬武王灭纣丰功伟绩的歌乐舞剧兼史诗《大武》；藏族的《格萨尔王》记载的是格萨尔带领人民战胜邪恶的战争故事；蒙古族的《江格尔》讲述了江格尔汗率 12 位雄狮大将、32 位虎将、6 000 多名勇士征战四方，降伏妖魔，建立理想乐园的故事；柯尔克孜族的《玛纳斯》以玛纳斯及其七代子孙的英雄业绩为主线，反映柯尔克孜族人民抵御外侮，保家卫民的英雄主义精神。几乎每一个民族都有自己的神话传说，也都有英雄战胜恶魔或外族的战争故事。

二、战争驱动型

上升到历史学和政治学的高度，我们不得不承认西方政治学界的那种"战争动力学"理论有一定的合理性。这种理论认为战争促使国家形成和转变。赵鼎新认为，"将世界文明带入方向性的、累积性的和不断加速的发展之中去的首要动力，是人类在组织和个体水平上的冲突或竞争"②。而基根（John Keegan）认为，"历史表明，我们所属的国家、国家的机构，甚至国家的法律，都是经过冲突，而且常常是十分血腥的冲突后才建立起来的"③。

在许多西方学者观念中，冲突与战争的驱动型作用不仅体现在人类社会的早期，也体现在后来的每一个历史阶段。特别是在资本主义的形成过程中，战争也扮演着重

---

① 普法尔茨格拉夫．争论中的国际关系理论[M]．阎学通，等译．北京：世界知识出版社，2003：202．
② 赵鼎新．东周战争与儒法国家的诞生[M]．夏江旗，译．北京：北京联合出版公司，2020：33．
③ 基根．战争史[M]．林华，译．北京：中信出版集团，2018：4．

要的角色。赵鼎新说,"只有战争才是主要的动力因素,国家的发展、各种意识形态之间的冲突和市场化行为的兴起都是作为战争的产物而出现的"①。许田波说,"战争创造国家的途径是:摧毁封建的、分割的权威,通过暴力手段的垄断化、税收全国化和行政机构的官僚化来创造一个中央集权化的、理性化的权威"②。许田波用以说明结论的西方事例是近代法国和英国通过战争的"自强",而他用来做对比的中国案例是秦朝的崛起。他把自强型改革分为"富国"和"强兵"两种模式,欧洲的竞争主要表现为英国的"富国"模式和法国的"强兵"模式。他非常强调"强兵"模式,因为,"强兵的效应可以溢出而有助于富国,因为全民皆兵有助于减少战争成本,提高作战能力并使征服有利可图"③。他认为英法两种模式独立运行起作用是有限的,最合理的是中国春秋战国时期的"富国强兵"模式,只有全面在竞争中取得优势才能最终取胜。

卢梭认为,"战争绝不是人与人的一种关系,而是国与国的一种关系;在战争之中,个人与个人绝不是以人的资格,甚至也不是以公民的资格,而只是以兵士的资格,才偶然成为仇敌的;他们绝不是作为国家的成员,而只是作为国家的保卫者。最后,只要我们在性质不同的事物之间不可能确定任何真正关系的话,一个国家就只能以别的国家为敌,而不能以人为敌"④。卢梭的认识有很大的局限性,因为战争实际是政治的极端表现形式,是私有制的产物,是权力斗争的产物,是阶级斗争的产物,是剥削与被剥削冲突的产物,是侵略与被侵略冲突的产物,是大大小小族群之间争夺资源的产物、文化冲突的产物。战争不仅发生在国家之间,也发生在不同单位的共同体之间;战争不仅在国家时代存在,在前国家时代也存在——只不过我们并不把前国家时代看作整体文明时代,而到了国家时代,战争才具有了政治属性、更加频繁、更容易发动、规模更大、更有组织性、破坏性更大。战争主体最终要落到个体或人群身上,强调战争不是人与人的关系反而抹杀了战争主体。

同样是论述战争与国家的关系,现代西方国际关系学界的"战争驱动型"理论似乎比卢梭的认识更深刻了一些。这种理论强调,"战争驱动型冲突(war-driven conflict)催生了效率导向型行为的快速发展,并很快累积成宏观水平上的社会演变"⑤。这一理论最大的启示是,不仅国家是战争的结果,整个历史进程都受到战争的推动。在战争结果导向下,各国不断改革创新、励精图治、强化管理、发明技术、改良武器、提升

---

① 赵鼎新.东周战争与儒法国家的诞生[M].夏江旗,译.北京:北京联合出版公司,2020:32.
② 许田波.战争与国家的形成:春秋战国与近代早期欧洲之比较[M].徐进,译.上海:上海人民出版社,2018:29.
③ 许田波.战争与国家的形成:春秋战国与近代早期欧洲之比较[M].徐进,译.上海:上海人民出版社,2018:132.
④ 卢梭.社会契约论[M].何兆武,译.北京:商务印书馆,2003:14.
⑤ 赵鼎新.东周战争与儒法国家的诞生[M].夏江旗,译.北京:北京联合出版公司,2020:23.

战力，最终导致社会整体的进步。尚没有直接的证据能够证明战争与历史进步之间的因果关系，但反过来从社会进步的现实看，这种因果关系似乎是存在的。伊恩·莫里斯（Ian Morris）创立了"社会发展"的度量标准，他在美国人类学家莱斯利·怀特（Leslie White）的公式 C=E×T① 的基础上，把技术分解为"社会组织""信息技术""战争能力"三项指标，最后选定了"能量获取""社会组织""战争能力""信息技术"四个特征作为社会发展的度量标准。战争成为量化文明状态的重要指标，从量化技术上回应了"战争驱动型"理论。莫里斯之所以选择战争指标，是因为他发现，"当信息技术达到能够记录细节的阶段后，世界上大多数文明的文字资料中，都充斥着对战争和战役的描写"②。也就是说，他从各种历史文献中看到了大量的战争内容，这些内容贯穿整个"信史"，让人深信战争是历史的主旋律，也同时让人不得不为战争和历史建立因果联系。在他的新著《战争》中，莫里斯更加直言不讳地得出结论："战争创造出更大的社会，这一社会由更强有力的政府统治，而这样的政府用强制力确保了和平，并为繁荣奠定了基础。"③ 这种理论不仅包含了"战争有理"的用意，也是在推行"霸权稳定"观点。作为该书的推荐者，中国学者何怀宏对此质疑："当我们在事后谈论一场战争或一系列战争所带来的客观上的好结果的时候，我们是否也将这作为日后事先选择战争的理由。"④ 很明显，战争驱动论存在天然的破绽。甚至从吉登斯的角度看，战争和国家之间的关系根本不是单向驱动的关系，他认为，"战争和国家发展之间的关系是双向互动的、动态的，而不是单向的和静态的"⑤。因此，在谈论战争对社会以及历史的影响问题时，我们不仅要客观地分析战争与历史的双向关系，还要考虑每一次战争的性质、动因等因素，特别是在当下谈论"战争驱动"问题时，我们是严格限制在暂时搁置其他问题和因素的框架之下的。

在推动历史前进（不能等同于"进步"）这一点上，传播与战争并行不悖。战争无论是正义的还是非正义的，都在不断地催生更加强大的国家实体、组织能力、获取资源的能力、获取信息技术的能力，都在每一次战争之后对下一次战争中的军事装备、人员素质、战略战术等提出更高的要求。所有增长后的指标又必然会被运用于整个社会生活和国家治理。如此一来，循环往复，就推动了全部历史的发展。传播和媒介对历史的推动不需要这样的循环往复的反馈机制，但它们和历史之间的关系同样表现为一种相互促进的结构。人类历史之所以进入一个又一个文明高度，是因为人类不断地

---

① C 即 culture（文明），E 即 energy（能量），T 即 technology（技术）
② 莫里斯. 文明的度量：社会发展如何决定国家命运[M]. 李阳，译. 北京：中信出版社，2014：40.
③ 莫里斯. 战争[M]. 栾力夫，译. 北京：中信出版集团，2015：XIX.
④ 莫里斯. 战争[M]. 栾力夫，译. 中信出版集团，2015：IX.
⑤ 赵鼎新. 东周战争与儒法国家的诞生[M]. 夏江旗，译. 北京：北京联合出版公司，2020：21.

发明新的媒介和传播手段。当人类社会发展到一定的高度时，时代又向媒介技术和传播手段提出了新的要求。后者可以从两方面加以解释。一是社会内生需求。社会的自我变革规律要求在生产关系达到一定程度之后必须有相应的生产力与之相适应。按照斯大林的解释，生产力包括生产工具和掌握生产工具的劳动者两种因素。媒介及媒介技术就属于生产工具，它们参与了全部生产工具以及生产力与生产关系的相辅性运动过程。二是人的生物需求。按照芒福德、麦克卢汉等媒介技术学者观点，媒介是人的延伸，是人体感官的延伸，媒介与人体感官之间有一种感官平衡关系，当二者彼此之间失衡之后，它们会通过寻求新的媒介以达到新的平衡，或寻找新的"感官补偿"（芒福德语）。麦克卢汉用"媒介即讯息"理论对其加以阐释："任何媒介（即人的任何延伸）对个人和社会的任何影响，都是由新的尺度产生的；我们的任何一种延伸（或曰任何一种新的技术），都要在我们的事务中引进一种新的尺度。"① 麦克卢汉这里所谓的"尺度"即平衡关系。他从这里延伸，直言"任何发明或技术都是人体的延伸。这样一种延伸还要求其他的器官和其他的延伸产生新的比率、谋求新的平衡"②。

这一大段的赘述只为了说明一个道理：传播和战争或者在历史的某个节点交叉，或者并行不悖，都构成历史前进的动力之一；再或者，形成合力同构历史。

三、军事传播

在大部分历史的时空中，传播与战争都密切相关，如果把战争上升到军事的维度，并且从军事视角出发，这种关系更加密不可分。

军事及其战争永远是传播活动最好的素材，这是军事和传播结合的最直观表现。在人类社会早期、中期、近期等不同的历史时期，各种文献都记录了大量的战争信息和军事活动内容。中国发达的文字系统为战争记录提供了有力的支持，所以中国历史上不乏各种关于战争的历史记载和理论创造，它们共同铸就了人类历史上最悠久的、最有连续性的、最可信的、最丰富的军事传播文献和典籍。《尚书》《诗经》《左传》《史记》等文献中有大量的战争记录，也不乏一些经典战例的记载和分析，如《汤誓》《牧誓》《采薇》《郑伯克段于鄢》《楚汉争霸》《燕然勒石》等。此外还有大量的军事理论专著。《孙子兵法》是中国历史上现存最早的兵书，由2 500多年前春秋时期吴国将军孙武创作。全书共13篇，6 000多字，揭示了许多军事规律、治军思想、战争计谋、战前准备、胜败因素、政治性质等，提出了"知己知彼、百战不殆""兵贵神

---

① 麦克卢汉. 理解媒介：论人的延伸[M]. 何道宽, 译. 南京：凤凰出版传媒集团, 译林出版社, 2011: 18.
② 麦克卢汉. 理解媒介：论人的延伸[M]. 何道宽, 译. 南京：凤凰出版传媒集团, 译林出版社, 2011: 61.

速""上兵伐谋、攻心为上"等思想。还有著名的《三十六计》，包含了丰富的计谋，如"瞒天过海""暗度陈仓""调虎离山""远交近攻""反客为主""空城计""反间计"等，这些计谋已经妇孺皆知，广传海外，甚至被各行各业采纳为管理策略。除了《孙子兵法》，中国历史上还有《六韬》（姜尚著）、《武侯新书》（诸葛亮著）、《权书》（苏洵著）、《纪效新书》（戚继光著）、《战略》（胡宗宪著）等，此外还有大量著作中的一部分内容包含了军事理论和思想，如《鬼谷子》中的《捭阖篇》《谋篇》，《墨子》中的《备城门》，《史记》中的《司马法》和《商君书》中的《战法》等。

西方古希腊和古罗马时期也有军事类著述，最典型的是希罗多德的《历史》、修昔底德的《伯罗奔尼撒战争史》、凯撒的《高卢战记》等。近年来，它们的真实性受到了越来越多的质疑。但西方近现代的军事文献还是可信的，有些文献的历史价值和现代指导意义并不逊色于中国古典文献。普鲁士军事理论家克劳塞维茨（Carl Von Clausewitz）的《战争论》最经典的语录是："战争是政治交往的延续。"[①] 这一理论成为后人理解战争本质的钥匙，成为被引用最多的结论。英国地理学家麦金德（Halford John Mackinder）提出的"心脏地带""世界岛"等概念，一举形成国际关系史上最有名的"陆权论"和"地缘政治"思想。美国海军战略家马汉（Alfred Thayer Mahan）的《海权论》和《海权对历史的影响》等著作则成为美国及世界对战略空间全新认识的分水岭，他指出海上力量"蕴含着使得一个濒临于海洋或借助于海洋的民族成为伟大民族的秘密和根据"[②]，从此人们坚信"谁控制住海洋，谁就统治了世界"[③]。

正如伊恩·莫里斯的话，当媒介和传播技术达到一定程度，它们必然会关注到军事活动、人物、事件、话题等，以至于给人感觉军事的影子在文献中无处不在。这一点其实在新闻时代以来表现得更为明显。13世纪开始出现的"新闻纸"就是战争的部分产物——贸易商人需要了解海外商业行情和地区军事动态，以免造成自己的损失。当17世纪新闻业逐渐形成气候时，新闻报道有了更多的题材——战事。确切地说，是新闻报道迅速关注到了战事。这首先是因为战事能够吸引读者的兴趣，其次在英国是因为王室不允许报道国内事务。不管怎么样，新闻业赶上了"好时光"——"三十年战争"爆发了，战争成为英国报纸最好的报道对象。至今在英国新闻博物馆里还有大量报道那场战争的老旧报纸躺在那里——读者只能借阅拍摄成照片的胶卷。如果这些文物是真实的历史遗物的话，那它们就是早期新闻与军事密切结合的最好证据。需要强调的一点是，中国的新闻传播早就出现了，只不过不能被称为"新闻业"。其中有大量的内容是关于军事及战争的。从宋代开始的邸报制度一直延续到清代中期，与烽燧、

---

① 克劳塞维茨.战争论［M］.孙志新，译.北京：北京联合出版公司，2014：20.
② 马汉.海权论［M］.萧伟中，梅然，译.北京：中国言实出版社，1997：3.
③ 这句话有说出自马汉，有说出自英国海军将领约翰·费舍尔，还有说出自古希腊历史学家西塞罗。

邮驿、露布①等一起,形成中国的军事信息传播系统。唐代诗人李咸用的诗句"新闻多说战争功",是新闻与军事紧密结合的最直观和最形象的表述。

进入18世纪以后,西方新闻业真正成熟起来了,而这个时期西方殖民者将占领全球。这个时期也是西方从资本主义走向帝国主义的关键时期,殖民者和殖民地之间、殖民主义之间、帝国主义之间的战争连续不断,整个地球陷入一片火海之中,战事成为新闻报道的"主旋律"。许多记者投身战场报道,由此诞生了第一批战地记者。关于谁是历史上第一位战地记者一直没有定论。现有的历史文献显示第一个常驻外国的记者是《泰晤士报》的亨利·克雷布·鲁滨逊(Henry Crabb Robinson)。他于1807年被派往德国汉堡附近的阿尔托纳,去搜寻拿破仑战争的有关新闻。尽管他并没有真正进入战场,但他所处的城市后来被法国占领,也算是"战地"。所以鲁滨逊勉勉强强算是一名早期战地记者。真正以战地记者身份进入战场的记者是1853年克里米亚战争期间被派往前线的《泰晤士报》记者威廉·霍华德·拉塞尔(William Howard Russell)。他受命前往黑海地区报道英法与沙俄两大帝国主义势力之间的战争。他的报道披露了战场的残忍,揭发了英国后勤部门的不作为。英国国内群情激愤,政府不得不改善兵士的境遇,南丁格尔自愿带领医护人员前往战场。英国一举改变战场形势,取得了最后的胜利。拉塞尔被看作有史以来第一位真正的职业战地记者,死后被葬在圣保罗大教堂,让人们前往缅怀。此后,派驻战地记者成为战争报道的基本模式和制度,人们在"一战"、"二战"、"朝鲜战争"、"越南战争"、海湾战争、科索沃战争、伊拉克战争、阿富汗战争、俄乌冲突和巴以冲突中都可以看到战地记者不惧死亡的身影。拉塞尔式报道不仅及时传播了战场信息,还改变了战场形势。有的时候,各类军事报道还会左右战争的动向。1898年2月,《纽约新闻报》开始炒作美国和西班牙的紧张关系,叫嚣以武力解决问题。同时派画家去古巴首都哈瓦那采访。当画家认为没有可能爆发战争并准备启程回国时,《纽约新闻报》老板赫斯特(William R. Hearst)回复:请留在古巴,你提供图像,我提供战争。结果,2月15日,一声巨响,驻守哈瓦那的美国战舰"缅因号"被炸沉没。几个月后,美国宣布对西班牙开战。战胜对手之后,美国夺取了古巴、夏威夷、关岛、菲律宾等地,并成为太平洋的新霸主。20世纪60年代,美国深陷越战泥潭。美国国内因媒体报道美军在美莱村屠杀手无寸铁的村民而掀起巨大的反战浪潮。1968年越南北方的"春节攻势"之后,美军陷入更大的困境。哥伦比亚广播公司电视台派晚间新闻节目主持人沃尔特·克朗凯特(Walter Cronkite)前往战场采访报道。克朗凯特回国后宣称唯一的出路是谈判。总统约翰逊看到该报道后哀叹:如果

---

① 中国古代一种把文字写于织帛上公开传播信息的媒介,主要用于战场上,士兵高举写有文字的帛制旗子,快马加鞭,传递军情和捷报。

我失去了克朗凯特，我就失去了美国的中产阶级。①意为失去了美国大部分人的支持。至此，结束战争成为当时美国政府越南政策的基本选项。有人后来写书说，"由电视主持人来宣布战争的结束在历史上尚属首次"②。

对军事题材的偏好催生了大量军事性质的媒体，很多主流媒体、社交媒体都开通了军事话题的栏目、窗口和节目。一些国家的军方也开办了自己的传播平台，创办起自己的报刊和网络媒体。这些媒体不仅仅报道、关注战争，也报道和关注非战时期下的军事状态。军事安全是一个国家的基本安全，建立与国家实力相适应的军事力量是每个国家的主权。此外，军事对抗也不一定转变为战争，更多的情况下表现为一种竞争、紧张、备战状态。因此，军事报道自然而然也聚焦于许多非战时期的军事新闻和信息。有关某国或某集团的军事预算、武器研发、军事调动、军事演习、军事合作等信息也就出现于各种信息平台。除了媒体，军事博物馆也是一种重要的传播军事信息的特殊媒介，它的功能不像一般信息传播媒介那样发挥空间偏向的、及时传递新闻信息的作用，而像某种仪式化传播那样开展时间偏向的意志强化、知识分享的过程。许多历史性军事遗址也发挥这样的作用。

非传统媒介在战争中可能扮演更加重要的角色。比如道路。它虽然不是我们所认为的传统媒介，却是一种基础媒介。在通过位移而传递信息的系统中，道路始终扮演着最基础然而却是最重要的角色。没有道路，人、牲畜、车辆都无法行动。道路赋予人以社会性，并建立起空间性质的传播共同体。这也是英语单词 communication 既有传播含义，又有交通含义的原因。当空间足够大，道路已经与人体的延伸之间的比率严重不适应以后，大地、天空、海洋、空气等的功能得以进一步被挖掘，出现了铁路、电报等新媒介，以补偿环境变化之后人的感官不足。芒福德、伊尼斯、麦克卢汉、马特拉和德布雷等人都对这些与众不同的媒介或层出不穷的新媒介给予高度重视。在战争和军事方面，"公路、铁路和电报网络的发展改变了战争的技巧和准备方法。军队的运动能力成了胜利的最可靠保障。于是出现了一种新的军事科学分支：后勤学或'军队移动的使用技巧'"③。其实，后勤学和"军队移动的使用技巧"不是一回事。"军队移动的使用技巧"是指交通给军队调动带来的便利。过去需要几天或个把月才能把部队投入战场，而有了公路、铁路和马车、汽车、火车之后，部队的调防、投入只需要几个小时或一两天。后勤学指的是后勤保障如武器、食物（粮草）等战略物资对前线的支持。中国古人早就懂得，兵马未动，粮草先行。在中国古代战争思想中没有什么"后勤学"，但是有后勤意识和思维。只是到了现代，随着媒介技术、交通运输工具不

---

① CRONKITE W. A reporter's life, A [M]. New York: New Ynki Ballantine Books, 1997: 258.
② CRONKITE W. A reporter's life, A [M]. New York: New Ynki Ballantine Books, 1997: 258.
③ 马特拉. 全球传播的起源 [M]. 朱振明, 译. 北京: 清华大学出版社, 2015: 229.

断改进之后，后勤保障才随着军事理论、学科细分等变化而出现。

传播媒介与军事的另一面关系是军事对传播、媒介提出诉求，从而形成有军事色彩的传播活动和媒介形式，乃至形成了新的，有别于暴力形式的，通过改变人的信念、意志、精神和心理而达到提高作战效果或不战而胜效果的战争形式，人们一般把它们称作心理战、宣传战、认知战。

最早的、可信的、有文字记载的攻心战、权谋之术被保存在中国古文献之中。《孙子兵法》是此类文献的杰出代表，其中有大量的作战计谋，既可以被看作战术，也可以被看作单独成型的战例。《计篇》云："兵者，诡道也。"《谋攻篇》有言："百战百胜，非善之善者也；不战而屈人之兵，善之善者也。""上兵伐谋，其次伐交，其次伐兵，其下攻城。""善用兵者，屈人之兵而非战也。""知己知彼，百战不殆。"《军政篇》又云："三军可夺气，将军可夺心。"一句"不战而屈人之兵"成为所有希望在战场或军事对抗中获得胜利的将帅们的最高信条。从此，攻心战、宣传战、认知战纷纷登场。几乎在每一次战争中，作战双方都要通过喊话、谶纬、传口信、散发传单等方式削弱对方将士的信心和战斗力。"四面楚歌"是最经典的此类战例之一。现代战争中，这类战术更被频繁使用。第一次世界大战中，协约国和同盟国分别成立了宣传机构，负责对敌方、国内和国际社会的宣传。使用最多的手段是通过飞机投撒传单，其次是广播。当时，广播已经被广泛使用，这一电子媒介比电报更好地解决了信息位移的困难。至此，现代心理战、信息战、宣传战、认知战开始形成了。第二次世界大战后，随着电视的加入，心理战、信息战、宣传战和认知战的"武器"更上一层楼，做到了把前线战场景观搬进会客厅——让战争达到"会客厅战争"的效果。事实上，"冷战"一词的含义就是在规避热战所带来损害的同时，各国运用各种传播媒介以及所传播内容扰乱对方国家的统治者、决策层和普通民众的判断，动摇其态度、立场，最后实现"不战而屈人之兵"。美国及其西方盟国坚信冷战的效果，最后也利用冷战战胜了当时的竞争对手苏联。1989年到1991年，东欧、苏联按照美国及其西方盟国的设计路径相继走向了终点。但是这个结果似乎是突发性的，估计连西方都没有料到。一个很明显的迹象是，1988年美国前总统理查德·尼克松（Richard Nixon）出版了个人专著《1999：不战而胜》。他在书中畅想了即将结束的20世纪和即将到来的21世纪，他呼吁美国肩负起历史的使命，希望在美苏双方都能摧毁对方的恐惧中活下来，并在"不战而胜"竞争中获得最后的胜利。结果令他没有想到的是第二年"苏东"地区就开始发生惊天巨变。尼克松回顾美国的崛起不是靠"富有和强大"，而是靠理想和精神。所以他强调："最终对历史起决定作用的是思想，而非武器。"[①] 从某种角度看，尼克松的大作不是一

---

① 尼克松.1999：不战而胜[M].谭朝洁，孔岩，邓勇，等译.北京：中国人民公安大学出版社，1988：379.

般的社科读物,也不是先知式的预言,乃是一发心理战、宣传战和认知战的"炮弹"。

信息战是一种有别于心理战、宣传战、认知战的特殊的非暴力对抗战术或非传统对抗战法。这个概念是美国人创造的。1976年美国军方为波音公司拟定了一份题为《武器系统与信息战争》的报告,首次提出了"信息战争"概念。1990年中国军事人员沈伟光率先创作《信息战》一书。1992年,美国国防部正式发布关于信息战的指令。1995年美国设立国家安全局信息战机构,1996年美国国防部成立信息战执行委员会。在此前后,各国也开始紧锣密鼓地部署信息战战略。按照有关专家的解释,"信息战是以信息化武器装备为主要战争工具、以信息系统为主要攻防目标的斗争"[①]。信息战的要素很庞杂,包括电子战、作战保密、军事欺骗、心理战、实体摧毁及计算机网络攻击、民事活动和公共事务。其实质是"电子战与多作战要素相结合,通过利用、破坏敌方和保护己方的信息、信息系统及信息化武器,夺取并保持战场信息优势,即通过控制信息,延缓敌方决策周期,最大限度地削弱其对部队的指挥控制能力,从而夺取并保持战争主动权的多手段协同作战的战略"[②]。由此可见,信息战有一部分内容和心理战、宣传战、认知战等重合。比如战时或非战状态向外或向敌方释放错误、模糊、矛盾的信息,扰乱外界视线,让敌方做出错误判断,达到心理战、宣传战和认知战的目的。还有一部分内容则由信息战本身所独有,即利用信息化武器、工具,围绕信息系统展开攻防。比如通过屏蔽信号改变导弹、飞机等的运行轨迹,通过潜入对方控制系统切断交通、电力等系统,通过植入病毒窃取对方网络信息和数据,通过窃听直接获取对方机密信息等。在信息时代或更进一步的全息时代,人类生存的空间是一个由互联网、数字技术、人工智能技术、纳米技术、量子技术和太空技术等共同构建起来的信息(指有意义的符号)环境,信息无处不在。整个世界已经完全不能独立于信息而存在。按照元宇宙传播理论,我们已经进入一个由信息、数字、符号建构起来的虚拟加现实的世界。掌握其中的全部信息,将主宰由虚拟和现实两部分组成的完整元宇宙世界。在这样的理念下,信息战就成为在军事对抗中取得优势地位的"必杀技",具备这方面的能力甚至能够在更大范围、更高程度上取得国家间全方位的竞争优势。从弱势一方看到的是,自己的信息系统、网络系统甚至国家的权力控制系统正在不断地遭到全方位的侵犯和威胁。面对这种处境,所有的国家要么延续以前"中心—边缘"力量结构中的不利位置,要么就得迅速占领信息高地或摆脱信息困境,以免让自己不战而败。

军事传播已然成为一种特殊的传播形态,并形成专门的研究领域。近年来不少人

---

① 李耐国. 信息战新论 [M]. 北京: 军事科学出版社, 2004: 29.
② 吴汉平. 英汉信息战术语词典 [M]. 北京: 电子工业出版社, 2012: 424.

已经开始关注军事传播问题，并开展相关学术研究。事实上，传播学就是建立在对军事传播现象的研究基础上的。第一次世界大战期间，交战双方除了在正面战场展开绞杀之外，还利用传单、广播等媒介展开战争宣传。彼时飞机发明不久，就被战争双方用来向前线投撒传单；而无线电广播也是发明不久即被双方用于向敌方进行喊话，传播对敌方不利的信息，打击敌方士气。大众传媒工具让参战各国充分地认识到了战争宣传的强大威力。战争结束后，许多西方学者纷纷开展相关研究，比较著名的成果有彼得森（H.C.Peterson）的《战争宣传：1914—1917年反对美国中立地位的斗争》、斯夸尔斯（James Duane Squires）的《1914—1917年的英国国内宣传和在美宣传》、赫斯特（David Wayne Hirst）的《1914—1917年德国在美国的宣传》、蒂梅（Hans Thimme）的《不用武器的世界大战：西方列强反德宣传的效用及其防范》、布伦茨（George G. Bruntz）的《协约国的宣传与1918年德意志帝国的解体》、庞森比（Arthur Ponsonby）的《战时谎言》等。[①] 其中最有影响力的是拉斯韦尔（Harold Lasswell）的博士论文《世界大战中的宣传技巧》，其在1927年公开发表以后引起轰动。这部著作的影响不只局限于军事领域，它更大的贡献其实是成为传播学创立的标志性文献。拉斯韦尔认为，"宣传最有效力的作用是动员社会成员仇恨敌人，维持与中立国及盟国之间的友好关系，促使中立国转而反对敌国，以及粉碎敌人坚不可摧的抵抗"[②]。他认识到，"所谓宣传，其实就是思想对思想的战争"[③]。最后他坚信，"现代战争必须在三个战线展开：军事战线、经济战线和宣传战线。经济战线遏制敌人，宣传迷惑敌人，军事力量给予敌人最后一击。与其他形式的攻击武器配合运用，宣传可以耗尽敌方军事和平民力量，为士兵与坦克的武力威慑铺平道路"[④]。第二次世界大战爆发后，拉斯韦尔直接成为美军战时传播项目的负责人。战争也让美国政府进一步意识到宣传的重要性，为此专门成立了各种研究军事宣传和军事信息传播的机构，邀请各领域学者加入相关问题的研究。他们中很多人和拉斯韦尔一起为传播学的创立做出重大贡献，比如霍夫兰（Carl Hovland）提出了劝服理论，卢因（Kurt Lewin）提出了群体动力理论和"守门人"理论，拉扎斯菲尔德（Paul Lazarsfeld）提出了两级传播理论，施拉姆则创立了传播学系统理论。这些理论后来都成为传播学的基础框架，有的直接产生于战争期间的研究，有的间接和他们在战争期间的研究有关。

军事传播不能单纯地被看作对军事领域的传播活动，也不能简单地被看作军事对传播和媒介的利用，同样不能被看作军事和传播两个领域的简单相加。狭义的军事传

---

① 拉斯韦尔.世界大战中的宣传技巧［M］.张洁，田青，译.北京：中国人民大学出版社，2003：13-14.
② 拉斯韦尔.世界大战中的宣传技巧［M］.张洁，田青，译.北京：中国人民大学出版社，2003：22.
③ 拉斯韦尔.世界大战中的宣传技巧［M］.张洁，田青，译.北京：中国人民大学出版社，2003：23.
④ 拉斯韦尔.世界大战中的宣传技巧［M］.张洁，田青，译.北京：中国人民大学出版社，2003：173.

播当然包括战时或非战时期的军事新闻传播、军事宣传、军事对外传播与军事新闻学、传播学、传播史,但广义的军事传播除以上内容之外,还应该包括军事思想、军事理论、军事考古,以及由军事和其他领域交叉形成的新现象、新领域。总体上看,从军事发端的各种概念、论述等可以统称为军事理论,因此也就存在着军事理论传播的问题。军事理论传播研究的范围之广,囊括了古今中外的各种军事思想、军事战略、军事论述、军事历史。中国古代军事家、军事思想家的军事思想和谋略,外国军事思想家、战略家的军事战略和军事思想,马克思主义领袖们有关军事方面的论述和思想,共同构成了今天中国军事传播研究范畴的军事理论篇。由此可见,一定意义上讲,军事传播概念要远大于军事知识、军事理论等发端于军事的概念,只不过,对军事传播的研究从一开始就区分成历史学范式、军事学范式和传播学范式。未来,如何融合这三种范式将是军事传播研究工作做大做强要思考的方向性问题。

后 记

这本书是"全球传播与国际关系"课程的辅助教材,最早这门课名称为"大众传播与国际关系"。与之相应,中国传媒大学(原为北京广播学院)国际关系专业有一个"大众传播国际关系"研究方向。该研究方向由当时的校长刘继南女士亲自创立。此外,有一本同名教材,由刘继南老校长主编,多人参与创作而成。全书逐一分析了大众传播与政治、经济、文化、军事等国际关系各有关领域的关系,结构比较紧凑。在此要感谢他们筚路蓝缕所作出的开创性贡献。该书出版册数比较少,几年就售罄了。这个专业的学生从此再没有相关的教材。作为国内最早研究这方面的学者之一,我一直想重写一本相关教材或辅导读物,但多年不在科研岗位,光有想法,没有动力,一直未能动笔。最近几年回到教学科研岗位,内心不再浮躁,决心在职业生涯的最后阶段完成这一项未了的心愿。

开始动手之后才发现,一切都变了。首先,研究对象发生了变化,这些年国际形势变化很大很快,媒介技术也一日千里,传播学理论也大大丰富。如果仍然停留在20年前的眼界,那显然不能满足课程本身的需要。其次,我本人这几年回到教学科研岗位后,孜孜不倦,看了很多文献,写了不少文字,对有关问题的认识已经突破了思维定式。这也给我重新思考相关问题、做出新的理解,提供了足够的信心和勇气。

导言部分是从国际关系切入的,后记这里有必要再从传媒重新切入一次。

20年后"大众传播与国际关系"改名为"全球传播与国际关系",这是"全球化""全球治理"以及"全球传播"的结果。但实际上本书是在"传播与国际"这样一个更大的框架下展开的,所以"全球"也好,"大众"也罢,都不能限制我尽可能地让自己站得更高、望得更远。此外,本书希望沿着这样两条思路——把国际关系前推到早期国家时期、用传播解释全部历史——给以往所研究的对象提供一种更加宏大的传播景观和历史环境。令人意外的是,这项研究促成了一种新的历史学方法认识,那就是本人已经在《元宇宙传播》著作和《从唯物主义传播史观到"媒介决定论"》文章多处提出的"传播唯物史观"或"媒介唯物史观",现在合起来也可以称为"传媒唯物史观"。历史学研究著述汗牛充栋,研究方法、研究视角五花八门,但是从来没有人在研究历史时沿着传播或媒介的角度和线索去开展这项工作，大概是觉得传媒这种因素太卑微的缘故吧。但是历史事实告诉人们，历史学的主角固然是政治、经济、军事、文化、科技、英雄，然而如果我们说，没有传媒就没有历史，绝对不会有人反对，或者很难反驳。历史需要记录、传承，没有传媒，如何记录传承历史事件？信史是文字诞生以来的历史，没有文字这种伟大的传媒，信史何来？好在我们研究传媒的学者在坚持用传媒去解释世界、解释历史，只不过我们做得还很不够，还总是局限于自己的学科领域，不敢把自己的触角延伸到更大的、看似未知的领域里去。我们在研究传媒历史的时候仍然用的是传播学范式，而不是历史学范式。历史学范式要求我们研究传播历史的时候把传播置于整个人类的历史过程中，就像从历史研究出发时把传媒作为历史研究的参照物那样，甚至把传媒看作历史发展的主要脉络或决定因素之一。

当我着手开始这本书的创作以后，一个很大的困惑出现在了面前，那就是如何处理历史真伪的问题。本书在开篇部分有一章专门讨论了一些历史学的问题，总的架构也建立在纵向的历史坐标之上，这样就不可回避地会时时碰到理论思维和历史时空交汇的情况。但近年来史学界有一种声音指出，西方古典历史很大可能是虚构和伪造的，或者说有很多所谓的西方古代历史可能并不成立。如果这种理论成立，哪怕部分成立，则现有的无论是西方历史叙事体系，还是人类传播历史叙事体系，其大厦都会摇摇欲坠。再进一步，如果我们原来视为历史的史实根本不存在的话，那历史也无从谈起了，我们所研究的传播与国际在远古源头上发生的各种联系、互动也就成了空穴来风、无中生有的事情。好在作为人类历史上最灿烂的明珠的中华文化是不怕检验的，她足以孤独地奏响人类历史古典乐章的主旋律。而且，无论是从中国历史本身的特质看，还是从西方历史上"东学西渐"运动所反映出来的精神说，中国历史都可以代表"绝对理念"意义上的"世界历史"，而不仅仅只是中国自己的特殊经历。鉴于此，我们完全可以从中国的视角讲述世界的故事。历史竟然如此阴差阳错，我们一直纠结于如何构建中国特色的历史学、中国特色的传媒学，或者如何构建中国自主的知识体系，现在这些问题反而不经意间找到了真正的突破口。这个突破口就是中国历史和中国记录本身。它们就在那里，但是需要我们去发现。

作者
2024 年元月于京城学亮堂

图书在版编目(CIP)数据

全球传播与国际关系 / 赵雪波著. -- 北京 : 中国传媒大学出版社, 2024.9.
ISBN 978-7-5657-3795-4
Ⅰ. G206;D81
中国国家版本馆 CIP 数据核字第 202442D1E7 号

全球传播与国际关系
QUANQIU CHUANBO YU GUOJI GUANXI

著　　者	赵雪波
策划编辑	曾婧娴
责任编辑	曾婧娴　沈刘红　裴向敏
特约编辑	王玉风
责任印制	李志鹏
封面设计	拓美设计

出版发行	中国传媒大学出版社		
社　　址	北京市朝阳区定福庄东街 1 号	邮　编	100024
电　　话	86-10-65450528　65450532	传　真	65779405
网　　址	http://cucp.cuc.edu.cn		
经　　销	全国新华书店		
印　　刷	唐山玺诚印务有限公司		
开　　本	787mm×1092mm　1/16		
印　　张	20.5		
字　　数	400 千字		
版　　次	2024 年 9 月第 1 版		
印　　次	2024 年 9 月第 1 次印刷		
书　　号	ISBN 978-7-5657-3795-4/G · 3795	定　价	69.00 元

本社法律顾问：北京嘉润律师事务所　郭建平